新时代
农科高等教育
战略研究

新时代农科高等教育战略研究项目组

高等教育出版社·北京

内容简介

本书是中国工程院咨询研究项目"新时代农科高等教育战略研究"的主要成果之一。

本书系统地回顾了农科高等教育的发展历程，研判农科高等教育大战的内外部环境变化，阐述新时代下培育"新农科"的必要性；从理论研究层面解析了"新农科"的概念要义，提出了"新农科"共识性概念，进而从知识体系、专业体系、人才培养体系、组织体系和治理体系等维度论述了"新农科"的具体建设方案，提出了我国农科高等教育发展的对策与政策建议。

图书在版编目（CIP）数据

新时代农科高等教育战略研究 / 新时代农科高等教育战略研究项目组编著 . -- 北京 ：高等教育出版社，2021.6

ISBN 978-7-04-055232-4

Ⅰ. ①新… Ⅱ. ①新… Ⅲ. ①农业科学 - 高等教育 - 发展战略 - 研究 - 中国 Ⅳ. ① G649.2

中国版本图书馆 CIP 数据核字（2020）第 213037 号

XINSHIDAI NONGKE GAODENGJIAOYU ZHANLÜEYANJIU

策划编辑 李光跃　　责任编辑 赵晓玉　　封面设计 张 楠　　责任印制 耿轩

出版发行	高等教育出版社	网　　址	http://www.hep.edu.cn
社　　址	北京市西城区德外大街4号		http://www.hep.com.cn
邮政编码	100120	网上订购	http://www.hepmall.com.cn
印　　刷	北京宏伟双华印刷有限公司		http://www.hepmall.com
开　　本	787mm×1092mm　1/16		http://www.hepmall.cn
印　　张	19.25		
字　　数	480千字	版　　次	2021 年 6 月第 1 版
购书热线	010-58581118	印　　次	2021 年 6 月第 1 次印刷
咨询电话	400-810-0598	定　　价	68.00 元

本书如有缺页、倒页、脱页等质量问题，请到所购图书销售部门联系调换

物 料 号　55232-00

“新时代农科高等教育战略研究”项目组

项目主持人

邓秀新　康绍忠

项目工作组

组　　长：孙其信

副 组 长：吴普特　李召虎　陈发棣

秘 书 长：曲瑛德

副秘书长：穆养民　冯永平　罗英姿

专家顾问（按姓氏笔画排序）

尹伟伦　任发政　李　玉　李　坚　李天来　李德发　何秀荣

沈建忠　张福锁　陈焕春　赵春江　康振生　戴景瑞　瞿振元

各课题组主要研究人员

第一子课题组：南京农业大学

子课题负责人：罗英姿

子课题组成员：辛　闻　李占华

第二子课题组：西北农林科技大学

子课题负责人：冷畅俭

子课题组成员：穆养民　宋广林　姜转宏　苏红伟　郭凯锋

第三子课题组：中国农业大学

子课题负责人：李小云　曲瑛德

子课题组成员：赵　勇　王　雯　李　冬　金　帷　杨　娟

李　珊　李依璇　黄家强　郭慧媛　陈源泉　侯卓成　倪中福

李道亮　李振波　肖红伟　杨　昊　许　稳　江荣风　饶　静

蔡海龙　司　伟　张志强*　贾国栋*　王云琦*（*北京林业大学）

第四子课题组：华中农业大学

子课题负责人：吴　平　冯永平

子课题组成员：范敬群　刘　辉　朱龙付　胡　瑞　肖湘平

王春潮　郑学刚　胡　文　崔蜜蜜　王鹏宇　侯　顺　常　帅

李亚利

前 言

2019 年 9 月 5 日习近平总书记给全国涉农高校的书记校长和专家代表回信，寄语涉农高校以立德树人为根本，以强农兴农为己任，拿出更多科技成果，培养更多知农爱农新型人才，为新时代农科高等教育的改革与发展指明了方向，提供了根本遵循。

改革开放以来，我国的农业农村工作发生了翻天覆地的变化。当前，统筹实施乡村振兴战略，推动农业全面升级、农村全面进步、农民全面发展，加快实现农业农村现代化为农业农村发展赋予了新的目标和使命。以人工智能、生物技术、材料技术、能源技术、制造技术等为代表的新一轮科技革命开始引领农业进入智慧时代，我国农村一、二、三产业融合发展催生的新产业和新业态已初见端倪，农业农村发展正在发生深刻变革且变革速度不断加快，由此呼吁农科高等教育也要应时而变。在这一背景下，中国工程院启动了"新时代农科高等教育战略研究"项目，致力于探讨"世界在变、农业在变的背景下，农科高等教育如何转变？"

本项目由中国工程院副院长邓秀新院士、农学部主任康绍忠院士主持，中国农业大学、西北农林科技大学、华中农业大学、南京农业大学作为子课题承担单位。在项目研究过程中，北京林业大学、中国海洋大学、浙江大学也参与了部分研究讨论工作。项目汇集了农、林、牧、渔、水等全农科领域的国内顶级专家，基于大量国内外文献数据、世界一流涉农高校案例信息、国内一流涉农高校实践资料等多来源数据，遵循理论分析与实证研究相结合的原则，通过自上而下（演绎法）和自下而上（归纳法）相结合的方式，从理论研究层面上解析了"新农科"的概念要义，提出了"新农科"的共识性概念，阐释了其概念内涵、发展理念与路径；进而从知识体系、专业体系、人才培养体系、组织体系和治理体系等维度逐一展开论述了"新农科"的具体建设方案，提出了我国农科高等教育发展的对策与政策建议。

2020 年是全面建成小康社会和"十三五"规划的收官之年，也是开启全面建设社会主义现代化国家新征程和编制"十四五"规划的重要一年，更是主动融入全球新一轮农业科技革命和产业革命，面向 2035 谋篇布局的关键时期。希望本书的出版，可以为我国从事农科高等教育的广大师生和管理工作者认识和了解国内外农科高等教育改革与发展趋势，明确新时代农科高等教育肩负的责任与使命，把握农科高等教育发展规律，激发改革创新，促进创新发展提供决策依据与参考。

在项目研究和本书撰写过程中，得到了有关高校、科研院所等相关领域的院士、专家的细心指导，相关高校的教师和研究生在资料收集整理、数据处理、内容审读等方面给了大力支持，同时高等教育出版社在编辑出版工作中也付出辛勤劳动，在此谨向所有参与和给予了本项目研究和出版工作帮助的同志表示衷心感谢。衷心希望各相关高校、研究机构持续开展新时代农科高等教育战略研究工作，各界人士持续关心和支持农科高等教育的发展，为促进新时代农科高等教育的高质量发展做出新的更大贡献。

新时代农科高等教育战略研究项目组

目　录

第一章
绪　　论

1 研究背景

科学是运用范畴、定理、定律等思维形式反映现实世界各种现象的本质和规律的知识体系[1]，是人类社会实践经验的概括和总结。英国著名科学家、科学学的创始人之一贝尔纳（John D. Bernal）在《历史上的科学》一书中曾对当代科学的主要形象描述为：一种建制，即组织人们去完成一定社会任务的建制；一种方法，即发现自然界和社会新规律的全部方法；一种累积的知识传统，即科学具有累积性；一种发展生产的主要因素，即科学与技术密切结合，促进生产发展和社会进步；一种重要观念的来源，即新思想、新原理、新世界观的来源[2]。科学发展至今，随着人类对客观世界的系统性、结构性、层次性不断深入认识，科学知识的体系结构在不同历史时期也呈现出多样的图景。

在农业领域，19 世纪中叶以后，生物学、化学、生理学、遗传学、土壤学和气象学等学科的研究成果及其实验方法逐渐被应用于农业，促进了农业研究从经验水平向现代农业科学的转变。1840 年，李比希的经典著作《有机化学在农业和生理学上的应用》的发表，被认为是现代农业科学发展开始的标志。20 世纪初，动力机械特别是内燃机拖拉机和其他机动农具逐步推广，以畜力为农业动力的局面发生变化，加速了农业机械化的进程。由此而形成的农业机械科学，为不断提高农业生产率提供了理论基础。21 世纪以来，大数据、人工智能、生物技术等新兴技术的发展加速驱动了农业科学的创新，农业科学与新技术之间的交叉融合也在不断深化。

当前，新技术革命正在不断改变农科的知识增长方式，不仅推动了工程与自然科学界在农业研究领域的前沿探索，还催生了以大数据、人工智能、生物技术、营养健康、绿色生态等技术和手段支撑的现代农业形态。随着农业多功能性的逐步拓展，中国农民正在向健康食品和原料生产者、现代产业经营者、美丽乡村守护者的多元化社会角色转变，中国农村将不再是传统农业和农民的空间，它将是生态空间、新型人居康养空间、三产融合空间、社会文化空间等多功能化的空间，农村的生活方式也将逐步向城市生活方式靠近。

[1] 夏征农，陈至立 . 辞海 . 上海：上海辞书出版社，2011.

[2] 贝尔纳 . 历史上的科学 . 伍况甫，等译 . 北京：科学出版社，1959.

因此，在新时代下，为了适应新技术革命给“三农”带来的种种变革，我国农业高等教育亟须拓展农科的学科内涵，面向乡村振兴、生态文明建设、美丽中国建设等一系列国家战略需求，聚焦农业、农村、农民现代化过程中的关键问题，以科学技术创新为基础，以人才培养为目标，通过跨学科研究和系统性方法，对农科知识体系、专业体系、组织结构体系和人才培养体系重新布局。

在此背景下，作为“双一流”建设中的涉农高校，如何超前部署未来“新农科”发展方向，主动应对新一轮科技革命与产业变革，支撑服务国家战略布局，全力探索形成领跑全球农科教育的中国模式、中国经验，助力高等教育强国建设，成为亟待研究和回答的问题。因此，本项目组从农科高等教育的内部机理演化和外部环境变化着眼，探究什么是“新农科”、在新形势下为什么培育“新农科”以及如何培育“新农科”，在此基础上，依据知识体系“解构—重构”的逻辑线，展望和构建“新农科”的专业体系、人才培养体系、组织体系和治理体系，旨在为新时代我国农科高等教育战略规划提供决策依据与参考。

2 文献综述

2.1 学科

2.1.1 “学科”的字源含义

从“学科”的字源探究来看，“学科”在英语里称为 *discipline*，源于印欧语系中的字根，即希腊文的教学辞 *didasko*（教）和拉丁文 *disco*（学）。古拉丁文 *disciplina* 本身已兼有知识（知识体系）及权力（孩童纪律、军纪）之义[1]。根据《牛津英语字典》，*discipline*（学科）为门徒和学者所属，而 *doctrine*（教义）则为博士和教师所有。因此，选取“学科”来描述基于经验方法或诉诸客观性的新学科，称一个研究范围为一门“学科”，即是说它并非只是依赖教条而立，其权威性并非源于一人或一派，而是基于普遍接受的方法和真理[2]。*discipline*（规条）也指寺院的规矩，以后则指军队和学校的训练方法。两层含义错综关联，显示了在一门知识中受教，既是受规训而最终具备纪律（discipline），也是拥有能够自主自持（self-mastery）的素质。

在我国，《现代汉语词典》对“学科”一词的解释是：“按照学问的性质而划分的门类，如自然科学中的物理学、化学”。《辞海》解释为：“①学术的分类。指一定科学领域或一门科学的分支，如自然科学中的物理学、生物学、社会科学中的史学、教育学等。②‘教学科目’的简称”。显而易见，这些中文解释相对较为窄化，失去了学科原有的丰

[1] Hoskin Keith W., Richard H. Macve. Accounting and the Examination: A Genealogy of Disciplinary Power. Accounting, Organizations and Society, 1986.

[2] 华勒斯坦，等. 学科·知识·权力. 刘键芝，等编译. 北京：生活·读书·新知三联书店，1999.

富内涵。基于“学科”一词的使用在我国的变异，有必要考证“学科”的历史沿革，厘清其基本内涵，为“双一流”建设提供准确的概念基础。

2.1.2 “学科”的语义衍变

从学术史视角来看，“学科”一词经历了从“知识说”“组织说”“规训说”，到观点相互融合的衍变。这种衍变并非质的根本改变，而是随着人类认知经验的积累和认知能力的发展，对“学科”内涵的理解不断丰富和完善。

（1）“学科”含义的“知识说”

德国学者海因茨·黑克豪森（Heinz Heckhausen）从经验和事实的角度来研究学科。他认为，学科是指对同类问题所进行的专门科学研究，从而实现知识的新旧更替。学科活动不断促使某学科内现有知识体系的系统化和再系统化。他认为至少同时具备以下的标准才可以称为一门学科：①具备根据常识可以理解的研究对象，例如经济学研究经济活动等；②具备特定的题材，题材是由某一材料域中划分出来的可观察现象的若干子集；③具备学科的理论一体化水平，这是衡量学科的最重要的标准；④具备特定的研究方法；⑤具备特定的学科分析工具，比如数学分析中的建模法等；⑥具备在实验领域中的应用性；⑦具备形成过程中的历史偶然性[1]。我国学者杨天平（2004）也持类似的观点，认为学科指一定科学领域的认识过程及其知识门类，是既对应于又从属于某门科学的相对独立的研究活动及其方法体系和知识体系，是特定科学领域内的事实和概念系统[2]。时至当代，“知识说”又分为“学问（学术）分支说”和“教学科目说”两种，“学问（学术）分支说”又被窄化为“科学分支说”。

（2）“学科”含义的“组织说”

“组织说”认为学科是由一群学者以及学者们依赖于一定物质基础围绕知识进行的创造、传递、融合与应用的活动所组成的组织系统，是一个事实存在的具有组织形态的学术组织系统。美国学者伯顿·R. 克拉克（1994）认为：“学科明显是一种连接化学家与化学家、心理学家与心理学家、历史学家与历史学家的专门化组织方式。学科活动的共同内容就是知识操作，而其本身就是发现、保存、提炼、传授和应用知识。”他还认为无论在哪里，高等教育的工作都由学科（discipline）和院校（institution）两个基本纵横交叉的模式组成，各学科穿过地方院校的界线，各院校又反过来把各学科的亚群体在地方集合起来。Hackett 等（1997）认为学科是高校实现教育教学、科学研究和社会服务工作的基本组织单元。

（3）“学科”含义的“规训说”

“规训说”是从社会学的角度出发，认为任何一门学科都是一种社会规范，学科主要表现为一种规训制度，是“生产论述的操控体系”和“主宰现代生活的种种操控策略与技

[1] 刘仲林. 现代交叉科学. 杭州：浙江教育出版社，1998.

[2] 杨天平. 学科概念的沿演与指谓. 大学教育科学，2004.

术的更大组合”。它涵括了一种动态的知识分类和知识生产结构、生产方式和生产制度，即所谓的知识—权利体制。华勒斯坦等学者认为学科规训制度是一种高度制度化的形式。在这种层级界限森严的运作前提下，学科规训制度其实是社会控制和轨调（regulate）方式的一部分。

（4）“学科”含义的学说融合

“学科”语义的不同变式是在不同的语境下形成的，各有其优势和局限。但是综合起来，这三者从不同角度呈现了学科内涵及表征方式，奠定了现代学科内涵发展的基础。随着时间的推移，关于学科的各种观点呈相互融合的发展趋势，极大地拓展了学科的内涵及价值。

部分学者从知识和组织两个形态分析了“学科”的构成，如惠特利认为一门科学是一群人的产物，这些人所从事的观察、实验或思考之类的活动，促使了某些相互作用，并以文章、口头交流或书籍等交流方式传承。持此观点的还有普赖斯等学者，均认为学科应该包含认知和社会体系意义，是知识体系与学术制度的结合体。

米歇尔·福柯则从权力与知识的相互关系入手，把学科作为知识的形式和权力的形式，对学科的知识和规训方式进行了考察。常文磊（2009）把规训方式纳入学科的考察视野，认为学科有三个内涵：知识分支和教学科目、知识生产与传播的学术组织、知识和知识者遵循的制度性机制。申天恩（2013）认为学科在本质上体现为专业知识体系，在外延上表现为组织机构与规训制度，它通过权力和知识政策，构建了“知识体系—科学知识—专业知识”线性发展的生态体系。周光礼等（2016）采用“层次分析图谱”方法，对学科文献进行了词频分析，指出学科是人们在认识客体的过程中形成的一套系统有序的知识体系，其被完整地继承、传授并创新发展以后，学科就表现为一种学术制度、学术组织教学科目或一种活动形式；在当代大学组织当中，学科主要表现为研究平台、教学科目、学术团队、规训制度及学科文化[1]。

2.1.3 跨学科

（1）跨学科的概念

跨学科（interdisciplinary）一词最早由美国哥伦比亚大学的 Woodorth 于 1926 年提出，是指超越一个已知学科的边界而进行的涉及两个或两个以上学科的实践活动[2]。国外学界在讨论跨学科时，重点关注了三个相关概念，即多学科性（multidisciplinarity）、学科互涉性（interdisciplinarity）和跨界学科性（transdisciplinarity）。Rosenfield（1992）认为多学科性是指不同学科领域的学者从本学科视角出发，分别研究某一个具体的问题；学科互涉性是指不同学科领域的学者紧密合作、共享信息，但学者们仍固守本学科的研究范式和方法论；跨界学科性则是指不同学科领域的学者共同制定一个共享的概念框架，融合或拓展学

[1] 周光礼，武建鑫．什么是世界一流学科．中国高教研究，2016.

[2] 刘仲林．交叉科学时代的交叉研究．科学学研究，1993.

科原有的概念、理论和方法，用于解决某一具体的研究问题[1]。也有学者将学科交叉性（cross-disciplinarity）作为多学科性、学科互涉性和跨界学科性这三个概念的统称或通用术语[2]。

（2）跨学科研究

国内学界较为认同的是将学科互涉性研究（interdisciplinary research）或跨界学科性研究（transdisciplinary research）统称为跨学科研究，指不同的单一学科的学者就某一问题在研究设计、组织和实施的各个层面上（概念、方法、研究结果、成果应用和转化等）进行紧密的合作研究，其特征在于各个不同学科的研究者从始至终持续地、紧密地进行相互交流和协调，形成整体性的、融合性的跨学科合作研究[3]。所研究的问题往往不易被划分为相互独立的子问题，因而必须进行全方位的合作研究。另外一种融合程度较低的跨学科研究是指不同的学科分别研究某一个问题的某一侧面，得出各自的研究结果之后再按照加法的原则形成总体结果。这种跨学科研究也被称作多学科研究（multidisciplinary research），其特征是研究问题可以被拆分为相互分离的不同部分，供不同学科的研究者分别按照自己的概念、理论和方法单独进行研究。

高校的跨学科研究中心是当前跨学科研究的主要组织形式之一。刘凡丰等（2017）根据多年对我国及美国多所大学跨学科中心的考察以及现场访谈，将高校跨学科研究中心的组织设计方案分为组织重构策略、变通策略、依托学科院系策略，具体包括 7 个方案：相对独立的跨学科研究中心、独立的跨学科研究中心、公共技术平台（空间、仪器设备共享平台）、人才交流计划型研究院、管理型跨学科研究院、集群聘任模式、新体制科研机构的发展模式[4]。周朝成等（2013）总结了大学跨学科研究组织的基本特征，即创新驱动性是跨学科研究组织的动力特征、学科交叉性是跨学科研究组织的知识形态特征、矩阵结构型是跨学科研究组织的结构特征、分权与集权交错是跨学科研究组织管理的体制性特征、组织协同性是跨学科研究组织运行机制的基本特征[5]。

（3）跨学科教育

跨学科教育（interdisciplinary education，IDE）是运用跨学科方法，旨在培养学生形成跨学科知识结构、跨学科思维能力和跨学科素养的一种新型教育范式[6]。在跨学科教育模式划分方面，朱彩平（2018）以分类学原理为理论指导，结合以往研究经验的总结，将我国跨学科教育模式主要归结为横向分类的三种：通识型教育模式、探究性教育模式和交叉性教育模式，以及纵向分级的四种：跨学科课程模式、跨学科项目模式、跨学科专业模式和跨学科学位模式，并对纵向分级的各模式进行界定[7]。

[1] Rosenfield P. L. The potential of transdisciplinary research for sustaining and extending linkages between the health and social sciences . Social Science and Medicine，1992.

[2] Klein J. T. The Rhetoric of Interdisciplinary. The Sage Handbook of Rhetorical Studies，2008.

[3] 全国哲学社会科学规划办公室 . 跨学科研究系列调查报告 . 全国哲学社会科学工作办公室网站 .

[4] 刘凡丰，等 . 高校促进跨学科研究的组织设计策略 . 清华大学教育研究，2017.

[5] 周朝成，李敏 . 大学跨学科研究组织的内涵、特征与管理模式探析 . 复旦教育论坛，2013.

[6] 王焰新 . 跨学科教育：我国大学创建一流本科教学的必由之路——以环境类本科教学为例 . 中国高教研究，2016.

[7] 朱彩平 . 我国研究型大学本科生跨学科教育模式研究 . 广州：华南理工大学，2018.

在国际经验借鉴方面，王梅等（2018）提出斯坦福大学工程学院的跨学科教育对我国“新工科”建设的可借鉴之处在于：一是对当前社会的新经济、新产业、新技术进行发掘与总结，整合相关领域的需求与问题，同时着眼于需求与产业、技术的未来发展方向，立足现实，面向未来进行工程教育改革。二是多主体参与，搭建跨学科教育实施平台。三是整合学科资源，促进跨学科教育课程体系建设[1]。

在跨学科教育主旨方面，汪丁丁（2012）指出在转型期的知识社会里，跨学科的教育主旨是培养学生的批判性思考能力以及与既有的分科教育达成互补关系，同时跨学科教育最稀缺的资源是兼备专业知识和跨学科能力以及有能力实施跨学科课程考核标准的师资力量[2]。

在跨学科教育的影响方面，陈涛（2013）将跨学科教育引发的大学变革归为课程结构的变化、教学方式的变化、学术组织的变化以及学术群体的变化四种表现[3]。在推进跨学科教育的措施方面，赵国栋（2012）提出了承认并确立跨学科教育的价值、探索跨学科教育的培养计划及课程体系、将跨学科教育贯穿在终身教育中、出台跨学科教育的相关政策规范以及形成更加充分自由的教育组织形式这五点建议[4]。

（4）跨学科人才

跨学科人才具有两门或多门学科方面的知识，能够综合运用多学科方面的理论与技能去分析与解决实践中复杂的问题[5]。跨学科人才往往具有广博的知识、强烈的创新动机以及良好的群体意识等特征。建立合理的知识结构是成才的基础，发展各种跨学科小组是跨学科成才的最好途径[6]。

国外在跨学科人才培养方面已经积累了较多的经验，如麻省理工学院在培养跨学科人才方面的主要特色是：有限选择、无限融合的学科原则，智慧且灵动的学生个性目标，紧凑的教育节奏优势，纯净的整体文化优势、丰富的跨学科体验优势以及学生的批判、冒险的特质形成[7]。目前我国高校的跨学科人才培养从理念、方式到配套制度都面临着困境：专业教育模式占据主导地位，跨学科人才培养理念相对缺失；教育主管部门制度设计滞后，高校内部制度亦不配套；跨学科人才培养方式不全面，跨学科程度低或涵盖的项目数量有限[8]。邓嘉瑜（2016）借鉴美国研究型大学的跨学科人才培养经验，针对当前我国高校跨学科人才培养存在的主要问题，从专业教育、课程、学位项目和研究项目四个方面提出了把跨学科的理念贯穿于专业教育之中、丰富跨学科课程体系、加强跨学科学位项目建设以及

[1] 王梅，李梦秀．斯坦福大学工程学院的跨学科教育及启示．教育评论，2018.

[2] 汪丁丁．转型期社会的跨学科教育问题．社会科学战线，2012.

[3] 陈涛．跨学科教育：一场静悄悄的大学变革．江苏高教，2013.

[4] 赵国栋．通识教育与自由发展——对跨学科教育的若干思考．学周刊，2012.

[5] 何万宁．面向 21 世纪造就跨学科人才．学位与研究生教育，1999.

[6] 刘仲林．跨学科学导论．杭州：浙江教育出版社，1990.

[7] 高强．一流大学培养跨学科人才的经验．武汉：华中科技大学，2015.

[8] 张晓报．我国高校跨学科人才培养面临的困境及突破——基于理念、制度和方式的分析．江苏高教，2017.

多开展跨学科研究实践项目的建议[1]。

2.1.4 农科高等教育

（1）国内农科高等教育

选择 CNKI 数据库，检索到主题中含有“农业和高等教育”或“农科和高等教育”的学术文献 1668 篇，检索时间为 2019 年 4 月 2 日。通过共词分析（co-word analysis），聚类结果显示，国内农科高等教育的研究主题主要涉及以下五个方面：农科教育的人才培养、农科教育与“三农”、综合性大学农科教育、农业高等职业教育、国外农科高等教育。

农科教育的人才培养。国内学者在本领域重点关注新时代农林院校人才培养目标[2]、农科研究生人才培养模式[3]、地方农业高校人才培养模式[4]等。也有学者对具体农科专业的人才培养进行了研究，如林业[5]、动物医学[6]、农业经济管理[7]、农业水利工程[8]等。还有学者研究农业重点领域的人才培养，如乡村休闲农业[9]、农业信息化[10]等。此外，农科人才培养中的一些关键性问题也引起了国内学者的关注，如专业认证[11]、教材建设[12]、校企合作[13]等。

农科教育与“三农”。国内学者在本领域重点关注农科高等教育服务“三农”的途径与策略。有学者提出农科高等教育专业结构调整应围绕农业产业结构调整目标，当前农科高等教育存在着结构趋同、盲目扩张和学科专业设置不合理等问题[14]。孙翔（2007）则提出农民教育的五个层次：农民全员培训是基础层次，“绿证”教育为提高层次，中等农业职业教育为重点层次，高等农业职业教育是关键层次，本科及本科以上农业教育是最高层次，各层次之间应不断完善并统筹协调发展[15]。

综合性大学农科教育。张宁等（2013）提出涉农综合性大学农科教育特色发展面临学科定位边缘化、服务“三农”功能不突出等挑战，但综合性大学的学科综合优势也为其涉

[1] 邓嘉瑜 . 美国研究型大学跨学科人才培养的模式研究 . 广州：华南理工大学，2016.

[2] 吴锦程 . 新时代背景下农林院校人才培养目标研究——基于自由高等教育理念的视角 . 中国农业教育，2018.

[3] 高宝嘉 . 农科研究生人才培养模式改革中的课程建设问题 . 高等农业教育，2015.

[4] 陈晓阳 . 地方农业高校构建本科多样化人才培养模式的思考 . 国家教育行政学院学报，2014.

[5] 王鹏程，王慧，滕明君，等 . 高等农业院校林业专业硕士研究生培养的改革探讨——基于对林业专业硕士及其用人单位的问卷调查 . 中国林业教育，2017.

[6] 杨萍萍，徐瑞雪，崔言顺 . 动物医学专业创新型人才培养的研究与实践——以山东农业大学为例 . 高等农业教育，2013.

[7] 张慧琴 .“双一流”背景下农业经济管理学科人才培养困境及改革思路 . 农业教育研究，2017.

[8] 孙爱华，朱士江 . 农业水利工程专业本科人才培养模式的思考 . 教育教学论坛，2015.

[9] 杜晓林 . 高等职业教育在乡村休闲农业发展中的作用 . 北京农业职业学院学报，2014.

[10] 张幼铭，程艳旗，顾玉林 . 高等教育如何适应农业信息化发展需要的思考 . 高等农业教育，2002.

[11] 李伟，缪培仁，胡燕，等 . 基于专业认证思维的农业院校专业建设研究与实践 . 中国大学教学，2018.

[12] 范双喜，乌丽雅斯 . 都市型高等农业院校教材建设的实践与探索——以北京农学院为例 . 高等农业教育，2015.

[13] 朱玉涛，刘聚祥，赵君彦 . 中外农业高校校企合作人才培养模式的比较 . 世界农业，2014.

[14] 杨晓明 . 产业结构调整与农业高等教育结构优化研究 . 学术交流，2008.

[15] 孙翔 . 略论农民教育的五个层次 . 中国农业教育，2007.

农学科发展和人才培养提供了发展机遇[1]。高贵临等（2002）则探讨了综合性大学农科教育的模式，提出部分农业院校并入综合性大学，有利于促进中国高等农业教育的综合化[2]。

农业高等职业教育。陈宏涛（2018）提出要树立农业高等职业教育人才培养质量观，通过厘清人才培养目标定位、加强专业与课程群建设、利用信息技术提高教学质量、深化产教融合与校企合作、构建人才培养全程评价体系、推进农业高等职业教育国际化等途径提升农业高等职业教育人才培养质量[3]。吕莉敏等（2018）则认为目前我国涉农高职偏少、涉农专业生源不足、离农现象严重、专业设置与现代农业脱节、“双师型”教师队伍有待完善等问题突出。高等职业院校应优化涉农专业群结构，提高专业与产业的“对接度”和“吻合度”；基于新型职业农民素质结构构建能力本位课程体系；校企协同，创新开放式的新型职业农民培育模式；开辟人才引进“绿色通道”，确保师资队伍建设；强化新型职业农民培育的社会支持体系建设等。

（2）国外农科高等教育

选择 Web of Science 数据库，检索到主题中含有“Agricultural Education”或“Higher Education and Agri*”的学术文献 676 篇，检索时间为 2019 年 4 月 5 日。通过共词分析，聚类结果显示，国外农科高等教育的研究主题主要涉及以下六个领域，即农科教育与可持续农业、农科教育的跨学科性、农科教育质量与创新、农科教育与推广、农科教育与性别、农科教育的课程与教学。

孔祥臣等（2018）介绍了德国高等职业教育对中国全日制农业硕士培养的启示[4]。兰建英（2009）分析了美国“赠地学院”的创建对美国农业经济发展的影响[5]。唐仁华等（2009）介绍了俄罗斯农业高层次人才培养模式[6]。刘志民等（2005）介绍了韩国高等农业教育的发展道路与模式[7]。曹丽颖（2005）分析了欧美大学教育的特点对中国农业院校素质教育的启示[8]。岳大军等（2007）研究了日本高校农机类专业设置现状及启示[9]。

农科教育与可持续农业。Kerri（2016）的研究显示美国设立农业项目的大学数量已经从 1992 年的 23 个增长至 300 个，这些高校与传统的赠地大学存在很大不同，其教学中更加关注可持续性、食品和农业问题，同时重视批判性思维、调查技能以及社区归属感的培养[10]。Will 等（2018）介绍了可持续性食物系统教育计划（SFSE），其主要目标是支持学生

[1] 张宁，梅士伟 . 综合性大学农科教育特色发展的思考 . 高教研究，2013.

[2] 高贵临，武文琪，沈建英 . 积极探索综合性大学农科教育新模式 . 高等农业教育，2002.

[3] 陈宏涛 . 关于提升农业高等职业教育人才培养质量的思考 . 教育与职业，2018.

[4] 孔祥臣，李敬锁 . 德国高等职业教育对中国全日制农业硕士培养的启示 . 高等农业教育，2018.

[5] 兰建英 .“赠地学院”的创建对美国农业经济发展的影响及其启示 . 农村经济，2009.

[6] 唐仁华，杨威 . 俄罗斯农业高层次人才培养模式及启示 . 科技管理研究，2009.

[7] 刘志民，张松，倪浩 . 韩国高等农业教育的发展道路与模式探析 . 中国农史，2005.

[8] 曹丽颖 . 欧美大学教育的特点对中国农业院校素质教育的启示 . 世界农业，2015.

[9] 岳大军，王秀仑，岳柳 . 日本高校农机类专业设置现状及启示 . 高等农业教育，2007.

[10] LaCharite，K. Re-visioning agriculture in higher education：the role of campus agriculture initiatives in sustainability education . Agriculture and Human Values，2016.

通过跨学科知识和技能的培养，有效处理复杂的食物系统问题[1]。

农科教育的跨学科性。Kumar 等（2014）在《农业高等教育中的教育学》一文中提出在教学中推广系统方法，将农业作为一个由技术、经济、社会、文化要素组成的综合系统，加强参与式教学、案例研究、跨学科方法的运用[2]。Parr 等（2005）介绍了加州大学戴维斯分校的学生实验农场（SEF）体验式教育项目，其课程中强调自然科学与社会科学学科知识相融合，校内和校外学习相结合，提倡通过多样化的教育方法设计可持续农业的相关课程[3]。

农科教育质量与创新。Ramesh 等（2016）基于期望值模型评估了印度农业大学教授的学术成就、教学能力和科研态度[4]。Mojarradi 等（2016）对伊朗两所公立大学的农业高等教育实践培训项目质量进行了评价，发现科研人员的参与、公共与私立机构之间的有效沟通以及学生的课程参与度是影响实践培训质量的关键因素[5]。Gannaway 等（2013）的研究结果表明澳大利亚在农业教育教学中创新性地引入传播策略，有效地促进了种子技术的推广[6]。

农科教育与推广。Kale 等（2016）分析了高等教育水平和信息通信技术在农业推广领域的积极作用[7]。Dillon 等（2015）研究了农业教育与推广在农民优化畜群健康管理中的重要性[8]。Abdu-Raheem（2014）等探讨了农业推广在促进南非夸祖鲁—纳塔尔省生物多样性保护方面的作用[9]。

农科教育与性别。Charatsari 等（2013）分析了女性农民参加农业教育项目的意愿[10]。

---

[1] Valley W., Wittman H., Jordan N., et al. An Emerging Signature Pedagogy for Sustainable Food Systems Education. Renewable Agriculture and Food Systems, 2018.

[2] Atul Kumar, Vandana A. Kumar. Pedagogy in Higher Education of Agriculture. Procedia – Social and Behavioral Sciences, 2014.

[3] Parr D. M., Van Horn M. Development of Organic and Sustainable Agricultural Education at the University of California, Davis: A Closer Look at Practice and Theory . Workshop on Curriculum Development for Organic Horticulture: Las Vegas, NV, JUL 21, 2005.

[4] Ramesh P., Reddy K. M., R. V. S. Rao, et al. Academic Achievement and Personality Traits of Faculty Members of Indian Agricultural Universities: Their Effect on Teaching and Research Performance. Journal of Agricultural Education & Extension, 2016.

[5] Mojarradi G., Karamidehkordi E . Factors Influencing Practical Training Quality in Iranian Agricultural Higher Education. Journal of Higher Education Policy and Management, 2016.

[6] Gannaway D., Hinton T., Berry B., et al. Cultivating Change: Disseminating Innovation in Higher Education Teaching and Learning. Innovations in Education and Teaching International, 2013.

[7] Kale R. B., Meena M. S., Singh Y. V., et al. Scientists' Perception Towards Role of Information and Communication Technologies in Agricultural Extension. National Academy Science Letters, 2016.

[8] Dillon E. J., Hennessy T., Cullinan J . The Role of Agricultural Education and Extension in Influencing Best Practice for Managing Mastitis in Dairy Cattle. The Journal of Agricultural Education and Extension, 2015.

[9] Abdu-Raheem, Adekunle K . Exploring the Role of Agricultural Extension in Promoting Biodiversity Conservation in KwaZulu-Natal Province, South Africa. Agroecology and Sustainable Food Systems, 2014.

[10] Charatsari C., Papadaki-Klavdianou A., Michailidis A., et al. Great Expectations? Antecedents of Women Farmers, Willingness to Participate in Agricultural Education Programmes. Outlook on Agriculture, 2013.

Trauger（2008）基于 Liepins 和 Schick（1998）开发的农业培训框架研究了农业教育中的性别认同与知识交流问题，讨论了如何开展女性农民的教育规划 [1]。

农科教育的课程与教学。Urban 等（2018）探讨了农业院校课堂中的技术教学内容知识框架 [2]。Rudebjer 等（2010）提出农民综合考虑社会、经济、环境、自然等因素用于管理复杂的农业系统，而目前农林教育中的传统知识和制度结构不利于学生的系统学习 [3]。

2.2 专业

2.2.1 专业的概念与内涵

专业是一个社会学概念，是指专门职业或专门学业。从专门职业的层面而言，其概念和内容在专业社会学领域有许多不同的界定。弗雷德逊指出，对于专业概念存在着两种不同的理解：第一种将专业看成一个较为宽泛、具有一定威信的职业群体，该群体成员都接受过某种形式的高等教育，成员身份的确定主要依据学历而不是他们专业的职业技能；第二种将专业界定为一个有限的职业群落，这一群落中各个个体都有特定的、或多或少类同的制度和意识形态属性 [4]。

从专门学业的层面而言，专业是专门职业背后的科学知识体系。每一个专业都有其独特的科学知识体系。这一知识体系又由“关于这一专业的知识”和“为这一专业的知识”共同构成。“关于这一专业的知识”一般会落入一个科学（学科）领域，通常是由这一科学领域内的总体知识加上几个分支学科的知识所构成。相对于教育（教师）、法律（律师）和管理（经理）专业，“关于这一专业的知识”分别是教育学及其分支学科、法律学及其分支学科，以及管理学及其分支学科。“关于这一专业的知识”是从事这一职业的人们进行实践的必备知识，其存在奠定了一个职业的专业地位，并以此与其他专业相区分。然而，职业实践处在一个开放的社会大系统中，仅仅掌握“关于这一专业的知识”是远远不够的，还必须要具备这一系统内与这一职业相关联的相关方面的知识，即“为这一专业的知识”。这类知识同样构成专业知识体系的重要组成部分 [5]。

而在高等教育的语境下，专业指的是专门学业。大学在发展专业科学知识体系方面扮演着重要的角色。实现科学知识体系的系统化（发展成为课程）、结构化（组合成专业课

[1] Trauger A., Sachs C., Barbercheck M., et al. Agricultural Education: Gender Identity and Knowledge Exchange. Journal of Rural Studies, 2008.

[2] Urban E. R., Navarro M., Borron A . TPACK to GPACK? The Examination of the Technological Pedagogical Content Knowledge Framework as a Model for Global Integration into College of Agriculture Classrooms. Teaching and Teacher Education, 2018.

[3] A. B., Rudebjer, P. G., et al. Enhancing Integrated Approaches in Agricultural Iearning Systems Using Experiences from Agroforestry. Scientific Research & Essays, 2010.

[4] 赵康 . 专业、专业属性及判断成熟专业的六条标准—— 一个社会学角度的分析 . 社会学研究，2000.

[5] 同上 .

程计划）、合法化（课程和计划获得确认的过程）和传承（传授给准专业人员学生），这一过程主要是在大学完成的。换句话说，高等教育情境下的专业具有如下内涵：首先，专业是依据一定的社会分工和职业需要设置的，大学中的专业通常对应着专门职业，这是专业的社会属性，它是高校与社会联系的桥梁和纽带，专业与社会息息相关；其次，专业拥有系统化和结构化的科学知识体系，它围绕一定的培养目标实现科学知识的系统化和结构化，且专业必须是已经获得制度合法性确认的课程体系，这是专业的知识属性及其制度属性；最后，专业是知识体系传承这一人才培养的基本单位，人才培养是大学中专业设置的基本动因。

这里需要澄清一下学科、科目和专业的关系。学科是指一定的知识体系，一门学科的设立需要有特定的研究对象或研究领域、理论体系和研究方法。科目是与学科相对应的具体的教学项目，如美国的“specific instructional programs”、英国的“subjects”、加拿大的“instructional program classes”，通过不同的科目，教学单位可以组织学科的教学工作。专业则是高等学校根据社会分工、经济和社会发展需要以及学科的发展和分类状况而划分的专业门类。有时一个学科就是一个专业，如我国《学位授予和人才培养学科目录（2011年）》中的二级学科也称学科专业；但有时也会根据社会发展对人才知识构成的需要，由不同的学科知识即不同学科的不同科目组成一个专业，比如一些跨学科专业。就科目来讲，《学位授予和人才培养学科目录（2011年）》中只有学科门类和一级学科、二级学科的划分，并没有科目的划分。而《中华人民共和国学科分类与代码国家标准（GB/T 13745–2009）》中三级学科则有科目的含义。

2.2.2 专业设置及演进的影响因素

如前所述，专业是依据一定的社会分工和职业需要设置、围绕一定的培养目标对科学知识进行系统化和结构化，以培养专业人才的基本单位。因此，专业的设置及其演进受到国家产业结构、劳动力市场需求、科学技术发展和政府政策与决策的影响，且上述因素大多数时候同时发挥作用。

产业结构及相应的人才需求是大学学科专业建设与发展的最主要外部动力[1]。产业结构的状况在深层次上制约着学科发展的深度和水平，产业结构的特征制约着我国大学学科专业的形成及演变。不论是一个国家的高等教育宏观学科类结构还是一个高校的微观学科结构，不可能离开具体的经济和社会发展环境，这个环境主要就是国家的产业结构及其基础上的经济发展水平。

纵观专业的发展演进历史，从中世纪欧洲最早的大学专业的设立，到现代大学新专业的建设发展，无不如此。在欧洲各国，从8世纪到13世纪兴建了大量教堂，这催生了教堂神学院的出现。而随着经济的发展，教堂神学院难以满足神职人员教育的需求，催生了现代大学的雏形。在意大利的博洛尼亚首先出现了世俗的重点研究罗马法的法律学校，到

[1] 纪宝成. 中国大学学科专业设置研究. 北京：中国人民大学出版社，2006.

1119 年，加上医学院、法学院，成为欧洲最早的博洛尼亚大学。到 15 世纪，欧洲各地兴建大学 80 多所，在这些古老的大学中，除了为学生提供文法、修辞、逻辑等传统“七艺”课程外，还设有神学、医学、法学等专业教育课程。因为中世纪大学最初的职责在于训练神职人员、法学家、官吏和医生。[1]

伴随着产业结构重心从第一产业向第二产业的转型，制造业成为经济发展的主力，传统理工科教育获得大的发展；而伴随产业结构从第二产业向第三产业转移的过程，服务业逐渐占据国民经济的主导地位，与此相关的人才培养项目获得较大发展。以美国为例，从美国近 30 年的产业结构变化来看，其 20 世纪 90 年代之后的十年是其第三产业快速发展，第一、二产业逐渐衰退的十年，而对照其此阶段学科专业人才培养情况来看，1990—2005 年间，美国与第一、第二产业显著相关的学科如农业与自然资源、工程与技术领域硕士学位授予数量增长速度显著放缓，2005 年农业科学硕士学位授予数量甚至少于 1990 年。而与第三产业显著相关的学科如医疗保健、社会服务、法律、教育等学位授予数量明显上升。[2]

从美国就业市场对农业相关人才需求也可以看到。美国农业部发布的“2015—2020 年食品、农业、可再生自然资源以及环境领域就业机会”数据显示，食品、农业、可再生自然资源以及环境领域在 2015—2020 年增长 5%，其中，近半数为管理、商业类职位（46%），其次，27% 的职位属于科学、科技、工程以及数学（science，technology，engineering and math，STEM）领域，15% 为食品和生物材料生产领域，另有 12% 属于教育、通信传播和政府服务领域（图 1–1）。

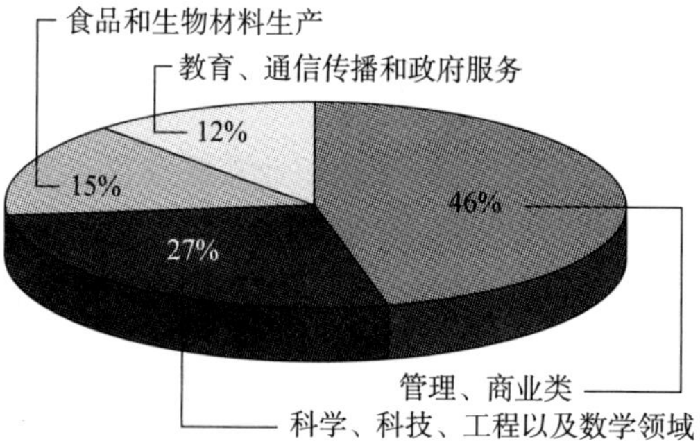

图 1–1　2015—2020 年食品、农业、可再生自然资源以及环境领域就业机会

（1）科学技术发展

作为知识的系统化、结构化组织，专业与知识的演进有密不可分的关系。17、18 世纪新的学科组织、期刊等学科建制的产生促进了学科的分化。物理、化学、生物、经济学、社会学、政治学等逐渐从哲学中分化出来，成为独立的学科。随后柏林大学讲座制改革进一步推动学科分化发展。美国系科制改革将学科的分化推向高潮，高深知识不断向专门化、纵深化发展[3]。

[1] 吴刚 . 知识演化与社会控制——中国教育知识史的比较社会学分析 . 北京：教育科学出版社，2002.
[2] 文雯，袁本涛 . 国际视野下研究生教育科类结构调整的动因分析 . 学位与研究生教育，2012.
[3] 张德祥，王晓玲 . 高等学校专业动态调整的三重逻辑 . 教育研究，2019.

科学技术的发展变化从根本上决定着大学学科专业设置的演变方向。不同学科在科学知识体系中的位置也在一定程度上决定着学科专业的发展。进入20世纪以来，新的科技革命对新兴科技人才的需求激增，迫使高校改变原有学科专业的格局，传统的知识结构被原子能技术、航天技术、电子信息技术、新能源与新材料、生物技术和遗传学等新兴知识取代或补充。在这种背景下，近些年的大学学科专业发展趋势显示，通信技术、生命科学、计算机与信息科学等成为发展最快的学科领域[1]。

（2）政府政策与决策

一定阶段的公共政策尤其是相关教育政策对于学科专业的演进具有重要的导向性或约束作用。最为典型的例子是我国20世纪50年代开展的院系大调整，将工、农、医等学科从综合性大学中分离出去，大力发展当时国民经济和社会发展需要的专门学院和师范学院，以满足当时最为迫切的工业化发展需要。进入20世纪90年代，在国家专业目录调整中，减少专业种类，扩大专业口径，使得高校的专业设置不断得到改造和调整，而与此同时，通过大学之间的合并形成一批综合型大学。以上两次调整都对大学层面甚至国家层面学科专业的发展产生重大且深远的影响。

与此同时，国家科技创新战略，尤其是科技创新优先支持政策也在一定程度上影响着学科专业的发展及其结构。比如2004年英国政府颁发的“科学创新投资框架十年规划”，确定了将能源（包括气候变化和能源供应安全）、环境、全球安全（包括综合犯罪研究、恐怖主义、环境压力、全球贫困）、老龄化－终身健康及幸福（包括癌症、人口研究）。[2]类似的公共政策通过科研经费的导向性对大学的学科发展和专业建设产生间接影响，从而影响学科专业的演进。

2.3 人才培养的概念

随着经济和科技的迅猛发展和全球化的深入推进，大学毕业生创新能力不强、适应经济社会发展能力差、全球胜任力不够等问题日益凸显。许多研究者认为，传统人才培养模式是产生这一结果的主要根源，提出创新人才培养模式是培养创新人才的核心。要创新农科人才培养模式，必须界定清楚人才培养模式的内涵和外延，认真解析人才培养模式的构成要素，明确人才培养模式的基本特征。

2.3.1 人才培养模式概念界定

人才培养模式是人才培养系统中最重要的要素系统[3]。近年来，关于人才培养模式的研究引起了高等教育研究者的普遍重视，不同的研究者从不同层面、不同的角度出发，形成

[1] 纪宝成．中国大学学科专业设置研究．北京：中国人民大学出版社：2006.

[2] 文雯，袁本涛．国际视野下研究生教育科类结构调整的动因分析．学位与研究生教育，2012.

[3] 董泽芳，高校人才培养模式的概念界定与要素解析．大学教育科学，2012.

了各种认知和观点。其中最具代表性的概念如下。

（1）目标实现方式说　认为人才培养模式是学校为学生构建的知识、能力、素质结构，以及实现这种结构的方式，它从根本上规定了人才特征并集中地体现了教育思想和教育观念[1]。

（2）人才培养规范说　普遍认同和遵从的关于人才培养活动的实践规范和操作样式，是直接作用于受教育者身心的教育活动全要素的总和与全过程的总和[2]。

（3）人才培养系统论　认为人才培养模式是一个系统，至少应包括创新人才培养模式和人才成长环境两大部分[3]。创新人才培养模式是创新人才培养的核心，是在一定的教学组织管理下实施的，包括培养目标、专业结构、课程体系、教学制度、教学模式和日常教学管理；创新人才成长环境是创新人才的保证，包括师资队伍、教学硬件和校园文化氛围。高素质的创新人才培养应该是从教师到学生、从观念到制度、从软件环境到硬件环境进行全方位、多角度的综合建设。

（4）教育过程总和论　认为人才培养模式是在一定的教育理念、教育思想指导下，按照特定的培养目标和人才规格，以相对稳定的教学内容和课程体系、管理制度和评估方式实施人才教育的过程的总和，由培养目标、培养制度、培养过程、培养评价四个方面组成[4]。

（5）教育运行方式说　认为人才培养模式是指在一定的教育思想和教育理论指导下，为实现培养目标而采取的培养过程中的某种标准构造样式和运行方式[5]。

（6）整体教学方式说　认为培养模式是教育思想、教育观念、课程体系、教学方法、教学手段、教学资源、教学管理体制、教学环境等方面按一定规律有机结合的一种整体教学方式[6]。

（7）人才培养方案说　认为人才培养模式是在一定的人才观和教育价值观指导下形成的教育活动——人才培养方案，它是在大学理念和大学制度有机结合下才能实现的一个过程[7]。它是基于社会外部需求和自身教育资源配置而形成的教育过程，体现着办学者的价值判断和自我选择，是人才成长和培养的一个过程。

2.3.2　人才培养模式关键要素分析

通过以上对概念的分析，我们比较倾向于人才培养模式是某种标准构造样式和运行方式。它是人才培养系统中最富变化、最具活力的子系统，也是构成要素最复杂的子系统。

[1] 教育部．关于深化教学改革，培养适应21世纪需要的高质量人才的意见（教高〔1998〕2号文件）．1998.
[2] 魏所康．培养模式论——学生创新精神培养与人才培养模式改革．南京：东南大学出版社，2004.
[3] 朱宏．高校创新人才培养模式的探索与实践．高校教育管理，2008.
[4] 翟安英，石防震，成建平．对高等教育创新型人才培养及模式的再思考．盐城工学院学报（社会科学版），2008.
[5] 龚怡祖．略论大学培养模式．高等教育研究，1998.
[6] 刘红梅，张晓松．21世纪初高教人才培养模式基本原则探析．齐齐哈尔医学院学报，2002.
[7] 邬大光．关于人才培养模式的若干思考——在“应用型本科院校人才培养模式改革与创新论坛”上的报告．白云学院学报，2010.

人才培养模式创新实质上是其构成要素的革新、重组和各构成要素之间运行机制的变革。因此，要创新人才培养模式，必须认真解析人才培养模式的各个构成要素。

（1）人才培养理念　主要指高校与教师层面的教育理念，也就是培养主体对人才培养的本质特征、目标价值、职能任务和活动原则等的理性认识，以及对人才培养的理想追求及其所形成的各种具体的教育观念。如质量观、师生观、教学观、科研观、活动观与评价观等[1]。人才培养理念旨在回答“培养什么样的人”“如何培养人”等问题。人才培养理念对人才培养模式其他要素的选择与确定都有着极其重要的影响。

（2）课程设置模式　课程设置一般是指学校选定的课程类型和课程门类在不同年级的安排次序和学时配比，以及对各类各科课程的学习目标、学习内容和学习要求的有关规定[2]。课程设置一定要符合人才培养目标的需要，它是培养目标在课程计划安排中的集中体现。课程设置的重点是课程结构和课程内容的设计。合理的课程结构包括课程内容合理，不同内容课程开设的次序合理，各课程之间相互衔接，学生通过专业课程的学习与训练，能够获得专业所具备的知识、能力与素质。合理的课程内容指课程的内容安排符合知识论的规律，课程的内容能够反映学科的主要知识、主要的方法论及时代发展的要求与前沿。

（3）教学运行机制　教学运行机制是人才培养模式中最活跃的一个变量，包括与人才培养的微观过程紧密相关的各种规章制度及其实施体系[3]。其核心内容有学分制、学位制、导师制、实习制、分流制度、日常教学管理制度等。具体来说又包括选课制度、课程体系、学分管理、弹性学制、学位制、学分绩点制、双学位修制、专加本制、本硕连读制等。从高等学校人才培养的发展趋势来看，教学运行机制的设计和运用既要有助于推动教师主动进行教学方式方法的改革，更要有助于学生的自由选择和自主学习。同时，教学运行机制也包括在一定的教学思想、教学理论、学习理论、管理理论的指导下对教学过程进行组织管理的手段与方法。

（4）教学组织形式　教学组织形式是指教学活动过程中教师和学生的组织方式及教学时间和空间的安排方式。不同的教学组织形式对学生的知识获得、智力形成与人格提升会产生不同的影响[4]。教学过程是以学生探讨为主的双向、多向的交流过程，充分体现学生的主体地位。这种教学组织形式在培养学生的独立思考和创新能力，以及增长学生才识、活跃课堂氛围方面的作用得到了世界的公认。我国高校传统课堂教学组织形式的主要特征是强调书本知识中心、课堂中心和教师中心，教学目标重在知识灌输，学生几乎处于填鸭式接受知识的被动地位，使学生学习与创新能力的培养受到了极大的限制。以学生“自由选题、自主探究和自由创造”为宗旨的研究型教学形式，注重突出学生在学习、研究和探索中的主体地位，有利于培养学生的学习能力、实践能力和创新能力。

（5）教学评价方式　教学评价是依据一定的标准对人才培养过程及其质量与效益做出

[1] 董泽芳，高校人才培养模式的概念界定与要素解析．大学教育科学，2012.

[2] 龚怡祖．略论大学培养模式．高等教育研究，1998.

[3] 刘英，高广君．高校人才培养模式的改革及其策略．黑龙江高教研究，2010.

[4] 龚怡祖．略论大学培养模式．高等教育研究，1998.

客观的判断与评价[1]。教学评价是人才培养的重要环节，也是检验人才培养效果的重要手段，可以同时激励师生，推进教学相长。一般的教学评价包括对办学水平的宏观评价和对教育教学的微观评价。教学评价上存在的问题有：在评价方式上，重结果评价，轻过程评价；在评价结果的使用上，重鉴别、选拔与淘汰，轻反馈、矫正与调控；在评价手段上，重考试定量评价，轻课程论文、口试、课程实践等的评价，轻创造性思维与实践能力。改革的方向是更新评价理念，促进教学评价从单一走向多元化，更好地促进高校办出特色，人才能够个性、多元、自由地发展。

3 研究目标

一是回顾农科高等教育的发展历程，追踪国外一流涉农高校的最新实践动态，研判农科高等教育发展的内外部环境变化，阐述新时代下培育“新农科”的必要性，回答为什么要培育“新农科”。

二是爬梳农科知识体系的发展脉络，洞察世界一流涉农大学的学科结构特征和农业科学领域高被引科学家的研究特征，进而从理论上阐释“新农科”的概念与内涵，剖析其与传统农科、工科、理科、医科、文科之间的关系，回答什么是“新农科”。

三是借用跨学科研究的思维方式和系统性方法，融入科学、技术、人类行为、经济和政策多维度要素，探寻“新农科”的发展路径，展望“新农科”知识创新的重点领域，进而构建“新农科”的专业体系和人才培养体系，回答如何培育“新农科”。

四是聚焦“新农科”建设过程中的重点与难点，提出新时代我国农科高等教育改革发展的对策与政策建议。

4 研究方法

本课题在相关研究成果的基础上，遵循理论分析与实证研究相结合的原则，通过自上而下（演绎法）和自下而上（归纳法）相结合的方式，综合采用文献调研、文献计量、专家访谈、案例分析等多种方法开展研究。

5 研究内容

研究内容一：为什么要培育“新农科”。首先，揭示农科高等教育的内部机制演化，一是基于历史视角，从我国农科高等教育的研究主题、管理体制、教育规模、人才培育体系四个方面，系统回顾我国农科高等教育的发展历程；二是基于国际视角，从国外农科高等教育的研究主题、国外涉农高校学科发展、国外农科专业结构体系、国外农科高等教育

[1] 董泽芳．高校人才培养模式的概念界定与要素解析．大学教育科学，2012.

人才培养模式四个方面，综合考察国外农科高等教育的发展趋势。其次，洞察农科高等教育的外部环境变化，一是立足国内环境，聚焦“三农”发展与经济社会的关系变化和国家战略布局对农业发展的新要求，阐释农科高等教育改革的国内动因；二是立足国际环境，聚焦科技进步与人类健康福祉的更高追求和全球化与国际农业发展的新动向，阐释农科高等教育改革的国际动因。

研究内容二：什么是“新农科”。首先，爬梳农科知识体系的发展脉络，一方面梳理“新农科”的相关概念，另一方面总结农科的学科体系特征。其次，洞察世界一流涉农大学的学科结构特征和农业科学领域高被引科学家的研究特征。最后，从理论上提出“新农科”的概念框架，阐释其概念内涵，剖析其与其他学科之间的关系。

研究内容三：如何培育“新农科”。首先，从理论层面阐释“新农科”的发展路径。其次，通过文献调研和专家访谈，归纳“新农科”知识创新的重点领域。最后，在国内外一流涉农高校实践经验的基础上，构建“新农科”的专业体系、人才培养体系、组织体系和治理体系。

第二章
我国农科高等教育的发展历程与发展趋势

农科高等教育是我国高等教育的重要组成部分，是认真贯彻执行国家高等教育发展方针和政策，结合我国国家战略和社会需求，形成的多科类、多层次的完整的高等农业教育体系。我国农科高等教育在几十年的发展过程中，经历了新中国成立初期的恢复发展、改革开放时期的稳步发展和新时期的跨越发展三个阶段，积累了丰富的经验，在国家的经济、社会发展中发挥着重要的作用，具有不可替代的地位。展望未来，我国农科高等教育将成为培养高素质农业创新创业人才的重要基地，成为国家农业领域基础研究和关键技术攻坚及农业高新技术产业孵化的主要力量，实现新时代的跨越式发展，以人才培养和科学研究支持国家战略。

1　我国农科高等教育管理体制的历史变革分析

高等教育管理体制是指高等教育在管理机构设置、领导隶属关系和管理权限划分等方面的体系、制度、方法、形式的总和[1]。李国杰等（2008）认为，高等农科教育管理体制即国家对高等农科教育进行组织管理的各项制度的综合，从高等农业院校外部来看，包括高等农科教育的领导与宏观管理组织体系及其责任规定，涉及领导体制、管理分层、权力架构等方面，如办学体制、宏观管理体制、投入体制、招生与就业体制等；从高等农业院校内部来看，管理体制包括高等农科教育的内部组织系统及其构建的原则与功能规定，涉及机构设置、责任分工、权力分配及其相互关系等方面，如教学管理体制、科研管理体制、社会服务体制、人事分配体制、后勤保障体制等[2]。

在高等教育研究领域，高等教育管理体制一般指宏观的、整个体系的组织管理的各项制度的综合。虽然在高校内部管理层面，也离不开国家的制度、法规和政策，但一般将高校内部管理列入治理范畴。本研究主要关注农科高等教育的宏观管理体制，采用以教育领导体制、办学体制、投入体制等为主的分析框架，按照时间跨度展开，对我国农科高等教育管理体制进行历史变革分析。

[1]　王英杰，刘宝存 . 中国教育改革 30 年：高等教育卷 . 北京：北京师范大学出版社，2009.

[2]　李国杰，李露萍 . 我国高等农林教育可持续发展战略研究 . 沈阳：辽宁人民出版社，2008.

1.1　新中国成立初期

新中国成立以来，我国高等教育管理体制几度变更，农科高等教育管理体制的历史变革和发展大致可以划分为以下几个阶段。

1.1.1　接管改造，统一管理（1949—1951 年）

1950 年 5 月 5 日，中央人民政府政务院颁布的《各大行政区高等学校管理暂行办法》规定："除华北区高等学校由中央教育部直接领导外，各大行政区高等学校暂由各大行政区教育部或文教部代表中央教育部领导"[1]。1950 年 7 月 28 日，中央人民政府政务院第 43 次政务会议通过了《中央人民政府政务院发布关于高等学校领导关系的决定》，强调"全国高等学校以由中央人民政府教育部统一领导为原则"，并决定"中央人民政府教育部对全国高等学校（军事学校除外）均负有领导的责任，各大行政区人民政府或军政委员会教育部或文教部均有根据中央统一的方针政策，领导本区高等学校的责任。凡中央教育部所颁布的关于全国高等教育方针、政策与制度、法规、教育原则方面的知识，高等学校的设置变更或停办，大学校长、专门学院院长、专科校长的任免，师生的待遇，经费开支标准等决定，全国高等学校均应执行"[2]。

为适应国家经济建设的需要，新中国的高等教育管理体制采取高度集中统一管理的方针，明确了高等教育逐步实行由人民政府教育部统一管理的方向，同时允许各地区根据自身不同情况权宜处理。新中国成立后，政府逐步接收、改造了旧社会遗留下来的高等农林院校及系科。高等农科教育办学投入由教育部拨给。解放初期，学校经费以小米计。1950 年，教育部批准拨给北京农业大学经费 120 万斤小米（约合 12 亿旧人民币）。经费过少，难以进行大规模的建设与设备增置。1951 年，教育部对北京农业大学的经费投入比上年显著增加，全年拨给学校经常费（额定费）与核定费（临时拨给）280 万斤，另加 200 万斤补助费用以几项大的建筑（水电设备与房屋）与全面修缮[3]。

1.1.2　独立设置，条块分割（1952—1957 年）

经过 1949 年至 1951 年的经济恢复时期，国民经济基本好转，人民民主专政得到巩固。1952 年 11 月，中央人民政府委员会第 19 次会议决定成立高等教育部[4]。1952 年底，国民经济恢复任务已基本完成，党中央从中国的实际情况出发，提出了党在过渡时期总路线。1953 年起，我国开始实行发展经济的第一个五年计划。在第一个五年计划期间，我国的高等教育，为了适应社会主义改造和建设的需要，主要是通过学习苏联高等教育经

[1]　郝维谦，龙正中，张晋峰．中华人民共和国高等教育史．北京：新世界出版社，2011.

[2]　同上。

[3]　王步峥．北京农业大学校史．北京：北京农业大学出版社，1995.

[4]　王英杰，刘宝存．中国教育改革 30 年：高等教育卷．北京：北京师范大学出版社，2009.

验，建立社会主义高等教育体系。

1952 年 5 月，中央教育部明确提出了全国高等学校院系调整原则和计划，其方针是“以培养工业建设人才和师资为重点，发展专门学院，整顿和加强综合大学”，明确主要发展工业学院，尤其是单科性专门学院。调整方式是根据苏联的大学模式，取消大学中的学院，调整出工、农、医、师范、政法、财经等科，或建立专门学院，或合并到已有的同类学院中去。[1] 这次调整的重点之一，是“整顿和加强综合大学”。调整后的综合大学调出了学校原有的工科或农、医等科，普遍加强了文科、理科，形成了明显的学科优势[2]。这次调整还加强了农林、医药、财经院校的建设。1951 年我国有农业院校 15 所，1952 年增加到 25 所；1951 年我国没有专门的林业院校，1952 年新增加到 31 所[3]。

1953 年 10 月 11 日，政务院颁布《关于修订高等学校领导关系的决定》，对高等学校的直接管理工作做出了明确的分工，规定：综合性大学由中央高等教育部直接管理；与几个业务部门有关的多科性高等工业学校，由中央高等教育部直接管理，高教部如认为必要，得与中央有关部门协商委托其管理；为某一业务部门或主要为某一业务部门培养干部的单科高等学校，如单科性高等工业学校、高等师范学校、医学院、农林学院、畜牧兽医学院、财经学院、政法学院、艺术学院、体育学院等，可以委托中央有关部门直接管理；中央高教部及中央有关部门认为直接管理尚有困难，得委托所在大区或省市人民政府管理[4]。

从 1952 起，在全国范围内进行了三次大规模的院系调整，由综合大学的农、林学院或系、科、组，调整组建了独立的农林院校，并在沿海、边远和少数民族地区新建一批高等农牧、林业、农机化、水产院校。1954 年 11 月，高等教育部召开了第二次全国高等农林教育工作会议。到 1955 年，大规模的院系调整基本完成，原有农林院校和设在综合大学中的农林科系，调整为 30 所独立的农学院（其中 12 所农学院设有林学专业）和 3 所独立的林学院，并对农林专科院校（系、科）进行了大幅度压缩。调整后，除吉林、青海、西藏三省区外，全国各省、自治区至少设有一所独立的农林学院。分别由中央政府各部门和省级政府投资举办和直接管理，有明确的隶属关系，形成“条块分割”的状况[5]。1957 年 10 月，原由高教部直接领导的以及委托各省代管的高等农业院校，除个别院校仍由农业部领导外，其余一律转交省政府领导或以省为主与农业部双重领导[6]。

总的来说，从 1952 年至 1957 年，全国高等学校实行了有计划、分步骤的院系调整。调整前高等教育的格局是：全国共有高等学校 211 所，其中普通大学（在文、理、工、农、医、财经、政法、艺术、教育等学科门类中，至少拥有 3 个学科门类的学院或学系）

[1] 李琦 . 建国初期全国高等学校院系调整述评 . 党的文献，2002.

[2] 郝维谦，龙正中，张晋峰 . 中华人民共和国高等教育史 . 北京：新世界出版社，2011.

[3] 同上。

[4] 同上。

[5] 李国杰，李露萍 . 我国高等农林教育可持续发展战略研究 . 沈阳：辽宁人民出版社，2008.

[6] 王英杰，刘宝存 . 中国教育改革 30 年：高等教育卷 . 北京：北京师范大学出版社，2009.

49 所；独立学院（拥有 1 或 2 个学科门类的学系）91 所；专科学校（一般是 1 个学科或 2 个学科）71 所。高等农林学校或高等农林专科学校共 17 所，仅占全国高等学校总数的 8%。[1] 历时六年，高等学校调整工作基本结束。1957 年，全国共有高等学校 229 所，其中综合大学 17 所、工业院校 44 所、师范院校 58 所、医药院校 37 所、农林院校 31 所、语言院校 8 所，财经院校 5 所、政法院校 5 所、体育院校 6 所、艺术院校 17 所，其他院校 1 所。[2] 基本上实现了整顿与加强综合大学，发展专门学院的调整目的。

1.1.3　反复调整，曲折发展（1958—1977 年）

1957 年后，高等农林教育经历了“大跃进”、充实提高与相对稳定、“文化大革命”、恢复与发展 4 个主要历史时期。1958 年，全国掀起了“大跃进”的高潮，高等农林院校迁往农村、林区举办，数量急剧膨胀。1960 年，我国高等农业院校达 170 所，林业院校达 24 所[3]。

1958 年至 1960 年进行的教育革命是以全民“大跃进”为背景的，是一次探索中国自己发展高等教育道路的尝试。在“教育革命”初期提出的一些宏观管理方面的方针和原则是比较正确的和有重要指导意义的。如提出党和国家的教育工作方针，明确解决了教育工作的方向问题；提出管理权力下放、调动地方积极性的原则，克服中央集权过多的问题等。由于受“左”的指导思想影响，在缺乏经验又没作充分准备的情况下，采用不适当的群众运动的方式搞“教育革命”，造成教育秩序混乱、教育质量下降、教育工作蒙受巨大损失[4]。

1958—1960 年，我国的高等教育事业的发展速度和规模超过了当时我国在经济上的承受能力和原有教育基础所能提供的办学条件，产生了不少矛盾和问题。1961 年，中共中央发布了《教育部直属高等学校暂行工作条例（草案）》（简称《高校六十条》），对高等学校的领导制度等作了明确规定。高等农林院校也按照要求进一步确立了中国共产党组织在学校中的地位、职责。1961—1963 年，教育部连续召开了一系列调整工作会议，贯彻执行“八字”方针和中央文教小组、中央书记处召开的有关文教工作会议的精神，下大力调整高等教育事业，取得了显著的效果[5]。1965 年，高等农业院校调整为 45 所，林业院校调整为 8 所[6]。

1964 年 9 月以后，国务院各有关部门和各省、市、自治区积极推动半工半读教育的试验工作[7]。1964 年 10 月 7 日至 9 日，农业部召开北京农业大学、北京农业机械化学院、南京农学院、西北农学院、沈阳农学院、西南农学院、华中农学院 7 所高等农业院校试办半农半读座谈会。会议认为，高等农业院校试行半农半读，应当为半农半读的农业技术学校培养半农半读的专业课教师和为农村培养新型的农业技术干部。会议确定了先行试办的

[1]　郝维谦，龙正中，张晋峰 . 中华人民共和国高等教育史 . 北京：新世界出版社，2011.

[2]　《中国教育年鉴》编辑部 . 中国教育年鉴（1949 ~ 1981）. 北京：中国大百科全书出版社，1984.

[3]　李国杰，李露萍 . 我国高等农林教育可持续发展战略研究 . 沈阳：辽宁人民出版社，2008.

[4]　郝维谦，龙正中，张晋峰 . 中华人民共和国高等教育史 . 北京：新世界出版社，2011.

[5]　郝维谦，龙正中，张晋峰 . 中华人民共和国高等教育史 . 北京：新世界出版社，2011.

[6]　李国杰，李露萍 . 我国高等农林教育可持续发展战略研究 . 沈阳：辽宁人民出版社，2008.

[7]　郝维谦，龙正中，张晋峰 . 中华人民共和国高等教育史 . 北京：新世界出版社，2011.

专业，并对一些具体措施交换了意见。这次座谈会后，有一批高等农业院校很快办起了半农半读试点班。据 1965 年，全国 66 所高等农业院校中，已试行半农半读的有 37 所，半农半读的学生占在校学生总数的 15%。个别高等农业院校试行了“学生从社里来回社里去”的办法。1965 年 7 月 15 日到 30 日，农业部召开高等和中等农业教育会议，研究了农业教育革命的方向、方针、任务和措施。刘少奇听取汇报并作了指示。会议认为，高等和中等农业院校，必须采取积极稳妥的方针，逐步实行半农半读、社来社去和进行教学改革，并把学校办到农村去，使农业教育更好地面向农村、面向农民、面向农业[1]。1964 年 12 月 25 日至 1966 年 1 月 16 日，高等教育部在北京召开全国半工（农）半读高等教育会议。会议交流了半工半读高等教育的经验，并讨论了全日制高等学校的改革问题[2]。

“文化大革命”开始不久，国家教育部和各地教育行政部门便已瘫痪。高等学院原有的党政班子被冲垮，领导干部几乎全部被打倒，学校进驻了工人、解放军宣传队，并由他们实际掌握了学校的党政大权。在《全国教育工作会议纪要》的“任务”部分，着重对“教育革命”作了全面安排，规定了“教育革命”要完成的十项任务。其中，涉及高等教育问题的为前七项[3]。在“教育革命”中，大批的高等学校被先后撤销、合并，或被迫搬迁。1965 年我国有 45 所高等农业院校，1971 年减少到 31 所。不仅如此，而且有 23 所农业高等院校曾搬迁 45 次[4]。

1969 年，教育部被撤销，根据周总理指示，成立了国务院科教组，主管原教育部和国家科委的工作，并于 1970 年 7 月初开始办公。1971 年 4 月 15 日至 7 月 31 日，在北京召开全国教育工作会议，会议纪要提出，根据中共中央 1969 年 10 月 26 日发出的《关于高等院校下放问题的通知》指示精神，多数院校由地方领导；部分院校由地方和中央部门双重领导，以地方为主；少数院校由中央部门直接领导。原部属院校下放后，在中央统一计划下，实行以“块块为主”的管理体制[5]。

1.2 改革开放时期

改革开放以来，随着我国社会经济的发展，经济、科技、政治管理体制都进行了一系列的改革，高等教育管理体制改革成为高等教育改革的一项重要内容，农科高等教育管理体制改革更加明显。

1.2.1 条块管理，恢复发展（1978—1984 年）

1978 年，党的十一届三中全会召开，做出了实行改革开放的决策。高等农业教育事

[1] 中央教育科学研究所 . 中华人民共和国教育大事记（1949 ~ 1982）. 北京：教育科学出版社，1984.

[2] 郝维谦，龙正中，张晋峰 . 中华人民共和国高等教育史 . 北京：新世界出版社，2011.

[3] 同上 .

[4] 同上 .

[5] 韩喜平，常艳芳 . 论中国特色高等教育管理体制的改革路径 . 大学教育科学，2010.

业有了很大发展，绝大多数高等农业院校得到恢复，同时新建一批农业院校，农业院校数量由 1978 年的 55 所发展到 1984 年的 61 所（包括农牧、农垦、农机、水产）。对高等农业院校的管理主要分为三种情况：一是主要为全国农业部门培养人才的高等农业院校，由中央农业部教育司或主管司主管。农业部先后确定 18 所农业、农垦、水产院校为农业部直属高校，其中北京农业大学、南京农业大学、华南农业大学、沈阳农业大学、华中农业大学、西北农业大学、西南农业大学和北京农业工程大学为全国重点大学。二是主要为某一地区培养人才的高等农业院校，由省、市、自治区教育厅（局）或农业厅（局）主管。三是某些地方专科型高等农业院校，由地方有关业务厅、局主管[1]。

1984—1986 年，由国家教育委员会（以下简称“国家教委”）、农牧渔业部共同组织调查论证，制定农科本科专业目录 55 种，基本覆盖了农业生产产前、产中、产后的各个方面。这一时期，经过“加速发展”“调整结构、加强管理”“简政放权”等一系列的改革，学校规模得到了快速恢复与发展。高等农业教育的恢复与重建，有效地缓解了我国农村经济社会发展出现的人才匮乏状况，有力地促进了我国农村经济和社会的发展[2]。

1.2.2 共建联合，改革发展（1985—1998 年）

1985 年，第一次全国教育工作会议讨论公布《中共中央关于教育体制改革的决定》，我国高等农业教育管理体制改革也随之全面展开。1988 年，国家教委、农业部、林业部决定在农学、兽医、农业工程、林学、林业工程等 5 个一级学科建立国家级重点学科 36 个，部级重点学科 41 个，各省也在省属农业院校建立了一些省级重点学科。1988 年 4 月，国家教委发布《关于加强普通高等学校本科教育工作的意见》，提出要进一步明确本科教育的培养目标，并分别对文、理、工、农、医、师范等科类的培养目标提出要求。工、农、医各科教育要注意克服目前人才培养中存在的重学科理论、轻实际应用的现象，培养能到基层解决工农业生产和医疗卫生保健工作中实际问题的各种专门人才。根据这些要求，各高等学校开始制定自己的具体培养目标[3]。

1992 年，第四次全国高等教育工作会议以后，特别是《中国教育改革和发展纲要》发布以后，在总结前几年管理体制改革经验的基础上，明确了改革的目标，提出“进行高等教育体制改革，主要解决政府与高等学校、中央与地方、国家教委与中央业务部门的关系，逐步建立政府宏观管理、学校面向社会自主办学的体制”[4]。从 1993 年开始，我国对高等教育进行了重大的体制改革和结构调整。国务院办公厅先后于 1994 年在上海、1995 年在南昌、1996 年在北戴河、1998 年在扬州共召开了四次高等教育管理体制改革座谈会[5]。1994 年在上海召开了全国高等教育体制改革座谈会。会上提出，当前要以推动各种形式

[1] 李国杰 . 改革开放 30 年的我国高等农业教育回顾与展望 . 高等农业教育，2009（01）：11-14+60.

[2] 同上 .

[3] 郝维谦，龙正中，张晋峰 . 中华人民共和国高等教育史 . 北京：新世界出版社，2011.

[4] 同上 .

[5] 李岚清 . 李岚清教育访谈录 . 北京：人民教育出版社，2004.

的联合办学和调整高校布局为主推动管理体制改革，并总结出了共建、合作办学、合并、中央部委院校转由地方政府管理以及企业和科研单位参与高校的管理等五种改革形式。到1994年底全国有23所高校实行了“共建”，其中国家教委直属高校有10所[1]。

1992年后，专业目录再次修订，增加了一部分宽口径专业及一部分新兴边缘学科专业，进一步对本科专业进行调整，农科本科专业由55种调整为38种[2]。1994年1月，国家教委、农业部、林业部联合召开了第三次全国普通高等农林教育工作会议，对建立具有中国特色的高等农业教育体系起到了推动作用[3]。从1994年起，为了解决高等农业院校存在的规模小、学科单一的问题，在《中国教育改革和发展纲要》的指导和中央的统一部署下，开始了高等教育管理体制的改革。14所农业院校参与合并，4所部属农业大学省部共建，其他部属大学采取了与地方合作办学的形式，在资金、政策等方面得到省和地方的大力支持[4]。1994年后，按照国家教委等部门印发的《关于进一步深化高等农林院校改革的意见》等一系列文件和国家教委的统一部署，农科专业进行了大幅度的调整，调整后的农科专业只有15种，比1993年的38种压缩了60%[5]。

1995年，中央提出高等教育管理体制改革“共建、联合、调整、合并”八字方针。通过实行八字方针，使教育资源得到合理配置和充分利用。在八字方针的指导下，长期条块分割的管理体制开始打破，逐步走向条块结合，高等教育的结构、布局在全国或地区范围逐步趋向合理[6]。到1995年底，全国已有40所中央部委直属高校实行了“共建”，有120多所高校开展了多种形式的合作办学，由70多所学校合并成28所，有5所部委直属高校划转地方管理。原农业部直属高校共13所，后归教育部直属4所，分别为中国农业大学、南京农业大学、西北农林科技大学、华中农业大学；归省市直属9所，分别为沈阳农业大学、华南农业大学、东北农业大学、西南农业大学（2005年并入西南大学）、华南热带农业大学（2007年并入海南大学）、上海水产大学（2008年更名为上海海洋大学）、石河子大学（新疆生产建设兵团直属）、大连水产学院（2010年更名为大连海洋大学）、塔里木农垦大学（2004年更名为塔里木大学）。原林业部直属高校共7所，后归教育部直属2所，分别为北京林业大学、东北林业大学；并入教育部直属高校1所，即西北林学院（1999年并入西北农林科技大学）；部委直属1所，即南京森林公安高等专科学校（2010年发展为南京森林警察学院）；归省市直属3所，分别为南京林业大学、中南林学院（2005年更名为中南林业科技大学）、西南林学院（2010年更名为西南林业大学）[7]。

到1998年底，全国已经有31个省区市、50个部委参与了改革，涉及高校648所。“共建、合并、划转、协作、合作”五种形式的改革都取得了重要的成绩。通过合并，我

[1] 郝维谦，龙正中，张晋峰. 中华人民共和国高等教育史. 北京：新世界出版社，2011.

[2] 李国杰. 改革开放30年的我国高等农业教育回顾与展望. 高等农业教育，2009.

[3] 同上.

[4] 同上.

[5] 同上.

[6] 郝维谦，龙正中，张晋峰. 中华人民共和国高等教育史. 北京：新世界出版社，2011.

[7] 经各学校官网整理.

国出现了一批文、理、工、农、医等各大学科门类齐全的综合性大学，如浙江大学、中国农业大学[1]。

1996 年 7 月召开了第四次全国高校科技工作会议，时任国务院副总理李岚清、中央书记处书记温家宝等中央领导同志出席并作了重要讲话。会议总结了“八五”科技工作成就与经验，明确了“九五”发展目标与主要任务，还提出了“九五”期间搞下科技工作着重抓好的几件大事，如大力推动科教兴农、大力推进产学研合作等[2]。

1996 年 11 月，国家教委、农业部、林业部联合召开“全国普通高等农林教育工作经验交流会”。时任中共中央政治局常委、国务院副总理李岚清和中共中央政治局委员、国务院副总理姜春云出席会议并发表重要讲话。此次会议对于国务院有关部门和各级政府更加重视、支持高等农业教育，更好贯彻落实“科教兴国”战略起到了积极的推动作用。1998 年以来，开展了高等农业教育面向 21 世纪的教学内容和课程体系改革研究与实践，强化教学宏观指导和教材建设[3]。

1.2.3　调整合并，统筹发展（1999—2012 年）

2000 年 2 月，国务院办公厅转发教育部等部门《关于调整国务院部门（单位）所属学校管理体制和布局结构的实施意见》，提出实行中央和地方两级管理，行业部委不再直接管理高校；教育部直属农林高校 6 所，教育部直属设有农学院的综合性大学 15 所，其他农林高校均划归地方政府管理。

1999 年全国第三次教育工作会议召开，发布了《中共中央国务院关于深化教育改革全面推进素质教育的决定》。按照国家关于高教管理体制进一步深化变革的要求，高等农业院校管理体制发生了重大变革，农业部直属农业院校或转教育部管理，或转地方政府领导。全国先后有 17 所农业院校之间通过合并组建新高等农业院校 9 所，有 24 所高等农业院校合并组成新的非农院校，或并入综合性大学，1 所更名，1 所高等农业专科学校转制为高等农业职业技术学院[4]。到 2004 年全国有独立建制的高等农业院校 37 所，其中本科院校 31 所。

1.3　中国特色社会主义新时期

进入 21 世纪以来，我国农科高等教育管理体制已经相对稳定。随着经济全球化的发展，科技进步日新月异，我国进入了改革发展的关键时期。2013 年 11 月 12 日，中共第十八届中央委员会第三次全体会议通过了《中共中央关于全面深化改革若干重大问题的决定》，其中指出，教育改革进入深水区，需要深化教育领域综合改革，同时提出“深入推进管办评分离，扩大升级政府教育统筹权和学校办学自主权，完善学校内部治理结构”。

[1]　郝维谦，龙正中，张晋峰．中华人民共和国高等教育史．北京：新世界出版社，2011.

[2]　同上．

[3]　李国杰．改革开放 30 年的我国高等农业教育回顾与展望．高等农业教育，2009.

[4]　同上．

2014 年 9 月 29 日，教育部、农业部、国家林业局发布了《教育部 农业部 国家林业局关于批准第一批卓越农林人才教育培养计划改革试点项目的通知》。确定了第一批卓越农林人才教育培养计划项目试点高校 99 所，改革试点项目 140 项，其中拔尖创新型农林人才培养模式改革试点项目 43 项，复合应用型农林人才培养模式改革试点项目 70 项，实用技能型农林人才培养模式改革试点项目 27 项。

随着科教兴国、人才强国及建设创新型国家等战略相继推进，在高等教育管理体制改革的浪潮中，“双一流”建设的实践和理论探索已成为热点。2017 年 9 月 21 日，教育部、财政部、国家发展改革委联合发布《教育部 财政部 国家发展改革委关于公布世界一流大学和一流学科建设高校及建设学科名单的通知》，正式确认公布世界一流大学和一流学科建设高校及建设学科名单，全国共 10 所农林类高校入选“双一流”。

2017 年 4 月 6 日，教育部、中央编办、发展改革委、财政部、人力资源社会保障部联合出台了《关于深化高等教育领域简政放权放管结合优化服务改革的若干意见》，提出以“破除束缚高等教育改革发展的体制机制障碍，进一步向地方和高校放权，给高校松绑减负、简除烦苛，让学校拥有更大办学自主权……”为目的，深化高等教育领域简政放权放管结合优化服务改革。2017 年 9 月 24 日，中共中央办公厅、国务院办公厅印发了《关于深化教育体制机制改革的意见》，指出：“要健全教育宏观管理体制。”“坚持放管服相结合。深化简政放权、放管结合、优化服务改革，把该放的权力坚决放下去，把该管的事项切实管住管好，加强事中事后监管，构建政府、学校、社会之间的新型关系”。

2　我国农科高等教育规模的历史变革

新中国成立以来，我国农科高等教育的规模取得了长足发展。农林院校数量经历了一个从缓慢增长、平稳发展、明显减少再到迅猛增长的过程，校均规模不断扩大；农林院校和农科的招生规模都有了显著提升，但增长速度远低于全国普通高校招生总数，农科“弱势”的地位明显，且滞后于行业产业的发展。招生地域重心在逐渐均衡的基础上缓慢地向我国的东部和东北发生了迁移，但总体发展尚不平衡，教育资源的地区布局需要调整。

2.1　农科高等教育的曲折前行与起伏发展（1949—1977 年）

新中国成立到改革开放前，我国高等农业院校的发展颇为曲折。1949 年，全国独立建制的高等农业院校有 18 所，设有农学院（系）的综合性大学 30 所。总体上学校规模很小，且多分布在沿海地区，内地、边疆地区寥寥无几。在校本专科生 10 726 人，校均不足 250 人，研究生 20 人，专任教师 937 人[1]。1952 年院系调整，撤销了综合性大学的

[1] 《中国农业教育五十年》编写组 . 伴随着共和国的脚步，在探索中不断发展——新中国普通高等农业教育五十年回眸 . 高等农业教育，1999.

农学院或农林学科，合并、重组、新建了一批独立建制的单科性农科院校。当年在校学生总数为 14 566 人，其中本科生 11 785 人，专科生 2 692 人，研究生 89 人[1]。至 20 世纪 50 年代中期，高等农业院校数呈总体减少的趋势，1954 年、1955 年这两年只有 30 所，为历史最低，除西藏、青海、宁夏、吉林等地外，全国各省（自治区、直辖市）均拥有至少一所农业院校。与此同时，除了仿照苏联压缩专科层次外，农林院校的本科生与研究生招生人数有了较大规模的增长。1957 年时，全国高等农业院校在校本专科生为 36 198 人，在校研究生 183 人，专任教师 6 526 人，一批爱国知识分子从海外归国报效祖国[2]。

1958 年是高等农业院校发展的一个分水岭。在国家政策要求下，农林院校一律从城市迁往乡村，学校数量和招生人数发展失控。1958 年的农业院校数量达到了 93 所，比 1957 年增加了 61 所，至 1960 年时更是达到了 170 所，是 1954 年的 5.7 倍。1958 年招生人数超过了 26 800 人，是 1957 年 7 000 多人的 3.8 倍（表 2–1）[3]。在新中国刚刚成立、经济正在恢复起步的环境下，这样急剧膨胀的发展速度无疑有悖于经济发展与高等教育发展的客观规律，对高等农业教育造成了一定的损失。

1961 年以后，在“调整、巩固、充实、提高”方针的指引下，高等农业教育进行了积极整顿与纠正，并逐步进入稳定发展的正轨，高等农业院校数量逐年减少，至 1965 年为 45 所，仅为 1960 年的 26%。招生规模和结构也有了调整，本专科在校生人数由 1960 年的 81 044 人减少至 1965 年的 54 864 人，减少了 32.3%；在校研究生人数则从 1960 年的 124 人增至 1965 年的 367 人，增长了近 2 倍[4]。

“文化大革命”中，高等农业教育遭受到了严重的破坏。1966—1970 年，高等教育停止招生，全国高等农业院校一直保持在 30 所左右。1970 年虽然恢复了招生办学，但学校被强行推广“朝农经验”，办学条件极其艰苦。到 1976 年，高等农业院校数量有 38 所，在校学生近 5.3 万人，“文化大革命”期间毕业生 7.5 万人，由于取消国家文化考试，缩短学制，以干代学，这期间毕业生数量和质量都受到严重影响[5]。

总体而言，改革开放之前，我国的高等农业教育经历了较为起伏的发展进程，长期在艰难中坚持办学。但不可否认的是，这一阶段的高等农业教育为新中国培养了一批行业急需的人才，也为我国高等农业教育体系的建立奠定了基础。

---

[1] 孙翔．我国高等农业教育在改革、探索中前进．高等农业教育，1984.

[2] 包平．二十世纪中国农业教育的分期研究．中国农史，2006.

[3] 毛达如．中国普通高等农业学校要览．北京：中国农业大学出版社，1995.

[4]《中国农业教育五十年》编写组．伴随着共和国的脚步，在探索中不断发展——新中国普通高等农业教育五十年回眸．高等农业教育，1999.

[5] 张敬尊，杨思尧，王广忠．新中国普通高等农业教育五十年回眸．世界农业，1999.

表 2-1 1949-1977 年全国高等农业院校数量表 [1]

单位：所

年份	农业院校数量	年份	农业院校数量	年份	农业院校数量	年份	农业院校数量	年份	农业院校数量	年份	农业院校数量
1949	48	1954	30	1959	98	1964	45	1969	–	1974	37
1950	47	1955	30	1960	170	1965	45	1970	–	1975	38
1951	41	1956	32	1961	103	1966	–	1971	31	1976	38
1952	33	1957	32	1962	68	1967	–	1972	32	1977	41
1953	33	1958	93	1963	47	1968	–	1973	34		

2.2 农科高等教育的恢复调整与探索发展（1978—1998 年）

伴随着 1978 年党的十一届三中全会的召开，我国的各项事业走上了一条稳步、快速发展的道路，高等教育发展同样迎来了改革与建设的春天。在“调整、改革、整顿、提高”的方针指导下，高等农业教育迅速走上正轨。从 1978 年到 1998 年，中国高等农业教育共为社会培养输送本专科生及研究生 60 余万人，校均在校生规模由 1978 年的 1 068 人增加到 1997 年的 3 045 人，至 1998 年，全国共设有农科博士点 91 个（其中一级学科点 27 个），硕士点 310 个；独立建制农林院校 59 所，设有高等农林教育的综合性大学 11 所 [2]。中国农业大学、北京林业大学、南京农业大学、东北农业大学和四川农业大学入选“211 工程”建设高校，农林领域有 38 个学科入选首批国家重点学科，北京农业大学首批获准建立研究生院。这 20 年的发展之路，中国高等农科教育走得扎实又稳妥。

2.2.1 高等农林院校数量先增后减

“文化大革命”中，高等农业院校遭到了严重破坏，1971 年经过撤销、合并，减少了 17 所，有 23 所被迫搬迁共 45 次。1978 年，《人民教育》发表评论员文章“整顿和发展高等农林教育刻不容缓”，提出要“尽快培养农业科技人才，早出科研成果”，将高等农林教育“迅速地整顿、恢复和发展起来”[3]。1979 年，党的十一届四中全会讨论通过了《关于加快农业发展若干问题的决定》，明确提出要办好北京农业大学等高等农业院校，体现了党和国家对恢复发展高等农业教育的重视与急迫。

1978 年后，在“文化大革命”中被迫撤销、搬迁、并校、分散的高等农业院校开始陆续恢复，或迁回原址或选取新址建校办学。在恢复老校的同时，国务院又批准增设了北京农学院、上海农学院、莱阳农学院、绵阳农业专科学校、西昌农业专科学校、豫西农业

[1] 毛达如 . 中国普通高等农业学校要览 . 北京：中国农业大学出版社，1995.

[2] 《中国农业年鉴》编辑委员会 . 中国农业年鉴 1999. 北京：中国农业出版社，1999.

[3] 整顿和发展高等农林教育刻不容缓 . 人民教育，1978.

专科学校、湛江农业专科学校，四川畜牧兽医学院、青海畜牧兽医学院、西藏农牧学院、哲里木畜牧学院、郑州畜牧兽医专科学校等 12 所院校。到 1981 年底，全国共有高等农业院校 55 所（注：此处未包括林业院校）。其中全国重点院校 9 所，省属重点院校 2 所，专科学校 9 所。按学科分，综合性农科院校 40 所，畜牧兽医院校 6 所，水产院校 5 所，其他院校 4 所[1]。

1982—1985 年，我国普通高校数量的增长速度非常快，3 年间增长了 42.1%，平均不到 4 天就有一所新的院校诞生。而与此同时，高等农业院校的数量增长缓慢，从 66 所增长到了 72 所，到 1988 年时又减少了 2 所。1978 年时，大概每 10 所高校中就有一所农业院校，十年后的 1988 年，农林高校数量只占全国高校总数的 6.5%（表 2–2）。

1988 年，国家教委和农业部召开高等农业教育改革与发展战略专题讨论会，提出“控制高等农业教育的发展速度和总规模”，“严格控制新建校以及专科院校、中专院校升格”，使得之后的几年中高等农业院校的数目没有任何增长（表 2–2）。

表 2–2　1978–1998 年全国高校总数及农林院校总数　　单位：所

年份	全国高校总数	全国农林高校数量		
		农林高校总数	本科院校	高职高专
1978	598	56	–	–
1979	633	61	–	–
1980	675	66	–	–
1981	704	65	–	–
1982	715	66	–	–
1983	805	67	–	–
1984	902	68	–	–
1985	1 016	72	–	–
1986	1 054	72	57	15
1987	1 063	71	56	15
1988	1 075	70	57	13
1989	1 075	70	57	13
1990	1 075	70	57	13
1991	1 075	70	57	13
1992	1 053	69	57	12
1993	1 065	70	57	13
1994	1 080	70	57	13

[1] 张健 . 中国教育年鉴 1949–1981. 北京：人民教育出版社，1984.

续表

年份	全国高校总数	全国农林高校数量		
		农林高校总数	本科院校	高职高专
1995	1 054	66	55	11
1996	1 032	63	53	10
1997	1 020	60	50	10
1998	1 022	59	49	10

数据来源：中国教育年鉴、中国教育统计年鉴。“–”为没有数据

一些农林院校开始聚焦自身的内涵建设，逐步开始向多科性、综合性办学的方向探索。以 1984 年农业部批准南京农学院、华南农学院更名为农业大学为起点，各农学院纷纷更名为农业大学，成为政府和市场双重推动下的农学院“大学化”群体行动。其学科设置从经典的“农科四方城”（农学、生物学、农业工程、农业经济），向更广泛的领域延伸[1]。

20 世纪 90 年代初，在中央“共建、调整、合作、合并”的方针指导下，农业高校通过院校合并、省部共建、多种形式的联合或合作办学等方式，对管理体制和办学体制改革进行探索，这一时期独立建制的高等农林院校数明显减少。一些学科互补性强或规模较小、科类单一的学校，或合并成综合性较强的大学，或直接并入综合性院校，如 1992 年江苏农学院与其他 5 所高校合并为扬州大学，1995 年北京农业大学和北京农业工程大学合并为中国农业大学，1998 年曾被分离出去独立办学的浙江农业大学重新并入了浙江大学等；一些办学力量较强、基础较好、生源相对集中，并且与地方有着良好合作历史的院校，实行省部共建，如农业部与广东省共建华南农业大学，南京农业大学与江苏省土地管理局共建我国第一所土地管理学院；一些院校在保持各校自主办学的前提下，充分发挥各自的学科特色和优势，实行优势互补、学科交叉，教师、设备、图书等资源相互开放，资源共享，如华中农业大学与武汉工业大学等 5 校实行的松散形式联合办学等；一些院校依托自身具有应用开发前景的优势学科和人才，吸引企事业投资入股，互惠互利，协作办学，如西北农业大学与陕西省内 9 家酒厂采取董事会形式联合创办葡萄酒学院[2]，南京农业大学与中国水产科学研究院淡水渔业研究中心合办渔业学院等。高等农业教育逐步形成政府为主要办学主体，社会多元参与的新局面。

1978—1998 年这段时期内，独立建制的高等农林院校数量呈现缓慢增长又明显减少的态势，不过从 20 世纪 90 年代开始，高等农林院校的校均规模有了明显增长。1994 年，一半以上的高等农林院校规模达到了 2 000 人以上，开始出现 5 000 人以上规模的农林院校。到 1998 年扩招前夕，3 000 人以上规模已成为高等农林院校的主流，5 000 人以上规

[1] 董维春，梁琛琛，刘晓光．从传统到现代的高等农业教育——兼论中国“新农科”教育．中国农史，2018.

[2] 蔡盛林．中国农业年鉴 1995. 北京：中国农业出版社，1995.

模的院校数已达到9所（表2-3）。

表2-3　扩招前不同规模的高等农林院校数量　单位：所

年份	300人以下	301~500人	501~1 000人	1 001~1 500人	1 501~2 000人	2 001~3 000人	3 001~4 000人	4 001~5 000人	5 001人及以上
1987	1	4	15	16	8	20	7	0	0
1988	0	2	11	20	10	16	11	0	0
1989	1	1	12	19	8	19	10	0	0
1990	0	4	10	19	7	24	7	0	0
1991	0	3	7	16	10	15	14	4	0
1992	0	3	12	17	7	17	13	0	0
1993	0	3	7	16	10	15	14	5	0
1994	0	1	5	12	15	14	11	11	1
1995	0	1	4	9	9	9	11	30	3
1996	0	0	8	7	9	12	10	10	6
1997	0	0	5	8	8	9	14	9	6
1998	0	0	4	5	8	10	12	10	9

数据来源：中国教育统计年鉴

2.2.2　高等农科教育招生规模增长缓慢

招生和就业作为人才培养中的两个重要环节，常常被率先推上改革的舞台。1985年出台的《中共中央关于教育体制改革的决定》，标志着我国教育体制改革全面启动。该决定明确提出，改革高校管理体制，首先是改革招生计划和分配制度，要逐步改变高等学校全部按国家计划统一招生、毕业生全部由国家包下来分配的办法，增强学校主动适应经济和社会发展需要的积极性和能力。

对于农科高等教育而言，招生难、生源质量不高，“招不来、下不去、留不住”一直是困扰农林高校的普遍问题。为了解决这个问题，教育主管部门和各高校在农林高校招生就业制度方面做了很多积极有益的探索。

1983年，农业院校在全国各类高校中率先进行了定向招生改革试点，随后又通过招收实践生、面向农业中专对口招生、招收保送生、招收自费生和委培生、招收预科班、单独招生、提前招生以及“3-1-1”制综合改革等，对招生就业制度进行一系列的改革。

1994年，国家实行招生并轨制，给本身处于招生弱势的农林高校带来了一定的冲击。高等农业院校招生并轨改革引起高等农业教育工作者和社会的关注，成为当时高等农业教育改革的一个热点和难点。1995—1996年，国家集中出台了《关于农、林、水、气等院校实行招生制度“并轨”改革意见的报告》《关于进一步做好农业院校招收定向生工作的意见》《高等农业院校对口招收农业职业高中、农业中专、农业广播学校应届优秀毕业生暂行办法》《高等农业院校招收有一定实践经验学生的暂行办法》《关于报送农业高校招生就业制度改革有关意见的报告》《关于高等农业院校招收定向生、实践生及对口招生工作的实施意见》等一系列文件，力保高等农林院校的生源和质量。

改革开放至扩招前，我国农科高等教育的招生数量增长缓慢。农林院校招生人数由1987年的41 291人增加到1998年的65 023人，仅增长了57.47%，其中本专科招生人数由39 699人增长到62 326人，研究生招生人数由1 592人增长到2 697人，分别增长了57.0%和69.41%。与此同时，全国招生总人数、本专科生招生总人数和研究生招生总人数比1987年分别增长了76.28%、75.68%和85%。

农科招生人数由1978年的24 430人增长到了1998年的41 155人，增长了68.5%。其中本专科生招生人数由24 099人增长到38 325人，增长了59.0%；研究生招生人数由331人增长到2 830人，增长了7.55倍。而与此同时，1998年全国招生总人数、本专科生招生总人数和研究生招生总人数比1978年分别增长了1.8倍、1.7倍和5.77倍（表2–4）。

表2–4　1978—1998年全国普通高校、农林院校及农林招生情况

年份	全国招生总人数 / 人			农林院校招生人数 / 人			农林院校招生占比 /%	农科招生人数 / 人			农科招生占比 /%
	本专科生	研究生	总计	本专科生	研究生	总计		本专科生	研究生	总计	
1978	401 521	10 708	412 229	–	–	–	–	24 099	331	24 430	5.93
1979	275 099	8 110	283 209	–	–	–	–	17 473	266	17 739	6.26
1980	281 230	3 616	284 846	–	–	–	–	18 971	137	19 108	6.71
1981	278 777	9 363	288 140	–	–	–	–	18 898	637	19 535	6.78
1982	315 135	11 080	326 215	–	–	–	–	21 514	705	22 219	6.81
1983	390 800	15 642	406 442	–	–	–	–	25 822	842	26 664	6.56
1984	475 171	23 181	498 352	–	–	–	–	29 788	1 224	31 012	6.22
1985	619 235	46 871	666 106	–	–	–	–	34 832	2 316	37 148	5.58
1986	572 055	41 310	613 365	–	–	–	–	32 866	2 013	34 879	5.68
1987	616 822	39 017	655 839	39 699	1 592	41 291	6.30	33 308	1 713	35 021	5.34
1988	669 731	35 645	705 376	35 210	–	35 210	–	32 965	1 454	34 419	4.88
1989	597 113	28 569	625 682	35 633	–	35 633	–	28 039	1 172	29 211	4.67
1990	608 850	29 649	638 499	37 781	1 152	38 933	6.10	30 612	1 199	31 811	4.98
1991	619 874	29 679	649 553	38 474	1 121	39 595	6.10	31 166	1 186	32 352	4.98
1992	754 192	33 439	787 631	44 140	1 120	45 260	5.75	35 879	1 197	37 076	4.71
1993	923 952	42 145	966 097	58 778	1 377	60 155	6.23	40 640	1 463	42 103	4.36
1994	899 846	50 864	950 710	57 906	1 845	59 751	6.28	32 876	1 943	34 819	3.66

续表

年份	全国招生总人数 / 人			农林院校招生人数 / 人			农林院校招生占比 /%	农科招生人数 / 人			农科招生占比 /%
	本专科生	研究生	总计	本专科生	研究生	总计		本专科生	研究生	总计	
1995	925 940	51 053	976 993	58 672	1 684	60 356	6.18	32 590	1 772	34 362	3.52
1996	965 812	59 398	1 025 210	59 148	2 014	61 162	5.97	32 690	2 120	34 810	3.40
1997	1 000 393	63 749	1 064 142	58 883	2 286	61 169	5.75	35 959	2 404	38 363	3.61
1998	1 083 627	72 505	1 156 132	62 326	2 697	65 023	5.62	38 325	2 830	41 155	3.56

数据来源：中国教育年鉴、中国教育统计年鉴。“–”为没有数据

可见，除农科研究生外，高等农科教育的招生规模增长速度低于全国速度。农林院校招生总人数和本专科招生人数在全国招生人数中所占的比例持续降低，分别由 1987 年的 6.3% 和 6.44% 降至 1998 年的 5.62% 和 5.75%；农科招生总人数尤其是本专科招生人数的增长速度更是远远低于其对应的全国增长速度，在全国招生人数中所占的比例自 1979—1982 年的短暂上升后持续降低，分别从 1982 年的 6.81% 和 6.83% 降至 1998 年的 3.56% 和 3.54%（表 2–4）。

2.2.3　高等农林院校本专科生招生区域重心的迁移

1987 年，全国高等农林院校共招收本专科生 39 691 人，其中仅贵州一省便招收 6 020 人，占比 15.17%，广东、江苏、黑龙江、四川的招生人数紧随其后，分别占比 7.27%、6.66%、6.57% 和 6.35%，河北、河南、山东、湖南、新疆、内蒙古、吉林、北京等 8 地的招生数占比在 4% ~ 6% 之间，其余省、市、自治区农林院校的招生人数均较少。

1998 年，全国农林高校共招收本专科生 62 326 人，广东成为招生人数最多的省份，共招收 4 363 人，占比 7%，黑龙江、北京、河北、山东、四川的招生人数分别占比 6.65%、5.94%、5.41%、5.48% 和 5.13%，其余各省的招生数占比均未超过 5%，贵州不再有独立建制的农林高校。

值得注意的是，农林高校的区域招生情况与农业产业的发展有一定相关性，但并不十分匹配。1987 年，农业生产总值占比最高的五个省份为山东、广东、四川、江苏和河南，分别为 8.95%、8.44%、8.42%、8.24% 和 7.01%。1998 年，农业生产总值占比最高的五个省份为山东、河南、江苏、广东和四川，分别为 8.18%、7.21%、6.83%、6.76% 和 6.33%。

2.3　农科高等教育的规模扩展与加速发展（1999—2012 年）

1999—2012 年，是我国高等农业教育的规模最为蓬勃发展的一段时期。始于 1999 年的高校大扩招，是中国高等教育史上的一件大事。是年，国务院批转教育部《面向 21 世

纪教育振兴行动计划》，提出到2010年高等教育毛入学率达到适龄青年15%的发展目标。当年全国普通高校本专科生招生人数增加46.49万人，招生总数达154.86万人，相比1998年的增长幅度达到史无前例的42.9%。其中农学门类招生人数为52 251人，增幅达到36.3%。这一数字在2012年上升到了120 210人，是1998年招生人数的2.3倍。农科研究生的招生规模也在不断扩大，从1998年的2 830人逐年上升到了2012年的21 080人。

高等农业教育管理体制改革持续深入推进。1999年和2000年，是1992年以来高等农业教育管理体制改革和布局结构调整工作力度最大、调整学校最多的两年。一是农业部等绝大多数行业主管部委不再直接管理高校，中国农业大学、南京农业大学、华中农业大学由农业部划转教育部管理，其余9所直属农业部的普通高校划转地方管理。二是全国高校进行了较大规模的合并重组，单科性院校不断减少，一大批新的综合性、多科性大学组建而成。农业高校通过“同质联合”“异质重组”“独立拓展”三种模式的合并重组，也推动了自身向多科性、综合性发展的进程。全国先后有17所农业院校之间通过合并组建新的高等农业院校9所，有24所高等农业院校合并组成新的非农院校，或并入综合性大学，1所更名，1所高等农业专科学校转制为高等农业职业技术学院。初步形成了具有独立建制的农林大学、综合性大学农学院、具备育人功能的科研机构、农业职业学院等多层次、多类型的高等农业教育格局。

这一时期，高等农业教育的质量也在稳步提升。2003年9月，教育部推动成立了第一届教育部高等学校农林科类教学指导委员会，涵盖了11个农林学科，旨在加强对高等农林教育教学工作的研究、指导与评估，促进农林科类教学改革，提升农林人才培养质量。

2004年，中国农业大学、西北农林科技大学入选“985工程”高校。随后，北京林业大学、东北林业大学、南京农业大学、华中农业大学、西南大学入选农林类“985工程”优势学科创新平台。2005年，华中农业大学、西北农林科技大学、东北林业大学入选“211工程”建设高校。

2009年5月，教育部和农业部签署协议，合作共建中国农业大学、西北农林科技大学、南京农业大学、华中农业大学、西南大学、吉林大学、上海交通大学、浙江大学等8所高校，进一步推动农业人才培养，助力科技兴农战略。2010年，两部再次共同推出六大举措深化高等农业教育改革：一是两部建立农业系统与教育系统联合协作的新机制，共建一批农业院校；二是推动高等农业院校与农业科研院（所）联合开展科研，联合培养博士生；三是建设一批区域性的现代农业教育科技创新示范基地；四是着力办好一批涉农学科专业，联合开展农科教合作培养人才基地建设；五是采取订单定向培养等多种手段和方法，推动高等农业教育向基层延伸，培养一批留得住、用得上、有文化、懂技术、会经营、善管理的农村实用人才；六是加大政策倾斜和重点支持，加快建设世界一流农业大学步伐[1]。2012 年，教育部、农业部批准中国农业大学寿光蔬菜农科教合作人才培养基地等 100 个基地为首批农科教合作人才培养基地，开创了农业人才培养的新模式。

2009 年，时任国家主席胡锦涛同志视察中国农业大学，提出了加快建设世界一流农业大学的希望。由此，中国农业大学进一步明确了建设世界一流农业大学的战略任务，南京农业大学、西北农林科技大学等农业高校也先后启动世界一流农业大学建设，带动了高等农业教育整体水平的提升。

2012 年，时任国家副主席习近平同志视察中国农业大学，要求学校教书育人和党的建设“两手抓两促进两不耽误”，“真正建成有中国特色的、具有农业特色的一流大学”，为中国高等农业教育的未来指引了方向。

2.3.1　高等农林院校数量先减后增

20 世纪 90 年代中后期，因为全国范围内大规模的院系合并重组，农林高校或与同类型高校、机构同质联合，或与其他类型高校或综合院校异质重组，或通过扩大内涵独立发展，纷纷走上多科性、综合性的道路，独立建制的高等农林院校明显减少，直至 2003 年才调整结束“止跌企稳”，但此时，农林院校数量在全国普通高等学校总数的占比仅不到 3%。

2004 年，高等农林院校数迅猛增长，主要是农林高职高专院校数的增加。农林高职高专院校从 2003 年的 4 所猛增至 2004 年的 51 所，同时超过了高等农林本科院校的数量。这与 20 世纪 90 年代末国家提出大力发展高等职业教育，并分别在 2002 年和 2005 年相继出台《国务院关于大力推进职业教育改革与发展的决定》和《国务院关于大力发展职业教育的决定》密不可分，也反映出社会对应用型人才的迫切需求。但 2004 年之后，农林院校数占全国普通高校总数的比例仍然呈不断下降的趋势（表 2–5）。

表 2–5　1999—2012 年全国普通高校总数及农林院校总数　　单位：所

年份	全国普通高校总数	全国农林高校数量		
		农林高校总数	本科院校	高职高专
1999	1 071	54	45	9
2000	1 041	50	43	7
2001	1 225	48	41	7
2002	1 396	46	40	6
2003	1 552	43	39	4
2004	1 731	90	39	51

[1]　刘大为，李曜升 . 中国教育年鉴 2011. 北京：人民教育出版社，2012.

续表

年份	全国普通高校总数	全国农林高校数量		
		农林高校总数	本科院校	高职高专
2005	1 792	92	38	54
2006	1 867	93	39	54
2007	1 908	92	38	54
2008	2 263	101	48	53
2009	2 305	99	48	51
2010	2 358	99	48	51
2011	2 409	101	48	53
2012	2 442	100	48	52

数据来源：中国教育统计年鉴

高校合并和扩招的开始更是加速了校均规模扩大的进程。1998 年时，5 000 人以上规模的农林院校数只占高等农林院校总数的 15%。到 1999 年，5 000 人以上规模的农林院校数量上升至 18 所，占高等农林院校总数的 33%；至 2012 年，80% 的农林院校规模达到了 5 000 人以上，接近一半的农林院校规模在万人以上，有 3 所超过了 3 万人的规模（图 2–1，表 2–6）。

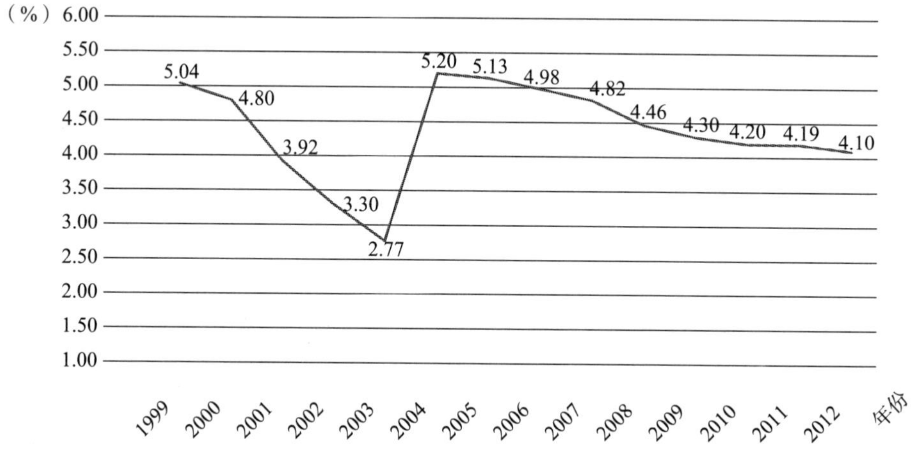

图 2–1　1999—2012 年农林院校数占全国普通高校总数比例

表 2–6　1999—2012 年不同规模的高等农林院校数　　单位：所

年份	300 人以下	301~500 人	501~1 000 人	1 001~1 500 人	1 501~2 000 人	2 001~3 000 人	3 001~4 000 人	4 001~5 000 人	5 001~10 000 人	10 001~20 000 人	20 001~30 000 人	30 001 人及以上
1999	0	0	1	4	3	11	5	12		18		
2000	0	0	1	1	1	6	8	3		30		

续表

年份	300人以下	301~500人	501~1 000人	1 001~1 500人	1 501~2 000人	2 001~3 000人	3 001~4 000人	4 001~5 000人	5 001~10 000人	10 001~20 000人	20 001~30 000人	30 001人及以上
2001	0	0	0	0	1	1	8	3	35			
2002	0	0	0	0	0	1	3	5	37			
2003	1	0	0	0	0	0	1	0	41			
2004	7	2	6	9	4	9	4	4	44			
2005	3	2	5	4	6	8	10	3	18	24	8	1
2006	1	0	3	6	5	8	8	5	23	26	6	2
2007	1	0	2	2	4	9	9	7	22	26	8	2
2008	0	0	0	3	1	7	9	11	30	30	9	1
2009	0	0	1	0	2	5	6	11	30	34	9	1
2010	0	1	0	0	1	6	4	8	32	36	9	2
2011	1	0	0	0	2	5	3	10	33	36	8	3
2012	1	1	0	0	2	5	5	6	32	36	9	3

数据来源：中国教育统计年鉴

2.3.2　高等农科教育招生数量大幅增长，速度相对缓慢

伴随着全国招生总人数的大幅增加，这一时期，我国农林院校和农科的招生人数都有了长足的发展。农林院校招生人数由1998年的65 023人增加到2012年的345 012人，增长了4.3倍，其中本专科招生人数由62 326人增长到324 942人，研究生招生人数由2 697人增长到20 070人，分别增长了4.2倍和6.4倍。农科招生人数由1998年的41 155人增加到了2012年的141 290人，增长了2.4倍，其中本专科招生人数由38 325人增长到120 210人，研究生招生人数由2 830人增长到21 080人，分别增长了2.1倍和6.4倍（表2–7）。

但与此同时，全国普通高校招生总人数、全国本专科生招生人数和研究生招生人数却分别增加了5.5倍、5.4倍和7.1倍，均高于农林院校和农科相应的招生规模增长幅度。无论是农林院校还是农科的招生人数在全国招生总人数中所占的比例均持续缩减，分别从1998年的5.62%和3.56%降至2012年的4.61%和1.89%（表2–4，表2–7，图2–2）。

与本专科生招生所占比例连年下降的趋势相比，农林院校研究生和农科研究生的招生所占比例较为稳定，除2008—2010年的短暂下跌外，均保持在3%以上。并且，在占全国相对应的招生比例上，虽然农林院校研究生招生人数占全国研究生人数比例低于农林院校本专科生，但差距在逐渐缩小，而农科研究生的招生发展势头则好于农科本专科生（图2–3，图2–4）。

表 2-7　1999-2012 年全国普通高校、农林院校及农科招生情况

年份	全国普通高校招生总人数 / 人			农林院校招生人数 / 人			农林院校招生占比 /%	农科招生人数 / 人			农科招生占比 /%
	本专科生	研究生	总计	本专科生	研究生	总计		本专科生	研究生	总计	
1999	1 548 554	92 225	1 640 779	88 840	3 312	92 152	5.62	52 251	3 450	55 701	3.39
2000	2 206 072	128 484	2 334 556	121 206	4 703	125 909	5.39	68 966	4 847	73 813	3.16
2001	2 682 790	165 197	2 847 987	147 187	5 504	152 691	5.36	62 952	5 687	68 639	2.41
2002	3 204 976	202 611	3 407 587	157 984	–	157 984	4.64	69 247	6 521	75 768	2.22
2003	3 821 701	268 925	4 090 626	173 916	9 331	183 247	4.48	81 619	9 693	91 312	2.23
2004	4 473 422	326 286	4 799 708	231 421	11 577	242 998	5.06	88 281	12 110	100 391	2.09
2005	5 044 581	364 831	5 409 412	254 821	13 268	268 089	4.96	97 188	13 864	111 052	2.05
2006	5 460 530	397 925	5 858 455	268 881	14 212	283 093	4.83	100 020	14 841	114 861	1.96
2007	5 659 194	418 612	6 077 806	280 672	15 010	295 682	4.86	103 557	15 733	119 290	1.96
2008	6 076 612	446 422	6 523 034	294 464	12 508	306 972	4.71	110 877	13 259	124 136	1.90
2009	6 394 932	510 953	6 905 885	309 772	14 073	323 845	4.69	118 911	14 800	133 711	1.94
2010	6 617 551	538 177	7 155 728	314 352	14 132	328 484	4.59	118 451	14 874	133 325	1.86
2011	6 815 007	560 168	7 375 175	322 535	19 115	341 650	4.63	117 938	20 063	138 001	1.87
2012	6 888 336	589 673	7 478 009	324 942	20 070	345 012	4.61	120 210	21 080	141 290	1.89

数据来源：中国教育统计年鉴

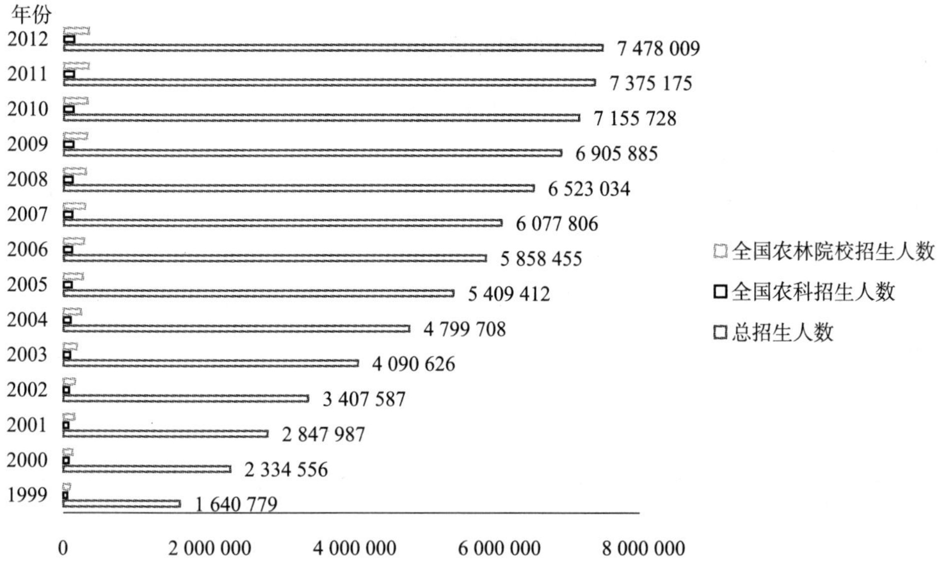

图 2-2　1999–2012 年全国普通高校招生总人数、农林院校招生人数及农科招生人数（人）

图 2-3　1999–2012 年农林院校本专科、研究生招生人数占相应全国招生人数比例

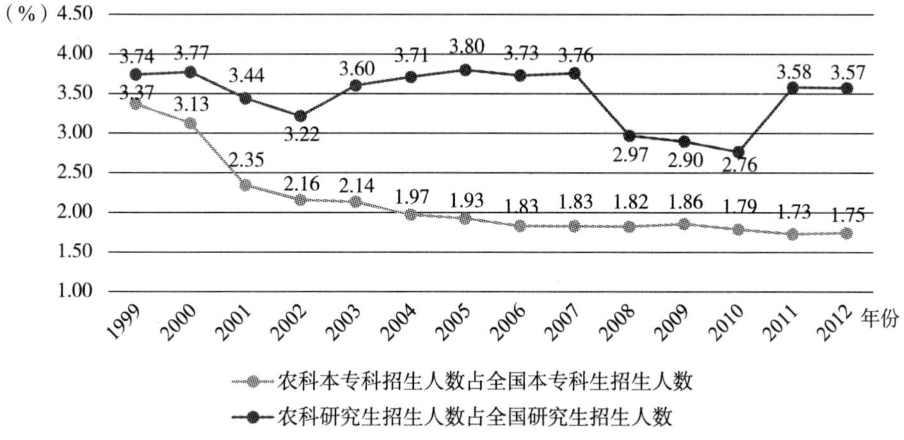

图 2-4　1999–2012 年农科本专科、研究生招生人数占全国相应招生人数比例

2.3.3 高等农林院校本专科生招生区域重心的迁移

1999 年，全国农林院校共招收本专科生 88 840 人，黑龙江跃居招生人数最多的省份，共招收 7 860 人，占比 8.85%，广东占比 7.69%，北京、山东、河南等地农林院校占全国的招生占比分别为 5.88%、5.65%、5.51%。

2008 年，全国农林院校共招收本专科生 294 464 人，黑龙江继续扩大招生规模，当年占比超过了 10%，紧随其后的是江苏、河南、广东与湖南，占比分别为 7.68%、6.39%、5.93% 和 5.62%。而 1999 年时，农业生产总值占比最高的五个省份为山东、河南、广东、江苏和四川，占比分别为 8.35%、7.68%、6.98%、6.86% 和 6.44%；2008 年时，农业生产总值占比最高的五个省份为山东、河南、四川、江苏和河北，占比分别为 8.9%、7.88%、7.01%、6.22% 和 6.03%。可见，相比较而言，山东、四川、河北等地农林院校的招生规模滞后于当地产业的发展规模。

2.4 农科高等教育的全面提升与内涵发展（2013 年至今）

这一时期，我国高等农业教育全面转向质量建设，更加注重高水平人才的培养，更加强调服务国家重大需求与行业需要，更加明确中国特色、世界一流的发展方向。

2013 年，教育部、农业部和国家林业局印发《教育部 农业部 国家林业局关于推进高等农林教育综合改革的若干意见》，并召开全国高等农林教育改革工作视频会议，对高等农林教育的综合改革作出了整体部署和系统设计。同年，“卓越农林人才教育培养计划”被提上日程。2014 年，第一批卓越农林人才教育培养计划项目确立，试点高校 99 所，改革试点项目 140 项，其中拔尖创新型农林人才培养模式改革试点项目 43 项，复合应用型农林人才培养模式改革试点项目 70 项，实用技能型农林人才培养模式改革试点项目 27 项。在此基础上，2018 年，教育部、农业农村部、国家林业和草原局又进一步提出“卓越农林人才教育培养计划 2.0”，明确提出，要经过 5 年的努力，全面建立多层次、多类型、多样化的中国特色高等农林教育人才培养体系，农科教协同育人机制更加完善，高等农林教育专业认证制度更加健全，建设一批一流农林专业，打造一批线上线下精品课程，农林人才培养质量明显提升，服务乡村振兴发展和生态文明建设的能力明显增强。

可以说，“卓越农林人才教育培养计划”的提出，创新了高等农林教育的理念和实践，对于全面深化高等农林教育改革、全面提升高等农林教育质量有着极为重要的作用，推动我国高等农林教育进入了一个新的发展时期。

习近平总书记在党的十九大报告中指出，要加快一流大学和一流学科建设，实现高等教育内涵式发展。“双一流”建设是新时代中国特色社会主义发展的内在要求，也是我国实现高等教育强国的必由之路。2017 年 9 月 21 日，教育部、财政部、国家发展改革委联合发布世界一流大学和一流学科建设高校及建设学科名单，首批“双一流”建设高校共计

137 所，其中涉农高校 15 所（以含有农学学科建设项目为据），包括一流大学建设高校 6 所、一流学科建设高校 9 所。农学门类“双一流”建设学科入选数为 24 个，占比 5.16%，在各学科门类中排第 4 位。作物学频次最高为 4 次（在所有双一流建设学科入选数中排第 33 位），畜牧学和植物保护均为 3 次，其次为草学、农业资源与环境、兽医学、林学、农学、水产、园艺学等，均为 2 次。

涉农学院正在成为高校布局的热门领域。北京大学、郑州大学、南京大学、中山大学、河海大学、中国科学院大学等非涉农高校，纷纷通过新建或共建的方式建立涉农学院或研究院，高等农业教育的发展显示出了较为强劲的势头。

2018 年是我国高等教育发展史上具有里程碑意义的一年。无论是习近平总书记在北京大学师生座谈会上的讲话，还是改革开放 40 年来第一次全国高等学校本科教育工作会议的召开，以及全国教育大会的召开，都对新时代高等教育发展提出了新的要求，指明了前进方向，提供了根本遵循，对实现我国高等教育的内涵发展、创新发展、跨越发展，实现从跟跑、并跑到领跑具有重要的指导意义。

在我国高等教育进入从高等教育大国向高等教育强国转变的新阶段，我国的高等农业教育也进入了一个大有希望、大有作为的新时代。新农科的提出让未来的高等农业教育充满了无限可能。面向未来，高等农业教育一方面需要根植历史底蕴，坚守优势与特色，主动融入世界高等教育先进水平坐标系，另一方面也必须围绕农业农村现代化、乡村振兴等国家发展重大战略，不断加强内涵建设，深化综合改革，构建具有中国特色的世界一流农业教育体系，推动我国成为世界高等农业教育的中心和引领者。

2.4.1　高等农科教育规模的理性放缓

这一时期，高等农科教育在稳定规模的基础上更加注重教育质量的提高，农林院校的数量和布局变化不大。

总体来看，1978—2017 年，我国高等农林院校数总体有了较大提升，但占高等学校总数的比例呈持续下降的趋势，由 1978 年的 9.4% 降至 2017 年的 3.8%，本科院校数也处于萎缩状态，至今仍比 1986 年少 10 所。

2016 年，万人以上规模的农林院校数已超过同年农林院校总数的一半，有 6 所院校超过了 30 000 人的规模（表 2–8，表 2–9）。

2.4.2　高等农科教育招生规模稳定发展

高等农科教育招生规模增长幅度出现显著回落，高等农林教育发展的重点由强调规模转为更加注重内涵。

表 2-8　2013—2017 年全国高校总数及农林院校总数（所）

年份	全国高校总数	全国农林高校数量		
		农林高校总数	本科院校	高职高专
2013	2 491	103	50	53
2014	2 529	101	48	53
2015	2 560	100	46	54
2016	2 596	100	47	53
2017	2 631	100	47	53

数据来源：中国教育统计年鉴

表 2-9　2013—2017 年不同规模的高等农林院校数（所）

年份	300 人以下	301~500 人	501~1 000 人	1 001~1 500 人	1 501~2 000 人	2 001~3 000 人	3 001~4 000 人	4 001~5 000 人	5 001~10 000 人	10 001~20 000 人	20 001~30 000 人	30 001 人及以上
2013	3	0	2	0	2	4	6	3	37	32	10	4
2014	1	1	3	1	3	3	4	4	34	34	8	5
2015	1	1	2	1	3	3	8	1	31	35	7	7
2016	1	0	1	1	1	3	11	1	30	34	11	6
2017	1	0	0	1	0	4	7	4	32	33	11	6

数据来源：中国教育统计年鉴

总体来看，1987—2017 年，全国农林院校招生人数增长了 8 倍，其中本专科招生人数由 39 699 人增长到 339 055 人，研究生招生人数由 1 592 人增长到 33 133 人，分别增长了 7.54 倍和 19.8 倍。农科招生人数由 1978 年的 24 430 人增加到了 2017 年的 168 239 人，增长了 5.89 倍，其中本专科生招生人数由 24 099 人增长到 133 922 人，研究生招生人数由 331 人增长到 34 317 人，分别增长了 4.56 倍和 102.68 倍（表 2-10）。

改革开放 40 年来，农林院校、农科、全国招生总数的增长趋势大体一致，但全国普通高校招生总数和农林院校招生数的增长还是明显大于农科，农科“弱势”的地位明显，与我国农业大国的需求极不相称（图 2-5）。

1987—2017 年的 30 年间，由于各省高等农林院校的变迁、应地而异的招生制度、行业产业发展的不同情况，高等农林院校招生的地域重心在逐渐均衡的基础上缓慢地向我国的东部和东北发生了迁移。2017 年，全国农林院校共招收本专科生 339 055 人，河南成为招生人数最多的省份，占比 8.43%，黑龙江、山东、江苏、广东招生人数也较多，分别占比 8.2%、6.55%、6.43% 和 6.32%，山东、云南、新疆、福建等地招生规模提升较快。

2000 年之前，农科招生规模的发展与行业发展相比起伏较大，但却与全国招生规模的发展曲线基本相符，可见，在这段时间里，农科以及整个高等教育规模的发展更多取决

表 2-10　2013—2017 年全国普通高校、农林院校及农科招生情况

年份	全国普通高校招生总人数 / 人			农林院校招生人数 / 人			农林院校招生占比 /%	农科招生人数 / 人			农科招生占比 /%
	总计	本专科生	研究生	本专科生	研究生	总计		本专科生	研究生	总计	
2013	7 609 711	6 998 330	611 381	336 812	22 380	359 192	4.72	124 236	23 388	147 624	1.94
2014	7 835 310	7 213 987	621 323	334 631	22 478	357 109	4.56	125 974	23 383	149 357	1.91
2015	8 023 550	7 378 495	645 055	336 652	23 451	360 103	4.49	129 115	24 147	153 262	1.91
2016	8 153 174	7 486 110	667 064	333 617	26 023	359 640	4.41	130 256	26 957	157 213	1.93
2017	8 420 996	7 614 893	806 103	339 055	33 133	372 188	4.42	133 922	34 317	168 239	2.00

数据来源：中国教育统计年鉴

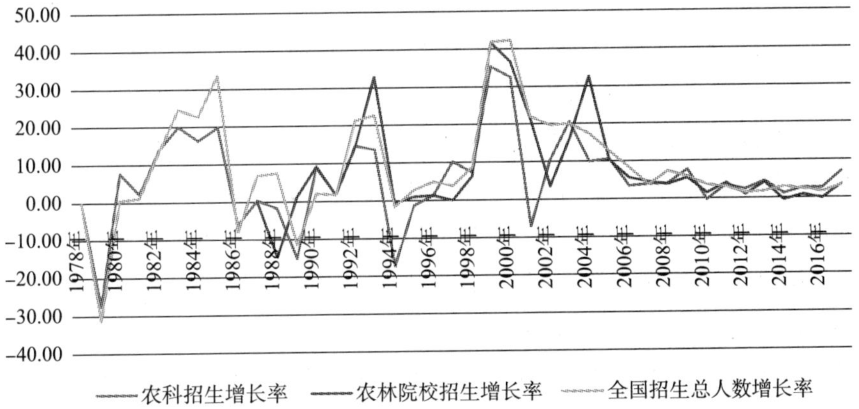

图 2- 5　全国普通高校招生总人数、农林院校与农科招生增长率（1978—2017 年）

于国家高等教育政策的调整而非行业的需求。如 1994 年《国务院关于〈中国教育改革和发展纲要〉的实施意见》中政府对高等教育规模“适度发展”的立场，以及 1999 年的大扩招，都是当年整个高等教育招生规模发生较大起伏的决定性因素。

随着近年来教育与行业产业的关联愈加紧密，高等农林院校需要进一步主动适应社会需求，“不断调整招生渠道规模及生源结构，把社会需求的变化反映到生源结构、招生渠道、专业调整和招生规模的变化上来，实现专业群对接产业链、优势特色专业对接优势特色产业”[1]。

2.4.3　不同学历层次呈现不同专业门类的招生倾向

农业农村部、教育部 2018 年 5 月面向全国 37 所涉农院校开展的涉农人才培养及就业情况调研结果表明：不同学历层次的招生，呈现不同专业门类的招生倾向；高职和本科层面在“其他专业”招生最多，硕士和博士层面在“农学专业门类”招生最多。[2]

[1]　叶长江，周春涛，邵志国 . 生源萎缩形势下地方高等农业院校实现招生工作软着陆的研究 . 产业与科技论坛，2011.

[2]　教育部 农业农村部 . 涉农人才培养和就业需求现状分析与政策研究 . 2019.

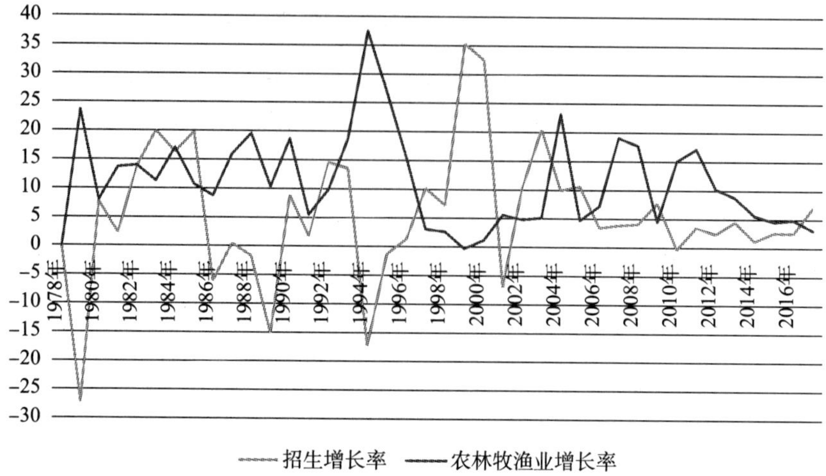

图 2-6　农科招生数和农林牧渔业增长率对比（1978—2017 年）

具体来说，高职层次，“其他专业”的招生人才最多，达到 109 165 人，占 2013—2017 年高职层面涉农人才招生总数的 44.22%；其次是农学门类，招生数占高职层面五年间招生总数的 37.46%，而管理学涉农专业在高职招生数最少，只有 16 907 人，占高职层面五年间招生总数的 6.85%。本科层面，依然呈现与高职层面相同的招生情况，即“其他专业”的招生数最多，其次是农学门类和工学涉农门类，最少的是管理涉农门类。硕士招生层面，与高职、本科层有所不同，农学门类是招生数量最多的类别，总人数为 46 725 人，占该层面招生总数的 53.00%，其次依次是“其他专业”门类、工学涉农和管理涉农门类，分别占该层面招生总数的 33.68%、9.80% 和 3.52%。博士层面与硕士层面相同，农学门类人数最多，而管理涉农门类的人最少。2013—2017 年的 5 年间，从历年各学历层次下的各专业门类的涉农人才招生数来看：高职层面，“其他专业”招生数在每年的高职层面总招生数占比最高；本科层面，历年的“其他专业”占每年的本科总招生数占比最高，且每年的占比基本在 62% 左右微弱变动；硕士和博士层面，每年的农学门类招生数在该层次历年招生总数的比例最高（表 2-11）。

表 2-11　2013-2017 年样本院校专业门类招生的结构分布（N=37）

		2013		2014		2015		2016		2017		合计	占比
		人数	占比	人数	占比	人数	占比	人数	占比	人数	占比	人数 占比	
高职	农学门类	18 159	35.56%	17 531	34.97%	19 539	38.21%	18 353	39.23%	18 898	39.57%	92 480	37.46%
	工学涉农	5 850	11.46%	6 037	12.04%	5 826	11.39%	5 383	11.51%	5 239	10.97%	28 335	11.48%
	管理涉农	3 566	6.98%	3 240	6.46%	3 427	6.70%	3 487	7.45%	3 187	6.67%	16 907	6.85%
	其他专业	23 493	46.00%	23 329	46.53%	22 341	43.69%	19 562	41.81%	20 440	42.79%	109 165	44.22%
本科	农学门类	23 298	23.88%	23 841	24.49%	23 788	24.44%	24 710	24.47%	25 023	24.67%	120 660	24.39%
	工学涉农	9 904	10.15%	10 172	10.45%	10 245	10.53%	10 328	10.23%	10 553	10.40%	51 202	10.35%
	管理涉农	3 668	3.76%	3 490	3.58%	4 144	4.26%	3 492	3.46%	3 586	3.53%	18 380	3.72%
	其他专业	60 705	62.21%	59 850	61.48%	59 139	60.77%	62 436	61.84%	62 283	61.40%	304 413	61.54%

续表

		2013		2014		2015		2016		2017		合计		占比
		人数	占比	人数	占比	人数	占比	人数	占比	人数	占比	人数	占比	
硕士	农学门类	8 764	53.58%	8 750	53.64%	8 681	51.11%	9 577	53.96%	10 953	52.76%	46 725		53.00%
	工学涉农	1 768	10.81%	1 602	9.82%	1 654	9.74%	1 590	8.96%	2 027	9.76%	8 641		9.80%
	管理涉农	616	3.77%	524	3.21%	570	3.36%	585	3.30%	810	3.90%	3 105		3.52%
	其他专业	5 208	31.84%	5 436	33.33%	6 080	35.80%	5 995	33.78%	6 971	33.58%	29 690		33.68%
博士	农学门类	1 284	61.11%	1 346	63.34%	1 357	62.30%	1 467	64.54%	1 629	64.67%	7 083		63.26%
	工学涉农	249	11.85%	255	12.00%	268	12.30%	264	11.61%	303	12.03%	1 339		11.96%
	管理涉农	160	7.62%	141	6.64%	134	6.15%	125	5.50%	139	5.52%	699		6.24%
	其他专业	408	19.42%	383	18.02%	419	19.24%	417	18.35%	448	17.78%	2 075		18.53%

数据来源："涉农人才培养和就业需求现状分析与政策研究"报告

3　我国农科高等教育的结构变迁

3.1　我国农科高等教育的布局结构变迁

新中国成立之初，我国的农林院（系）多分布在沿海地区，内地较少，边疆地区寥寥无几。经过 1952 年的院系调整，除吉林、青海、宁夏、西藏外，全国各省、市、自治区至少有一所独立的高等农业院校，基本改变了地区分布不平衡的状况[1]（表 2–12）。

表 2–12　1952 年全国高等农林院系调整后的数量分布情况[2]

地区	华北	东北	华东	中南	西南	西北	内蒙古	共计
高等农林院校数 / 所	5	4	8	6	2	3	1	29

20 世纪 90 年代至 21 世纪初的院校合并重组给农林高校的布局变化带来较大的影响。参与合并重组的农林高校分布区域分化明显，主要集中在东北、华北、西北、西南等边疆以及东南沿海一带，大体呈"C"字形轮廓，华北、西南等边疆欠发达地区和东南沿海发达地区的农业高校参与合并重组的积极性更高[3]。

2008 年，宁夏、青海、广西、海南、重庆、贵州等地原独立设置的 7 所农林院校相继被合并或与其他院校合并重组成综合性大学，其他省（市）至少有一所独立设置的高等

[1] 刘贵友，刘志民 . 道路 · 模式 · 战略：高等农林教育发展研究 . 北京：高等教育出版社，2006.

[2] 李刚 . 大学的终结——1950 年代初期的"院系调整". 中国改革，2003.

[3] 袁家明，梁琛琛，朱冰莹 . 中国高等农业教育变迁的制度主义分析（1993—2012）. 中国农业教育，2017.

农业本科院校[1]。

随后，高等农林院校的数量和布局都不再有较大变化。2014 年时，全国共有高等农林本科院校 48 所，高职高专院校 53 所，分布情况如表 2–13 所示。

表 2–13　2014 年全国（不含港澳台）高等农林院校分布情况

地区	本科院校 / 所	高职高专院校 / 所	地区	本科院校 / 所	高职高专院校 / 所
北京市	3	1	湖北省	1	1
天津市	1	0	湖南省	3	1
河北省	2	0	广东省	3	0
山西省	2	2	广西壮族自治区	0	3
内蒙古自治区	1	0	海南省	0	0
辽宁省	2	3	重庆市	0	0
吉林省	3	1	四川省	1	1
黑龙江省	4	7	贵州省	0	0
上海市	1	1	云南省	2	5
江苏省	2	6	西藏自治区	0	0
浙江省	3	1	陕西省	1	1
安徽省	1	1	甘肃省	1	3
福建省	1	4	青海省	0	1
江西省	1	3	宁夏回族自治区	0	1
山东省	3	1	新疆维吾尔自治区	3	2
河南省	3	3	合计	48	53

数据来源：根据中国高等学校大全（2015 年版）

从总数上来说，高等农林院校最集中的三个地区是黑龙江、江苏和云南，分别拥有 11 所、8 所和 7 所，其中，无论是农林本科院校，还是高职高专，“中国最大粮仓”黑龙江省的数量都是最多的。此外，北京、吉林、浙江、山东、河南、湖南、广东、新疆各拥有 3 所本科院校，江苏和云南的高职高专最多，各有 6 所和 5 所。海南、重庆、贵州、西藏等 4 个地区没有独立建制的农林院校，青海和宁夏均只有 1 所农林高职高专院校。总体看来，高等农林教育的地区布局尚需调整，整个西南地区的农林本科院校仅有 3 所，数量偏少，华南地区也只有 6 所农林院校，其中 3 所本科在广东，3 所高职高专院校在广西，分布并不均衡（表 2–13）。2016 年，西藏农牧学院恢复建校，填补了西藏地区独立农林院校的空白。

[1]　沈振锋 . 我国农业大学办学模式研究 . 武汉：华中科技大学，2010.

3.2　我国农科高等教育的类型结构变迁

新中国成立后很长一段时期，我国高等教育还没有类型上的划分。1995 年 11 月，经国务院批准，国家计划委员会、国家教育委员会和财政部联合下发了《“211 工程”总体建设规划》，“211 工程”正式启动。1998 年 5 月 4 日，时任国家主席江泽民在庆祝北京大学建校 100 周年大会上代表党中央和国务院向全社会宣告：“为了实现现代化，我国要有若干所具有世界先进水平的一流大学。”1999 年，国务院批转教育部《面向 21 世纪教育振兴行动计划》，“985 工程”正式启动建设。农林院校中的“985 工程”大学有 2 所，分别为中国农业大学、西北农林科技大学。“211 工程”大学有 8 所，包括中国农业大学、西北农林科技大学、东北林业大学、东北农业大学、北京林业大学、南京农业大学、华中农业大学、四川农业大学。

由教育部科学技术司发布的《2016 年高等学校科技统计资料汇编》数据显示：截至 2015 年年底，我国共有 78 所农林高校（含农林科研机构和农林职业院校）（图 2–7），其中，一流大学建设高校有 2 所，分别为中国农业大学（A 类）和西北农林科技大学（B 类），一流学科建设高校有东北农业大学、东北林业大学、南京林业大学、南京农业大学、华中农业大学、四川农业大学；“985 工程”院校有 2 所，分别为中国农业大学、西北农林科技大学；“211 工程”院校有 8 所，分别为中国农业大学、北京林业大学、南京农业大学、东北农业大学东北林业大学、华中农业大学、四川农业大学、西北农林科技大学。

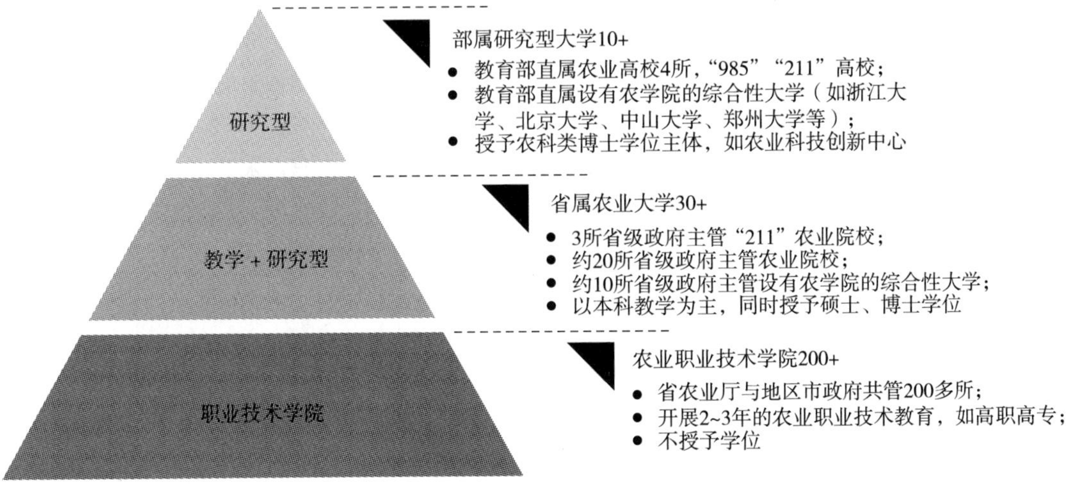

图 2–7　高等农业教育办学层次与类型

根据艾瑞深中国校友会网最新公布的 2018 中国大学评价研究报告，我国农林高校排名情况如表 2–14 所示。

表 2-14　2018 中国农林类大学排行榜

名次	学校名称	全国排名	星级排名	办学层次
1	中国农业大学	33	6 星级	世界高水平、中国顶尖大学
2	南京农业大学	43	4 星级	世界知名、中国高水平大学
3	华中农业大学	48	4 星级	世界知名、中国高水平大学
4	西北农林科技大学	57	5 星级	世界知名、中国一流大学
5	华南农业大学	87	4 星级	世界知名、中国高水平大学
6	北京林业大学	93	5 星级	世界知名、中国一流大学
7	东北林业大学	101	4 星级	世界知名、中国高水平大学
8	福建农林大学	119	4 星级	世界知名、中国高水平大学
9	东北农业大学	130	4 星级	世界知名、中国高水平大学
10	山东农业大学	135	3 星级	中国知名、区域一流大学
11	四川农业大学	140	4 星级	世界知名、中国高水平大学
12	湖南农业大学	148	3 星级	中国知名、区域一流大学
13	河南农业大学	154	3 星级	中国知名、区域一流大学
14	南京林业大学	162	3 星级	中国知名、区域一流大学
15	河北农业大学	177	3 星级	中国知名、区域一流大学
16	云南农业大学	191	3 星级	中国知名、区域一流大学
17	沈阳农业大学	196	3 星级	中国知名、区域一流大学
18	内蒙古农业大学	206	3 星级	中国知名、区域一流大学
18	上海海洋大学	206	3 星级	中国知名、区域一流大学
20	吉林农业大学	224	2 星级	区域高水平大学
21	安徽农业大学	226	2 星级	区域高水平大学
22	江西农业大学	237	2 星级	区域高水平大学
22	中南林业科技大学	237	3 星级	中国知名、区域一流大学
24	新疆农业大学	261	2 星级	区域高水平大学
25	浙江农林大学	265	2 星级	区域高水平大学
26	浙江海洋大学	270	2 星级	区域高水平大学
27	甘肃农业大学	280	2 星级	区域高水平大学
28	山西农业大学	317	2 星级	区域高水平大学
29	大连海洋大学	345	2 星级	区域高水平大学
29	青岛农业大学	345	2 星级	区域高水平大学
31	黑龙江八一农垦大学	375	2 星级	区域高水平大学
32	西南林业大学	381	2 星级	区域高水平大学
33	广东海洋大学	383	2 星级	区域高水平大学

续表

名次	学校名称	全国排名	星级排名	办学层次
33	北京农学院	383	1 星级	区域知名大学
35	天津农学院	458	1 星级	区域知名大学
36	仲恺农业工程学院	518	1 星级	区域知名大学
37	吉林农业科技学院	570	1 星级	区域知名大学
38	信阳农林学院	617	1 星级	区域知名大学
39	山东农业工程学院	694	1 星级	区域知名大学
40	西藏农牧学院	719	1 星级	区域知名大学

3.3　我国农科高等教育的学科结构变迁

我国高等农林教育人才培养的层次结构和专业结构均日益优化。在几十年的发展中，高等农林教育逐步形成了以本科教育为主体，研究生教育为龙头，专科教育协调并进的格局，专、本、研比例从 1986 年的 0.39∶1∶0.07 变迁为 2017 年的 0.65∶1∶0.42，基本呈现了较为合理的发展比例。专业格局由农科单科的“一枝独秀”逐渐向多学科性和综合性转型，独立设置的农林高校基本已实现了农、工、理、经、管、文、法多学科专业交叉综合化发展，涉农、非农专业围绕农林学科优势协调发展，形成了以农科为特色的相对综合的专业体系。

3.3.1　单科农业专门学院（1949—1978 年）

新中国成立伊始，百废待兴，国家建设急需各类专业人才，因此对解放以前的高等学校专业设置进行接管和改造势在必行。

1949 年 12 月，第一次全国教育工作会议在北京召开，会议确定了“以老解放区新教育经验为基础，吸收旧教育某些有用的经验，借助苏联经验，建设新民主主义教育”。会后，高等教育界随即开始调整整顿：首先是对 1949 年之前遗留下来的高等教育机构进行接管、改造，在此基础上，1952 年下半年，教育部根据“以培养工业建设人才和师资为重点，发展专门学院，整顿和加强综合性大学”的方针，参照苏联模式，以华北、东北、华东为重点，对全国高等学校进行了大规模的“院系调整”，撤销、归并了一些条件太差的学校，设置了国家建设迫切需要的系科专业或建立新的专门学院。中国高等学校开始普遍设置专业，基于特殊的历史原因，我国基本上采用苏联高等教育的专业目录[1]。由此，我国建立起具有浓厚的计划经济体制色彩的专业教育模式，也拉开了新中国高等教育专业结构改革的序幕。

“文化大革命”使我国的高等教育事业遭到极大的破坏。1971 年 4 月至 7 月，召开了

[1]　黄宇 . 广西高等学校专业结构调整的理论与实践研究 . 桂林：广西师范大学出版社，2008.

全国教育工作会议，出台《关于高等院校调整、管理体制和专业设置的意见》，该意见指出50所农林院校，保留33所，合并7所，撤销6所，改中专4所。

1970年初，北京农业大学外迁至陕西省甘泉县清泉沟。根据全国教育工作会议的决议，1972年北京农业大学与延安大学合并，并改名为延安大学。合并后的延安大学对原有系、科、专业进行调整，以农为主，兼设师范和医疗。全校变为8个教学大队，14个专业（农业气象、农业微生物、兽医畜牧、农药4个专业面向全省；农学、农业经济、土壤农化、植物保护、果树蔬菜、数学、物理、化学、医疗等10个专业面向延安、榆林地区）。师范大队、气象物理大队和校部设在原延安大学校址，其他几个大队及工厂设在甘泉县清泉沟。1973年4月，学校迁回河北涿县原分校办学，改名为华北农业大学。学校着手恢复原有8个系17个专业。“文化大革命”以来，北京农业大学连续8年没有招生，1974年至1976年部分专业招收了三届工农兵学员。

根据国务院召开的全国教育工作会议精神和《关于高等院校调整、管理体制和专业设置的意见》的决议，北京农业机械化学院迁至四川省重庆市，并更名为四川农业机械学院。由于经常与成都郫县四川农机学院弄混，不利于工作开展，1972年7月，经四川省革委会批准更名为重庆农业机械学院。1973年10月经国务院批准学院迁到河北邢台市，更名为华北农业机械化学院。“文化大革命”期间北京农业机械化学院只在1972年拖拉机、内燃机专业招收120名工农兵学员和少数民族学生。1976年拖拉机专业招收工农兵学员40名。“文化大革命”结束后，高等院校新生高考入学制度和高等教育学位教育制度得到恢复，我国的高等教育重新走上正轨，高校的专业逐步得到恢复、重建。

3.3.2 由单科性向多科性逐步拓展（1978—1998年）

1978—1998年，我国先后进行了三次较大规模的本科专业目录调整，有效改善了农科本科专业划分过细、学科单一、适应性不强的问题。经过初步调整，到1980年，全国高等学校共设有专业1 039种，其中农科60种、林科22种。

1982年开始，教育部着手组织力量研究专业划分与设置的基本原则，这是第二次由国家组织进行的对普通高等学校专业目录的全面修订工作。这次修订专业目录和专业调整从根本上打破了十年动乱以及改革开放初期高等教育迅速恢复发展所造成的专业设置混乱局面，推进了专业名称科学化、规范化，使专业口径得到一定的拓宽，恢复和增设了如文科、财经、政法类中一批长期比较薄弱的专业，加强了新型、交叉、边缘学科专业，同时明确了专业划分与设置的基本原则。

1982—1987年，教育部对文、理、工、财经、政法、农林、医药等各科类本科专业目录进行了修订。这次修订“从根本上解决了十年动乱以及改革开放初期高等教育迅速恢复发展中匆忙上马所造成的专业设置混乱的局面”[1]。修订后的本科专业数从1 343种减少到了671种，农林75种（农科55种，林科20种），其中试办专业16种（农科12种，林科4种）。

[1] 纪宝成．中国大学学科专业设置研究．北京：中国人民大学出版社，2006.

自 1989 年开始，国家历时 4 年进行了第三次本科专业目录修订工作，这次修订工作进一步规范了专业名称，拓宽了专业口径和业务范围，调整归并了一批专业，充实扩大了专业内涵。经过修订，本科专业数量比修订前有了较大幅度减少，形成了体系完整、比较科学合理、统一规范的《普通高等学校本科专业目录》，1993 年 7 月正式颁布实施。

1989—1993 年的本科专业调整将本科专业分为哲学、经济学、法学、教育学、文学、历史学、理学、工学、农学、医学十大门类，专业总数再次减少到 504 种。其中农学门类下设 7 个二级类，40 种专业。

1997—1998 年，国家教育委员会再次开展本科专业目录修订工作，增加了管理学门类。这次修订是动作最大的一次专业调整，调整后的专业的突出特点是少、宽、柔，即减少了专业种数、拓宽了专业基础、柔性设计专业方向。[1] 专业数进一步减少为 249 种，农学门类下设 7 个二级类，16 种专业。

改革开放伊始，我国高等农业院校学科结构比较单一，几乎都为单科性的农学院。1980 年全国农林本科院校中，只有黑龙江八一农垦大学设有财务会计这一与农学无关的专业，其他院校的专业都是围绕农学而设。1981 年底，全国共有高等农业院校 55 所，其中全国重点院校 9 所，省属重点院校 2 所，专科学校 9 所。共开设专业 55 种，包含了农学、林学、畜牧兽医、水产、农业机械化、水利、电力、化工、环境、气象、生物学、经济学等 12 类。

到 1993 年，农林院校所设专业学科门类有所拓展，涉及门类包括了理、工、管、经、文、法、教等。其中涉及门类为 6 个的学校有 3 所，分别是北京农业大学、北京林业大学、东北林业大学，均为教育部直属高校。各农林本科院校设置的非农及非涉农类专业中，最多的为工科类专业，其次为经济类专业，可见农林院校的专业设置向外拓展的脚步最先始于工科和经济学科。这与农林院校办学规律相符，农林院校中很早就开设了农业工程、林业工程，以及农业经济、林业经济等与农业息息相关的涉农工科专业和经济类专业，具有良好的发展传统（表 2–15）。

表 2–15　1993 年部分农林院校所设专业情况

学校名称	专业数 / 个	涉及门类	所设非农及非涉农专业占比 /%
北京农业大学	36	农、理、工、管、经、法	5.56
北京林业大学	15	农、理、工、管、经、文	26.67
东北农业大学	17	农、工、经	23.53
东北林业大学	22	农、理、工、管、经、文	40.91
黑龙江八一农垦大学	12	农、工、管、文、教	41.67
上海农学院	10	农、经	20
南京农业大学	26	农、工、经、文	15.38
福建农业大学	19	农、工、经	5.26

[1]　赵文华 . 高等教育系统分析——高等教育结构、规模、质量、效益的系统观 . 上海：复旦大学出版社，2000.

续表

学校名称	专业数 / 个	涉及门类	所设非农及非涉农专业占比 /%
江西农业大学	19	农、工、管	5.26
河南农业大学	22	农、工、管	4.55
华中农业大学	22	农、工、管、经、法	9.09
湖南农业大学	19	农、工、管、经	10.53
中南林学院	11	农、工、管	18.18
华南农业大学	28	农、理、工、管、经	10.71
西南农业大学	39	农、理、工、管、文	10.26
四川农业大学	25	农、工、管、经	4
云南农业大学	15	农、工、经	6.67
西北农业大学	18	农、工、管	16.67
西北林学院	8	农、工、管	12.5
新疆八一农学院	14	农、工、经	7.14

数据来源：中国高等学校大全

1998 年，设置非农及非涉农专业的农林院校数大幅增加，农林院校的专业设置快速向理学、工学、管理学、经济学、法学、文学领域拓展，吉林农业大学、南京农业大学还涉及了医学门类，涉及门类为 6 个及以上的学校上升为 8 所，分别是中国农业大学、北京林业大学、东北林业大学、南京农业大学、华中农业大学、湖南农业大学、华南农业大学、西北农业大学。同时，各院校所设非农及非涉农专业数在学校专业总数中的占比有所提升，北京林业大学所设非农及非涉农专业数超过了 50%，中国农业大学、东北林业大学、福建林学院、中南林学院等 4 所院校超过了 40%。高等农业院校的专业结构发生了很大的变革，农科专业在专业类和专业种数上分别占 9% 和 28.37%，在专业布点和在校生数量上分别达到 53.57% 和 53.6%，非农专业布点和在校生比例已接近 50%[1]（表 2–16，图 2–8，图 2–9）。

在各农林本科院校设置的非农及非涉农类专业种类中，最多的仍然为工科类专业，其次为 1998 年专业目录调整中新增的管理门类专业。

表 2–16　1998 年部分农林院校所设专业情况

学校名称	专业数 / 个	涉及门类	所设非农及非涉农专业占比 /%
中国农业大学	40	农、理、经、管、工、文、法	47.5
北京林业大学	18	农、理、经、管、工、文	55.56
北京农学院	9	农、工、管	11.11
河北农业大学	21	农、理、工、管、经	23.81

[1]　包平 . 二十世纪中国农业教育变迁研究 . 南京：南京农业大学，2006.

续表

学校名称	专业数 / 个	涉及门类	所设非农及非涉农专业占比 /%
内蒙古农牧学院	22	农、理、工、管、经	27.27
内蒙古林学院	8	农、工、文	25
沈阳农业大学	23	农、理、工、管、经	17.39
吉林农业大学	19	农、理、工、医	5.26
吉林林学院	8	农、工、管、文	37.5
东北农业大学	19	农、理、工、管、经	21.05
黑龙江八一农垦大学	13	农、理、工、法	23.08
东北林业大学	27	农、理、经、管、工、文、法	44.44
上海农学院	11	农、工、经	18.18
南京农业大学	27	农、理、经、管、工、文、法、医	37.04
南京林业大学	14	农、管、工、文	21.43
安徽农业大学	22	农、理、经、工、文	18.18
福建农业大学	18	农、理、工、经	11.11
福建林学院	14	农、理、工、管	42.86
江西农业大学	19	农、工、管、经	15.79
山东农业大学	18	农、理、工、管	11.11
莱阳农学院	12	工、管	25
河南农业大学	18	农、理、工、经、文	16.67
华中农业大学	26	农、理、经、管、工、文、法	26.92
湖北农学院	11	农、理、工	9.09
湖南农业大学	20	农、理、工、管、经、文	25
中南林学院	14	工、管、文、法	42.86
华南农业大学	27	农、理、经、管、工、文、法	37.04
湛江海洋大学	11	农、工	18.18
仲恺农业技术学院	8	农、工、管	12.5
华南热带农业大学	10	农、工、管	30
西南农业大学	24	农、理、工、管、文	20.83
四川农业大学	17	农、理、工、管、经	11.76
云南农业大学	19	农、理、工、经	15.79
西南林学院	8	农、工、管	12.5
西藏农牧学院	5	农、工	20
西北农业大学	23	农、理、工、管、经、法	26.09
西北林学院	6	农、工、管	16.67
甘肃农业大学	23	农、理、工、经	8.70
新疆农业大学	24	农、理、工、管、经	25

数据来源：李辉．中国高等院校指南［M］．北京：中国戏剧出版社，1999

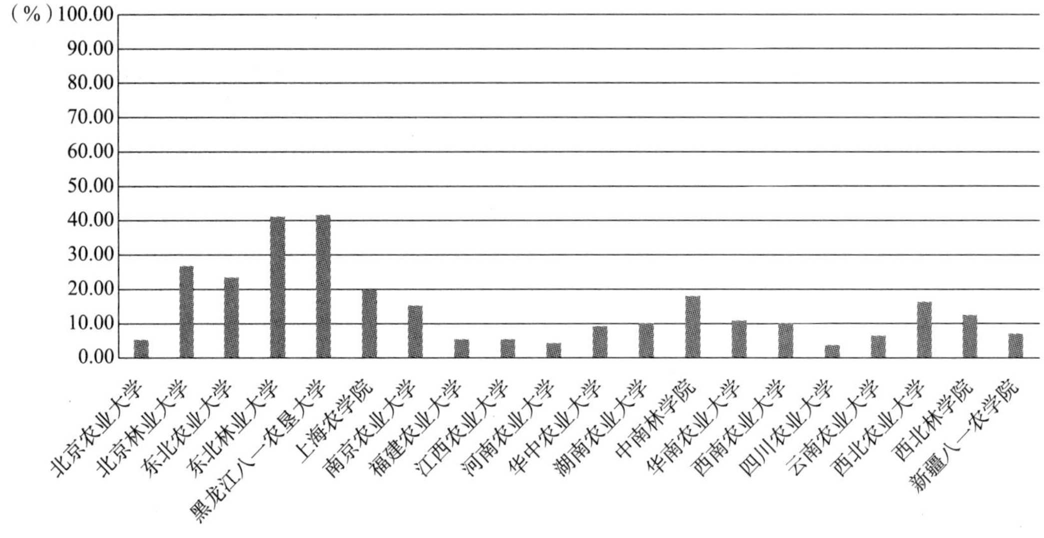

图 2-8　1993 年部分农林院校所设非农及非涉农专业占比

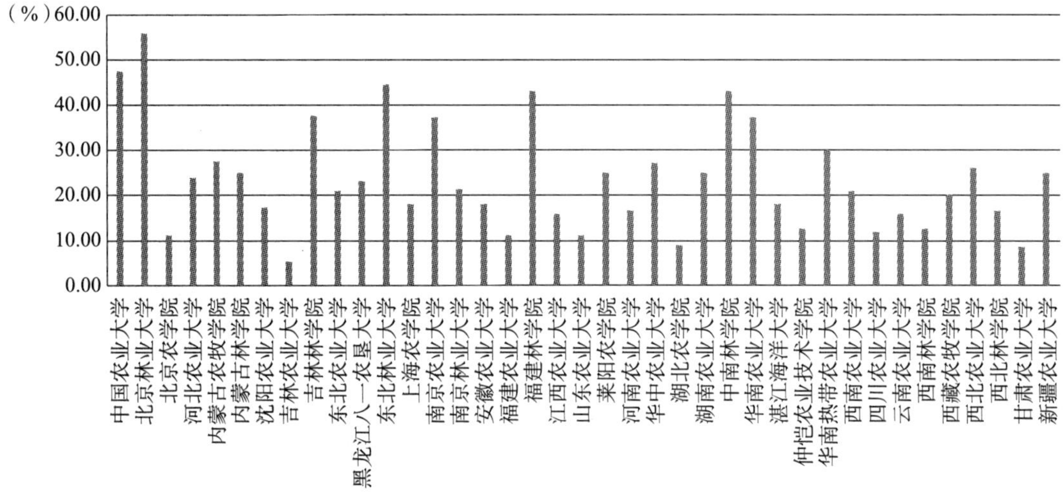

图 2-9　1998 年部分农林院校所设非农及非涉农专业占比

3.3.3　农业院校学科专业门类普遍拓宽（1998—2012 年）

1998—2012 年，各农林院校的专业设置数迅速增长。随着农业产业新业态的不断呈现和农村产业结构的优化升级，对人才需求更加多样化，农业院校的专业设置向产前、产中、产后延伸，直到面向整个农村经济，新学科、新专业发展很快，远远超出了传统农科的范围，极大拓宽了农业院校的学科专业门类和服务面向。

2010 年，教育部启动新一轮高校本科专业目录修订工作，新增艺术学门类，专业类由原来的 73 个增至 92 个，专业由原来的 635 种减至 506 种，其中基本专业 352 种、特设专业 154 种。农学门类下设专业 7 类，27 种专业。

至 2011 年，农林院校开设的专业数量增长迅猛。表 2-17 中的 34 所农林本科院校平均开设专业 57 个，而 1998 年时，部分农林本科院校开设专业平均为 17 个，专业数量大幅提升。其中，部分地方农林院校专业数更是明显超过了部属院校，华南农业大学的专业数达到了 93 个，内蒙古农业大学、四川农业大学、河北农业大学的专业数均超过了 80 个，山东农业大学超过了 70 个。

农林院校开设的专业已覆盖了除军事以外的所有门类，大部分农业院校开设的专业涉及门类达到 7 个以上。其中，华南农业大学的专业涉及了 11 个门类，四川农业大学涉及专业门类 10 个，北京林业大学、河北农业大学、吉林农业大学、南京农业大学、江西农业大学、河南农业大学、湖南农业大学、西南林业大学等均达到 9 个门类。

非农及非涉农专业数超过农科专业数。表 2–17 中的 34 所农林本科院校中，中南林业科技大学、东北林业大学、南京林业大学、仲恺农业工程学院、北京林业大学、华南农业大学、湖南农业大学、西南林业大学、浙江农林大学、江西农业大学、福建农林大学、安徽农业大学、中国农业大学、河北农业大学、黑龙江八一农垦大学、山东农业大学、内蒙古农业大学、南京农业大学、塔里木大学 19 所农林院校的非农及非涉农专业数达到 / 超过了全校专业的 50%，其中中南林业科技大学、东北林业大学、南京林业大学 3 所林业院校已超过了 70%（图 2–10）。

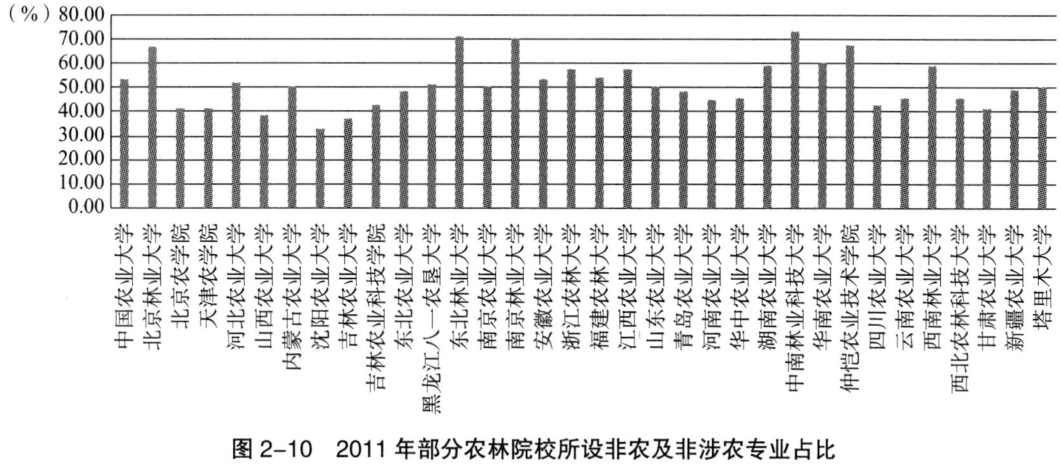

图 2–10　2011 年部分农林院校所设非农及非涉农专业占比

表 2–17　2011 年部分农林本科院校所设专业情况

学校名称	专业数 / 个	涉及门类	所设非农及非涉农专业占比 /%
中国农业大学	58	农、工、理、经、管、法、文	53.45
北京林业大学	48	农、理、工、管、经、文、法、艺、教	66.67
北京农学院	24	农、经、管、工、法、艺、理	41.67
天津农学院	34	农、工、理、管、经、文	41.18
河北农业大学	81	农、工、管、理、经、文、法、艺、医	51.85

续表

学校名称	专业数 / 个	涉及门类	所设非农及非涉农专业占比 /%
山西农业大学	49	农、理、工、管、经、文、法	38.78
内蒙古农业大学	85	农、工、理、经、管、文、法	50.59
沈阳农业大学	49	农、理、工、经、管	32.65
吉林农业大学	56	农、理、工、医、文、管、经、艺、教	37.5
吉林农业科技学院	35	农、理、工、经、管、文、医	42.86
东北农业大学	66	农、理、工、管、法、经、艺、文	48.48
黑龙江八一农垦大学	41	农、工、管、理、文、经、法	51.22
东北林业大学	62	农、理、工、经、管、文、法、艺	70.97
东北林业大学	62	农、理、工、经、管、文、法、艺	70.97
南京农业大学	66	农、理、经、管、工、文、法、医、艺	50
南京林业大学	57	理、工、农、文、管、经、法、艺	70.18
安徽农业大学	67	农、理、经、工、文、法、教、艺	53.73
浙江农林大学	57	农、工、管、文、理、法、经、艺	57.89
福建农林大学	68	农、理、工、经、管、文、法、艺	54.41
江西农业大学	59	农、理、工、经、管、文、法、教、艺	57.63
山东农业大学	75	农、理、工、管、经、文、法、艺	50.67
青岛农业大学	64	农、工、理、经、管、文、艺、法	48.44
河南农业大学	58	农、工、理、经、管、法、文、医、艺	44.83
华中农业大学	48	农、理、工、文、法、经、管、	45.83%
湖南农业大学	54	农、工、文、理、经、管、法、教、艺	59.26
中南林业科技大学	63	理、工、农、文、经、法、管、艺	73.02
华南农业大学	93	农、理、工、文、经、法、管、教、艺、史、哲	60.22

续表

学校名称	专业数 / 个	涉及门类	所设非农及非涉农专业占比 /%
仲恺农业工程学院	46	农、工、理、经、管、文、艺	67.39
四川农业大学	84	农、理、工、经、管、医、文、教、法、艺	42.86
云南农业大学	55	农、工、经、管、理、文、教	45.45
西南林业大学	56	农、理、工、文、法、管、教、艺、经	58.93
西北农林科技大学	59	农、理、工、经、管、法、艺	45.76
甘肃农业大学	48	农、工、理、管、经、文、法	41.67
新疆农业大学	47	农、理、工、经、管、文、法	48.93
塔里木大学	40	农、理、工、文、管、法、经	50

资料来源：中华人民共和国教育部发展规划司编．中国高等学校大全［M］．北京大学出版社，2012

3.3.4 以农科为特色的相对综合的学科专业体系（2012 年至今）

随着经济社会的发展进步和高等教育改革的不断推进，农业发展观由狭隘向整体性“大农业”转变，农科高等教育由培养专门的精英农业科技人才向培养拔尖创新型、复合应用型人才转变，高等农林院校的学科专业结构也基本实现了多科性和综合性转型。

目前，独立设置的农林高校基本上已实现了农、工、理、经、管、文、法多学科专业交叉综合化发展，涉农、非农专业围绕农林学科优势协调发展，形成了以农科为特色的相对综合的学科专业体系。

一是专业布点更加全面。农林院校的专业门类、专业数量均快速增长，普遍包括了绝大部分非农科的专业。不仅如此，农类专业，尤其是农学专业的比例在同一所农学类院校中已经低于非农专业的比例。

二是新专业和特色专业不断涌现。农林院校在多年办学的基础上，形成了自身的办学优势。近年来，在巩固特色及优势专业基础上，更加面向市场需求，结合未来科学发展走向，扶植其他学科和新办专业，形成良性发展。如中国农业大学、河北农业大学、甘肃农业大学和云南农业大学开设了数据科学与大数据技术专业等。随着学科之间不断交叉、渗透、融合，农林院校也积极推动着不同学科门类间交叉专业的设立，如南京农业大学开设了农业人工智能专业等。

三是非农及非涉农专业趋同。同时，农林院校也存在着部分专业设置重复率高的问题，集中体现在经济学门类和工学门类。在表 2–19 中的 37 所农林院校中，布点数在 25

个及以上的非农及非涉农专业如表 2–18 所示。

表 2–18 37 所农村院校布点数在 25 个及以上的非农及非涉农专业

学科	布点数 / 个	门类	总计 / 个
会计	37	经济学	128
国际经济与贸易	34		
市场营销	32		
金融学	25		
机械设计制造及其自动化	34	工学	125
计算机科学与技术	37		
土木工程	29		
电子工程及自动化	25		
工商管理	25	管理学	25
法学	30	文学	67
英语	37		

快速增设且趋同性明显增强的专业大多与农学无关。部分农林院校中，这些专业的设置缺乏学科基础，导致学科容量很小，专业发展水平较低，甚至有“低水平重复”和“教育资源配置不合理”之嫌。因此，农林院校也需要进一步结合自身优势与特色，立足区域经济发展需求，不断调整与优化学科专业布局。2018 年我国部分农林院校所设专业情况如表 2–19，图 2–11 所示。

表 2–19 2018 年部分农林院校所设专业情况

学校名称	专业数 / 个	涉及门类	所设非农及非涉农专业占比 /%
中国农业大学	66	农、工、理、经、管、法、文	45.45
北京林业大学	54	农、理、工、管、经、文、法、哲、教、艺	64.81
北京农学院	35	农、理、经、管、工、文	40
天津农学院	43	农、工、理、管、经、文、艺	44.19
河北农业大学	89	农、工、管、理、经、文、法、艺	48.31
山西农业大学	63	农、理、工、管、经、文、法、艺	34.92
内蒙古农业大学	79	农、工、理、经、管、文、法、艺	51.9
沈阳农业大学	57	农、理、工、经、管、法	35.08

续表

学校名称	专业数/个	涉及门类	所设非农及非涉农专业占比/%
吉林农业大学	63	农、理、工、医、文、管、法、经、艺	42.86
吉林农业科技学院	42	农、理、工、经、管、文	45.24
东北农业大学	72	农、理、工、管、经、法、文、艺	48.61
黑龙江八一农垦大学	47	农、工、管、理、法、文、经	53.19
东北林业大学	63	农、理、工、经、管、文、法、医、艺	68.25
南京农业大学	62	农、理、经、管、工、文、法、医、艺	53.23
南京林业大学	74	理、工、农、文、管、经、哲、法、艺	70.27
安徽农业大学	80	农、理、经、工、文、法、医、教	52.5
浙江农林大学	64	农、工、管、文、理、法、经、艺	48.44
福建农林大学	79	农、理、工、经、管、文、法、艺	51.9
江西农业大学	58	农、理、工、经、管、文、法、教、艺	51.72
山东农业大学	91	农、理、工、管、经、文、法、艺	43.96
青岛农业大学	78	农、工、理、经、管、文、艺、法	53.85
山东农业工程学院	24	农、工、管、经、文、艺	58.33
河南农业大学	76	农、工、理、经、管、法、文、医、教、艺	40.79
河南牧业经济学院	58	农、工、管、经、理、法、艺	58.62
华中农业大学	60	农、理、工、文、法、经、管、艺	45
湖南农业大学	72	农、工、文、理、经、管、法、医、教、艺	56.94
中南林业科技大学	76	理、工、农、文、经、法、管、教、艺	69.73
华南农业大学	95	理、工、农、文、经、法、管、教、艺、史、哲	62.1
仲恺农业工程学院	55	农、工、理、经、管、文、艺、法	63.63
四川农业大学	91	农、理、工、经、管、医、文、教、法、艺	52.74
云南农业大学	70	农、工、经、管、理、文、法、教	57.14
西南林业大学	74	农、理、工、文、法、管、教	56.75

续表

学校名称	专业数 / 个	涉及门类	所设非农及非涉农专业占比 /%
西北农林科技大学	67	农、理、工、经、管、法、医	43.28
甘肃农业大学	63	农、工、理、管、经、文、法	38.1
新疆农业大学	59	农、理、工、经、管、文、法	49.15
塔里木大学	58	农、理、工、文、管、法、经、教、艺、史	58.62
信阳农林学院	30	农、工、管、文、理	40

数据来源：根据各校网站整理

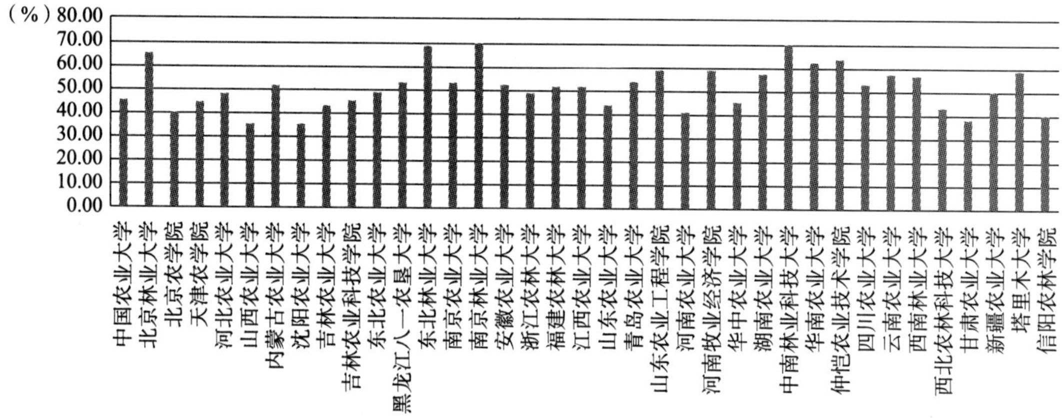

图 2-11　2018 年部分农林院校非农及涉农专业占比

3.4　我国农科高等教育的层次结构变迁

3.4.1　“中间太大两头太小”的层次结构（1978—1998 年）

社会经济发展的多样性决定了人才需求的多样性，构建合理的高等教育层次结构才能满足社会对多样性人才的需求。从表 2-20 中可以看出，1978—1998 年，高等农科教育的层次结构尚不够合理。1986 年，农科专科生、本科生、研究生在校生人数的比例为 0.39∶1∶0.07，1998 年为 0.36∶1∶0.09，本科生始终占绝对多数，专科生和研究生的体量相对太少。研究生在农科在校生总人数中所占比例呈现逐年增加的趋势，由 1978 年的 0.53% 增至 1998 年的 5.92%，反映出农科高层次人才培养能力的增强。

表 2-20　1978—1998 年（部分）农科各层次在校生数所占比例

年份	专科生占比	本科生占比	硕士生占比	博士生占比
1978	99.47%		0.53%	
1979	99.15%		0.85%	
1980	99.13%		0.87%	

续表

年份	专科生占比	本科生占比	硕士生占比	博士生占比
1981	98.91%		1.09%	
1985	95.95%		4.05%	
1986	26.75%	68.59%	4.50%	0.16%
1987	24.80%	70.14%	4.78%	0.29%
1988	25.92%	70.07%	4.01%	0.00%
1989	26.21%	69.98%	3.45%	0.36%
1990	26.36%	70.03%	3.24%	0.38%
1991	26.97%	69.68%	2.90%	0.44%
1993	34.87%	62.10%	2.46%	0.57%
1994	36.59%	59.38%	3.18%	0.85%
1995	34.62%	60.82%	3.48%	1.08%
1996	31.07%	63.72%	3.90%	1.30%
1997	28.46%	66.14%	4.04%	1.36%
1998	25.04%	69.04%	4.45%	1.47%

数据来源：根据历年中国教育统计年鉴整理，1982—1984 年、1992 年未查到相关数据

从图 2-12 可以看出，农科在校生中，本科生层次占比历年都是绝对的主体，专科生层次占比呈波浪式发展的状态，研究生尤其是博士层次的占比则日益增加。

相比较研究生规模的平稳发展而言，专本比变化较大。1991 年之前农科在校生专本比并没有太多变化，这两个层次学生规模的发展较为同步。1993—1998 年，受到国家政策和市场的双重影响，专科生在校规模占比经历了一个快速攀升又迅速下滑的过程（图 2-13）。

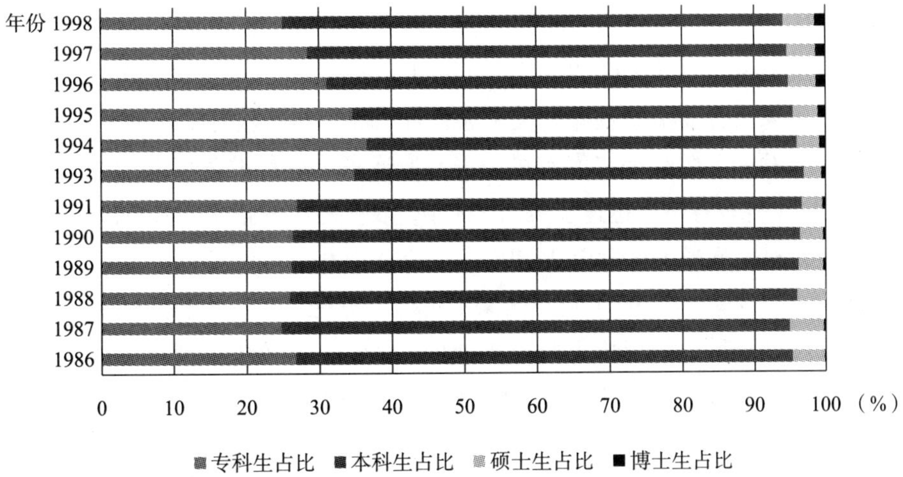

图 2-12　1986—1998 年农科各层次在校生占比分布走势（缺 1992 年数据）

农科专科层次规模波浪式起伏。1983 年，国务院转批教育部、国家计划委员会《关于加速发展高等教育的报告》，明确“要在发展中逐步调整好高等教育内部的比例关系，多办一些专科，注重发展一些为建设所需的短线专业”。同年，国家出台《关于加强和改革农村学校教育若干问题的通知》，明确提出，“有关高等学校要为农村培养和输送专门人才，为农村各类学校培训师资。农、林、商、工科等院校在办好本科的同时，要注意发展专科”。1985 年，《中共中央关于教育体制改革的决定》指出，要“改变专科、本科比例不合理的状况，着重加快高等专科教育的发展”。

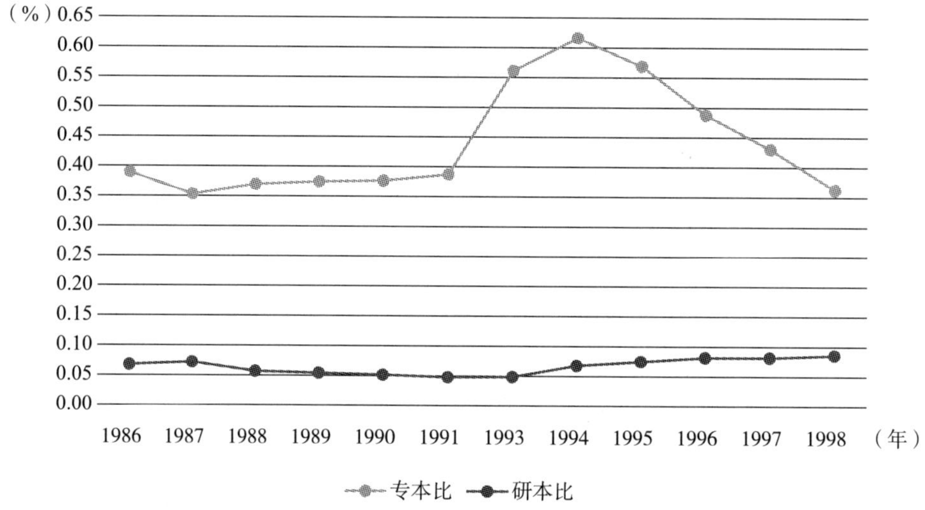

图 2–13　1986—1998 年农科在校生专本比、研本比走势（缺 1992 年数据）

关于专科是否应该作为一个层次的问题，在当时的高等农林教育界还不够明确。1984 年，教育部会同农牧渔业部、林业部召开全国高等农林专科教育座谈会，明确肯定了“高等农林专科教育是高等农林教育中一个相对独立、不可缺少、长期存在的层次”，提出要增加农林专科教育的培养规模。这一论断极大地推动了农科专科教育的发展，“农业方面 1982 年专科学生占本专科学生的 14.8%，1983 年是 12.7%。林业方面 1982 年是 4%，1983 年是 8%”[1]，至 1986 年农科专科生在校生已占比 26.75%，专本比提升至 0.39：1。

1991 年，国家教育委员会发布《关于加强普通高等专科教育工作的意见》，提出我国经济建设和社会发展（尤其是广大农村）需要普通高等专科教育培养大批高等应用性专门人才[2]，农科专科教育再次迅速发展。1993 年，农科专科的招生人数首次超过了本科生。1994 年，农科专科生规模占比升至 36.59%，专本比为 0.62：1。

随着 1994 年“并轨制”的实施，国家不再统一分配工作，专科生的就业问题开始凸显，直接导致农科专科生的招生人数当年减少了 24%，在校生人数也在之后的几年里连年下滑，规模不断缩减。1994 年，本科在校生占比 59.38%，专科为 36.59%，在校生专

[1]　黄辛白 . 在全国高等农林专科教育座谈会上的讲话（摘要）. 高等农业教育，1984.

[2]　关于加强普通高等专科教育工作的意见 . 教材通讯，1991.

本比为 0.62：1；到了 1998 年，本科在校生占比 69.04%，而专科只有 25.04%，专本比为 0.36：1。

农科研究生层次规模起于微涓。在中断了 12 年之后，1978 年，农科研究生恢复招生，当年招收农科研究生 276 人，林科研究生 55 人，农科研究生在校人数仅占农科在校生数的 0.53%。

1978—1985 年，我国研究生教育事业的发展突飞猛进。1978 年，教育部、国家计划委员会、国家科学技术委员会发布《关于制定一九七九年招收研究生计划的通知》，提出“研究生的培养工作适应社会发展需要，招生规模应逐年有所增长。凡是有条件的单位，都应积极招收研究生，条件好的应尽量多招”。1981 年，《中华人民共和国学位条例》实施，我国学位制度得以确立，并首次招收攻读博士学位的研究生。是年，农业部统一制定了全国农科 36 个专业硕士研究生的培养方案和学位要求，全国有 7 所高等农业院校、13 种专业、22 个点获批首批博士学位授予单位；22 所农业高等院校、42 种专业、135 个点获批首批硕士学位授予单位。同年我国首次招收学位研究生，全国 23 所高等农业院校招收国内攻读硕士学位的研究生 495 人[1]。1982 年，教育部召开高等教育调整改革会议，在调整高等教育层次结构方面，提出了逐步扩大普通高等学校研究生发展规模，提高硕士研究生、博士研究生培养质量和大力发展高等专科教育等意见。

1984 年，全国有 22 所高校获批试办研究生院，北京农业大学名列其中。在高校中试办研究生院，推动了研究生教育管理的独立化和专业化，使研究生教育逐渐形成了独立的运行机制[2]。

在国家政策的直接推动下，至 1985 年，全国研究生在校规模比 1978 年增长了近 7 倍。农科研究生教育更是顺势而上，在校生规模增长了 12.5 倍，人数占农科在校生总人数的 4.05%。这期间，农科研究生教育一直在探索中坚持改革：1983 年，为弥补专门人才师资力量的缺乏，部分高等农业院校试办研究生班；1984 年，作为招生计划的补充，农业院校开始招收计划外委托培养研究生。但 1986—1992 年，因为硕士研究生招生人数的持续缩减，农科研究生规模不断下降，1992 年硕士研究生的招生人数仅为 1986 年的 50.6%。不过同期的博士研究生规模却呈现出了“逆走势”，招生人数由 76 人扩增至了 217 人。

3.4.2　专科生与研究生占比的持续扩大（1999—2010 年）

1999—2012 年，在农科在校生整体规模中，本科生层次历年占比仍然都是绝对的主体，但总体处于下降的趋势，专科生层次自 1999 年开始占比呈逐年上升的态势，至 2010 年后小幅缩减，博士和硕士层次的在校生占比则日益扩大（图 2-14）。

1993—1999 年，受到国家政策和市场的双重影响，专科生在校规模占比经历一个快速攀升又迅速下滑的过程。到 1999 年，本科在校生占比 69.73%，而专科只有 24.41%，专

[1]　罗涵先 . 中国农业年鉴 1982. 北京：中国农业出版社，1983.

[2]　王战军，乔刚 . 改革开放 40 年中国研究生教育的成就与展望 . 学位与研究生教育，2018.

本比为 0.35：1。1999 年的扩招对于农林专科教育的影响明显超过本科。1998—2004 年，农科专科的招生规模年均增长 25.44%，高于同期农科本科招生 8.6% 的年均增长率。专科教育快速扩张，本科占比相应明显下降。2004 年，在校生的专本比提升为 0.7：1，本科在校生占比 53.22%，专科为 37.43%。

然而，过快的增长速度也引发了办学条件、师资力量不足以及与社会需求脱节等一系列问题。2004 年，时任教育部部长周济在教育部年度工作会议上提出要“坚决控制住专科层次的招生规模”，农科专科的招生数自 2005 年后基本保持稳定，在校生专本比也不再有大的起伏，一直控制在 0.8：1（2009 年）和 0.65：1（2012 年）之间。

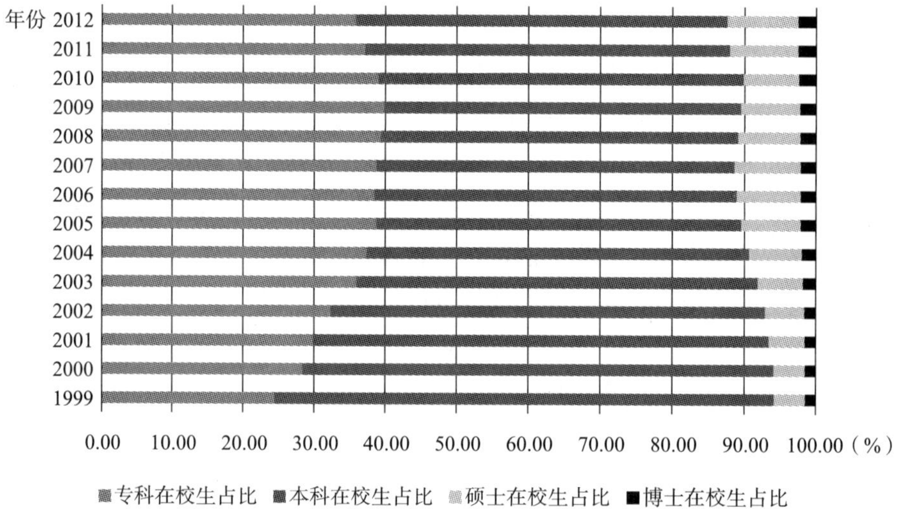

图 2-14　1999-2012 年农科各层次在校生占比分布走势

随着市场经济体制的建立，我国经济迅速发展，产业结构不断升级，社会对高层次复合型、创新型人才的需求越来越强烈。20 世纪 90 年代中后期，研究生供需矛盾越发显现。1999 年，教育部工作要点提出要适度扩大研究生招生数量，之后至 2003 年，历年的教育部工作要点都明确提出要扩大研究生培养规模。2004 年，农科研究生招生数提升至当年农科总招生人数的 12.06%，在校生规模占农科在校生总人数的 9.36%，其中，农科博士生在校生数占农科研究生在校总人数的 21.13%，在校生研本比由 1993 年的 0.05：1 提升至了 0.18：1。

此外，为满足社会主义建设急需的高层次应用型、复合型人才，1991 年，国家建立了专业学位制度。1999 年，农业推广硕士专业学位（后定名为农业硕士）和兽医（硕士、博士）专业学位获批设立，2005 年、2010 年，风景园林硕士和林业硕士也相继设立，进一步完善了我国的专业学位培养体系和农科研究生培养体系，加强了农业高层次人才与行业产业之间的联系。

1999—2012 年，硕士在校生占比一直处于增长的状态，由 4.35% 稳步上升为 9.92%；博士在校生占比的提升更为平稳，1999 年为 1.51%，2012 年为 2.54%。研本比在这期间出现较大幅度的增长，从 0.08∶1 增长至 0.24∶1。

总体而言，在这一时期，我国高等农林教育人才培养的层次结构日益优化，专、本、研比例从 0.35∶1∶0.08 变化为 0.69∶1∶0.24，基本呈现了较为合理的发展比例。虽然各个层次的规模都有大幅增加，但硕士和博士的增长速度显然更为稳健和快速，展现出高等农林教育高层次人才培养的强劲实力。扩招以后，专科层次相对于本科层次发展速度一度领先，也就是说，就这两个层次而言，高等农林教育的重心一度产生了下移，专科教育表现得比本科教育更加充满活力。2006 年，随着国家提出高等教育应该在稳定规模的基础上注重教育质量的提高，高等农林本专科生在校生增长幅度出现显著回落，这说明，高等教育在经历快速大众化阶段而进入稳定的发展阶段后，高等农林本专科层次教育开始理性放缓，发展的重点由规模转向了内涵（图 2–15）。

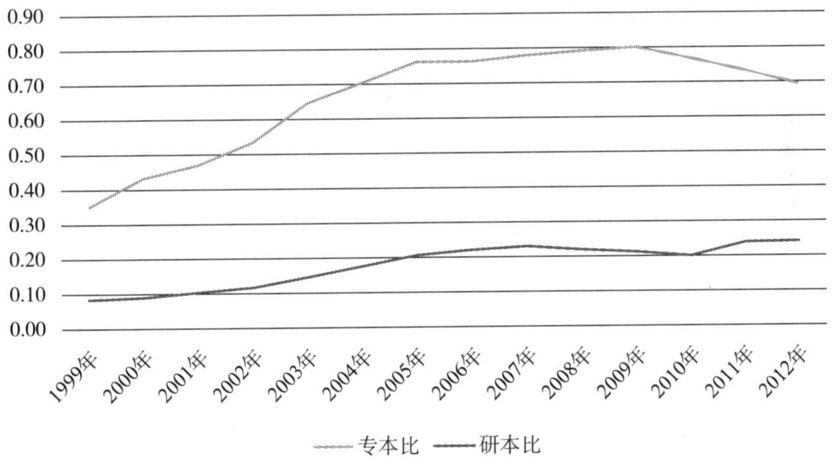

图 2–15　1999–2012 年农科在校生专本比、研本比走势

3.4.3　研究生层次发展更为稳健快速（2010 年之后）

受到研究生规模快速增长的影响，2010 年之后，本专科在校生的总体占比持续下降。目前而言，高等农业教育的层次结构呈“橄榄型”，农科专科生、本科生、研究生在校生人数的比例为 0.65∶1∶0.42，基本呈现了较为合理的发展比例。这一时期，各个层次的规模都有大幅增加，专本比基本保持平稳，研本比在 2017 年有较大提升，由 2016 年的 0.26∶1 上升为 0.42∶1（图 2–16，图 2–17）。

值得一提的是，改革开放 40 年来，我国农科研究生教育尤其是博士研究生教育从微至著，蓬勃发展，实现了立足国内培养高层次农科人才的目标。2017 年，农业研究生在读人数已占农科在校生总人数的 20.38%，展现出高等农林教育高层次人才培养的强劲实力。在知识经济社会的今天，农业新产业、新业态的发展对科技和人才提出了更高的要求，方兴未艾的农科研究生教育需更加突出科教结合和产学结合，进一步强调质量建设，提升高等农业教育服务社会经济发展的能力。

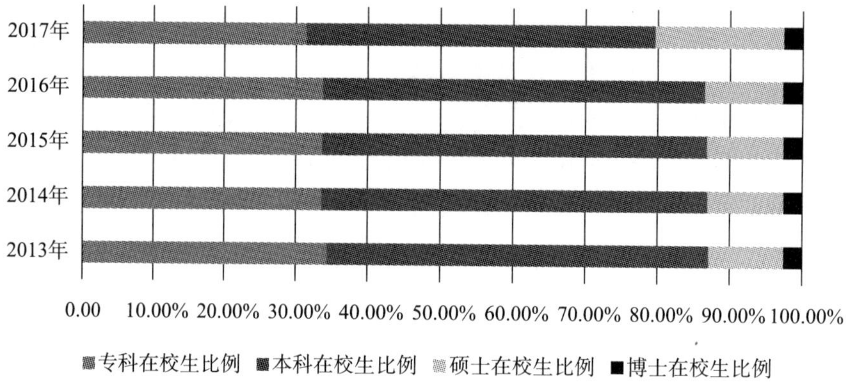

图 2–16　2013–2017 年农科各层次在校生比例分布走势

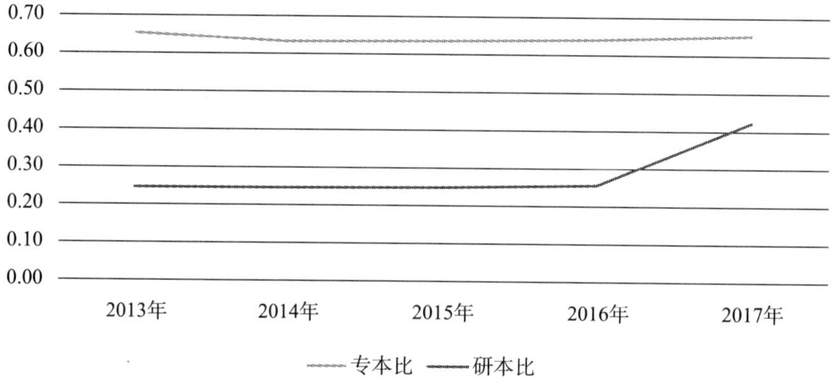

图 2–17　2013–2017 年农科在校生专本比、研本比走势

4　我国农科高等教育人才培养模式的历史变革分析

人才培养模式是指在一定的现代教育理论、教育思想指导下，按照特定的培养目标和人才规格，以相对稳定的教学内容、课程体系、管理制度和评估方式实施人才教育的过程的总和。具体可以包括四层含义：培养目标和规格；为实现一定的培养目标和规格的整个教育过程；为实现这一过程的一整套管理和评估制度；与之相匹配的科学的教学方式、方法和手段[1]。

我国真正意义的高等农科人才培养发端于清末。此间农、工、商三科实业教育蹒跚起步，其中农业教育得到了高度重视，农科学校数和学生数占比较高。1912 年到新中国成立前，中国高等农业教育学科体系和人才培养体系在动荡中奠基。新中国成立后，高等农科人才培养模式经历了反复调整与变革，进行了扎根中国大地培养高等农业人才的艰难而伟大的探索。

100 余年来，我国农业人才培养尤其是高等农业人才培养，先是主要借鉴日本，后转投欧美，又全面转向苏联，改革开放以后才逐渐开始了立足国情的特色发展之路。本研究

[1]　刘献君，吴洪富 . 人才培养模式改革的内涵、制约与出路 . 中国高等教育，2009.

选取了农学、植物保护、园艺、林学、动物科学、动物医学等 6 个传统农科专业，重点以华中农业大学为例梳理了新中国成立以来高等农科人才培养模式的变迁。

4.1　农科人才培养模式的探索、形成（1950 年至 20 世纪 90 年代中后期）

此阶段农科人才培养经历艰难的探索，逐步形成了比较完备的人才培养模式。以恢复高考为界，大致又可以分为两个阶段、经历了两次转向。

前一个阶段是探索期，中国高等教育全面转向学习苏联模式，高等农科教育转向专科教育，此后虽经历搬迁到农村办学等种种波折，但仍坚持办学。从 1952 年开始的大规模院系调整开始，单科性高等农林院校成了高等农业教育的绝对主力，此时期人才培养目标主要是为国民经济建设培养农业急需的专业人才，人才培养体系逐步形成了初步框架。

1952 年 7 月，教育部召开全国农学院院长会议，拟定了农林院校调整方案和专业设置草案。会议提出高等农林院校的任务是：培养国营农（林）场、合作社营农（林）场的高级农（林）技术干部，农（林）业科学研究人才；县以上农（林）业技术行政干部和各级农林院校的师资。最近三五年内，培养师资是最迫切的任务[1]。

1952 年，华中农学院（华中农业大学前身）设置了农学、植物保护、果树、蔬菜、畜牧、兽医等农科专业，并开始参照苏联建立教学基层组织，把同一门课或相近的几门课的教师组成教学研究组（室），1954 年全院建立了 28 个教学研究组（室）。到 1956 年，农学专业的教学体系已基本形成。根据苏联植保专业教学计划，该校植物保护专业的教学计划和教学大纲修订完成。教学方式上，采取课堂讲授、课堂讨论、习题课、实践课、课程论文、毕业论文、考试、考查、辅导、答疑等多种教学环节。此阶段畜牧、兽医（动物科学和动物医学专业的前身）大力推进实用技能型人才培养，开始探索动物类农科专门人才培养的模式。果树、蔬菜等专业办学之初就非常重视课程和教材建设。翻译了一批俄文教材，编著的《新鲜果实包装贮藏运销学》，成为当时我国在这一领域唯一的教学参考书。1955 年在高等教育部召开教学大纲编审会议后，修订了果树栽培学、果蔬贮藏加工学等课程教学大纲。

整体而言，70 年代中期以前，典型的农科专业的课程体系设置和教学更加强调实用性，课程体系刚性强、稳定性强。课程上，比较典型并形成深远影响的是开始全面教授米丘林遗传学。

恢复高考以后，“文革”中搬、撤、并、分的学校得到了恢复或重建。伴随改革开放洪流，一批农学院进入国家重点大学行列，并改名为大学，高等农业教育得到平稳发展，这一阶段高等农业人才培养开始了从专科向综合教育新的转向，从偏重实用专门人才的培养到转向日益重视研究类人才培养，开始了用现代生物技术对传统农科的改造和提升的探索，逐步形成了较为完备的人才培养体系。

[1]　中华人民共和国教育大事记（1949–1982）. 北京：人民教育出版社，1979.

1980年，华中农学院筹建了植物遗传育种专业，并参照国际农业院校拟定了培养方案。提出建设农科本科专业的四个基本理念：一是在一、二年级要打好坚实的理论基础，增加基础课的分量，重视基础课的教学；二是始终注重学生动手能力的培养，保证实践性教学环节四年不间断；三是有目的、有计划地组织学生参加有关科研课题的研究，在教师的指导下，开展科学研究，培养科研能力；四是认真细致地指导学生写好毕业论文，使学生受到严格的科研技术方法和科研写作能力的训练。80年代初，根据实践教学的特点首次提出农学专业类学生在校内种“三田”（早期为“试验田、丰产田、育种田”，经过不断完善，将三田的理念提升为“认知田、试验田、创新田”）的思想，一直为本学科所重视和发扬，并且为作物学专业的实践教学环节打下了坚实的基础。“建设遗传育种专业，培养合格人才”于1989年获得首届国家级教学成果奖特等奖。与此同时，植保专业也将加强生产实践教育环节学习作为贯彻执行植保专业新教学计划的重要内容。植保专业二年级课程教学实习要求在40天左右，以丰富采集病虫标本的种类、数量，提高教学效率。三年级教学实习要求在3个半月至4个月，学生按实习小组住在生产队，除参加一定的生产外，结合生产季节参加病虫调查防治，并选择1～2种进行研究，以提高科研工作能力。

改革开放前夕，华中农学院设立了林学专业（1977年）。80年代以来，果树、蔬菜等专业日益重视研究类人才的培养，开设了数理统计学、生物统计学、园艺研究法等课程，将办学之初开设的米丘林遗传学调整为孟德尔遗传学，为后期深化学科研究奠定了坚实基础。

值得注意的是，这一时期蓬勃发展的生命科学学科对传统农科的深刻影响。在80年代中期，华中农业大学农学系较早开设了分子生物学等课程，开始了对传统农科的改造和提升。

在这个教育时期，尽管后期开始有了一些向综合型和研究型人才培养的转向，但整体来看，农学等专业的农科特征明显，口径窄，在教育思想上更多地强调专业技能教育，强调专业对口人才培养，只要求学生解决现实存在的具体问题，而对加强基础教育不够重视，课程体系中除了几门政治课程以外，没有人文社会科学方面的课程，忽视人文教育和学生综合素质培养。

畜牧、兽医专业则在深化原有人才培养体系的基础上，进一步提出了“科研课题源于生产实践，科研成果服务学生培养”的理念，开始初步倡导学生的教育培养与科学研究相结合。这一时期畜牧、兽医等相关专业还主要停留于以应用技能培养为中心的专才教育，课程内容多是瞄准生产一线的实际需求，注重生产与临床所需的专业技能传授，倡导在生产实践中培养和锻炼学生，对专业以外的知识和能力培养涉及不多。

4.2 传统农科改造与复合型农科人才培养（20世纪末—2012年）

20世纪90年代中后期，随着“211工程”的深入实施和“985工程”的启动，高校从双轨、并轨到大规模扩招，我国高等教育进入了急遽改革时期。沿着“共建、调整、合作、合并”的思路，高等教育布条块分割格局被打破，高等农业教育结构布局和资源配置也得到优化，高等农业教育由此进入新的腾飞期，源于80年代中后期的对传统农科教育的改造和提升进入了决胜阶段。传统的细分专业已经不能适应我国现代化农业对复合型人才培养的需求。根据“淡化专业界限、拓宽学生基础知识、强化创新素质教育”的改革思路，复合型人才培养得到全面实施。

农学专业为拓宽学生培养口径，将相关学科的专业基础课及专业课进行交叉融合，以便在有限的学时里使学生获得更多信息；为了拓宽学生知识面，体现学科复合，在选修课中设立人文社科、经济管理、理学和农学等四个选修模块，要求学生选修课至少应覆盖三个模块以保证“专业知识与文化素质”多学科复合。植物保护专业按“基础＋模块”的方案设置了不同的专业方向，按照模块来建设专业特色课程。包括植物保护专业公共模块、植物保护方向模块、植物检疫方向模块、农药学模块和应用真菌模块等5个模块。生物学系列课程逐渐加入农学类和植物保护类专业人才培养课程体系。一方面，在培养方案中设置了植物生物技术、分子生物学、细胞生物学等一些生物学类课程，以及分子植物病理学、植物保护学进展等学科前沿类课程。另一方面，在实践教学上，结合现代生物技术发展设计了一些综合性、设计性的实验教学内容。1997年开始，将作物遗传育种专业和作物栽培学专业合并为农学专业。另外，2002年用现代农业生物技术将传统的作物栽培、育种学内容进行改造、提升，新成立植物科学与技术专业。2005年，傅廷栋院士主持的“农学专业复合型人才培养模式的研究与实践”项目，提出了“六位一体”的复合型人才培养模式，获得国家级教学成果奖一等奖。

1998年，教育部颁布新的专业目录，将原来的果树、蔬菜和观赏园艺（部分）等3个专业合并为园艺专业，促进了园艺专业宽口径、厚基础、高素质、适合面广的复合型人才培养。林学专业也更加注重学科基础理论课程教育和通识教育，着力提高学生的综合素质。拓宽基础教学的内涵，加强自然科学、人文社会科学以及外语、计算机等基础理论、基本知识和基本技能与基本素质的培养。要求学生修读不少于8个学分的人文社科类课程，开设了计算机基础、计算机程序设计等信息类课程，开设了大学语文、文献检索、应用写作等选修课程，强化学生综合素质培养。推进综合化课程建设。对现有课程体系进行重新组合，制订了新的教学计划和教学大纲，按大类设置共同的基础课和专业基础课，构建新的课程平台。开设分子生物学、免疫学等新兴学科课程，积极推进生物学前沿课程建设，既注重分子生物学的教学，又注重专业传统基础学科。增设了生物技术、分子生物学、植物分子育种、果树生物学等课程，使学生具有较好的生命科学基础。扩大选修课程种类与数量，分素质类、专业类、前沿特色类等类别设置选修课程模块，开设能够加深、拓宽基础知识和专业知识的课程。加大实践教学力度，将生产劳动作为必修课程；将第二课堂教学与第一课堂有机结合，通过安排课外科研、学术活动和社会实践活动，拓宽学生知识面，设立大学生科技创新基金（SRF）项目，激发学生参加科技创新活动的热情。

20世纪90年代中后期以来，动物科学、动物医学专业开启了新一轮的人才培养改革。通过进一步调整培养目标、优化课程体系、完善机制体制，探索建立起一套“宽口径、厚基础、重实践、强能力”的人才培养模式，真正培养出个体发展全面、社会适应力强的复合应用型人才，成为这一时期动物科学、动物医学专业建设者的重要使命。重点进行课程体系、教学内容、教学方法与手段、实践教学和评价方式等方面的改革与探索，边改革、边实践、边完善，逐渐建立了“三层次六模块”的复合应用型人才培养模式。以此凝练的人才培养模式成果获评国家级教学成果奖二等奖。

4.3 传统农科提升与新时代农科人才培养（2012 年至今）

党的十八大以来，高等教育进入内涵发展阶段。“双一流”启动，扎根中国大地办一流大学的号角吹响。乡村振兴、生态文明建设等重大战略对高等农业教育提出了新的要求。随着信息技术、大数据、人工智能和生物技术发展对农业领域的渗透，传统农业学科的研究问题发生深刻变化。卓越农林人才教育培养计划 1.0、2.0 相继启动，农科人才培养进入了新时代。

此时期，华中农业大学农学专业继续深入实践现代生物科技提升传统农科的发展理念，研究实践四条途径，即：运用现代生物科技优势，提升教师创新能力；拓展农科专业内涵，创新培养模式；整合优化教学内容，创建精品课程教材；推动科教融合，提升学生素质。用现代生物科技提升传统农科，促进农学学科专业实力显著提升、创新能力显著增强、人才培养质量显著提高，形成现代生物科技与传统农科紧密结合、互促共进，培养创新人才的鲜明办学特色。在人才培养方案、课程体系、教学大纲等教学文件中得到固化，农科专业新增与现代生物科技有关的课程 39 门，所有专业基础课、核心课及实验课都增加现代生物技术内容，农科专业普遍设立 1 ~ 2 门新生研讨课和前沿进展课，开设 50 余门创新性实验教学项目（课程），受益农科学生 18 000 余人次。“用现代生物科技提升传统农学学科专业的研究与实践”获得 2014 年国家级教学成果奖一等奖。针对农科专业学生存在的实践动手能力和创新能力不足、专业教学与生产实际结合不够紧密、科研资源与教学资源共享与融合不够、稳定优质的校外实习基地不足等问题，将农学专业原“三田”实习（种子田、试验田、丰产田）进行提升，逐步形成了以“三田”为统称的全过程农业生产周期实习模式，并将其与本科生早进实验室、早进课题、早进团队开展科研训练的“三早”做法相结合，构建了“三田三早”实践育人模式。“农科专业‘三田三早’实践育人模式的改革与实践”获得 2014 年国家级教学成果奖二等奖。

园艺、林学专业运用现代生物技术、信息技术等高新科技，调整、改造和提升专业发展传统模式，拓宽专业口径，扩展专业内涵和业务范围，着力培养一批能广泛满足社会发展需要的卓越农林人才。优化课程体系。更加注重为人类健康服务，通过改良园艺品种来提升人民生活品质，围绕园艺作物育种、栽培、采后贮藏运销及设施园艺、园艺产业发展规划等全产业链设计人才培养体系，加大运用现代生物技术和信息技术改造整合提升传统农科专业的力度，以专业课程体系整体优化和专业知识间的有机整合为重点，开展多方向、模块化教学，推进开放、多元、个性化人才培养模式改革，促进人的全面发展和个性化发展。在课程体系方面，将现代分子生物学理论、方法、技术与农业应用基础研究充分结合。紧密围绕产业需求和学生专业实践技能需要，不断强化和改进实践教学。园艺专业设置 7 个实践环节，林学专业设置 5 个实践环节，实践环节学分占比达 25%，强化学生实践能力训练。更加注重培养学生的创新能力和解决复杂问题的能力，推进综合性实践项目建设。减少课堂教学学时数，增加课外自主学习和小组合作学习的时间。注重分类培养，课程模块更加清晰，园艺专业按果树、蔬菜、观赏园艺等方向设置了相应的课程模块，针对园艺植物栽培、育种、综合性实验、教学实习等环节设置总论、各论课程，实现分方向培养；林学专业设置了林木遗传育种、森林培育和森林经理三个模块选修课程，基于学生发展需求进行专业化培养。开设跨学科交叉融合课程，改变单纯以学科系统性为标准构建课程体系的观念，按照专业产业链的整体要求，主动利用现代信息技术、工程技术，开设跨学科课程，促进跨界培养，完善学生知识结构，满足学生职业发展和行业企业需求。扩大学生选课自主权，各类别课程设置必修、选修课程。大力推进信息技术与教学深度融合，建设园艺概论、园艺植物生物技术、林业种苗学等一批在线开放课程，推进教学模式、教学方法改革。构建学研产协同创新育人新模式。园艺专业建立了“专业 + 产业”赣南模式。林学专业与中国林业科学研究院共建“菁英班”。

面向未来，华中农业大学按照植物生产类打通农学、植物科学与技术、种子科学与工程、植物保护等四个专业的大一、大二课程，弱化专业界限，实现重基础、宽口径复合型人才培养。总学分由 165 分调整为 155 分。新的培养方案进一步强调人文素养和自然科学基础理论对学生的重要性，增加了“具有良好人文社科底蕴与自然科学基础”内容；培养目标明确要求学生“具有良好的国际视野和跨文化理解能力”。在人才培养过程中，通过专业英语、暑期英语课程、双语教学等，提升学生的专业外语水平；通过专家学术报告、外文文献阅读、国际生交换培养等环节，帮助学生关注各种国际规则、开阔国际视野，增进跨文化理解、提高有效沟通交流以及国际合作的能力。遵循人才培养分类指导的原则，进一步压缩必修课，增加选修课。设特用作物、育种、现代农业、农业经营管理和生物技术 5 个选修课模块。在植物生产类专业现有课程体系中，在继续开好生物信息学课程的基础上，增加作物信息学模块等相关课程，增强学生的智慧农业概念及信息处理技能。

未来的园艺、林学是如何满足人民对美好生活的向往的，园艺、林学专业生产应该如何拓展发展方向、优化发展路径？在万物互联和人工智能时代，必将发生翻天覆地的变化。设置园艺体验方向，更好地服务人类大健康。开设园艺文化教育类课程，深入挖掘园艺文化内涵，提升园艺服务社会的质量，满足人民对美好生活的需求。集合“园艺 + 大数据 + 人工智能”，加强智慧园艺类课程建设，建立以信息传感设备、互联网和智能信息处理为核心的智慧模式，更加注重生产过程中的数据采集，对这些数据进行深入分析和挖掘，并反馈给前端生产，催生智能生产帮手等人工智能技术。加强园艺交叉融合型课程建设，未来园艺生产一定是个多学科交叉、协同创新的高地，一定是一体化、系统化的发展进程，割裂单点式的发展已不能适应未来的需求，必须紧紧围绕园艺产业链，利用信息技术、装备技术开发面向未来的园艺生产技术类课程。开设物联网技术，实现种植过程管理数据化、可视化。开设园艺健康领域类课程，立足于园艺，交叉生物医学、中医药学、食品科学、心理学等学科。

林学专业人才培养必须满足时代需求，改变传统重视资源培育技术而忽略经营管理决策、重视木质产品生产而忽视非木质产品价值，强化高新技术实践教学，利用生物技术等选育新品种和保护特色资源，利用信息技术和大数据开展森林旅游开发决策等，实现技术需求与供给对接。课程教学中融入生态文明建设理念，重点利用信息技术加强森林资源保护与管理，利用多种措施开展困难立地造林和生态恢复，利用生物技术加速林木育种进程，利用大数据和生态学理论实现森林资源高效和可持续利用。构建多学科融合的课程体系，林学科学研究和生产中面对的问题复杂，在解决这些问题时必须具备农学、地学、理学、法学、管理学、经济学等多学科门类的知识，课程体系应增设相关学科的选修课，突出知识和技能的拓展，适应产业发展需求。拓展学生国际视野，让学生了解我国林业在国际履约承担中的任务和使命，参与构建人类命运共同体的伟大事业。

针对动物科学、动物医学专业大学生存在的“创新意识不强，创新能力较弱；动手能力不够，融入社会较慢；社会责任感不强，社会担当不够”等问题，陈焕春院士牵头的教学团队在传承复合应用型为主的人才培养模式的基础上，将“创新、创造、创业”的理念和时代元素融入教育实践，通过课程体系的重构与培养环节的优化，逐渐形成了一套以拔尖创新型人才培养为主的模式。这一模式在“双一流”建设背景下，构建了“三创、四合、五化”的人才培养体系，真正实现以下目标：一是将学科前沿和战略性高技术的最新进展纳入理论教学内容，激发、培养学生的创新意识和能力；二是根据经济社会和行业发展需求设置实践课程，培养学生的创造能力；三是与企业合作指导学生开展创业竞赛与实战，培养学生的创业精神和能力。这一人才培养模式受到社会的广泛接纳与赞誉，并获得了国家级教学成果奖二等奖 2 项。

5 本章小结

5.1 从传统到现代的农科高等教育

新中国成立以来，我国农科高等教育管理体制经过了统一管理到条块管理再到条块有机结合的发展过程。我国农科高等教育取得了长足的发展，在规模、结构等方面提高明显。新中国成立初期，我国的农科高等教育经历了较为起伏的发展进程，长期在艰难中坚持办学，仍旧为新中国培养了一批行业急需的人才，也为我国农科高等教育体系的建立打下了基础；改革开放以来，高等农林院校数量经过了先增后减、先减后增的变化过程，招生规模在数量上大幅增长，但增长速度相对缓慢；进入新时代以后，高等农林院校本专科招生区域不断出现重心的迁移，农林高校的区域招生情况与农业产业的发展有一定相关性，但并不十分匹配。此外，农林院校不同学历层次的招生，呈现不同专业门类的招生倾向；高职和本科层面在“其他专业”招生最多，硕士和博士层面在“农学专业门类”招生最多。在布局结构上，我国农林院校从仅分布于沿海城市发展到覆盖全国；在类型结构上，既有以世界一流为目标的大学，也有立足区域的院校；在学科结构上，我国农科高等教育从单科农业专门学院发展到以农科为特色的相对综合的学科专业体系；在层次结构上，从“两头小中间大”到研究生层次发展更为稳健快速。在人才培养体系上，农林院校更是不断探索，从农科人才培养体系的探索、形成到传统农科改造与复合型农科人才培养，再到传统农科提升与新时代农科人才培养，面向国家重大战略，结合社会需求，为实现人的全面发展，进行了大量的改革与实践。

5.2　面向未来的农科高等教育

农业是人类社会最古老和最基本的物质生产行业，是经济再生产和自然再生产的交织。传统农业是人类对植物和动物进行种植、饲养或管理，并将其产品为人类自身利用的一种综合性产业。近代产业革命以来，出现了很多与农业有关的问题，如环境、食品安全、粮食贸易均衡等，农业所承载的使命愈加多元化。现代农业与传统农业不同，它是以信息技术和生物技术为先导的、技术高度密集的科技型产业，是面向全球经济的一种农工贸一体化经营的现代企业，是正在拓展中的一种多元化和综合性的新型产业，是一种开源节流和可持续发展的绿色产业。[1] 前三次产业革命，分别使人类进入了“机械化”“电气化”和“自动化”时代。当前我们正处在第四次产业革命的开端，从基因测序到纳米技术，从可再生能源到量子计算，各领域的技术突破风起云涌。技术之间的融合与交叉，以及它们横跨物理、数字和生物几大领域的互动，决定了第四次产业革命与前几次革命有着本质不同[2]。

从农业产业的发展来看，传统农业是以促进食物供给为核心任务的产业，需要投入大量的劳动力，离不开自然界的影响，对人和自然有较强的依赖性，属于劳动密集型、土地集约型的行业，这一时期人们对自然科学的认识和探索存在不足，没有取得根本性的突破。现代农业阶段，新技术的投入和使用减少了农业对人力和自然的依赖，但仍然难以摆脱环境污染、土地紧缺等现实环境问题的制约。中国已经进入全面建成小康社会和建设社会主义强国的关键时期，提出了“创新、协调、绿色、开放、共享”五大发展理念，将新型工业化、城镇化、信息化与农业现代化“四化同步”推进。“一带一路”倡议和“乡村振兴战略”对中国农业农村现代化提出了新的要求，农科高等教育应主动进行农科人才供给侧结构性改革。未来农业是智慧化的农业，是以资源整合、数据打通、无人化生产为优势的。面向未来农业的发展，农业人才的需求必然更加专业化，农科高等教育的作用也愈加重要。新农科正是适应未来农业发展需要，在培养理念与培养模式等方面超越传统农业教育范式，具有一系列先进特征，以促进人与自然的和谐为任务的面向未来的农科高等教育。

[1] 石元春 . 现代农业 . 中国高教研究，2002.

[2] ［德］克劳斯・施瓦布 . 第四次工业革命 . 北京：中信出版集团，2016.

第三章
国外农科高等教育的发展历程与发展趋势

国外农科高等教育的发展有其特定的社会政治、经济及文化背景。在发展过程中，各国的农科高等教育大都契合了不同国家乃至不同区域农业及经济社会发展进步的时代要求，为国家和社会发展提供了重要的人才与科技支撑。本研究主要从国外涉农高校学科发展演变与特征、农科学科专业目录设置与调整、农科高等教育人才培养模式特征与变化等方面来系统地揭示国外农科高等教育发展演变的历程，总结发展特点，把握国外农科高等教育的发展趋势，为我国“新农科”建设提供国外经验。

1　国外涉农高校学科发展演变与特征分析

1.1　国外涉农高校学科发展历史演变

欧洲是现代大学的策源地，催生了世界高等农业教育；美国从“赠地学院”发展起来的涉农高校，拓展了现代大学的社会服务功能；日本农科高校在借鉴欧美涉农高校办学经验的基础上发展起来，代表了亚洲地区高等农业教育的最高水平。本项目组基于以上不同区域和国家的政治经济社会背景，将欧洲涉农高校学科发展演变历程划分为四个阶段，将美国和日本涉农高校学科发展演变历程划分为三个阶段，进而梳理总结出国外涉农高校学科建设与科研组织模式发展的轨迹和规律。

1.1.1　欧洲涉农高校学科发展历史演变

（1）兴起与发展阶段（18 世纪中后期—19 世纪中期）

受第一次工业革命影响，欧洲资本主义逐步从工场手工业向机器大工业过渡，农业逐步从传统种植养殖向机械化、科学化过渡，对农业科学专门技术人才提出新需求。在此阶段，农业科学体系还不成熟，动植物分类学、遗传学刚刚兴起，欧洲多国成立了单科性、技术性的农科学校，以培养专门技术人才，尤以兽医学院居多。譬如，法国于 1761 年创立的国立里昂兽医学院，为法国最古老的兽医学院，是世界上第一所兽医学院[1]；1826 年

[1]　法国里昂兽医学院 .

建立的国立农艺学校，是法国最早的农业机构[1]。英国于1791年成立的皇家兽医学院，为英国最早的兽医教育机构。德国于1778年建立的汉诺威兽医学院，为德国最早的七所技术学院之一，同时也是世界范围内较典型的兽医高级人才培训教育机构。

（2）深化与分化阶段（19世纪中期—20世纪初期）

受欧洲革命的影响，大部分国家农业出现衰退，粮食生产缩减，客观上激发了各国建设农业院校的热情。细胞学说、生物进化论等自然科学的突破，对农业科学产生重大影响。同时，受康德、费希特等新学术体系的影响，科学研究成为大学的重要职能。在此阶段，欧洲涉农高校的职能和组织机构发生变化，学科门类进一步拓展，研究领域进一步深化细化。譬如，德国霍恩海姆大学规模迅速扩大，1844年建立园艺学院，1847年创建农业学院，1854年新建农业化学实验站，进行化肥和农药等方面研究，1875年学科范围扩展到经济学，1905年合并国家植物育种研究所，研究领域涉及作物遗传育种、土壤学、农业化学等[2]。荷兰于1876年成立瓦赫宁根市农业学校，即瓦赫宁根大学的前身，于1887年建立了服务政府的农业试验站，开展农业科学研究[3]。

（3）缓慢发展阶段（20世纪初期—20世纪中期）

受两次世界大战影响，各国农业出现停滞、萎缩和衰退，各国高等农业教育发展也受到影响，涉农高校新设机构较少、学科扩张步伐较慢、农业科教人员缩减。譬如，英国1902年19岁年龄组高等教育入学率仅为1%，直到1946年也仅有2%。但是从世界范围看，资本主义工业、交通运输业和国际贸易的发展，在一定程度上助推了世界农业的发展。另外，受力学、化学、生物学等学科发展的影响，农业科学分化出农业化学、农业生物学等，涉农高校的研究范围进一步扩大。譬如，英国雷丁大学在1926年得到皇家宪章特许，拥有学位授予权力，是英国唯一一所在两次世界大战之间获得这一特许权的大学；20世纪20年代末发展成具有自然科学、农业与园艺、文学三个系的格局；该校还在当地建立了农业咨询服务中心，其农科在全国范围产生较好的影响[4]。

（4）恢复与繁荣阶段（20世纪中期至今）

二战后，欧洲经济快速恢复，欧洲人口大幅增长，各国通过经济、政策和法律等手段引导农业向国家预定的目标发展，大力支持农业生产建设，推动农业科技发展，培养高素质劳动力。同时，分子生物学、基因组学、信息技术等新兴学科理论和技术向传统农科渗透，促进现代农业科学体系不断完善。在此阶段，欧洲高等农业教育进入了繁荣发展时期，涉农高校向综合性、研究型大学发展，交叉研究机构越来越多，学科规模也越来越大。譬如，英国诺丁汉大学萨坦·伯宁顿校区的米德兰农业学院于1948年升格为综合性大学，发展为生物科学学院，后来形成动物科学、食品科学、植物和作物科学、营养科

[1] 法国国立农艺学校.

[2] 德国霍恩海姆大学.

[3] 刘志民，张松.英、法、德、荷欧洲四国高等农业教育结构模式比较.南京农业大学学报（社会科学版），2005.

[4] 英国雷丁大学.

学、农业与环境科学等五个尖端研究部门[1]。霍恩海姆大学将自然科学、农业科学、社会经济领域的科学家聚集起来，设立生物经济研究中心、健康科学研究中心、全球粮食安全和生态系统研究中心、食品安全中心等跨学科研究中心，将有机农业研究作为全球粮食安全与生态系统研究中心的核心主题之一[2]。

1.1.2 美国涉农高校学科发展历史演变

（1）兴起与发展阶段（19 世纪中期—20 世纪初期）

19 世纪中期，美国的工农业发展还远远落后于西欧各国，生产力极其低下，农民文化素质相对较低，半机械化的工农业人才严重缺乏[3]。美国涉农高校为突破欧洲传统高等教育理念影响，以培养更多实用型人才，在学习和吸收英德等国高等教育经验基础上，逐渐形成了集“教学 – 研究 – 推广”于一体的具有美国特色的发展模式。为进一步促进农业经济的发展，1862 年美国颁布《莫雷尔法案》，规定各州将土地出售所获得的经费用于资助至少一所农业和机械技术方面的专门学院[4]。该法案促进了一批以“农工”或“农技”作为校名的州立赠地学院的兴起，极大地推动了农科学院体系的快速发展[5]。在“赠地学院”的基础上，美国各州涌现出一大批世界涉农高校，如康奈尔大学、威斯康星大学等。1887 年颁布的《哈奇法案》，规定每州由“赠地学院”领导建立农业试验站，开展农业科学方面的研究与实验。到 1893 年全国共建立 56 个农业试验站，初步构建了美国特色的地方农业试验站体系，研究项目以与本州农业生产有关的应用研究为主，如康涅狄克州立大学农业实验站进行的玉米杂交实验研究等。

（2）深化与分化阶段（20 世纪初期—20 世纪中期）

20 世纪初，美国形成了 9 个专业化农业生产地带[6]，机械力逐渐代替畜力，拖拉机等农业机械在美国得到广泛应用。同时，近代化学推动了农业技术的发展，化学肥料的使用大大提高了农业产量。细胞学说、进化论和遗传学理论的确立，直接推动近代农业良种选育理论和技术的形成。[7]农业科学越来越多地受其他科学的影响，逐渐和其他学科交叉、融合，涉农高校内部衍生出更多的组织机构。譬如，康奈尔大学 1904 年与纽约建立“契约性学院”——州立农学院，之后合办兽医学院和林学院，为纽约州培养农业技术人才；加强专业、系、院的建设，加大对农业科学技术的研究；在原有农业试验站的基础上建立农业推广站，推广新的科研成果，推动国会通过了以促进农业科研成果转化为主要内容的《史密斯 – 利佛尔农业推广法》；1937—1949 年，学校又成立了化学及矿冶工程学院、工商及公共管理学院、工业及劳资关系学院、营养学院、护理学院等。

[1] 英国诺丁汉大学 .

[2] 德国霍恩海姆大学 .

[3] 陈新忠，王地 . 世界一流学科的演进规律及启示——基于康奈尔大学的实践探索 . 现代教育管理，2019.

[4] 兰建英 .“赠地学院”的创建对美国农业经济发展的影响及其启示 . 农村经济，2009.

[5] 王英杰 . 美国高等教育的发展与改革 . 北京：人民教育出版社，1993.

[6] 兰建英 .“赠地学院”的创建对美国农业经济发展的影响及其启示 . 农村经济，2009.

[7] 官春云 . 农业概论 . 中国农业出版社，2017.

（3）融合与重构阶段（20 世纪中期以后）

二战后，美国农业人口逐年减少，劳动生产率不断提高，率先进入现代农业阶段。农业机械化取得巨大发展，农业化学、农业水利学、生物科学等也得到迅速发展。在遗传育种方面，杂交品种越来越多，品质越来越好；在生物技术育种方面，分子生物学的产生促进了细胞生物学、生物工程技术的发展；在信息技术方面，电子计算机已应用于农牧业生产管理与自动化生产，如建立农业数据库、进行会计和财务分析等[1]。农学与其他学科的融合进一步深化，“农业”与“自然资源”“生命科学”“环境”等新组合在院系、专业等名称中不断出现[2]，农科特色逐渐淡化[3]。譬如，康奈尔大学 1971 年将农学院重组为农业与生命科学学院，部分系所如生物与环境工程系多次更名，从“农业机械系”到“农村机械系”再到“农业工程系”，最终与生命科学相关学科结合成立了生物与环境工程系[4]。农业与生命科学学院放眼于世界的农业合作研发，研究领域涉及食品、能源、环境、生物等，更加注重学科间的交叉与融合，致力于应对全球发展和食品安全问题等方面的基础性挑战[5]。2009 年，康奈尔大学农业与生命科学学院发布改建院系报告，建议对学院进行调整改组，将食品科学系、园艺系、植物病理学系和昆虫学系合并，将学院纳入新学术部——学部，成立环境科学学部，整合植物科学的相关学科为一个部门[6]。

1.1.3 日本涉农高校学科发展历史演变

（1）兴起与发展阶段（19 世纪中后期—20 世纪初期）

19 世纪中期，明治维新使日本走上了资本主义发展道路，从欧美引进先进的农机、肥料、作物品种、农业种植饲养技术等，建立农具制造厂、育种场、农业试验场等，开启了日本的农业现代化进程。为适应经济发展需求，日本引进西方教育思想，开展士、农、工、商等行业所需的职业技术教育，农业教育应运而生，高等农业教育开始萌芽。譬如，1872 年北海道开拓使在东京设立临时学校，开展农业教育，日本农业教育拉开序幕[7]。1876 年在临时学校基础上建立札幌农学校，聘请美国农业教育专家克拉克主持校务，办学形式和办学内容基本参照美国的农科大学，日本高等农业教育由此开端。1877 年，仿照德国办学，成立驹场农学校[8]，该校于 1890 年升格为东京帝国大学农科大学，成为农业教育的最高学府。

（2）专业化与多样化阶段（20 世纪初期—20 世纪中期）

在此阶段，日本通过颁布教育法令，对高等教育制度、高校组织形式等进行改革，推

[1] 官春云 . 农业概论 . 中国农业出版社，2017.

[2] 陈新忠，王地 . 世界一流学科的演进规律及启示——基于康奈尔大学的实践探索 . 现代教育管理，2019.

[3] 刘晓光，董维春，郭霞 . 美国赠地院校迈向世界一流农业大学的路径分析——基于 2011-AKWU 数据 . 南京农业大学学报（社会科学版），2014.

[4] 美国康奈尔大学 .

[5] 同上 .

[6] 陈新忠，王地 . 世界一流学科的演进规律及启示——基于康奈尔大学的实践探索 . 现代教育管理，2019.

[7] 高山昭夫 . 日本农业教育史 . 重庆：科学技术文献出版社，1989.

[8] 王振鹏 . 日本农业教育现代化的基本轨迹 . 比较教育研究，2004.

动日本高等农业教育较快发展。大批单科性的农业专门学校独立出来，综合性大学也纷纷设立农学部，加上之前的农业专门学校，日本高等农业教育体系初步形成。1903 年日本颁布《专门学校令》，部分高等学校农林专门部独立出来，成立了一批单科性、专业性农业专门学校，为高等农业教育的普及做出了贡献，如盛冈高等农林学校、鹿儿岛高等农林学校、千叶县立园艺专门学校、上田蚕丝专门学校等。加上之前设立的农业专门学校，日本高等农业教育体系已经初步形成。1918 年日本政府颁布《大学令》，规定大学原则上由包括农学部在内的几个学部组成。1919 年日本政府通过的《关于支付各高等学校创建和扩充费的法案》，大大推动了综合性涉农高校农学学科的发展。综合大学必设农学部，成为日本区别于欧洲综合性大学的重要特色。另外，日本涉农高校学科设置不断增多，内部机构也日趋丰富。譬如，札幌农学校 1918 年更名为北海道帝国大学，于 1919 年设立医学院，1924 年设立工学院，1930 年设立理学院，1941 年设立低温科学研究所，1943 年设立催化研究所和超短波研究所等机构[1]。

（3）融合与重构阶段（20 世纪中期至今）

二战后，随着日本经济的恢复与高速发展，为满足现代农业发展的需要，日本不断调整高等农业教育结构，推动农业院校及其学科专业的合并、重组，增设现代农业所需的课程。1949 年颁布了《国立学校设置法》，对原有的农业专门学校、涉农大学等进行调整和改组，使得高等农业教育的办学层次得以提升，其方式主要有：一，在大学中新增农学部，如名古屋大学等；二，由公立农业专科学校过渡到农业单科大学，后又移交给国立大学农学部，如茨城县立农科大学；三，根据各地农业发展要求，开办若干新大学，并设立农学部[2]。1963 年开始，文部省将 12 所国立大学农学部设置的综合农学科，全部改组为农业工学科、农业经济科等；先后在 28 所国立大学设置了研究生院农学研究科，发展大学农学部[3]。譬如，1949 年新制的东北大学成立，扩建和重组农学部，设立 4 个学科；1953 年大学院农学研究科成立，下设 4 个专业；1992 年农学部改组，下设 2 个学科、5 个系；2003 年大学院农学研究科重组，合并为资源生物科学、应用生命科学、生物工业科学 3 个专业[4]。

1.1.4 案例分析：农业科学领域世界一流大学的学科结构特征

学科结构布局是一所大学办学理念和风格的体现，它反映了高校院系设置的学科层次，关系到不同学科专业人才的教育培养，同时也影响着高等教育资源的配置效益。从学科结构形成的历史来看，世界一流大学大都经历了单科性到多科性和综合性的发展历程，各个大学的主体学科和特色学科存在差异，同类学科在不同类型大学的定位不同，它们走向综合性大学的途径和综合化程度也各不相同（庞青山和薛天翔，2004）。本研究将对 QS

[1] 北海道大学（原札幌农学校）.

[2] 高山昭夫 . 日本农业教育史 . 重庆：科学技术文献出版社，1989.

[3] 张松，刘志民 . 日本高等农业教育发展道路及模式探索 . 河北农业大学学报（农林教育版），2007.

[4] 日本东北大学 .

（Quacquarelli Symonds）世界大学排名中农业科学领域前 50 位高校的学科结构特征进行比较分析，以科学论文的学科划分反映高校的学科结构体系状况和特征，通过科学计量学方法识别以农业科学为主体学科的高等院校，同时可视化展示农业科学在不同类型高校的定位差异，进而探究其涉农学科建设的主要思路。

1.1.4.1　数据与方法

本研究基于 Web of Science 数据库，检索 QS 世界大学排名（2014 年）中农业科学领域前 50 位高校发表的科学论文，发表时间设置在 2009—2013 年间，论文收录期刊类型为 SCI（science citation index）和 SSCI（social sciences citation index）。采用了科学层叠图技术（science overlay map），其主要是利用 WCs 学科分类标准，通过不同学科期刊间的引用关系聚类，参考因子分析结果，绘制成由 19 大学科领域和 225 个学科类别组成的科学图谱，见图 3-1。

为了消除学科规模对高校学科结构的影响，使得高校学科结构布局具有可比性，本研究借鉴了 L. Y. Yang 等（2012）提出的计算方法，选取相对比例指标 *RIij* 作为测量高校学科结构的基础指标，具体指标定义如下：

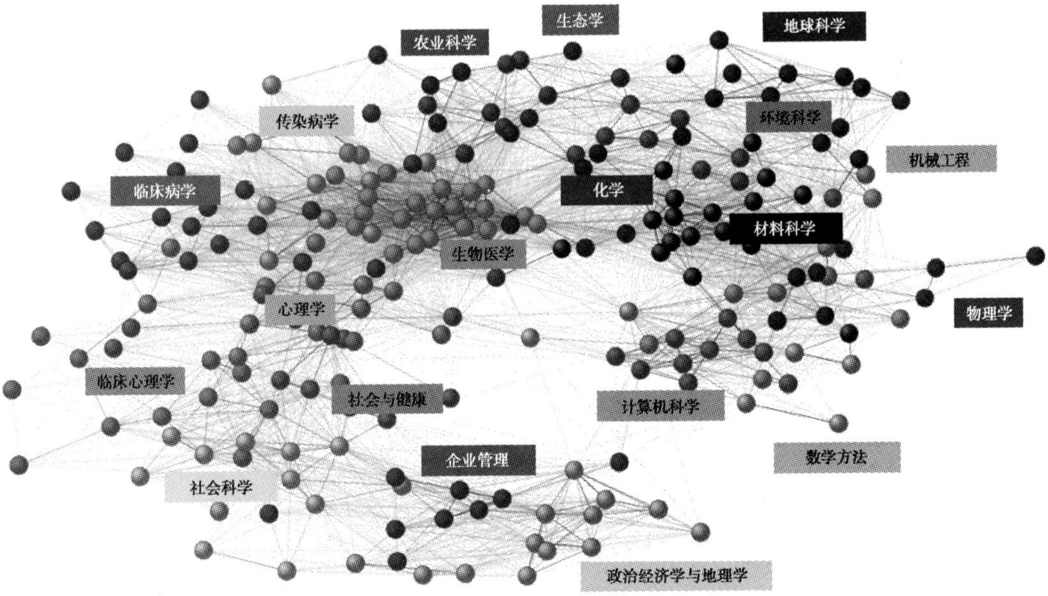

图 3-1　科学层叠图

首先，计算高校在某一学科的论文数量占本校总论文数量的比例 X_{ij}。公式 1 中，P 表示论文数量，i 表示高校，j 表示学科。

$$X_{ij} = P_{ij}/P_i \tag{1}$$

其次，计算世界范围内某一学科的论文数量占世界总论文数量的比例 Y_{wj}。公式 2 中，P 表示论文数量，w 表示世界，j 表示学科。

$$Y_{wj} = P_{wj}/P_w \tag{2}$$

最后，计算每个学科的相对比例指标 RI_{ij}。公式 3 中，若 $RI_{ij}>1$，表明学校 i 发表的学科 j 的论文数量占本校论文的比例大于世界范围内这一学科的论文数量占比，学校 i 在学科布局中较为侧重这一学科；若 $RI_{ij}<1$，表明学校 i 发表的学科 j 论文数量占本校论文的比例小于世界范围内这一学科的论文数量占比，学校 i 对于这一学科的布局较轻。

$$RI_{ij}=X_{ij}/Y_{wj} \tag{3}$$

每个高校的学科结构可以用向量 V_i 表示。公式 4 中，i 表示高校，n 表示学科数量。

$$V_i=(RI_{i1},\ RI_{i2},\ \cdots,\ RI_{in}) \tag{4}$$

以代表每个高校的向量 V_i 为基础数据，采用重复二分法（repeated bisection），以 Cosine 余弦函数为相似性度量准则，使用 I2 判别函数进行聚类分析，通过明尼苏达大学 Matt Rasmussen 和 Mark Newman 开发的 gCLUTO（graphical Clustering Toolkit）完成聚类，输出聚类结果的相关参数和可视化图谱。

1.1.4.2 结果分析

依据学科结构相似度的聚类结果，50 所高校可以被划分为五种类型，见图 3–2。在图 3–2 中，列方向坐标是 50 所高校名称，行方向坐标是 19 个学科门类。行与列交叉的格子代表高校在某一学科上的发文比例，颜色深浅，代表高校对某一学科的侧重程度。颜色越深代表高校越侧重某学科的布局。

表 3–1 是高校学科结构相似度聚类结果的特征描述，其中类内平均相似度（internal similarity）是指类内高校学科结构间 Cosine 余弦相似度的平均值，描述性特征（descriptive feature）是指该学科可以解释类内高校学科结构相似度的百分比。如第 1 类高校中，“农

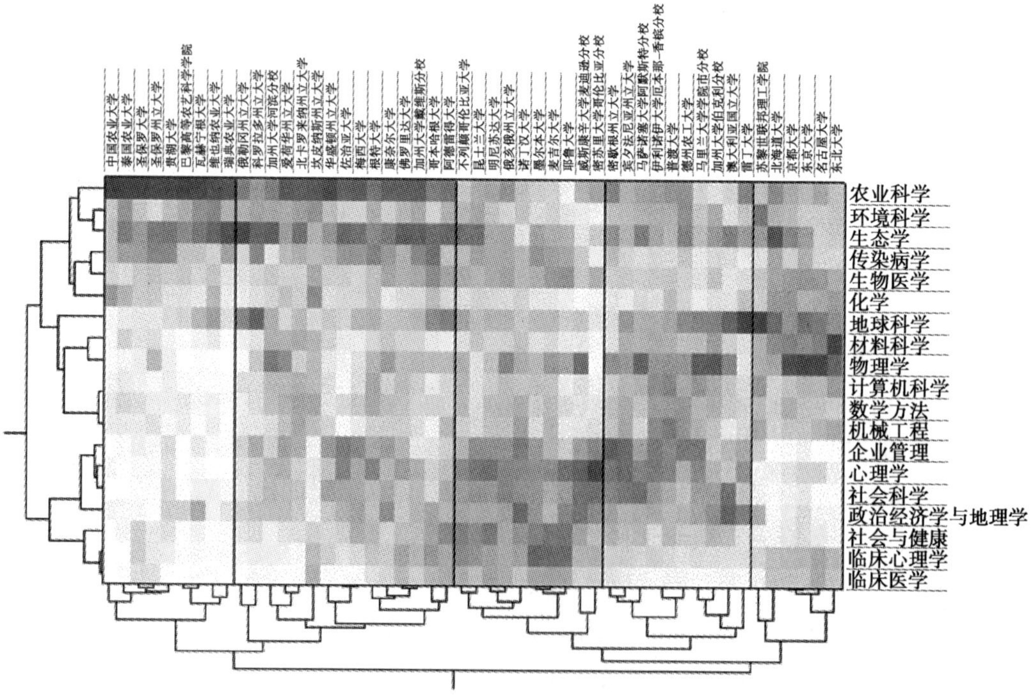

图 3–2　农业科学领域世界一流大学的学科结构相似度聚类结果

表 3-1 学科结构相似度聚类结果的特征

类	高校数量	类内平均相似度	描述性特征	区分性特征
1	9	0.932	农业科学（63.4%）、生态学（16.3%）、传染病学（6.0%）、环境科学（5.1%）、化学（2.4%）	农业科学（36.9%）、心理学（11.0%）、物理学（10.5%）、企业管理（6.9%）、社会科学（6.6%）
2	15	0.881	农业科学（25.1%）、生态学（20.5%）、传染病学（6.7%）、地球科学（5.8%）、环境科学（4.6%）	生态学（26.3%）、物理学（23.0%）、农业科学（15.5%）、心理学（5.6%）、传染病学（5.3%）
3	10	0.909	心理学（16.2%）、社会与健康（9.9%）、临床心理学（9.5%）、社会科学（9.3%）、政治经济学与地理学（8.4%）	农业科学（29.9%）、心理学（14.0%）、社会与健康（10.7%）、临床心理学（10.3%）、生态学（8.8%）
4	10	0.888	物理学（12.0%）、地球科学（10.8%）、企业管理（10.4%）、心理学（9.5%）、社会科学（8.5%）	农业科学（30.8%）、企业管理（10.7%）、传染病学（8.9%）、社会研究（6.9%）、物理学（6.9%）
5	6	0.887	物理学（21.8%）、地球科学（17.3%）、材料科学（13.2%）、生态学（8.1%）、生物医学（5.8%）	农业科学（16.4%）、物理学（15.7%）、材料科学（13.8%）、企业管理（9.5%）、社会科学（9.1%）

业科学”学科可以解释第 1 类的 9 所高校之间学科结构平均相似度的 63.4%，结合图 3-2 可以看出，第 1 类高校在学科结构布局上的共同特征是极其偏重于“农业科学”学科，区分性特征（descriminating feature）是指该学科可以解释本类高校与其他类高校之间学科结构相异度的百分比。如第 1 类高校中，“农业科学”学科可以解释第 1 类高校与其他类高校之间学科结构平均相异度的 36.9%，也表明与第 1 类高校相比，其他类高校在学科布局中对“农业科学”学科的倾向度较低。

为了揭示涉农高校在学科结构布局上的差异，发现农业科学学科在各高校学科发展中的具体定位，本研究在聚类分析的基础上，使用类中心向量值来表征本类高校的学科结构特征，并通过雷达图进行结果呈现。同时，在每种类型高校中选取一所代表学校，通过科学交叉图展示其学科结构布局情况，见表 3-2。

表 3-2 农业科学领域世界高水平大学的学科结构比较

类型 / 代表高校	五种类型高校的学科结构特征	类内代表高校的学科结构布局
类 1 瓦赫宁根大学 （荷兰）	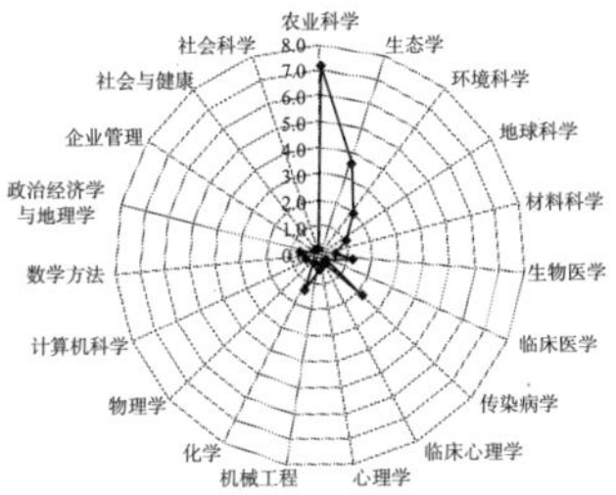	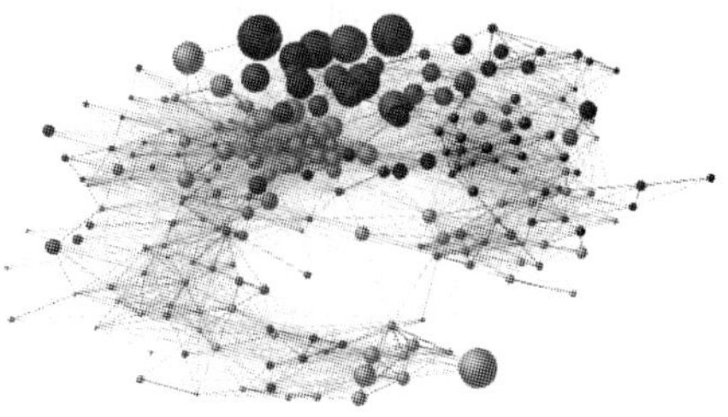

续表

<table>
<tr><th>类型 / 代表高校</th><th>五种类型高校的学科结构特征</th><th>类内代表高校的学科结构布局</th></tr>
<tr><td>类 2
加州大学
戴维斯分校
（美国）</td><td>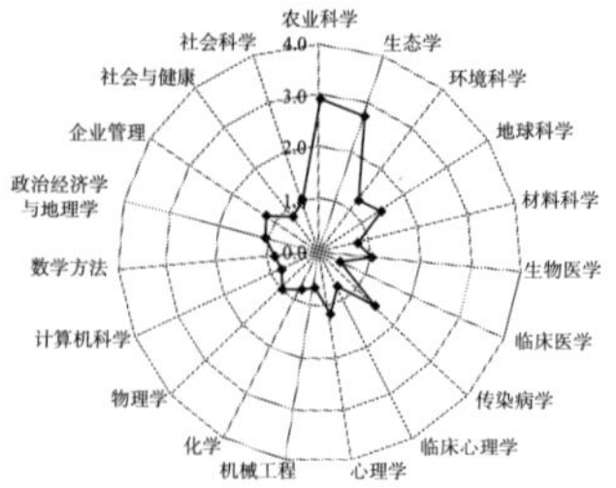
</td><td>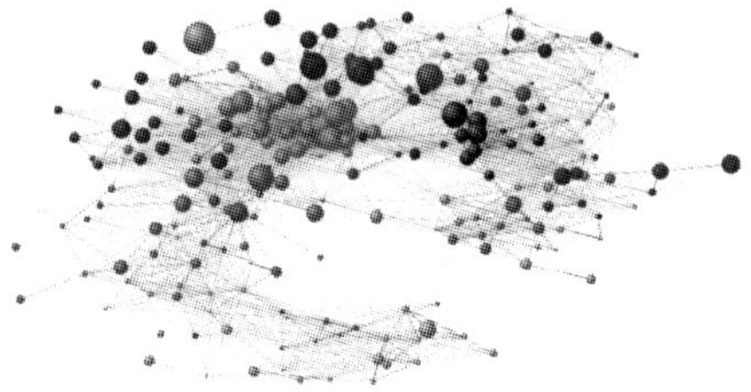</td></tr>
<tr><td>类 3
耶鲁大学
（美国）</td><td>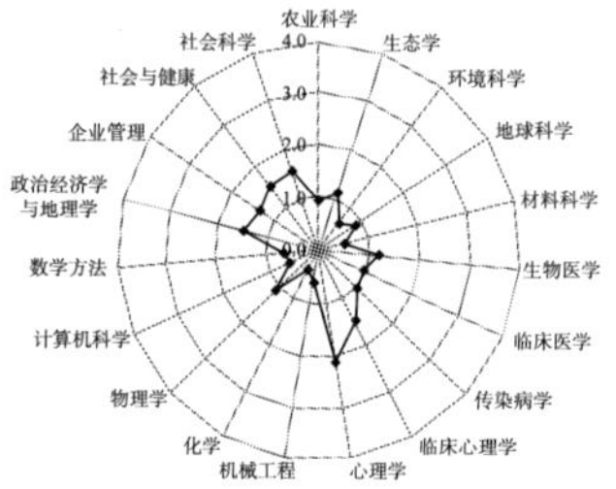
</td><td>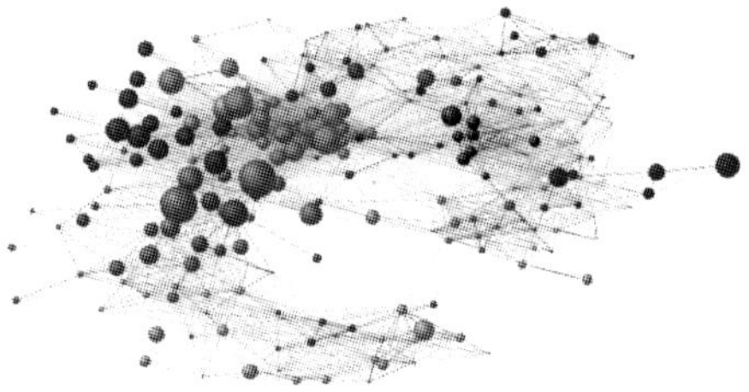</td></tr>
<tr><td>类 4
加州大学
伯克利分校
（美国）</td><td>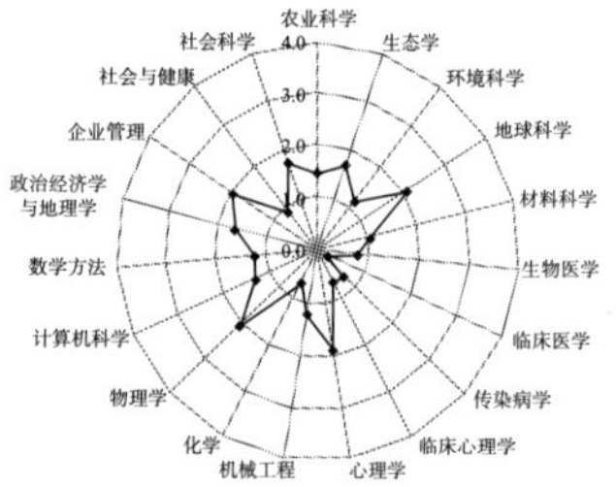
</td><td>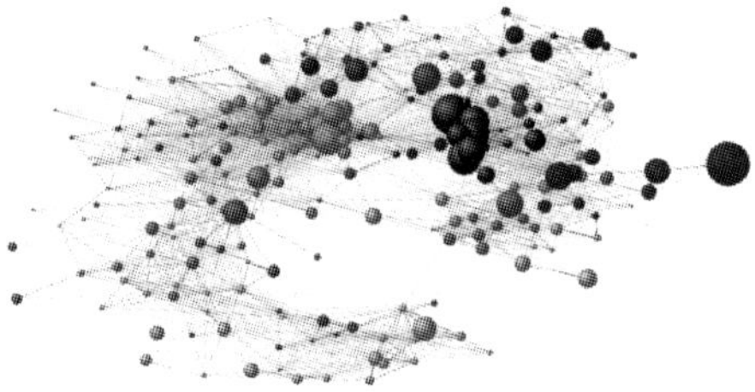</td></tr>
<tr><td>类 5
东京大学
（日本）</td><td>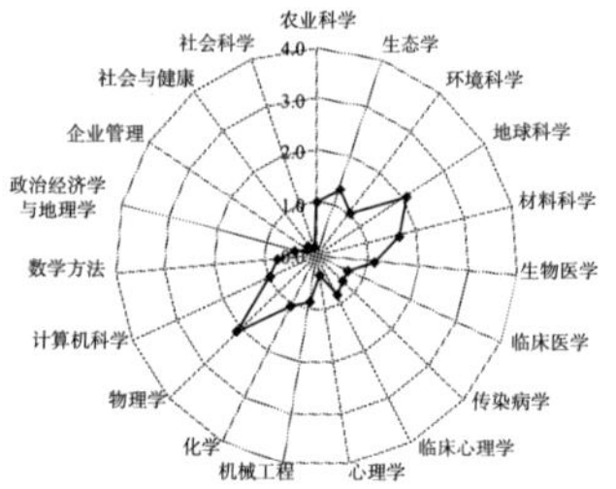
</td><td>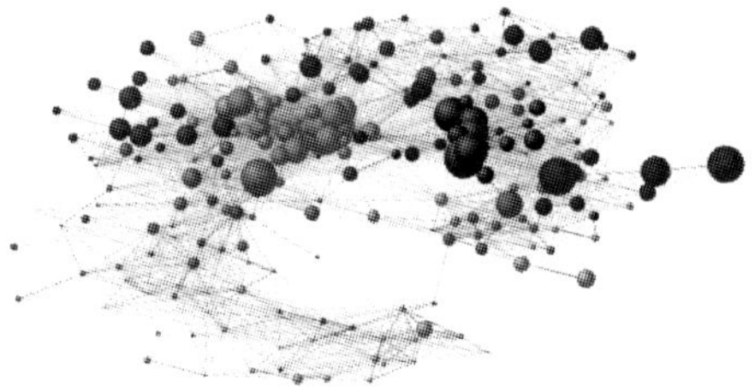</td></tr>
</table>

结合学科结构相似度聚类结果、类中心向量值计算结果以及科学交叉图，通过比较分析和归纳总结，得出农业科学领域世界高水平大学在学科结构布局上存在的五种主要特征。

（1）农业科学学科优势凸显，相邻学科共同发展，其他学科力量相对较弱

第一种类型大学的学科结构具有鲜明的倾斜式分布特征。本类内高校都是将农业科学作为学校的主体学科进行布局。同时，与农业科学相邻的学科，如生态学、环境科学的科研成果也较为突出。然而，相对于农业科学在这类高校中的绝对学科优势地位，其他学科的实力明显不足，尤其是数学、化学、物理学等基础性学科发展比较滞后，人文社会科学学科的力量还比较薄弱。

从大学的 QS 排名情况来看，除荷兰瓦赫宁根大学外，本类内的其他高校的排名都比较靠后，这也说明，强势的农业科学学科虽然促进了相邻学科的发展，但由于基础学科支持的不足，这些高校的整体科研实力缺乏了上升的后劲儿和国际竞争的潜力（表 3–3）。从科学学的角度来审视，文理等基础性学科是知识的源头，是一切应用性学科发展的基础和后盾，它以揭示自然界和人类社会发展的普遍规律为主要目的，这些学科虽然不能直接转化为现实的生产力，带来直接的经济效益，但却从根本上制约着人才培养的质量和科学研究的水平，没有雄厚的基础学科，学校的水平就很难提高。

表 3–3　2014 年度第一种学科结构类型涉农高校的 QS 大学排名情况

学校（国别）	农业科学	综合	排名前 50 的其他学科数量
瓦赫宁根大学（荷兰）	2	151	1
贵湖大学（加拿大）	24	431 ~ 440	
圣保罗大学（巴西）	27	132	6
巴黎高等农艺科学学院（法国）	30	N/A	
维也纳农业大学（奥地利）	33	N/A	
瑞典农业大学（瑞典）	41	N/A	
中国农业大学（中国）	43	N/A	
泰国农业大学（泰国）	48	651 ~ 700	
圣保罗州立大学（巴西）	50	421 ~ 430	

注：N/A 表示没有本年度的 QS 大学综合排名

（2）文理基础学科根基坚实，农业科学学科特色发展，其他学科布局相对均衡

第二种类型大学的学科呈现出结构布局较为均衡，农业科学及相邻学科局部突出的特点。与第一种类型大学相似的是，本类内的很多高校也是从农业科学学科起家，如美国的加州大学戴维斯分校的前身是加州大学的农业学院，康奈尔大学创建初期也被定位为农工学院。但与第一种类型大学不同的是，在学科发展的过程中，本类内的高校对基础学科给予了足够的重视，逐步形成了“基础学科为根基，应用学科为主干”的学科结构模式。基础学科的知识源源不断地向应用学科输出和供养。随着基础科学对农业科学的知识渗透日趋明显，农业科学与其他学科间的交叉融合不断增多，农业科学的研究领域也在不断创新和拓展。

同样，从 QS 排名情况来看，本类内的多数高校排名较为靠前，尤其是美国排名靠前的涉农高校大多包括在内，这也说明，在特色学科不断发展壮大的同时，涉农高校的办学者应适时考虑根据社会发展的需要，结合高校学科的实际情况，优化学科的结构布局，主动构建基础学科与应用学科相互支持、相辅相成的学科体系，不断夯实农业科学学科的知识根基。只有这样，高校的学科发展才能获得后续动力，高校在国际科研的竞争中才能不断积蓄潜力（表 3–4）。

表 3-4　2014 年度第二种学科结构类型涉农高校的 QS 大学排名情况

学校（国别）	农业科学	综合	排名前 50 的其他学科数量
加州大学戴维斯分校（美国）	1	95	3
康奈尔大学（美国）	3	19	24
爱荷华州立大学（美国）	5	348	
俄勒冈州立大学（美国）	7	451 ~ 460	
北卡罗来纳州立大学（美国）	14	388	
梅西大学（新西兰）	19	346	
坎皮纳斯州立大学（巴西）	22	206	2
佛罗里达大学（美国）	23	192	1
科罗拉多州立大学（美国）	26	441 ~ 450	
阿德雷得大学（澳大利亚）	29	100	2
哥本哈根大学（丹麦）	31	45	3
根特大学（比利时）	44	129	1
华盛顿州立大学（美国）	45	379	
加州大学河滨分校（美国）	47	261	
佐治亚大学（美国）	49	431 ~ 440	1

（3）人文社会科学强势，自然科学结合发展，为农业科学研究注入活力

第三种类型的大学在学科结构上偏向于人文社会科学，农业科学不是主体学科，在布局中处于非突出位置。本类大学的共同特征是人文社会科学学科优势明显，而相对其他类组内的高校，它们对农业科学学科的倾向度较低。如美国威斯康星大学麦迪逊分校的传媒学（QS 排名 1）、耶鲁大学的法学（QS 排名 4）和政治学（QS 排名 5）以及墨尔本大学的教育学（QS 排名 2）等，它们在人文社会科学领域的学科排名要高于在农业科学领域的排名。虽然这些高校的农业科学并非传统的主体学科，但也产生了一定的影响力，在农业科学学科的国际排名中仍能占据一席之地（表 3-5）。这也表明了，这些高水平大学在发展自身优势的人文社会科学学科的同时，还关注了自然科学学科的建设。发展新的学科并没有损及其在人文社会科学上的传统优势，它们的成功在于将人文社会科学和自然科学有机融合，促进了科学研究在现实应用领域的创新和突破。

从科学发展的维度分析，现在的科学已经进入“大科学”时代，单学科孤立发展已经很难应对日趋复杂的现实问题。尤其对于农业领域的问题，更加依赖于来自人文社会科学和自然科学的多学科知识来有效解决。人文社会科学的知识渗透可以为农业科学研究注入新的活力，也可以提高自然科学科研人员的想象力和创造力。在学科建设中，以农业科学为主体学科的高校也应围绕“农”来提升人文社会科学的发展水平和知识创造能力，促进科学技术与社会的互动，从而支撑农业科学学科的持续发展和不断壮大。

表 3–5　第三种学科结构类型涉农高校的 QS 大学排名情况

学校（国别）	农业科学	综合	排名前 50 的其他学科数量
威斯康星大学麦迪逊分校（美国）	4	41	12
俄亥俄州立大学（美国）	10	109	6
明尼苏达大学（美国）	17	119	4
昆士兰大学（澳大利亚）	18	43	18
麦吉尔大学（加拿大）	32	21	12
诺丁汉大学（英国）	34	77	7
耶鲁大学（美国）	35	10	21
墨尔本大学（澳大利亚）	36	33	26
不列颠哥伦比亚大学（加拿大）	37	43	21
密苏里大学哥伦比亚分校（美国）	38	451 ~ 460	1

（4）理工学科基础雄厚，以数理方法和工程技术为支撑，驱动农业科学学科发展

第四种类型的大学在学科结构上偏向于理学和工学学科，农业科学作为其相邻学科也处于凸显位置（表 3–6）。本类内的多数大学在农业科学领域的排名要明显高于第一类和第三类高校，也说明了理学和工学学科对于农业科学发展的重要性，尤其是生物科学、地球科学、环境科学、机械工程等学科不仅为农业科学研究提供了数理方法和工程技术支撑，也催生了农业科学的很多分支学科，如农业分子生物学、农业生物物理学、农业生态学、农业工程学等。

表 3–6　第四种学科结构类型涉农高校的 QS 大学排名情况

学校（国别）	农业科学	综合	排名前 50 的其他学科数量
加州大学伯克利分校（美国）	6	27	27
普渡大学西拉法叶分校（美国）	8	102	7
德州农工大学（美国）	9	165	2
雷丁大学（英国）	11	202	
马萨诸塞大学阿默斯特分校（美国）	11	282	1
宾夕法尼亚州立大学（美国）	15	112	7
澳大利亚国立大学（澳大利亚）	20	25	19
密歇根州立大学（美国）	21	195	2
伊利诺伊大学厄本那—香槟分校（美国）	28	63	14
马里兰大学学院市分校（美国）	40	122	3

从科学技术史的视角来看，19 世纪中叶以后，生物学、化学、生理学、遗传学、土壤学和气象学等学科的研究成果及其实验方法逐渐被应用于农业，促进了农业研究从经验

水平向现代农业科学的转变。1840 年，李比希的经典著作《有机化学在农业和生理学上的应用》的发表，被认为是现代农业科学发展开始的标志。20 世纪初，动力机械特别是内燃机拖拉机和其他机动农具逐步推广，以畜力为农业动力的局面发生变化，加速了农业机械化的进程。由此而形成的农业机械科学，为不断提高农业生产率提供了理论基础。21 世纪以来，理学和工学学科的发展加速驱动了农业科学的创新，农业科学与这些学科间的交叉融合也在不断深化。因此，涉农高校应加强与其优势学科密切联系的理工类基础学科建设，逐步建立主干学科与支撑学科相得益彰、互相支持、协调发展的学科体系。

（5）基础学科强力支持，相邻学科优势明显，农业科学学科协同发展

第五种类型的大学在学科结构上偏重于物理学，同时地球科学学科优势凸显，而农业科学学科则处于协同发展的位置（表 3–7）。本类内的 6 所大学在学科结构上与第四种类型高校存在一定的相似之处，即都是以理工类基础学科来带动农业科学学科的发展，而它们被单独聚合成一类的主要原因是：在学科结构布局中特别重视物理学。在物理学排名上，东京大学（QS 排名 9）、苏黎世联邦理工学院（QS 排名 11）、京都大学（QS 排名 21）、东北大学（QS 排名 31）的排名都高于在农业科学的排名。其中，苏黎世联邦理工学院更是以培养出爱因斯坦这样伟大的物理学家而举世瞩目，享有欧洲大陆第一理工大学的美誉。

表 3–7　第五种学科结构类型涉农高校的 QS 大学排名情况

学校（国别）	农业	综合	排名前 50 的其他学科数量
东京大学（日本）	13	31	26
苏黎世联邦理工学院（瑞士）	15	12	16
京都大学（日本）	25	36	17
北海道大学（日本）	39	135	
名古屋大学（日本）	41	103	2
东北大学（日本）	46	71	6

此外，在地球科学领域，本类内的高校也表现出较强的优势。地球科学是以地球系统的过程与变化及其相互作用为研究对象的基础学科，主要包括地理学、地质学、地球物理学、地球化学、大气科学、海洋科学和空间物理学等分支学科。这些学科与农业科学存在知识交叉，相邻学科的优势也带动了农业科学学科的发展。可以看出，涉农高校应衔接好农业学科与相邻学科的关系，加强相邻学科内容的横向联系，利用相邻学科的知识、方法和观点来丰富、深化和发展农业科学学科。

1.1.4.3　小结

利用科学计量学方法对 QS 世界大学排名中农业科学领域前 50 位高校的学科结构特征进行了比较分析。结果表明，世界高水平涉农高校对于农业科学学科的建设思路总体上可以概括为：①以农业科学为主体，倾斜式的学科发展模式；②以农业科学为特色，均衡

式的学科发展模式；③以人文社会科学为基础，互动式的学科发展模式；④以理工学科为根基，驱动式的学科发展模式；⑤以相邻学科为优势，协同式的学科发展模式。以上五种模式在涉农高校的学科建设实践中都取得了成效，但现有模式中存在的一些问题也值得关注，尤其是采取倾斜式学科发展模式的涉农高校，基础学科支持的不足，限制了其学科发展的后续动力和科研竞争的潜力。同时，人文社会科学环境的缺失，也影响了其学科科研人员的想象力和创造力。因此，我国涉农高校的决策部门应学习、借鉴和吸收已有学科结构模式中的积极要素，结合本校学科建设的实际情况，制定长期“新农科”发展战略，优化学科的结构布局。

1.2 国外涉农高校学科组织及科学研究发展特征分析

国外涉农高校学科和科研组织的发展轨迹，都有其特定的社会政治、经济及文化背景，展现了世界涉农高校及其学科适应本国、本地区农业及经济社会发展的共性特征。

1.2.1 国外涉农高校学科组织发展特征

（1）学科建制更加完善

学科组织的建制是知识自身的内在逻辑外在制度化的结果，一个学科组织往往对应单个学科[1]。当知识分化在农学学科发展中占主导趋势时，以知识分支、学科（专业）为基本单位生成涉农高校内部组织的基本方式成为主流，学系成为大学主要的学科组织形式，如单科性的学校、院系等。随着学科向纵深发展，涉农高校学科之间的关联程度也越来越深，交叉学科、边缘学科不断涌现，高度分化和高度综合成为学科发展的两大特征，这种特征会在同一学校同一时段并存。国外涉农高校不断向边缘学科、交叉学科、融合学科发展，传统农科特色逐渐淡化，一些大学为弥补学系在组织形式、结构及职能上的不足，成立了许多研究所、研究中心、实验室、研究项目组等各种形态多样、机制灵活的组织模式。以瓦赫宁根大学为例，目前该校拥有农业技术与食品科学、环境科学、动物科学、植物科学和社会科学 5 个学部，每个学部有若干个研究组（实验室或中心）。每个研究组以首席教授为主，围绕某个主题开展基础研究和本科生及研究生的教学活动。学校有两个独立的研究组，即性别研究组、人道援助与重建研究组，每组人数一般在 10 ~ 20 人。学校还有 9 个研究所，均在政府、企业和非营利组织的共同资助下成立，开展基于应用导向和大田生产所需要的研究，如温室园艺植物研究所、国际植物研究所等[2]。

（2）学科研究重视交叉融合

国外涉农高校在发展中农学学科研究方向呈现以下特征：

一是具有不同学科背景的科研人员聚集在农业科学领域，推动生命科学、自然科学和

[1] 翟亚军. 大学学科建设模式研究. 北京：科学出版社，2011.

[2] 张红生，丰蓉，魏薇. 荷兰瓦赫宁根大学的成功经验及启示. 中国农业教育，2015.

社会科学等领域的重大理论、技术手段、研究方法、支撑平台等不断向农业科学前沿领域渗透拓展。譬如，康奈尔大学的美国印第安和土著研究计划涵盖人类学、考古学、艺术、艺术史、纤维科学、历史、文学、法律、社会学、园艺和自然资源等多个领域的教师。

二是食品科学、营养科学和人类健康等领域逐渐成为世界著名涉农高校农业科学的核心研究领域，从解决人类吃饱问题向解决人类吃好、吃健康问题转变。譬如，康奈尔大学营养科学学科集成了物理科学、生命科学、社会和行为科学等，研究人类健康、营养状况、人类遗传学、食物和生活方式模式、社会和环境等。

三是世界著名涉农高校农业科学研究领域从研究耕作方式、农作物产量、病害虫防治、动植物繁殖等方面的农业技术，不断延伸扩展到自然资源保护、高效利用与可持续发展以及人与环境和谐相处等方面的问题。譬如，霍恩海姆大学农业科学学院将“气候变化和资源稀缺”作为四个主要研究领域之一。

四是越来越多的世界著名涉农高校不仅仅关注国家发展问题，而且更多地开始聚焦和研究解决区域和全人类面临的气候变化、资源稀缺、粮食安全、环境污染、人类福祉、社会进步等重大挑战和难题。譬如，爱荷华州立大学致力于改善全国和全世界的生活，认为学校有能力和设施来领导，为全球迫切寻求一个解决方案。

（3）学科组织架构多元并存

世界著名涉农大学大多采取“大学—学院—学系”三级结构模式，系科仍是最主要的组织形式，在各国高等农业教育体制中占据重要位置。一般来讲，一个系就是一个学科。学系比任何其他学术组织形式承担的功能都要多[1]。学院是大学结构的中间层次，主要分为传统的综合性文理学院和专业学院两种类型，文理学院偏重学术发展，通常包括人文学科、社会学科和自然学科所有的系。专业学院强调社会需求导向，偏重于知识的应用和开发，与社会保持着密切的联系。设置跨学科研究中心、研究所、研究项目等成为国外涉农高校加强学科建设和创新科研组织模式的重要内容，在促进学科资源整合、开展国际前沿引领性研究、产出重大标志性成果等方面发挥了重要作用。各种研究所、研究中心、实验室、研究项目组等组织机构与学院构成了复杂的关系，有的依附于学院，有的独立于学院，有的横跨数个学院等。这些学术组织大多是以问题为中心组织起来的，它的使命不仅包括传承和发展知识，而且要解决有关理论和现实问题。譬如，威斯康星大学的综合农业研究中心，由农业土壤学、农业畜牧学、农业与应用经济学、社区与环境社会学等多学科领域专家参与，围绕农业技术的改造升级、生产作业模式的创新发展等问题，为农场主、农民、消费者及私营企业主等主体提供社会服务，如引进新的乳产品生产技术、有机牧草改良、牧场经营管理等[2]。

（4）学科组织职能进一步拓展

世界著名涉农高校在科研组织方面尝试打破现有不同学科、学校和不同区域的壁垒，

[1] 翟亚军 . 大学学科建设模式研究 . 北京：科学出版社，2011.

[2] 高振强 . 社会服务导向下的现代大学组织变革——基于美国威斯康星大学的实践 . 教育发展研究，2014.

不断拓展科研组织功能，着力培养适应现代农业发展需求的人才。主要表现在两方面：

一是创建基于学生兴趣、以项目（任务）为主要载体的科研组织成为世界涉农高校发展的大趋势，开展跨学科服务学习项目、培养本科到博士不同层次、不同类型的跨学科人才已成为科研组织的新任务，学生的学习项目和研究领域都是跨越部门、跨学科设计，不同的校园或学院的教师因共同的兴趣而聚集在一起，以支持不同专业学生的广泛参与。譬如，康奈尔大学农业与生命科学学院的 23 个本科专业，融合了理、工、农、医、法、经、管学等多个学科门类，均为跨学科设置[1]。康奈尔大学营养科学本科专业课程由农业与生命科学学院和人类生态学学院联合开设；研究生教育课程由农业与生命科学学院、查尔斯 · H. 戴森应用经济与管理学院以及人类生态学学院联合管理，课程涵盖广泛的主题，包括可持续全球粮食系统、微量营养素、营养社会科学理论、母婴营养和农业发展经济学等。

二是社会服务成为许多著名涉农高校的一种自觉行动，贯穿于教育教学和科学研究的全过程。许多涉农高校明确提出在专业设置、课程设置、学术机构职责与使命、科学研究意义与价值等方面要充分体现社会服务功能，要将最新成果及时反馈和应用于社会实践，服务于国家区域经济社会发展。譬如，威斯康星大学麦迪逊分校每年有 90 多个教学部门提供 110 多种服务学习课程，这些服务学习课程要求学生必须将课程知识应用于社区实践[2]。

1.2.2　案例分析一：农业科学领域高被引科学家的跨界合作特征

高被引科学家代表着国家和地区最具影响力的科研群体，占据了知识创造和科技创新的前沿，是广大科研从业者的榜样与标杆，对其人员流动、合作网络、学术年龄等学术特征的研究也一直是学界关注的热点。汤森路透集团对 2003—2013 年发表的 12 万余篇学术论文（Article 或 Review）进行了评估，并发布了《全球最具影响力的科研精英》报告，评选出 2 980 名（3 126 人次）来自全球的“高被引科学家（HCR，highly cited researcher）”，覆盖了农业科学、材料科学、工程学、化学、数学等 21 个学科领域。本研究主要采用文献计量学方法，以 128 名农业科学高被引科学家发表的学术论文为研究对象，通过对其论文合著关系的量化分析，揭示高被引科学家跨界合作研究的基本特征。

（1）数据与方法

本研究以汤森路透《2015 年全球最具影响力的科研精英》报告中评选的 128 名农业科学高被引科学家的发表论文为检索对象。根据报告中提供的高被引科学家信息，在 Web of Science 的 SCI/SSCI 核心集中，分别检索 128 名科学家于 2003—2013 年发表的学术论文，文献类型选择为 Article 和 Review。为了保证查全率，本研究以高被引科学家的姓氏及名字首字母缩写的方式进行数据检索，经去重后，累计获得 33 760 条数据。本研究采

[1] 陈新忠，王地 . 世界一流学科的演进规律及启示——基于康奈尔大学的实践探索 . 现代教育管理，2019.

[2] 周群英，向巧利 . 21 世纪威斯康星教学服务理念新拓展——以威斯康星大学麦迪逊分校为例 . 现代教育科学，2018.

用 K-way 谱聚类算法来识别高被引科学家的学术论文，即将每条文献信息看作一个特征向量，选择合著者姓名、机构名称和出版物名称这三个特征，每个特征对应特征向量中的一个项，每个特征的权重采用 TF-IDF 算法计算，同时采用 Cosine 相似度算法形成相似矩阵，通过 K-way 谱聚类算法进行聚类。最终识别出 128 位高被引科学家的 12 050 篇学术论文，形成本研究的目标数据集。

本研究以汤森路透的 ESI（essential science indictor）学科分类体系为标准。ESI 学科分类主要包括了 22 个学科大类，按照学科分类与期刊名称的映射关系，对 12 050 篇学术论文进行学科属性映射，覆盖了 11 547 篇论文。其余的 503 篇论文则根据其元数据中的 Web of Science 学科分类，通过人工判断映射至 ESI 学科分类体系。

本研究依据地址认知词划分学术论文中的作者机构类型，具体过程如下：①抽取 12 050 条论文数据中的机构地址，去重后累计 27 951 个地址信息；②将地址中包含“UNIV OR COLL”的划归到大学（U）的范围，地址中包含“GMBH OR CORP OR GRP OR SA OR AG OR INC OR LIM OR LTD”划归到企业（I）的行列，地址中包含“GOVT OR MINIST OR ACAD OR NASA OR NIH OR USDA OR ARS OR INRA OR CSIC OR CNRS OR EUROPEAN OR US OR BUNDES OR NACL OR NAZL”划归到政府（G）范畴，累计标注 11 516 条论文数据，占总论文数量的 95.6%，标记 20 905 个地址信息，占全部地址数量的 74.8%；③根据相同邮编，人工判别补充未标记地址的 UIG 类别属性，累计补充 234 条论文数据、1 497 个地址信息。最终，作者机构分类覆盖 11 750 篇论文，占总论文数量的 97.5%。标记 22 402 个机构地址的 UIG 类别属性，占总地址数量的 80.1%。为了测度“大学—企业—政府”三者之间的协同效应，本研究采用了 Leydesdorff（2003）基于三维互信息和信息熵算法提出的 T_{uig} 指数。当 T_{uig} 的值为负数时，表明三维关系在所组成的系统中发挥了自组织作用，T_{uig} 值越小，整个系统的自组织水平越高，则表明大学、企业和政府三者之间的产学研合作关系越紧密。

（2）整体概况

通过分析汤森路透《2015 年全球最具影响力的科研精英》报告公布的高被引科学家的基本信息，可以发现，128 名农业科学领域的高被引科学家来自 26 个国家 / 地区的 85 家机构，见表 3-8。从机构类型上看，来自高校的高被引科学家有 95 人，占 74.2%；仅有一位高被引科学家就职于企业（美国的 Dover Sciences 公司）；其余 32 位高被引科学家来自政府主导的公共机构，如美国农业部（12 人）、西班牙国家研究委员会（4 人）、法国农业科学研究院（2 人）等。

表 3-8　农业科学高被引科学家的国家和机构分布（数量≥3 人）

国家	高被引科学家数量	机构	高被引科学家数量
美国	40	美国农业部	12
英国	18	英国南安普敦大学	6
德国	11	美国康奈尔大学	5

续表

国家	高被引科学家数量	机构	高被引科学家数量
加拿大	7	美国哈佛大学	4
澳大利亚	7	西班牙国家研究委员会	4
西班牙	5	加拿大英属哥伦比亚大学	3
意大利	5	荷兰瓦赫宁根大学	3
法国	5		
比利时	4		
土耳其	3		
荷兰	3		
中国	3		

基于对高被引科学家的学术论文发表情况的分析发现，2003—2013 年每名农业科学高被引科学家平均发表 SCI/SSCI 收录论文数量为 94.1 篇。欧美发达国家高被引科学家的学术论文产出表现尤为突出，见表 3–9。其中，来自美国哈佛大学的两位高被引科学家在学术论文数量和质量上处于绝对优势地位。

表 3–9　被引频次 Top10 的农业科学高被引科学家相关信息

姓名	国别	机构	被引频次	论文量 / 篇	篇均被引频次	高被引论文量 / 篇
Frank B. Hu	美国	哈佛大学	51 071	551	92.7	70
Walter C. Willett	美国	哈佛大学	48 721	635	79.7	62
David Julian McClements	美国	马萨诸塞大学	14 908	342	43.6	33
Rattan Lal	美国	俄亥俄州立大学	12 621	274	46.1	11
Bruno Vellas	法国	图卢兹大学医院中心	12 595	315	40.0	11
Barry M. Popkin	美国	北卡罗来纳大学	12 192	172	70.9	18
Philip C. Galder	英国	南安普敦大学	11 503	203	56.7	18
Mike E. Goddard	澳大利亚	墨尔本大学	11 336	124	91.4	18
Guoyao Wu	美国	德州农工大学	11 329	204	55.5	13
R. Paul Ross	爱尔兰	农业与食品发展部	10 509	274	38.4	12

（3）农业科学领域高被引科学家的跨学科合作

2003—2013 年，农业科学高被引科学家合作发表论文 9 006 篇，占总论文数量的 74.7%。其中，农业科学单学科合作论文 3 691 篇，占总论文数量的 30.6%；跨学科合作论文 5 315 篇，占总论文数量的 44.1%（图 3–3）。128 位高被引科学家中仅有 3 人只在农业科学单一学科领域发表了学术论文，也表明跨学科合作发文在高被引科学家群体中较为普遍。

表 3–10 显示，农业科学高被引科学家的跨学科合作发文主要集中在生物学与生物化学、植物与动物科学、化学等相邻学科领域，而在远缘学科领域合作发表论文的高被引科

学家数量较少，如材料科学、经济与商业、空间科学等学科。

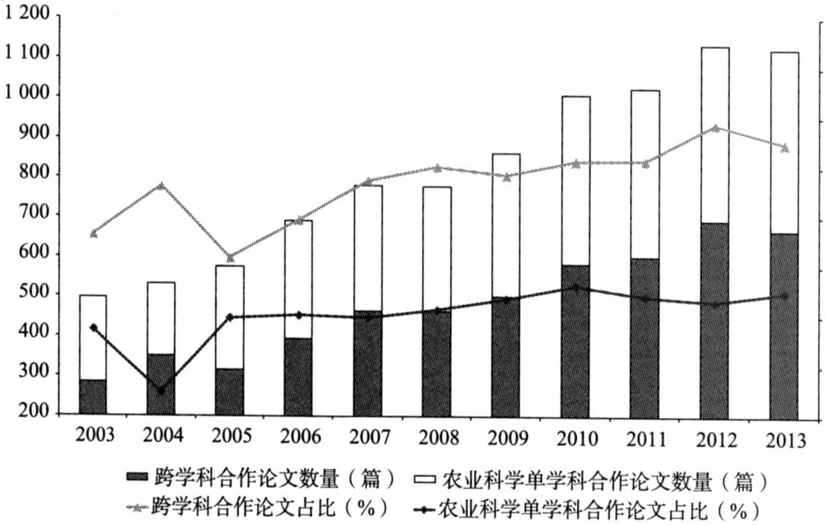

图 3-3　高被引科学家在农业科学单学科和跨学科的合作论文发表趋势

表 3-10　从事跨学科合作研究的农业科学高被引科学家概况

学科领域	科学家数量 / 人	科学家占比 /%	发文量 / 篇	发文量占比 /%
农业科学	128	100.00	3 691	30.60
生物学与生物化学	80	62.50	744	8.26
植物与动物科学	66	51.56	565	6.27
化学	55	42.97	313	3.47
临床医学	55	42.97	1 358	15.07
环境科学与生态学	50	39.06	650	7.21
药理学与病毒学	46	35.94	221	2.45
分子生物学与遗传学	42	32.81	252	2.80
微生物学	28	21.88	163	1.81
地球科学	26	20.31	249	2.76
社会科学总论	26	20.31	278	3.09
神经系统学与行为学	19	14.84	157	1.74
工程学	17	13.28	54	0.60
计算机科学	15	11.72	23	0.26
精神病学与心理学	12	9.38	35	0.39
免疫学	11	8.59	22	0.24
物理学	8	6.25	8	0.09
材料科学	7	5.47	12	0.13
经济与商业	3	2.34	24	0.27
空间科学	3	2.34	3	0.03
数学	1	0.78	1	0.01

注：科学家数量指在其他某一学科领域发表论文的农业科学领域高被引科学家数量；

科学家占比指在农业科学领域之外的某一学科领域发表论文的高被引科学家数量占 128 位高被引科学家总量的比例；

发文量指农业科学领域高被引科学家在其他某一学科领域发表论文的数量；

发文量占比指本学科领域合作论文占合作论文总数量的比例。

此外，根据统计发现，有5位农业科学高被引科学家同时被评选为其他学科领域的高被引科学家，分别是美国哈佛大学的 Frank B. Hu 教授（农业科学、临床医学、分子生物学与遗传学、社会科学总论）、Walter C. Willett 教授（农业科学、临床医学、社会科学总论）、Andrew D. Richardson 教授（农业科学、环境科学与生态学），美国加州大学伯克利分校的 Dennis D. Baldocchi 教授（农业科学、环境科学与生态学），以及美国北卡罗来纳大学的 Barry M. Popkin 教授（农业科学、社会科学总论）。可见，作为全球公认的世界一流大学，美国哈佛大学在跨学科合作研究上也展现了绝对优势。

以农业科学高被引科学家、哈佛大学的 Frank B. Hu（胡丙长）教授为例，该人还担任了本校能量与癌症跨学科研究中心（TREC）的主任。TREC 中心由美国国家癌症研究中心（NCI）资助设立，专注于饮食与癌症发病率之间的关系研究，中心聚集了多个学科领域的专家学者，包括哈佛医学院、哈佛大学附属妇女医院、波士顿儿童医院、哈佛癌症中心等部门。可以看出，哈佛大学在科研机构组织建设上已经打破了传统的学科界限，将重大现实问题作为导向，聚合校内外多个学科的研究力量，以 TREC 中心为载体，形成了从自然科学到社会科学的一系列丰硕的科学研究成果。

（4）农业科学领域高被引科学家的产学研合作

2003—2013年，农业科学领域高被引科学家的产学研合作程度随时间变化呈现出波动性增长趋势（图3–4）。从科学家所属机构类型来看，在 T_{uig} 指数（UIG 逆指标）的均值上，高校（–54.17）高于政府（–84.17）和企业（–198.24），表明高校高被引科学家的产学研合作程度低于其他两种类型机构的高被引科学家。这与机构的使命存在差异有一定关系，通常高校更加倾向于基础性的科研工作，而政府和企业在科技成果转化方面投入较多。当然，随着高校对科技成果转化的不断重视，可以预见，未来的高校学者在产学研合作上会逐步缩小与政府和企业研究人员之间的差距。

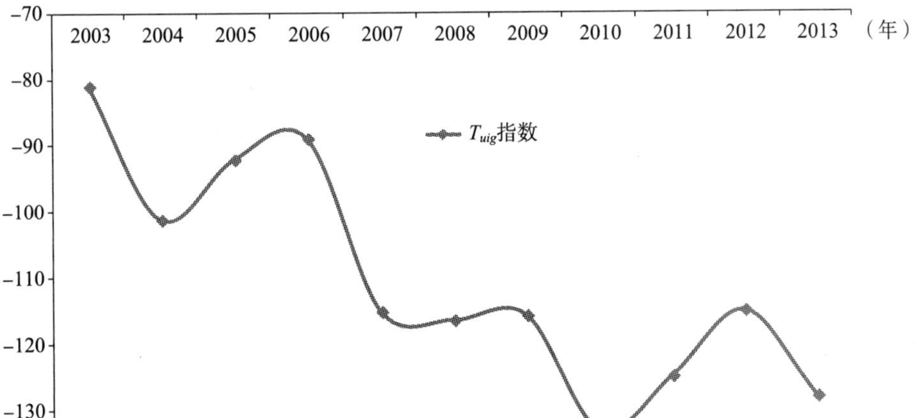

图3–4　农业科学领域高被引科学家产学研合作的 T_{uig} 指数变化

表 3–11 显示了在农业科学领域产学研合作程度位居前 10 位的高被引科学家，研究发现，这些高被引科学家的主要产学研合作机构多数来自本国。一些世界知名的跨国企业，如美国 Mars 公司、辉瑞公司，成为部分高被引科学家产学研合作的重要伙伴。此外，以美国农业部为核心的美国政府机构在农业科学高被引科学家的产学研合作中起到了关键性的作用。

表 3–11　T_{uig} 指数 Top10 的农业科学高被引科学家相关信息

科学家	机构（类别）	T_{uig}	产学研合作机构 *（类别）
Boxin Ou	美国 Dover Sciences 公司（I）	−198.24	新加坡国立大学（U） 美国农业部（G）
Gary R. Beecher	美国农业部（G）	−194.32	美国塔夫茨大学（U） 美国 Mars 公司（I）
Bruno Vellas	法国图卢兹大学医疗中心（U）	−179.37	美国辉瑞公司（I） 法国卫生医学研究所（G）
Liwei Gu	美国佛罗里达大学（U）	−172.04	美国 Ocean Spray Cranberries 公司（I） 美国农业部（G）
Joanne M. Holden	美国 Beltsville 中心（G）	−162.83	美国弗吉尼亚理工大学（U） 美国 Mars 公司（I）
Susan E. Gebhardt	美国农业部（G）	−153.38	美国塔夫茨大学（U） 美国 Heartland Assays 公司（I）
Rajeev K. Varshney	西澳大利亚大学（U）	−153.26	澳洲 Divers Arrays Technol Pty 公司（I） 美国农业部（G）
Xianli Wu	美国农业部（G）	−146.54	美国阿肯色大学医学院（U） 美国 AIBMR Life Sci 公司（I）
Yulong Yin	中国科学院（G）	−141.20	美国德州农工大学（U） 中国 Guangzhou Tanke 公司（I）
Steven C. Wofsy	美国哈佛大学（U）	−140.77	美国 Aerodyne Res 公司（I） 美国国家海洋和大气管理局（G）

* 仅展示与高被引科学家所属机构类型不同且合著频次最多的机构。

另外，通过对高被引科学家的科研合作网络分析（图 3–5）发现，大多数高校处于网络的核心位置，中间中心度平均值为 0.671，表明高校之间的合作仍是高被引科学家最主要的科研实践形式。但部分政府主导的公共机构出现在科研合作网络的边缘位置，并具有一定的桥接能力（网络中 6 个政府公共机构的中间中心度平均值为 0.655），与一些高校建立了产学研合作关系。此外，瑞士的雀巢公司（中间中心度值 0.539）在科研合作网络中也占得一席之地，其与 34 位农业科学高被引科学家存在合著关系，累计发表了 135 篇学术论文，也展现雀巢公司在农业科学高被引科学家产学研合作关系中的重要位置。

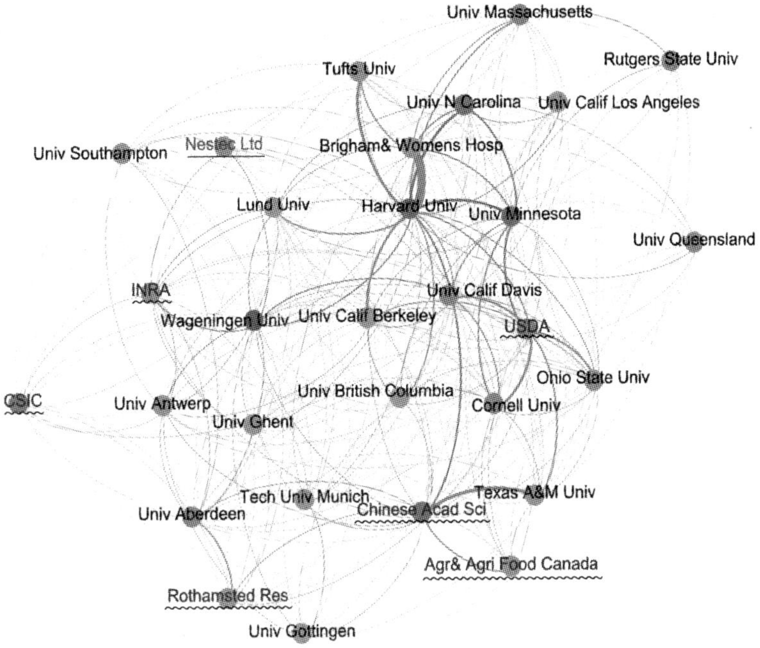

图 3–5　农业科学高被引科学家所属机构的科研合作网络

注：网络设置参数及算法：选择论文发文量大于 100 篇、论文合著数量大于 20 篇的机构作为节点。中间中心度值作为节点染色深浅度的取值，合著论文数量作为节点间连线粗细的取值。利用 Force Atlas 算法进行网络布局。标签字体格式代表机构的 UIG 类别属性，正体代表大学（U）、加下划线代表企业（I）、加波浪线代表政府公共机构（G）。

（5）结论与启示

本研究采用文献计量学方法，对 128 名农业科学高被引科学家发表的学术论文进行了量化分析，研究发现：①高被引科学家跨学科合作发文较为普遍，学科距离对高被引科学家跨学科合作发文有一定影响，相邻学科成为跨学科合作发文的主要领域，而远缘学科的跨学科合作发文量相对较少；②哈佛大学等世界一流大学加强了开放的机构组织结构建设，以重大现实问题为导向，淡化了学科界限，将学科性要素进行了重组与整合，产出了一系列丰硕的科研成果；③农业科学高被引科学家的产学研合作程度在逐年提高，高校高被引科学家的产学研合作程度低于政府公共机构和企业的高被引科学家。在学术论文合著网络，高校之间的合作仍是高被引科学家最主要的科研实践形式。但政府主导的公共机构也起到了一定的桥接作用，与部分高校建立了产学研合作关系。以雀巢公司为代表的世界知名跨国公司在农业科学高被引科学家的产学研合作关系中也占据了重要位置。

同时，农业科学高被引科学家的跨界合作特征也给我们带来了一些启示。

一是跨学科教育和专业教育的“共生”与“补充”。在跨界人才培养方面，应对现有的学科专业设置与管理体制进行改革，打破学科专业壁垒，淡化专业的实体性色彩。同时，加强基础知识教育，拓宽学科口径，实现专业教育与通识教育并用。通过实施跨学科教育，改变单一学科人才培养目标为多学科人才培养目标，在学科组织方式、课程设置等方面体现其跨学科性，可以实现多学科知识的组合、整合乃至融合，让学生形成独特的知识结构、与众不同的思维方式、解决复杂问题的综合能力。

二是大学的组织结构再造，化“学科隔阂”为“跨界协同”。大学组织机构“不仅仅表现为行政上的层级关系，在本质上也反映了知识内在结构的逻辑关系”。大学知识创新的特性决定了对其组织创新的要求。对学科组织结构的再造与优化是跨界人才教育和跨界合作研究活动有效实施的关键。世界一流大学的学科组织结构建设经验是：在保留院系结构的同时，吸收了跨学科、跨专业要素，将院系结构与跨学科研究组织统一在一起；兼顾学科导向与问题导向，形成由纵横两套系统（学科系统与问题系统）交叉组合而成的复合组织结构。当前，我国高校正在积极创建世界一流大学和一流学科的进程中，应以此为契机，优化学科组织结构，突破单一学科知识的限制，凸显科技资源的集聚效应。同时，也应避免学术共同体间的隔离，缓和学科间的排斥，加强不同学科之间的交流与合作。努力培养和造就多学科专业人员组成的科研创新团队，营造内外开放的学术文化氛围。

三是大学与外部组织的战略合作与联动，“三重螺旋”动员异质性资源。不断变化的学科边界和相对不同的知识需求是后工业时期的特点。大学的知识创新应突破大学单个实体，更加注重与政府、企业等外部组织的战略性合作与联动、创新，促进异质性资源在大学、政府、企业之间的跨组织整合与流动，形成充分发挥三方互动作用的循环机制。当前，我国进入“大众创业、万众创新”的新时期，大学也应敢于突破传统高校的管理模式，密切关注社会的需求，协同、整合校内外各种异质性资源，有效促进科技成果落地和转化，更好地发挥大学的社会服务职能。

1.2.3 案例分析二：美国加州大学戴维斯分校的跨学科建设与科研组织模式

新时代背景下，对外，全球化格局正在催生一场质变，中国面临前所未有的机遇与挑战；对内，国家进入改革“深水区”，与此同时高校也面临“双一流”建设提出的更高要求，亟须向积存多年的顽瘴痼疾开刀，实现学校与学科的双向转型。当代大学五大职能的实现，特别是传统职能中的人才培养、科学研究、社会服务均是围绕学科组织这一基本单位运行的。学科发展的未来导向也成为当今学者研究的热点问题之一。

对于涉农大学，传统意义上单一化的农科发展已经无法满足时代对涉农高校的诉求，单一学科培养出的农科人才也已难以适配农业农村现代化的需要。由此，学科交叉融合成为新农科发展的重要趋势之一。当前高校运行模式和学科评价机制与学科交叉融合之间存在一定的矛盾，在此背景下，探索国外涉农大学，特别是其具有跨学科性质的科研组织机构的组织模式与运行机制，对于我国涉农大学突破传统农科束缚，实现“新农科”转型具有重要意义。本部分以美国加州大学戴维斯分校为例，其作为行业大学的典范，具有鲜明的跨学科特色，特别体现在其研究生教育方面。

1.2.3.1 跨学科组织建设与模式的先行研究综述

通过对先行研究进行梳理，在理论层面，有学者探讨学科发展的两个导向：一是传统的学科导向，以知识的本质作为组建依据，在学科“分化”或“深化”中，丰富并发展学科的内涵，遵循学科的逻辑发展；二是一个新的思路，即“问题导向”，围绕现实生活中的“问题解决”，调用“直接的经验和现有的多种学科知识”在“试探性解决问题的实践中”实现学科的“综合”，于是出现跨学科、交叉学科等名词[1]。另有研究者对跨学科形成途径做了更深层次的阐释，认为主要有三种模式：一是适应模式，即由于科学知识的发展为适应外部环境而形成；二是前沿模式，即由于学科前沿交叉而形成；三是问题模式，即科学问题处于前沿学科并为适应环境发展而形成[2]。

在实践层面，有研究者通过对欧美传统大学的系统研究，发现英美大学和德国大学虽在组织架构上有所不同——前者为“大学→学院→学系”，后者为“大学→学部→研究所”，但均建立在学科分化的基础上[3]。而随后，自20世纪下半叶以来，学科发展呈现出融合交叉的趋势。80年代，斯坦福大学通过“生物跨学科研究计划”获得巨大成就[4]，随后美国诸多高校纷纷借鉴这一新的学科发展模式，并推动系列关于跨学科建设的改革措施，取得显著成效。

波耶尔在1994年提出，大学正在兴起和发展一个被命名为“学术整合”的第四种学术领域，它被定义为“突破原有知识体系的僵化分界，基于不同的学科和广泛的知识背景而在知识和范式之间建立联系，为新学科的成长和知识应用提供交会点”[5]。当前，世界诸多国家的高等院校均以不同形式促进跨学科合作与融合，总体可分为三种组织建设模式。第一种是以研究组作为基本单位，跨越学系边界，削弱院系的作用，进而实现以前沿研究问题为聚点的跨学科研究，如瑞典的林雪平大学（Linkoping University），建构“学校→学院→系→研究分支→研究组”的组织体系，由学校直接管理系这一跨学科组织单位，做出大胆的组织改革尝试[6]。美国加州大学戴维斯分校也属于这一类。第二种是教学课程层面的跨学科设计，如日本筑波大学、英国新兴大学，通过把综合性科学列入教学计划，重新组织内容，或开设跨学科综合课程等，实现多学科融合教育[7]。第三种是成立独立的跨学科研究中心，拥有独立研究主题，且相较于第一种的研究组，研究中心的主题范围往往更为宽泛，如荷兰伏尔伏特理工大学拥有13个跨学科研究中心，通过加强内部联系和学术交流、拓展外部关系、设立基金建立资源共享制度等途径加强跨学科合作交流。

国内虽然起步较晚，但近年来也有很多大学尝试探索跨学科组织构建。如北京大学成立前沿交叉学科研究院，上海交通大学成立Bio-X研究院，武汉大学组建博士研究生跨学科拔尖创新人才培养实验区等。有研究者通过对六所案例高校进行条目编码，探索了跨学科研究机构的培养目标、组织结构、课程教学、科研训练、导师团队、制度规范、资源配

[1] 段丹．基于矩阵结构的大学学科组织结构创新研究．杭州：浙江大学，2003.

[2] 金吾伦．跨学科研究引论．北京：中央编译出版社，1997.

[3] 邹晓东．研究型大学学科组织创新研究．杭州：浙江大学，2003.

[4] 陈勇，邹晓东，陈艾华，等．促进跨学科研究的有效组织模式研究——基于斯坦福大学Bio-x跨学科研究计划的分析及启示．科学学研究，2010.

[5] Johnston R. The University of the Future：Boyer Revisited. Higher Education，1998.

[6] 曾开富，陈丽萍，朱晓群，等．跨学科建设的理念与实践——3所国外大学的研究．北京教育，2012.

[7] 刘仲林．跨学科教育论．郑州：河南教育出版社，1896.

置等具体维度信息[1]，但同时，也有研究者提出目前国内跨学科建设存在“工科理科化”、学科交叉范围较小、缺乏竞争优势、学科融合的凝练度不高等一系列问题[2]。黄超也认为跨学科建设应注意知识性风险、组织性风险和网络性风险等主要风险，并为风险管控提供建议[3]。

1.2.3.2　美国加州大学戴维斯分校研究生教育的使命和愿景

美国加州大学戴维斯分校（以下简称 UC Davis）自 1905 年创校，隶属于著名的加州大学系统，是“公立常青藤”盟校，是代表北美学术最高水平的 63 所美国大学协会成员之一。作为行业大学的典范，它的一个显著的特点是学科之间的协调发展，即四个梯队的学科（传统优势学科、基础学科、工程应用及新兴学科和人文与艺术学科）相互支持，形成平衡体系，共同推进学校及学科发展[4]。

UC Davis 的研究生教育具有显著的跨学科特色，提供从文化研究到兽医学等 100 多个领域的研究生专业学位。其中，一半以上的研究生项目都是通过跨学科研究组构建，以满足学生和教师自由探索不同学科、从事不同领域研究的兴趣与诉求，进而生产新的知识或达到知识的新高度。通过对 UC Davis 研究生教育理念进行分析，发现其从使命定位到未来愿景，再到具体实践策略，均遵从跨学科的思想[5]（图 3–6）。

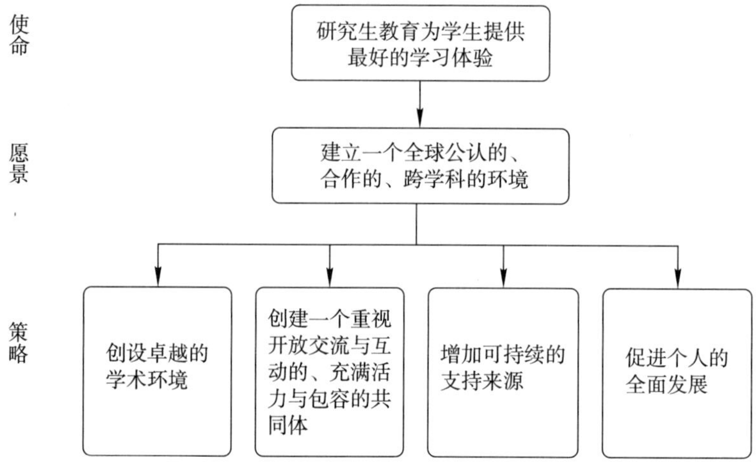

图 3–6　美国加州大学戴维斯分校的研究生教育理念

UC Davis 研究生教育的使命是“为学生提供最好的学习体验”，2016 年，UC Davis 的研究生课程开始了为期 6 个月的战略规划过程，制定了《加州大学戴维斯分校研究生教育 2016—2019 年规划》，以指导该部门未来 3 年的发展工作。总体围绕一个愿景，即“建

[1] 刘晓璇，林成华 . 研究型大学研究生跨学科培养模式的要素识别与模式构建——基于内容分析法的多案例研究 . 中国高教研究，2019.

[2] 王娜，黄巨臣 . 推进跨学科建设：我国世界一流大学形成的路径选择 . 现代教育管理，2018.

[3] 黄超，杨英杰 . 大学跨学科建设的主要风险与治理对策——基于界面波动的视角 . 中国高教研究，2017.

[4] 徐志刚 . 行业大学发展的典范——加州大学戴维斯分校 . 科技导报，2015.

[5] 加州大学戴维斯分校 .

立一个全球公认的、合作的、跨学科的环境”，通过四个具体策略实现。四个策略分别为：创设卓越的学术环境，创建一个重视开放交流与互动的、充满活力与包容的共同体，增加可持续的支持来源，以及促进个人的全面发展。以上四项将共同促进并实现 UC Davis 包容的、多样化的环境和交流、尊重、支持、学术卓越的文化。

（1）创设卓越的学术环境

UC Davis 主要通过两条路径创建卓越的学术环境，其中之一则是加强多学科教育和研究。一方面要在项目层面，加强多学科教育和研究，促进新的跨学科项目发展，以满足国家乃至世界对于多元劳动力的关键需求；另一方面要在组织层面，通过与研究办公室合作，探索研究中心、研究所和协会共同发展的潜在可能，为研究生、博士后学者和教师提供更多研究机会。

（2）创建一个重视开放交流与互动的、充满活力与包容的共同体

在《加州大学戴维斯分校研究生教育 2016—2019 年规划》中强调共同体建设，为此在学校的内部管理层面：①增加研究生和教职员工的多样性；②加强研究生在人文、艺术和社会科学项目方面的教育，深化与相关领域师生和工作人员的交流；③加强物理空间和硬件设施建设，为研究生提供一个有助于学术与专业交流与发展的实体空间。而面向学校外部，要重视发展新的国际伙伴关系，加强国际研究生教育合作和对国际学生的支持，这也是建设一个开放的、包容的新共同体的重要体现。

（3）增加可持续的支持来源

具有可持续性的支持来源是实现建立一个全球公认的、合作的、跨学科的环境的重要保障。相较国内大学，多渠道的筹资是很多国外大学在教育财政来源方面的显著优势。UC Davis 重点通过重组研究生财政支持结构，为学生提供更有竞争力的资助，如对内通过寻求与院长和校领导的合作增加配套资金，对外通过校友、社会捐赠等确定热心支持研究生教育的新资助群体。

（4）促进个人的全面发展

一个开放、多元的学术环境与跨学科建设需要帮助学生实现个人的多元、全面发展。UC Davis 在此做出三点重要突破：①维护并加强有关教师指导和咨询的项目建设；②为学生提供期望的职业生涯规划培训和实践培训，提高学生追求多学科学术和多行业职业的能力；③改进研究生院的学生服务，更好地促进校园对话与交流。

1.2.3.3　美国加州大学戴维斯分校跨学科组织模式的主要特点

UC Davis 从早年的加州伯克利大学农学院逐步发展为现今这所以农科为特色、多学科协调发展的综合大学，对于跨学科研究生教育的探索已持续多年，并卓有成效，形成了自身独具特色的跨学科组织运行模式。

（1）以研究组为基本组织单位

在 UC Davis，研究组是一种学术的基本组织单位。前文提到 UC Davis 目前有百余个研究生项目，其中超过一半都是以研究组为单位构建的，而这些研究组帮助 UC Davis 在组织层面实现了跨学科的学术研究。

① 研究组的定义

在 UC Davis 官网，清晰界定了研究组的概念，即“通过把来自不同研究领域、有着共同研究兴趣的学者聚集在一起，让师生可以自由地探索自己的兴趣所在，从事不同领域的研究，并生产新的知识，达到新的深度与高度”[1]，这体现了一种可贵的合作发现的精神。而由于教师通常属于一个以上的研究生项目，研究组的学生在贡献本专业知识的同时，也可以在其中获得来自不同学科教师的多元、丰富的专业知识传授，进而形成一个由研究生和教师组成的极具包容性的学术团队。

跨学科项目的研究生教育最初只是希望将来自广泛领域的教师和学生的知识与技能相结合，以此构建跨系、跨学科的专业项目，在发展过程中，伴随社会变革中复杂问题的增多以及人们对解决实际问题日益增长的迫切需要，跨学科研究生教育的规模在不断扩大，重要性也在不断提高[2]。

② 研究组的运作方式

不同于传统意义上院系的概念，研究组不一定具有一个在物理上的固定的研究场所，研究组的主席统筹负责整个小组的运作，因此主席所在的院系作为研究组的主导部门，但也仅此而已。主席的职能在于：当学生的顾问或研究组工作人员无法帮助学生时，作为联系人和协调员对学生给予适当的帮助[3]。具体包括：管理研究生教育的政策；学籍管理，学生学习进展与建议；资金，学费减免政策；学生教育休假的选择和流程；学生不合格的程序；校园资源及学生服务；指导方针和最佳实践；课程设置及学位要求等[4]。同时，研究组还设有支持性的工作人员，帮助学生提供宝贵的信息来源，包括：文件、课程任务、项目进度、可获得的服务，以及协助与主席和顾问取得联系。

UC Davis 在每个研究项目中均明确列出该项目的研究生项目协调员、项目主席、学术顾问、高级学术顾问等。同时还配有相应的工作人员，如农业与环境化学的研究项目就为学生提供了两位研究生奖学金内部分析师和外部分析师。

（2）以研究生项目为跨学科纽带

UC Davis 目前有近百个研究生项目，在大类上分为农业与环境科学、艺术与人文学、生物与生命科学、教育学、工程学、健康科学、物理科学与数学、社会科学和管理学 9 类。其中，农业与环境科学大类下设会计学、农业与环境化学、农业与资源经济学、动物学、大气科学、生态系统工程、生态学、昆虫学、环境政策与管理学、食物科学、地理学、园艺学与农艺学、水文科学、整合遗传学与基因组学、国际农业发展、微生物学、营养生物学、药理学和毒理学、植物学、植物病理学、种群生物学、公共健康科学、药理学和毒理学、运输技术与政策、葡萄种植与葡萄酒学等具体项目。

本研究从组织构成、项目目标及人才培养要求等方面，对其中几个典型涉农项目的项

[1] 加州大学戴维斯分校 .

[2] 杨娟 . 交叉学科研究生项目的组织管理——基于加州大学戴维斯分校实践的探究 . 研究生教育研究 . 2019.

[3] 加州大学戴维斯分校 .

[4] 同上 .

目章程、概况等进行文本梳理与分析，探索其跨学科特色（表 3-12）。

表 3-12　UC Davis 典型涉农研究生项目的跨学科特色

项目名称	组织构成	项目目标	人才培养要求
农业与环境化学	由 12 个系、3 所学院（AES、L&S、ENG）和 1 所学校（UCDMC）组成的跨学科小组	致力于促进化学更好应用并服务于加州乃至世界的社会需求。面对 21 世纪当下及未来社会的挑战，该项目的教师和学生将成为在分析化学、大气化学、生物化学、食品化学、纤维化学、聚合化学、毒理学化学和葡萄酒化学等方面不断探索并提供问题解决方法的引领者	学生掌握分析、有机、物理、无机或生物化学的高级知识，同时也要掌握农药与毒物化学、食品 / 肉类 / 乳制品化学、纤维与聚合物化学、酶反应与发酵化学等专业研究与教学所必需的定性与定量技能
生物系统工程	由四个系（生物与农业工程学系、葡萄栽培与生物学系、纺织及成衣部、食品科学技术系）和两个院（农业与环境科学学院、工程学院）组成	致力于成为生物与农业系统科学和工程领域的全球领导者。该项目课程以生物技术工程、农业和自然资源工程、食品工程三大学科为主线。通过研究、教学和推广，致力于推进生物技术、生物材料、农业生产、食品质量和食品安全。不断拓展生物和农业工程领域的边界，解决世界上最大的挑战，确保环境的可持续发展	学生掌握先进的工程知识，有效地生产、分配和加工生物制品，如食品、饲料和纤维，同时保护自然资源，保持环境质量，确保人民的健康和安全。学生毕业时具备生物系统工程专业研究和教学所需的定性和定量技能
生态学	共 100 多名教员，来自 25 个系		学生在以下领域获得先进的知识：农业生态学、保护生态学、生态基因组学与遗传学、生态系统与景观生态学、生态毒理学、环境政策与人类生态综合生态、海洋生态、生理生态学、恢复生态学。学生毕业时具备生态学理论及其应用专业研究和教学所必需的定性和定量技能
园艺学与农艺学	由多个院系合作主办，成员包括植物科学、昆虫学、环境科学与政策、土地、空气与水资源、植物生物学、植物病理学、葡萄栽培与生态学等多个院系	旨在应对加州和世界人口增长带来的重大挑战，改善城市环境	学生需要掌握先进的植物科学知识：农业生态学、生物技术、育种和作物改良、作物生理与生产、矿物营养、建模与定量园艺、害虫管理、植物生长发育、生化生理、再生长和修复等

续表

项目名称	组织构成	项目目标	人才培养要求
整合遗传学与基因组学	整合了校内的基因研究组，并联合了来自生物科学学院、文学与科学学院、农业与环境科学学院、医学院和兽医学院等超过25个系的100余名教师	——	使学生获得先进的知识，应用基因组学、分子学、经典的遗传学方法来研究模型生物体、广泛的本土和农业物种，以及人类和同伴动物
国际农业发展	由植物科学系主办，由12个系的教师组成	旨在为学生在全球农业和农村发展方面的职业生涯做好准备。为学生提供知识和技能，使他们能够实施、促进和管理促进农业发展和农村生活的项目。促进农业、自然、社会和经济体系的创新	使学生获得先进的历史知识和发展哲学、领导及管理技巧以及作物和畜牧业系统基础、农业经济学、农业和社会科学的互动等知识。学生毕业时具备实施、促进和管理加强农业发展、资源管理和农村生活等项目所必需的技能
植物学	由80余名教师和50余名学生组成。成员来自UC Davis3所学院中9个不同的院系	提供跨学科的植物生物学培训。该小组的垂直研究组织允许学生从分子到种群水平研究植物	学生在植物学的不同领域获得先进的知识，即细胞和发育生物学、环境与综合生物学、分子生物学、生物化学和基因组学以及系统学和进化生物学。具备植物解剖学专业研究和教学所必需的定性和定量技能

资料来源：加州大学戴维斯分校官网

（3）以指定的重点项目为多学科融合导向

一个指定的重点项目（DE，designated emphasis）是一个专业化的领域，比如一种新的研究方法、一个重要的应用领域，或者与现有博士项目定义的传统学科边界接近或重叠的焦点。因此，在UC Davis，DE的课程往往侧重跨学科性质的新兴领域或技术，通常也涉及多个博士项目。

由于DE项目的跨学科性质，其必须由来自多个博士项目的教师组成，并以类似于研究组的方式组织。DE项目单独制定章程，设立主席、执行委员会、课程设置、招生政策等，其教员将参加资格考试，并担任学位论文委员会的主席或成员。DE项目并非独立存在的项目，而需要依存于现有的博士项目共同组建，如果没有附属博士项目的教员加入该DE项目，则DE的合作关系停止，暂停招生，并通知研究生理事会主席[1]。

[1] 加州大学戴维斯分校.

UC Davis 共有 21 个指定的重点项目，均聚焦当今的前沿性研究主题和热点研究问题，包括：非裔美国人及非洲问题研究、媒介传播疾病生物学、生物光子学与生物成像、生物技术、经典与经典接收、批判性理论、女权主义理论与研究、宿主与微生物的交互作用、人权、国际及地区营养健康、美国本土研究、核科学、有机体与环境的交互作用、生殖生物学、科学与技术研究、第二语言习得、干细胞与祖细胞、行为学与实践研究、宗教研究、转化性研究、写作与修辞学研究等。

本研究对 UC Davis 几个涉及农业科学的 DE 项目进行梳理（表 3-13）。发现其在项目内容与任务、涉及专业与组织构成等方面，均表现出较强的跨学科性质。从合作项目来看，农学与生物学、生态学、医学等的交叉融合更多，而在生物技术、营养健康等前沿研究主题上，表现出了农学与信息技术与工程学、与社会科学领域的多个学科交叉融合的倾向。

表 3-13　美国加州大学戴维斯分校涉及农业科学的 DE 项目

名称	项目简介	项目任务	涉及专业	组织构成
媒介传播疾病生物学	项目对病原体进行科学研究。研究病原体引起的疾病以及将这些病原体传播给植物、动物和人类的节肢动物载体。本课程的学生将学习设计、实施和评估方法及干预措施，以阻断和控制具有农业科学、兽医学和医学重要性的病原体	推进研究生在公共和动物卫生的生物学以及媒介和病原体之间的相互作用方面的培训。研究媒介传播疾病生物学的所有学术方面，并作为正在研究这一问题的不同项目研究生的研究焦点	生态学，昆虫学，流行病学，免疫学，综合病理生物学，微生物学，植物病理学	农业与环境科学学院：昆虫学研究项目； 医学院：微生物研究组； 兽医学院：比较病理学、免疫学和流行病学研究组
生物技术	项目促成多学科的生物技术融合，包括生物技术与生物伦理学、商学和法律方面的交叉融合。同时为学生提供在另一所大学或国家实验室的生物技术公司（或研究实验室）进行 3～6 个月实习的机会。项目协调员会帮助学生寻找实习机会，准备一份强有力的求职简历，并提升与商业环境相关的专业技能	协调和提供生物分子研究关键领域的跨学科培训；促进跨学科研究环境，将基础生物科学与工程和计算学科相结合；提供生物技术公司或跨学院实验室的跨学科培训 / 实习生经验	农业与环境化学，动物生物学，生物化学、分子、细胞与发育生物学，生物系统工程，生物医学，生物物理学，生物统计学，化学工程，化学，土木与环境工程，计算机科学，电子与计算机工程，昆虫学，食品科学，园艺与农学，免疫学，综合遗传学与基因组学，综合病理生物学，材料科学与工程，微生物学，分子、细胞与综合生理学，神经科学，营养生物学，药理学与毒理学，植物生物学，植物病理学，统计学等	

续表

名称	项目简介	项目任务	涉及专业	组织构成
宿主与微生物的交互作用	现代生物医学最具影响力的领域之一是阐明宿主–微生物相互作用的结果和复杂性，这种相互作用影响动植物健康，并显著影响微观和宏观生态系统。该项目将协同校园的学术力量，培训具有不同背景的学生从事需要多学科方法的科学，成为科学领袖，推动学术和私营领域的新技术变革	研究宿主–微生物复杂的相互作用需要跨学科的方法和洞察力，该项目将促进跨学科合作和思想交流，为有兴趣了解宿主与微生物之间动态相互作用机制的学生提供跨学科培训	动物生物学，免疫学，综合病理学，微生物学，植物病理学	兽医学院：免疫学研究组、比较病理学研究组；医学院：微生物学研究组
国际及地区营养健康	该项目成立于1987年，1994年成为研究厅下的一个有组织的研究单位。旨在协调有关低收入国家、美国少数民族和弱势群体的人类营养问题的研究和培训活动，培养下一代科学家和批判性思考者	就与低收入和弱势群体有关的人类营养问题进行基础和应用研究； 为参与项目的学生规划国际（地区）营养学的指定辅修课程，并协调其他研究生及博士后的训练活动； 向负责粮食和营养政策的国家政府和国际机构提供技术援助； 促进加州大学戴维斯分校与海外研究和培训机构之间的师生合作交流	农业与资源经济学，流行病学，地理位置，人类发展，营养生物学	营养生物学研究组，流行病学研究组，人类发展研究组，农业与资源经济系，地理研究组，人类学系
有机体与环境的交互作用	该项目旨在帮助学生理解生物体对环境的功能反应的原理，综合了行为内分泌学和感觉生物学、动物设计、比较生理学、功能形态学、进化和系统遗传学以及环境发育生物学等现代力学研究	为有兴趣的学生提供跨学科的培训，使其对生物体如何对环境变化做出反应有一个机械的理解	动物行为学，生态学，昆虫学，分子、细胞和综合生理学，药理学和毒理学	生物科学学院：分子、细胞和综合生理学； 农业与环境科学学院：生态学；
生殖生物学	提供了从分子到有机体，从基础研究到农业和健康相关科学的应用研究的机会	促使学生获得额外的关于生殖学的训练，聚集来自学校跨学科的、不同项目的从事生殖生物学研究的学生	动物生物学，流行病学，综合病理学，分子、细胞和综合生理学，药理学和毒理学	动物生物学研究组，细胞与发展生物学研究组，综合病理学研究组，流行病学研究组，分子、细胞和综合生理学研究组，药理学和毒理学研究组

资料来源：加州大学戴维斯分校官网

1.2.3.4　对我国涉农高校跨学科建设的启示

对美国加州大学戴维斯分校跨学科组织机构的资料梳理与研究，为我国涉农高校跨学科建设带来重要启示与借鉴意义。笔者认为在推进高校跨学科建设中，需要重点思考三个问题：为什么要跨学科？跨什么学科？怎样组建跨学科组织机构？

第一个问题，为什么要跨学科？其实质是问题导向的学科重构，要明确跨学科建设重点要解决什么问题，这决定了跨学科的研究方向。这个研究方向既要与领域内的前沿问题相契合，又要与国际和国家发展同步。以涉农高校跨学科建设为例，一方面要聚焦国际最前沿的农科研究问题，另一方面也要立足新时代中国三农发展实际，切实解决乡村振兴、脱贫攻坚、农业农村现代化等问题。同时，也要注意充分发挥学校强势学科的作用，加强交叉融合。

第二个问题，跨什么学科？其实质是知识重构。围绕想要解决的前沿研究问题，促使哪些学科之间的交叉融合决定了将实现怎样的跨学科知识构建，也决定了新的知识生产与理论诞生的方向。国内高校在跨学科建设方面大多是一个一级学科下的几个二级学科间的交叉融合，如作物学中的作物遗传育种、作物栽培学与耕作学；或是两个或多个相近学科的融合，如农学与生物学。对于农科与社会科学间的交叉融合缺少探索与实践，而这恰恰是国外诸多高校跨学科的重要方向，如加州大学戴维斯分校的国际及地区营养健康重点项目等。

第三个问题，怎样组建跨学科组织机构？这个问题最终落脚到跨学科的组织模式。目前国内高校可借鉴国外高校的经验，通过两种途径促进跨学科交叉融合。一是成立跨学科研究中心，下设多个以研究问题为聚点的研究组，可以不必拥有独立身份的教员和学生，而是聚集来自不同院系的师生共同开展科学研究，但要独立设立一套管理体制。二是加强对本科生的通识教育，并将跨学科课程纳入本科生和研究生教学计划。

1.3　国外农科学科专业目录设置调整及趋势分析

在新工科、新农科、新医科、新文科建设背景下，学科专业目录如何积极回应学科发展，如何与人才培养需求相匹配，如何更好地与国际接轨，如何更好地服务一流学科建设，是一个重要的政策问题，也是关系到新农科学科专业建设的重要制度框架。通过对英、美两国近十年来学科专业目录调整情况的分析，可以发现呈现两个主要趋势：在学科专业目录设置方面进一步提高学科划分的综合性水平，并且进一步强调为新兴学科专业尤其是交叉学科（跨学科专业）提供充足的发展空间，尤其英国，其学科专业目录较之JACS更具开放性、柔性和实用性，保证学科专业目录稳定过渡的同时兼顾前瞻性。

1.3.1　美国农科学科专业目录设置调整及趋势分析

（1）美国 CIP 学科目录设置情况

学科专业目录（classification of instructional program，CIP）是一种分类编码方案，目的在

于促进研究和专业领域的组织、收集和报告。CIP最初是由美国教育部的国家教育统计中心（NCES）在1980年开发的，1985年、1990年和2000年进行了修订。2010年版CIP（CIP-2010，表3-14）是CIP的第四次修订，提供了学科专业分类和描述的更新分类以及增强的CIP用户网站。与之前以印刷版发行的CIP不同，2010年版CIP只以电子形式发行。

CIP是公认的联邦政府教育项目分类统计标准，用于各种教育信息调查和数据库。自1980年首次公开以来，CIP已被NCES在综合高等教育数据系统（IPEDS）和它的前身高等教育综合信息调查（HEGIS）中用于编码。也被其他教育部门办公室使用，如公民权利办公室、职业与成人教育办公室、特殊教育办公室等，并成为其他联邦机构教学项目的标准，包括美国国家科学基金会（NSF）、商务部（人口统计局）、美国劳工部统计局（Bureau of Labor Statistics）等。CIP被国家机构、国家协会、学术机构和就业咨询服务机构用于收集、报告和分析教学计划相关数据。由于CIP具有全面性又能照顾到细节，为了增强与美国教育数据的可比性，加拿大统计局在2000年采用CIP作为研究分类领域的标准，取代了之前加拿大的分类。然而，由于每个国家教育制度的个别具体差异，各个国家的CIP版本之间存在一些细微的差异。

CIP所包含的教学项目必须满足一定的操作标准：①教学项目必须由教育机构或其他公认的提供者提供、通过或组织；②课程必须包含不止一门独立的课程或学习经历，并且不能是不相关的课程或经验的偶然性集合；③必须有一组结构化的学习经历，由一个机构或其他提供者定义，获得正规认证的学位、其他正式承认或其他正式认可。因此，一些教学项目不包括在CIP内，如内部的、专业的或在职的培训活动，这些培训活动不被教育机构或提供者认可，也不会获得任何形式的正式承认、学分或认证；课程内的科目、专业或个别课程不被视为专业，且一般不被教育机构认可为正式课程。

CIP分类法分为三个层次：①两位数系列，如01，代表相关专业的集群，通常被称为学科群，目前CIP共有47个两位数系列；②四位数字系列，如01.01，代表具有可比较内容和目标的专业类；③六位数系列，如01.0101，代表特定的专业。在IPEDS完成调查时，高等教育机构使用六位数的CIP代码（表3-14）。

表3-14 美国CIP-2010农业学科具体情况

专业类	专业
01.00 农学 – 常规	01.0000 农学 – 常规
01.01 农业商业与管理	01.0101 农业商业与管理 – 常规
	01.0102 农业商业 / 农业商业经营
	01.0103 农业经济学
	01.0104 农场 / 农场与牧场管理
	01.0105 农业 / 农场用品零售和批发
	01.0106 农业商业技术
	01.0199 农业商业与管理 – 其他

续表

专业类	专业
01.02 农业机械化	01.0201 农业机械化 – 常规
	01.0204 农业动力机械操作
	01.0205 农业机械设备 / 机械技术
	01.0299 农业机械化 – 其他
01.03 农业生产操作	01.0301 农业生产操作 – 常规
	01.0302 动物 / 畜牧业与生产
	01.0303 水产养殖
	01.0304 作物生产
	01.0306 乳牛业与生产
	01.0307 马术科学与管理
	01.0308 农业生态学和可持续农业（新）
	01.0309 葡萄栽培和葡萄酒酿造学（新）
	01.0399 农业生产操作 – 其他
01.04 农产品与食品加工	01.0401 农产品与食品加工
01.05 农业与家庭动物服务	01.0501 狗 / 宠物 / 动物梳理
	01.0505 动物训练
	01.0507 马术 / 马研究
	01.0508 标本 / 动物标本制作
	01.0599 农业与家庭动物服务 – 其他
01.06 应用园艺及园艺商业服务	01.0601 应用园艺 / 园艺操作 – 常规
	01.0603 观赏园艺
	01.0604 温室操作与管理
	01.0605 景观美化
	01.0606 植物护理操作与管理
	01.0607 草皮与草坪管理
	01.0608 花卉栽培 / 花卉栽培技术操作与管理
	01.0699 应用园艺及园艺商业服务 – 其他
01.07 国际农业	01.0701 国际农业
01.08 农业公共服务	01.0801 农业和推广教育服务
	01.0802 农业交流 / 新闻
	01.0899 农业公共服务 – 其他
01.09 动物科学	01.0901 动物科学 – 常规
	01.0902 农业动物育种
	01.0903 动物健康
	01.0904 动物营养
	01.0905 乳品科学
	01.0906 牲畜管理
	01.0907 家禽科学
	01.0999 动物科学 – 其他

续表

专业类	专业
01.10 食品科学与技术	01.1001 食品科学
	01.1002 食品技术与处理
	01.1099 食品科学与技术 – 其他
01.11 植物科学	01.1101 植物科学 – 常规
	01.1102 农学与作物科学
	01.1103 园艺科学
	01.1104 农业与园艺植物育种
	01.1105 植物保护与害虫综合治理
	01.1106 山脉科学与管理
	01.1199 植物科学 – 其他
01.12 土壤科学	01.1201 土壤科学与农学 – 常规
	01.1202 土壤化学与物理
	01.1203 土壤微生物学
	01.1299 土壤科学 – 其他
01.99 农业、农业经营与相关科学 – 其他	01.9999 农业经营与相关科学 – 其他

（2）美国农学类学科设置变化、特点及动因分析

在美国 CIP–1985 和 CIP–1990 中，农业学科有两个学科群，分别为农业经济与农业生产、农业科学。从 CIP–2000 起，这两个学科群合并为农学、农业经营与相关科学，分为 14 个专业类和 60 个专业。CIP–2010 中农业学科一共有 14 个专业类和 62 个专业，与 CIP–2000 相比较，增加了 2 个新的专业，如表 3–15 所示。

表 3–15　美国 CIP 农业学科变化情况

	学科群名称	专业类数 / 个	专业数 / 个
CIP–1985	农业经济与农业生产	8	39
	农业科学	6	18
CIP–1990	农业经济与生产	8	27
	农业科学	6	22
CIP–2000	农学、农业经营与相关科学	14	60
CIP–2010	农学、农业经营与相关科学	14	62

与 CIP–2000 相比，新增的农学专业如下：

01.0308 农业生态学和可持续农业：一个注重农业理论和实践的项目，从长远来看，提高环境质量，有效利用不可再生资源，整合自然生物周期和控制，在经济上可行和有社

会责任；这可能使个人将这些知识应用于解决农业和环境问题。包括农业生态学、作物和土壤科学、昆虫学、园艺、动物科学、杂草科学和管理、土壤肥力和营养循环、应用生态学、农业经济学、牧场生态学和流域管理等原理的指导。

01.0309 葡萄栽培和葡萄酒酿造学：专注于将科学和农业原理应用于葡萄生产、酿酒和葡萄酒业务的计划。包括对世界葡萄和葡萄酒的介绍，葡萄生产，酿酒技术，植物生物学，化学，食品科学、安全、包装，土壤科学，害虫管理以及市场营销和商业管理。

CIP-2000 中共有 362 个专业类和 1264 个专业。在此基础上，CIP-2010 删除了 33 个专业类，新增了 44 个专业类；删除了 47 个专业，新增了 354 个专业，共有 373 个专业类，1571 个专业。从 CIP-1985 到 CIP-2010，美国农业学科专业类、专业数量的比例显示出一定的变化，具体情况如表 3-16 所示。

表 3-16 美国 CIP 农业学科专业类、专业数量比例变化情况

	专业类数量 / 个	专业数量 / 个	专业类数量比例	专业数量比例
1985 年	360	1 002	3.9%	5.7%
1990 年	324	908	4.3%	5.4%
2000 年	362	1 264	3.9%	4.7%
2010 年	373	1 571	3.8%	3.9%

1.3.2 英国农科学科专业目录设置调整及趋势分析

（1）英国农科学科专业目录设置情况

英国的高等教育学科目录设置演进经历了缓慢、渐进且自下而上的变革过程。1962 年，英国首个全国性的高等教育专业分类体系出台，并将其专业划分为七个大的学科群，农学和林学作为一个独立学科群正式提出。1996 年，英国高等教育统计局和大学统一招生委员会（The University and College Admission Service，UCAS）联合启动学科专业分类体系设置项目，试图将其各自运行的高等教育教育统计局编码体系（HESA code）和标准学科知识分类体系（standard classification of academic subject，SCAS）两大体系进行融合。1999 年，英国高等教育统计署（HESA）与英国大学招生委员会（UCAS）共同提出 JACS（the joint academic coding system）这一学科专业分类体系，该体系正式于 2002 年开始运行，在此之后的十几年中 JACS 几经修订，由最初的 JACS 1.7 逐渐升级到 JACS 2.0 和 JACS 3.0 版本。这是英国历史上第一个具有普适性的专业分类体系。

2013 年以来，英国启动 HEDIIP（Higher Education Data & Information Improvement Programme）新的学科分类体系研制，新体系 HECoS（Higher Education Classification of Subject）发布并于 2019 年正式实施。此次分类采用全新的编码系统，对现有学科进行了进一步整合，更有助于今后的学科归属。本部分将在介绍 JACS 学科专业分类体系的基础上概述英国此次学科目录设置改革的背景、过程并将两种目录进行对比，总结英国

最新学科分类体系的特点。

（2）英国联合学科专业分类体系（JACS）的演进

JACS 是一个等级性学科专业分类体系，包含科目群（subject group）、主干科目（principal subject）和科目（subject）三个等级。其编码由一个字母和三个数字组成，其中字母和第一个数字分别表示学科所属学科群和该学科群的一级学科，第二、三位数字对应所属二级学科。JACS 与学历层次无关，因此被广泛用于本科、研究生、继续教育领域以及科研领域。最初的 JACS 共由 20 个学科群组成，下设 159 个一级学科和 654 个二级学科。其中，农学类学科群 2 个，涵盖一级学科 7 个。

JACS 研制于 20 世纪 90 年代中期，是在合并 SCAS 与 HESA Code 两大分类体系基础上生成的。JACS 具有如下特点：

JACS 是一种知识分类和教育统计手段，不具有知识管理职能；

JACS 这一学科分类体系采用层级性（hierarchical）划分方式，整个体系包括学科群、一级学科及二级学科三级；

作为高等教育的重要统计依据，JACS 学科分类体系几乎包括了所有的学科专业，因此能够适用于所有英国高等教育机构。而随着交叉学科、综合性学科和新兴学科的不断涌现，JACS 专门设置了“综合学科”用于容纳跨越了一个以上一级学科的综合性交叉学科。

为了确保学科目录设置适应学科发展需要，每隔几年 JACS 都要进行一次修订。为了适应学科发展，2002 年至今，JACS 历经三次大的修订，并于 2013 年推出最新的 JACS 3.0 版本。这一版本由 20 个大的学科群、154 个一级学科和 1 570 个二级学科构成，两个版本的对比如表 3–17 所示。

在 JACS 最近一次的修订中，数学与计算机科学（mathematical and computer science）领域由于数学和计算机科学两大学科领域的快速发展，尤其是计算机科学领域的快速发展，原有 G 学科群内部学科目录扩展空间有限，因此编制人员将数学和计算机科学进行拆分，重新设置计算机学科领域（I 学科群），因此数学科学领域学科专业设置编码保持不变，而计算机科学领域学科目录设置扩展空间大大扩大。

此处以表 3–18 中农学类一级学科在 JACS 学科专业分类体系中的设置及演进情况，以及“农业与景观设计”学科目录调整为案例呈现 JACS 的调整。

表 3–17　JACS2.0、JACS3.0 兽医，农业及相关学科（专业）设置情况对比

编码	学科	JACS 2.0	JACS 3.0 修改
D100	临床前兽药	涉及动物疾病的诊断和治疗的职业科学	
D190	未经其他分类的临床前兽医药	针对不适合其他临床前兽医类别的相关科目的杂项分组。 谨慎使用	
D200	临床兽医和牙医	通过与非人类患者直接相互作用来观察、诊断和治疗疾病或损伤	
D210	临床兽医学	通过与非人类患者直接相互作用来观察、诊断和治疗疾病或损伤	
D220	临床兽医牙科	通过与非人类患者直接相互作用来观察、诊断和治疗疾病或损伤	
D290	临床兽医和未分类的牙科	杂项分组适用于不适合其他临床兽医和牙科类别的相关科目。谨慎使用	
D300	动物科学	对动物的科学研究，包括动物疾病及其治疗的研究，可能包括兽医护理，也可能包括药物研究，及其特点、行为和用途	
D310	兽医护理	关于对患病、受伤和 / 或体弱的动物的实际照护的职业科学	
D320	动物健康	以预防或诊疗为目标的动物疾病研究	
D321	动物解剖学	研究动物身体结构的每个部分是如何工作和协作的，研究包括解剖和使用显微镜	
D322	动物生理学	研究动物系统的系统功能和行为，包括呼吸、循环、消化、排泄和繁殖等过程	
D323	动物病理学	研究疾病和 / 或对动物框架的损害的影响。 研究包括解剖和使用显微镜	
D324	动物药理学	研究药物特点、作用、使用和对不同动物的影响	
D325	动物毒理学	研究毒物的性质、对不同动物的影响以及可能的解毒剂	
D326	动物药品	动物相关药物的制备和分配的研究，涉及对食物链及其与人类互动的理解	
D327	动物营养	研究同化营养物质进入动物组织的相关过程	

续表

编码	学科	JACS 2.0	JACS 3.0 修改		
D328	动物福利	研究动物的健康、满足感和幸福感，这种自然需求应如何得到满足以及有关动物居所和供应的法律			
D330	兽医公共卫生	研究如何预防传染动物疾病给人类			
D340	海外兽医的发展	研究国际兽医实践及其在专业领域的发展			
D390	未分类的动物科学	其他相关科目的分组不适合其他动物科学类别。 谨慎使用			
D400	农学	农牧业、保护、农村商业和相关应用科学的研究。 包括培育土地作物和饲养牲畜的研究和实践经验。也可能包括农村娱乐的一些方面			
D410	耕种和果树栽培	研究大规模种植作物的最有效方法，包括用于生产食物的树种			
D411	农业病虫害	研究农作物中的疾病以及攻击它们的动物和昆虫，以防治这种疾病或避免农作物受到攻击			
D412	作物生理学	研究作物结构及其受疾病的影响。不仅包括解剖和使用显微镜，还包括细胞水平的研究			
D413	作物营养	研究将营养物质同化到作物组织中的过程			
D414	作物保护	研究农作物的免疫发展，以及攻击作物的动物 / 昆虫的人造屏障、预防剂或灭虫剂			
D415	作物生产	研究作物生长和收获以及耕地生产与环境和人类的关系			
D416	温室文化	研究温室条件下植物的生长	D416	温室文化	研究温室条件下天然和非天然植物的繁殖和生长，包括为其外观或其他性质而生长的作物和植物
D417	观赏植物生产	观赏植物研究	D417	观赏园艺	研究观赏植物，适用于市政和其他大面积种植，花园、公园和景观
D418	外来植物和作物	研究种植、播种和收获非本土作物的最有效方法			

续表

编码	学科	JACS 2.0	JACS 3.0 修改
D420	家畜	研究保持动物的农业使用的最有效的方法	
D421	畜牧业	研究动物及其与环境和人类的关系	
D422	马研究	研究马的健康、驯养，以及如何用作农场、家庭和休闲动物	
D423	家禽饲养	研究鸡蛋和家禽的生产及家禽与其环境、人类的关系	
D424	Gamekeeping	研究用于狩猎的野生动物的繁殖、保养和保护	
D425	外来牲畜	研究保存、追溯和繁殖不是英国本土动物的最有效的方法	
D430	水产养殖	研究使用一个水域来养鱼以供商业销售的最有效的方法	
D431	鱼类养殖	研究鱼类的捕捞或养殖学	
D432	淡水鱼	研究无盐池塘、溪流、河流和湖泊鱼类的习性、繁殖模式以及环境的独特影响	
D433	咸水鱼	研究江河、湖海和盐渍河口的鱼类的习性、繁殖模式以及环境的独特影响	
D434	观赏鱼	研究用于娱乐的鱼类的习性和繁殖模式	
D435	水产养殖	研究植物和动物水资源的培育，供人类食用或使用	
D440	农村物业管理	研究大的地产的管理或代表其所有者的管理，包括商业研究、人事管理和建筑物管理等	
D441	农场管理	研究保存家畜和种植农作物和水果的最有效方法，包括家庭农场管理	
D442	Gamekeeping management	研究狩猎用土地和栖息地的管理	
D443	水资源管理	研究淡水和咸水的商业化、国内应用和娱乐使用，包括水的保护，对干旱、洪水和水循环的研究	
D444	休闲土地管理	对非正式休闲的土地的研究。包括研究过度或不当使用造成的栖息地侵蚀和破坏，以及预防、治疗和减少这种损害的技术	

续表

编码	学科	JACS 2.0	JACS 3.0 修改		
D445	遗产管理	研究具有稀有价值的土地的保护。包括对特殊科学兴趣点的研究、具有历史意义的地点的研究等，可能包括维护和访客管理	D445	生物遗产现场管理	具有稀有价值的土地研究，包括特殊科学兴趣点（SSSI）和在那里发现的物种
D446	荒野管理	出于审美、娱乐或科学研究的目的，对野生、无人居住和未开垦的土地的保护			
D447	环境保护	对自然资源和环境的保护和精心管理的研究			
			D448	可持续的农业和景观发展	研究农业和其他相关景观，特别强调可持续和环境敏感
D450	国际农业	研究在世界各地种植土地和饲养作物的科学或职业			
D460	有机农业	在不使用肥料或杀虫剂形式的人造化学品的情况下进行的农业生产过程研究			
D461	有机耕种和水果种植	研究大规模种植作物的最有效方法，包括用作食物的树木，种植过程中不使用人造化学品或肥料			
D462	有机牲畜	研究保持动物的农业使用的最有效的方法，且养殖过程中不使用人造化学品或饲料			
D463	有机鱼养殖	研究利用一个水域后部鱼类进行商业销售的最有效的方法，且养殖过程中不使用人造化学品			
D470	农业技术	研究与农业有关的实用或机械科学，以提高作物生产效率和经济效益			
D471	农业机械	研究农机的使用和维修、包括拖拉机、绿篱剪、挤奶机等的研究			
D472	农业灌溉排水	研究人工运河和沟渠、机械泵、气象站等对水如何进行控制			
D490	未分类的农业	针对不适合其他农业类别的相关主题的杂项分组。 谨慎使用			

续表

编码	学科	JACS 2.0	JACS 3.0 修改		
D500	林业	研究如何种植和养护树木、如何保护和管理森林，用于开展商业开发和娱乐活动	D500	林业和树木栽培	研究种植和养护树木、出于保护目的进行森林管理，以及如何利用森林开展商业开发和娱乐活动
D510	树木和灌木	研究采收硬木和软木树的最有效方法			
D511	林业病虫害	研究商业种植的阔叶树和针叶树的病虫害的防治			
D512	树木生理学	研究硬木和软木树结构及其受病虫害的影响，包括解剖和使用显微镜以及对细胞水平的研究			
D513	树木营养学	研究树木的营养物质吸收过程			
D514	树木保护	关于树木免疫发展的具体研究。包括对攻击树木的动物 / 昆虫设置人造屏障等预防措施或灭虫剂			
D515	树木生产	研究树木的生长和收获以及树木生产与环境的关系			
D516	木材生产	硬木和软木木材产品的研究。包括木制品的不同用途或某些树木对某些用途的适用性			
D517	社区林业	研究林业的正式和非正式的娱乐用途，对生境的侵蚀和破坏，以及防治和减少这种损害的技术			
D520	国际林业	研究世界各地种植树木作为作物的科学或职业			
D530	有机林业	在不使用化肥或杀虫剂形式的人造化学品的情况下进行的林业工艺研究			
D540	林业技术	研究与林业有关的实用或机械科学，以提高作物生产效率和经济效益			
D541	林业灌溉排水	研究通过良种、机械泵等方式防治水土，防止侵蚀			
D590	其他未分类的林业	针对不适合其他林业类别的相关主题的杂项分组。 谨慎使用			
D600	食品和饮料研究	研究储存、运输、保存或其他转变（包括家庭或餐厅食物制备程序）的过程中，或食物从农场（或其他地方）到餐桌的过程中食物的特性			

续表

编码	学科	JACS 2.0	JACS 3.0 修改
D610	食品科学	研究食物的特性，包括物理、化学和生物科学在食品系统中的应用	
D611	肉类科学	研究肉的性质，包括食品科学在肉类食品系统中的应用	
D612	谷物科学	研究谷物的性质，包括将食品科学应用于含谷类的食品系统	
D613	蔬菜科学	研究蔬菜的特性，包括将食品科学应用于含蔬菜的食品系统	
D614	水果科学	研究水果的特性，包括将食品科学应用于包含水果的食品系统	
D620	食品卫生	研究通过清洁和卫生处理食品来维持和促进健康	
D630	食品和饮料生产	研究食品和饮料的供应过程，包括生产技术与食品生产的数量和速度的研究	
D631	食品和饮料制造	研究人造食品的发展，包括用一种食物替代另一种食物	
D632	食品和饮料加工	研究食品的保鲜和加工	
D633	食品和饮料技术	研究食品和饮料的生产技术。包括资源和环境问题的研究	
D634	工业烘烤	研究熟食的生产，包括物理、化学和生物科学在食物准备中的应用	
D635	工业酿造	研究液体饮料的生产，包括物理、化学和生物科学在饮料制备中的应用	
D640	为消费者的食品和饮料	研究食品及其制备如何吸引消费者	
D641	食品和饮料包装	研究包装和包装系统，以确保经济和卫生处理以及客户满意度	
D642	食品及饮料输送	研究食品和饮料的运输，以确保经济和卫生处理以及客户满意度	
D690	未分类的食物和饮料研究	其他相关科目的杂项分组，不适合其他食品和饮料研究类别。谨慎使用	
D700	农业科学	对农业方面的具体科学研究，不包括非实验室农业主题，如经济学、商业管理和土地利用	

续表

编码	学科	JACS 2.0	JACS 3.0 修改
D710	农业生物学	研究动植物生物体的科学，特别强调它们在农业中的使用或影响	
D711	农业微生物学	对微生物的科学研究，包括遗传学和分子生物学的主要组成部分，特别强调它们在农业生产过程中的使用或影响。包括细菌学、病毒学、细胞结构和功能，可能包括免疫学	
D720	农业化学	研究单个原子和分子如何发生反应以影响农业进程	
D721	农业生物化学	研究生物体细胞和分子中发生的化学反应，特别强调它们在农业生产过程中的使用或影响。涉及细胞组织以及 DNA、RNA、蛋白质、酶和膜的结构与功能如何决定生物学过程	
D730	农业植物学	研究栽培作物，包括分类、结构、生理学、生态学和经济重要性	
D740	农业生态学	研究动物生物学与农业有关的所有方面，包括动物的生殖、发育、生理、行为、疾病和与环境的相互作用	
D750	土壤作为农业媒介	研究土壤行为的物理、化学和生物过程	
D790	未分类的其他农业科学	其他相关科目的杂项分组不符合其他农业科学类别。 谨慎使用	
D900	其他兽医科学，农业及相关学科	其他兽医科学，农业及相关科目类别的相关科目的杂项分组。 谨慎使用	
D990	兽医科学，农业及其他未分类的相关科目	其他相关科目的杂项分组不符合其他兽医科学，农业及相关科目类别。 谨慎使用	

表 3-18　JACS 学科分类体系中农科专业设置情况

	JACS	JACS 1.7（2002/03）	JACS 2.0（2007/08）	JACS 3.0（2011/12）
一级学科设置情况	D1 兽医科学	D1 临床前兽药	D1 临床前兽药	D1 临床前兽药
		D2 临床兽药和牙科	D2 临床兽药和牙科	D2 临床兽药和牙科
	D2 农业科学	D0 农业及相关学科	D0 农业及相关学科	D0 农业及相关学科
	D3 林学	D5 林学	D5 林学及树木栽培	D5 林学及树木栽培
	D4 食品科学	D6 食品和饮品研究	D6 食品和饮品研究	D6 食品和饮品研究
	D8 农学	D4 农学	D4 农学	D4 农学
	D9 其他农业学科	D6 其他兽医科学、农业及相关学科	D9 其他兽医科学、农业及相关学科	D9 其他兽医科学、农业及相关学科
	DZ 综合			
		D3 动物科学	D3 动物科学	D3 动物科学
				D7 农业科学

备注：本表根据 JACS 各版本设置情况综合而成。

由表 3-18 可以看出，在一级学科设置方面，JACS 在农学相关学科设置变化不大，2002 年正式推出的 JACS 1.7 在其原有版本基础上变化较大，将“兽医科学”（D1）进一步划分为“临床前兽药”（D1）和“临床兽药和牙科”（D2），将“食品科学”（D4）扩充为“食品和饮品研究”（D6），将“其他农业科学”（D9）进一步明确为“其他兽医科学、农业及相关学科”并专门增加“动物科学”（D3）这一一级学科，同时取消综合类一级学科（DZ）。而在此后的两个版本中，从一级学科层面来看 JACS 的调整并不大。

以农科领域“农业与景观设计”学科编码修订为例，在 JACS 2.0 版本修订之初，花园设计（garden design）和园艺（horticulture）分别设置在 D400 农业（agriculture）和 K300 景观设计（landscape design）中，并存在一定交叉，如 D416、D417、D418 的专业编码都是采用指向某种园艺实践的具体描述方式，编码修订专家希望在农科相关目录中增加园艺学的相关编码，并且进一步扩展其与 K300 园林设计的联系。另外，K300 景观设计在 JACS 2.0 版本中是一个非常小的专业领域，随着花园设计课程在高等教育机构中的增加，就需要考虑园艺相关的专业是应该放在 D400 还是 K300 中，虽然不需要增加新的编码，但是专业的描述以及编码位置需要重新进行考虑。

基于上述考虑和修订需要，修订小组咨询了来自二十多家高校、机构和社会团体的专家，其中以设置相关专业的高等院校的招生人员、专家、数据管理部门人员为主，如表 3-19 所示。

表 3-19 JACS 2.0 农业与景观设计修订咨询机构、专家列表

高等院校		专业学会	学术刊物	其他社会组织
学校	机构			
雷丁大学	农业经济系、农业政策与发展学院	皇家园艺学会	NFU 园艺学期刊	国家信托：园林与公园顾问（东北区）
格林威治大学	课程与专业主管	威尔士园艺网		英国皇家园林技能培训协调人
英吉利亚大学	招生办公室	土壤学会		LANTRA
伍斯特大学	数据管理中心	园艺行业协会		Country Scape
里特尔学院	质量数据系统主管	景观学会		
格罗斯泰特主教大学	遗产管理方面专家（设计委员会协调员，博物馆、展览馆遗产管理第三方顾问）	园艺设计师学会		
威尔特郡学院	–			
农业、食品与农村企业学院	招生人员			
公爵（Duchy）学院	–			
金斯顿莫沃尔德学院	–			
苏格兰农学院	信息主管			
哈珀·亚当斯大学	–			
阿斯克姆·布莱恩学院	–			

经过对上述各类组织机构专业认识的咨询，JACS 3.0 版就“农业与景观设计”学科编码做出如下修订：

D400 农业：增加 D448 可持续农业和景观改良（sustainable agriculture & landscape development），以适应日益突出的在农业领域对可持续发展的关注。而三个与园艺相关的专业 D415、D416、D417 经过专家认真讨论只进行小修。D445 关于遗产管理（heritage management）的编码描述进行修订，因为遗产既可以被置于艺术领域专业，又可以属于科学领域，这取决于其课程内容，而农业更多的是被涵盖在科学领域。因此相关的描述修订更加强调专业的科学属性，而在其他学科领域增加强调遗产学艺术属性的编码。

（3）英国 HECoS 学科分类体系的推出

在 JACS 沿用十几年后，英国自 2013 年，由英国高等教育基金委员会（HEFCE）、威尔士高等教育基金管理委员会（HEFCW）、苏格兰基金委员会（SFC）以及北爱尔兰就业与学习部（DEL）共同资助设立 HEDIIP（Higher Education Data & Information Improvement Programme）研制项目，尝试研制一套新的学科分类框架以替代原有的 JACS 分类体系，其初衷在于降低高等教育数据提供者的数据压力，同时进一步改进现有数据和信息的质

量、时间表以及数据的获取方式。项目由 HESA（Higher Education Statistics Agency）主持。2015 年 12 月，HEDIIP 推出最新 JACS 替代性学科分类体系 HECoS（Higher Education Classification of Subject），该体系于 2019 年替代 JACS 使用（整个研制过程历时 18 个月）。

这一新的学科分类框架的推出，突破了 JACS 内在的层级性限制，这被认为是 JACS 体系最大的弱点之一。当前形势下，学科目录编制过程中需要处理的突出问题是：兼顾学科分类体系的宽度，既避免过窄、过于琐碎从而限制其实用性，同时，也避免过于宽泛而缺乏聚焦。此外，分类体系灵活性与稳定性之间要保持平衡。与此同时，如何在一个单独的分类框架下支持不同的政策目的也是学科目录设置时需要酌情考虑的问题。新的 HECoS 学科分类体系设计及其组织实施至少具有以下特点。

一是增加分类体系灵活性以满足多元利益相关方的需求，并尽可能拓宽这一体系的使用范围。以往的 JACS 分类体系主要用于 HESA 和 UCAS，而 HECoS 体系将进一步支持相关部门政策实施，包括拨款、STEM 等特定学科领域教育督导、质量问责、信息公开等事务。

二是取消 JACS 固有的层级性，转而采用平行列表式结构（flat list structure）以支持多种分类（grouping）方式，以便利于不同的利益相关方或数据使用者在此基础上根据其使用目的进行组合。例如在英国 2018 年最新实施的“教学卓越框架”（Teaching Excellence Framework）这一针对高等教育教学质量的评估中，其专业分类就采用了 HECoS 的专业分类框架，对 35 个本科专业进行了教学质量评估。

三是能够最大限度与欧洲甚至世界范围内的学科分类体系进行对比和挂钩。在编制过程中，编制小组参考了澳大利亚教育分类标准（Australian Standard Classification of Education，ASCED）、澳大利亚与新西兰研究分类标准（Australian and New Zealand Standard Research Classification，ANZSRC）、OECD 科学领域分类标准（Oraganization for Economic Co-operation and Development Field of Science Classification）、RCUK 科研分类以及 UNESCO 国际教育分类标准（UNESCO International Standard Classification of Education，ISCED），以及英国高等教育学会的专业领域列表。

四是 HECoS 学科目录设置的组织吸收多方人士参与，以满足多元利益相关者的要求。HEDIIP 整个项目推进由统一的项目委员会进行监督，项目委员会由来自高等教育统计局、大学、高等教育拨款委员会等多家机构的七名人士构成。在 HEDIIP 项目启动之初，由多方利益相关机构遴选构建一个有力、公正、独立、透明的学科目录设置管理委员会，负责推动目录设置及实施工作。同时，就 HECoS 学科目录设置及其组织管理工作开展意见征询，并围绕 HECoS 的管理机构、管理程序变更、专业聚类定义、专业词条、网络服务管理、一致性与准确性监控、成本管理等征集建议，各方认为，HECoS 应在利益相关机构中选择相对稳定、能够秉持价值中立、信誉度较高的机构进行管理，根据英国新高等教育数据蓝图（The Blueprint for a New HE Data Landscape）设想，新的学科目录 HECoS 及新的高等教育标准数据库（New HE Standard Dataset）将由共同的高等教育数据管理机构负责，因此 HECoS 的管理也应当归英国高等教育数据统计局（HESA）。与此同时，将成立专门的

HECoS 咨询小组，为更广泛的利益相关者参与学科目录设置提供便利。

五是研制一般聚类层级框架（common aggregation hierarchy，CAH）以保证新的学科目录框架在原有体系和数据基础上顺利衔接、过渡。作为新旧学科目录的桥梁，CAH 划分为三个层级，第一个层级包括 23 个大的学科领域，第二个层级包括 37 个专业，第三个层级则包括 167 个具体的课程。CAH 为学科目录设置和过渡提供了标准化专业聚类的框架，既能够用于 HECoS 也能够用于 JACS，以保证两个学科目录体系过渡时数据在两个不同的学科目录之间过渡时衔接的一致性。与此同时，也为相关工作的过渡提供了衔接便利，如英国 2018 年开展的教学卓越框架（Teaching Excellence Framework）同样也利用了 CAH，对 CAH 第二个层级中的 35 个专业开展本科教学评估，所有的数据转换工作均由 HECoS 研究团队完成。

六是保持学科目录开放性，适应高等教育的多样性和变化。为了保持 HECoS 的与时俱进，未来学科目录可能面临的调整根据其目的被划分为两类：

其一：根本性调整（substantive change），指需要由管理委员会授权通过的调整，包括新的备用词条的提出、接受和实施，过时的条目的弃用以及对词条定义的更改等；

其二：管理性调整（administrative change），这是指由管理办公室（management office）进行的调整，包括定义的分类及叙词范围说明、导航框架的变化等。

但是，为了维持 HECoS 在启用之初的稳定性，两年内不会做任何根本性调整。按照规定，HECoS 管理办公室将对学科目录进行年度评估，以确认是否对目录进行根本性或管理性调整。根本性调整均需提交高等教育数据与信息管理委员会（HE Data and Information Landscape Management Board）通过。为了保持 HECoS 的开放性，NSCS 设立专门的备用词条登记（Candidate Terms Registry），目录用户可以上传新的目录备用词条，当然，此词条正式使用前需要经过一系列的程序才能获准，如管理办公室会进行必要的审查，比如看看词条与现有目录是否有重复或者交叉，并就启用新的词条可能产生的影响进行评估。

（4）HECoS 与 JACS 的对比

总体上看，HECoS 将 JACS 的二级学科归类为 62 种，归纳、整合了大部分的二级学科，使得 HECoS 的每一个二级学科包含更多的可能性。例如 HECoS 中编号为 100526 的食品和饮料生产（JACS 编号为 D630），集合了 JACS 中的食品和饮料制造、加工、技术、包装及输送于一门学科名称下，包含了食品和饮料生产的全部过程，丰富了学科内容的完整度。

在一级学科的设置上，HECoS 也有意突出一级学科的综合性。例如 HECoS 中编号为 100520 的林业（JACS 编号为 D500），包含了林业相关的病虫害、理学、营养学、树木保护、树木生产、国际林业、有机林业、林业灌溉排水等许多林业生产相关的学科分类。丰富了一级学科内涵的同时，也极大地方便了数据统计者和使用者。

此外，HECoS 更加关注交叉学科。例如将 JACS 中编号为 D328 的动物福利学分别放入 HECoS 中编号为 100522 的动物行为学、100936 的动物健康和 100518 的动物管理学中。新的归类方式减少了学科数、增强了学科综合性，提高了行业的一致性，更有利于完整的学科体系的构建。

此处以表 3-20 中农学类学科为例呈现 HECoS 学科分类体系与 JACS 的区别与衔接：

表 3-20 农学类学科分类体系变化情况

类别	JACS3 编码	JACS3 学科	关系	HECoS 编码	HECoS 学科
3	D000	兽医科学，农业及相关学科	相关学科	100517	农学
2	D100	临床前兽药	相近学科	101384	临床前兽药
2	D100	临床前兽药	相关学科	100531	兽医学
3	D190	未经其他分类的临床前兽医药	相关学科	100531	兽医学
4	D200	临床兽医和牙医	相关学科	101220	兽医流行病学
4	D200	临床兽医和牙医	相关学科	100531	兽医学
1	D210	临床兽医学	相近学科	100531	兽医学
1	D220	临床兽医牙科	相近学科	101347	兽医牙科
3	D290	临床兽医和未分类的牙科	相关学科	100531	兽医学
2	D300	动物科学	相关学科	100522	动物行为学
2	D300	动物科学	相关学科	100518	动物管理学
2	D300	动物科学	相近学科	100523	动物科学
2	D300	动物科学	相关学科	101220	兽医流行病学
1	D310	兽医护理	相近学科	100532	兽医护理学
2	D320	动物健康	相近学科	100936	动物健康
2	D320	动物健康	相关学科	100518	动物管理学
4	D321	动物解剖学	相关学科	100264	解剖学
4	D321	动物解剖学	相关学科	100523	动物科学
1	D322	动物生理学	相近学科	100937	动物生理学
1	D323	动物病理学	相近学科	100938	兽医病理学
1	D324	动物药理学	相近学科	100939	兽医药理学
4	D325	动物毒理学	相关学科	100936	动物健康
4	D325	动物毒理学	相关学科	100277	毒理学
1	D326	动物药品	相近学科	100941	兽医药品
1	D327	动物营养	相近学科	100940	动物营养
4	D328	动物福利	相关学科	100522	动物行为学
4	D328	动物福利	相关学科	100936	动物健康
4	D328	动物福利	相关学科	100518	动物管理学
1	D330	兽医公共卫生	相近学科	100942	兽医公共卫生
3	D340	海外兽医的发展	相关学科	100531	兽医药学

续表

类别	JACS3 编码	JACS3 学科	关系	HECoS 编码	HECoS 学科
3	D390	未分类的动物科学	相关学科	100523	动物科学
2	D400	农学	相近学科	100517	农学
2	D400	农学	相关学科	100468	农村管理
3	D410	耕种和果树栽培	相关学科	100947	作物生产
3	D411	农业病虫害	相关学科	100945	作物保护
3	D412	作物生理学	相关学科	100947	作物生产
1	D413	作物营养	相近学科	100946	作物营养
1	D414	作物保护	相近学科	100945	作物保护
1	D415	作物生产	相近学科	100947	作物生产
3	D416	温室文化	相关学科	100529	园艺学
3	D417	观赏植物生产	相关学科	100529	园艺学
1	D418	外来植物和作物	相近学科	101348	外来植物和作物
1	D420	家畜	相近学科	100974	家畜
3	D421	畜牧业	相关学科	100974	家畜
1	D422	马的研究	相近学科	100519	马的研究
3	D423	家禽饲养	相关学科	100974	家畜
4	D424	Gamekeeping	相关学科	100974	家畜
4	D424	Gamekeeping	相关学科	100977	农村物业管理
3	D425	外来牲畜	相关学科	100974	家畜
3	D430	水产养殖	相关学科	100976	水产养殖
3	D431	鱼类养殖	相关学科	100976	水产养殖
4	D432	淡水鱼	相关学科	100976	水产养殖
4	D432	淡水鱼	相关学科	100356	动物学
4	D433	咸水鱼	相关学科	100976	水产养殖
4	D433	咸水鱼	相关学科	100356	动物学
4	D434	观赏鱼	相关学科	100976	水产养殖
4	D434	观赏鱼	相关学科	100356	动物学
1	D435	水产养殖	相近学科	100976	水产养殖
1	D440	农村物业管理	相近学科	100977	农村物业管理
1	D441	农场管理	相近学科	100978	农场管理
1	D442	Gamekeeping management	相近学科	100979	Gamekeeping management
1	D443	水资源管理	相近学科	100986	水资源管理
1	D444	休闲土地管理	相近学科	100990	休闲土地管理

续表

类别	JACS3 编码	JACS3 学科	关系	HECoS 编码	HECoS 学科
3	D445	遗产管理	相关学科	100807	遗产管理
3	D446	荒野管理	相关学科	101318	保护生物多样性
4	D447	环境保护	相关学科	100468	农村管理
4	D447	环境保护	相关学科	100469	环境管理
1	D448	可持续的农业和景观发展	相近学科	100998	可持续的农业和景观发展
1	D450	国际农业	相近学科	101001	国际农业
1	D460	有机农业	相近学科	101004	有机农业
3	D461	有机耕种和水果种植	相关学科	101004	有机农业
4	D462	有机牲畜	相关学科	100974	家畜
4	D462	有机牲畜	相关学科	101004	有机农业
4	D463	有机鱼养殖	相关学科	100976	水产养殖
4	D463	有机鱼养殖	相关学科	101004	有机农业
1	D470	农业技术	相近学科	101006	农业技术
2	D471	农业机械	相近学科	101010	农业机械
2	D471	农业机械	相关学科	101006	农业技术
2	D472	农业灌溉排水	相近学科	101385	农业灌溉排水
2	D472	农业灌溉排水	相关学科	101006	农业技术
3	D490	未分类的农业	相关学科	100517	农学
1	D500	林业	相近学科	100520	林业
3	D510	树木和灌木	相关学科	100520	林业
4	D511	林业病虫害	相关学科	100945	作物保护
4	D511	林业病虫害	相关学科	100520	林业
3	D512	树木生理学	相关学科	100520	林业
3	D513	树木营养学	相关学科	100520	林业
3	D514	树木保护	相关学科	100520	林业
3	D515	树木生产	相关学科	100520	林业
1	D516	木材生产	相近学科	101013	木材工程
1	D517	社区林业	相近学科	101014	社区林业
3	D520	国际林业	相关学科	100520	林业和树木栽培
4	D530	有机林业	相关学科	100520	林业和树木栽培
4	D530	有机林业	相关学科	101004	有机农业
3	D540	林业技术	相关学科	101006	农业技术

续表

类别	JACS3编码	JACS3 学科	关系	HECoS编码	HECoS 学科
4	D541	林业灌溉排水	相关学科	101006	农业技术
4	D541	林业灌溉排水	相关学科	100520	林业和树木栽培
3	D590	其他未分类的林业	相关学科	100520	林业和树木栽培
1	D600	食品和饮料研究	相近学科	101017	食品和饮料研究
1	D610	食品科学	相近学科	100527	食品科学
1	D611	肉类科学	相近学科	101387	肉类科学
1	D612	谷物科学	相近学科	101388	谷物科学
3	D613	蔬菜科学	相关学科	100527	食品科学
3	D614	水果科学	相关学科	100527	食品科学
1	D620	食品卫生	相近学科	101018	食品安全
1	D630	食品和饮料生产	相近学科	100526	食品和饮料生产
3	D631	食品和饮料制造	相关学科	100526	食品和饮料生产
3	D632	食品和饮料加工	相关学科	100526	食品和饮料生产
3	D633	食品和饮料技术	相关学科	100526	食品和饮料生产
1	D634	工业烘烤	相近学科	101021	烘焙技术管理
1	D635	工业酿造	相近学科	101022	酿造
1	D640	为消费者的食品和饮料	相近学科	101215	食品营销
4	D641	食品和饮料包装	相关学科	100526	食品和饮料生产
4	D641	食品和饮料包装	相关学科	101215	食品营销
4	D642	食品及饮料输送	相关学科	100526	食品和饮料生产
4	D642	食品及饮料输送	相关学科	101215	食品营销
3	D690	未分类的食物和饮料研究	相关学科	101017	食品和饮料研究
1	D700	农业科学	相近学科	100516	农业科学
4	D710	农业生物学	相关学科	100516	农业科学
4	D710	农业生物学	相关学科	100346	生物学
4	D711	农业微生物学	相关学科	100516	农业科学
4	D711	农业微生物学	相关学科	100353	微生物学
1	D720	农业化学	相近学科	101024	农业化学
4	D721	农业生物化学	相关学科	100516	农业科学
4	D721	农业生物化学	相关学科	100344	生物化学
2	D730	农业植物学	相近学科	101025	农业植物学
2	D730	农业植物学	相关学科	100355	植物科学
4	D740	农业生态学	相关学科	100516	农业科学

续表

类别	JACS3编码	JACS3 学科	关系	HECoS编码	HECoS 学科
4	D740	农业生态学	相关学科	100356	动物学
3	D750	土壤作为农业媒介	相关学科	101067	土壤科学
3	D790	未分类的其他农业科学	相关学科	100516	农业科学
3	D900	其他兽医科学，农业及相关学科	相关学科	100516	农业科学
3	D990	兽医科学，农业及其他未分类的相关科目	相关学科	100516	农业科学

1.3.3 国外农科专业设置与调整情况分析

英美高校在 20 世纪 70—80 年代以来普遍经历大规模的学术重构，在这种大背景下，农科专业也发生了较大调整，在此过程中，“农”的概念内涵在 20 世纪 70 年代以来发生较大变化，具体体现在大学学院 / 系名称、专业设置等方面。2005 年，美国一项调查显示，影响学生在专业选择时选择农业、自然资源相关专业的首要因素是“缺乏对农业科学的认识”，这一因素占到 41%，排在第二的因素是“缺乏对就业情况的了解”（33%），这两个因素始终是农业、自然资源相关专业缺乏吸引力的最主要原因。在这种情况下，1862 年设立的 58 所老牌赠地学院中，49 所还仍然保留了农学院。其中，12 个学院的名称仍然是“农学院”，其余 37 所大学将其农学院名称进行了修改，增加了自然资源、生命科学、环境科学或食品科学。也正是在这样的情况下，“农”的内涵得到了进一步的扩展。同时，学系以及专业设置也随之发生改变，传统的食品、农业科学以及自然资源学系开始加入生物、数据分析、传播、人类发展、农业生物学、营养科学、环境科学等。随着上述这些新兴专业的出现，传统的专业逐渐衰落，包括土壤、作物科学、昆虫学、动物科学、植物病理学等[1]。

新兴学科专业的迅猛发展和对部分传统学科进行优化整合是国外大学学科专业设置的重要趋势。通信技术、生命科学、计算机与信息科学等学科也相应地成为发展最快的学科领域。通信技术与服务学科群、生物学与生物医学科学学科群、计算机与信息科学学科群的学科数量分别从 1985 年的 1 个、8 个和 7 个增至 2000 年的 4 个、13 个和 11 个。随着生命科学与技术的迅猛发展，生物学与生物医学科学学科群不仅吸收了农学类学科群的部分专业，而且将医疗卫生类学科群的医学基础科学学科群整合进来；农学、工商管理、家庭科学方面的学科群也进行了整合[2]。

专业结构的变化体现了大学机构中知识是如何组织的，也体现了什么样的知识是有价

[1] National Research Council. Division on Earth and Life Studies. Transforming Agricultural Education for a Changing World, 2009.

[2] 纪宝成 . 中国大学学科专业设置研究 . 北京：中国人民大学出版社，2006.

值的。这是随时间的变化而变化的[1]。因此在一定程度上这是大学对知识价值的制度性回应。既体现着知识合法性的问题，也决定了机构如何回应外界有关保持还是变革问题的压力和期待。

Brint利用美国112所本科综合性大学的数据，对1970—2006年间美国本科专业调整情况进行了扎实的数据分析，为我们清晰地勾勒了美国三十多年来专业流变的图景。根据他的研究，美国大学的普及率较高的专业（样本一半以上均设置相关专业）在三十多年后减少的是罗马语言与文学、历史、社会学、数学与统计、英语、化学、经济学、物理、教学与课程、生物及生命科学；相对较为普遍开设的专业（20%～50%的大学设有相关专业）在三十多年后减少的是德国语言与文学、消费者科学、古典语言与文学、地理学、地质学与地球科学。而设置面较窄的专业（5%～20%的大学设有）在三十多年后呈现绝对减少趋势的包括：办公室管理（占比由16.7%降至1.2%）、动物学（占比由10.8%降至4.1%）、图书馆学（占比由6.6%降至0.7%）、斯拉夫语言与文学（占比由14.2%降至9.3%）、植物学（占比由7.9%降至3.2%）、农学（占比由5.1%降至3.0%）、工业工程（占比由8.9%降至7.0%）[2]。

1.3.3.1　国外四所高校涉农专业的调整情况

（1）加州大学戴维斯分校

加州大学戴维斯分校在发展的过程中，对部分专业进行了调整，主要涉及合并、更名和关闭三种情况（表3–21）。其中，7个划分较细的专业合并为新的专业，“作物栽培”“园艺”“蔬菜作物”3个本科专业合并为“园艺与作物栽培”专业；“植物学”与“植物生理学”专业合并“植物生物学”；“生物化学与分子生物学”与“细胞与发育生物学”专业合并为新的“生物化学、分子、细胞与发育生物学”专业。11个涉农专业进行了更名，且大多数专业的更名体现了扩展专业内涵的思路，同时与生物学的结合更紧密。比如“农业化学”更名为“农业与环境化学”，“农业经济学”更名为“农业与资源经济学”，“动物科学”更名为“动物生物学”，“农业工程”更名为“生物与农业工程”，后该专业进一步更名为“生物系统工程”等。另有“农业教育”“农业科学与管理”等5个专业被关闭。

表3–21　加州大学戴维斯分校农科专业调整情况

原始专业	变动形式	新专业
作物栽培	合并	园艺与作物栽培
园艺	合并	
蔬菜作物	合并	

[1]　帕翠西亚·冈伯特.高等教育社会学.朱志勇，范晓慧，译.北京：北京大学出版社，2013.

[2]　Steven Brint，Kristopher Proctor. Declining Academic Fields in U. S Four-Year Colleges and Universities，1970–2006，The Journal of Higher Education，2012.

续表

原始专业	变动形式	新专业
生物化学与分子生物学	合并	生物化学、分子、细胞与发育生物学
细胞与发育生物学	合并	
植物学	合并	植物生物学
植物生理学	合并	
农业化学	更名	农业与环境化学
农业经济学	更名	农业与资源经济学
动物科学	更名	动物生物学
农业工程	更名	生物与农业工程
生物化学	更名	生物化学与分子生物学
生物与农业工程	更名	生物系统工程
比较病理学	更名	综合病理学
营养学	更名	营养生物学
生理学	更名	分子，细胞与综合生理学
植物保护和病虫害管理	更名	综合虫害管理
土壤科学	更名	土壤与生物地理化学
农业教育	关闭	
农业教育 -M.ED	关闭	
农业科学与管理	关闭	
综合虫害管理	关闭	
动物学	关闭	

（2）威斯康星大学麦迪逊分校

从威斯康星大学麦迪逊分校 2002—2017 年分段（三年一段）招生数据来看，2000 年以来涉农学科新设本科专业“生命科学传播”（2011 年设立）成为所有涉农专业中招生规模最大的专业。其他农科专业中，“农业与应用经济学”“农业企业管理”“动物科学”“食品科学”等与第三产业结合较为紧密的农科专业招生规模呈较为稳定的增长态势，而“家禽科学”“土壤科学”“农学”“园艺学”等传统农科专业则呈现萎缩的态势（表 3-22）。

表 3-22　2002—2017 年威斯康星大学麦迪逊分校涉农本科专业招生人数情况　　单位：人

	2002 年	2005 年	2008 年	2011 年	2014 年	2017 年
农业与应用经济学	7	10	10	12	25	25
农业企业管理	25	25	33	35	54	36
农学	12	12	7	12	23	9

续表

	2002年	2005年	2008年	2011年	2014年	2017年
动物科学	30	34	52	44	58	45
奶业科学	20	22	28	29	19	17
食品科学	17	27	33	44	64	56
园艺学	33	39	39	28	17	11
生命科学传播	0	0	0	57	108	74
家禽科学	4	1	3	3	2	3
土壤科学	20	10	11	16	9	3

而从硕士、博士学位点情况来看，先后有8个涉农硕士点招生人数萎缩至0，如“农业工程”“农业传播学”“环境监测”“土地资源”“农村社会学”等。而传统涉农学科，如“农学”“植物学”“园艺学”“植物育种与遗传生物学”“植物病理学”等近20年来处于萎缩状态，招生人数几乎处于个位数状态（表3–23，表3–24）。

表3–23　2002—2017年威斯康星大学麦迪逊分校涉农硕士点招生人数情况　　单位：人

	2002年	2005年	2008年	2011年	2014年	2017年
农业与应用经济学	8	12	10	13	10	26
农业工程	10	–	–	–	–	–
农业传播学	4	–	–	–	–	–
农业生态学	–	–	23	19	23	21
农学	8	6	6	7	6	4
动物科学	8	8	12	14	7	9
植物学	3	3	4	3	6	4
临床营养	–	–	–	–	–	31
社区与环境社会学	–	–	–	1	–	–
保护生物学与可持续发展	31	28	25	24	8	–
奶业科学	17	16	18	17	12	16
环境与资源	–	–	33	39	48	28
环境化学与技术	7	6	1	0	3	3
环境保护	–	–	–	–	25	25
环境监测	22	12	0	0	–	–
环境毒理学	0	–	–	–	–	–
食品科学	22	15	24	27	26	21
林学	12	8	7	7	11	3
园艺学	7	9	7	10	7	5

续表

	2002 年	2005 年	2008 年	2011 年	2014 年	2017 年
土地资源	53	55	–	–	–	–
植物育种与遗传生物学	13	16	15	9	7	7
植物病理学	13	4	6	4	8	5
农村社会学	2	7	2	1	–	–
土壤科学	12	11	8	16	13	10
兽医学	15	–	–	–	–	–
水资源管理	14	31	27	26	20	29
野生动物生态学	11	11	14	11	11	17
动物学	9	9	6	5	6	1
环境与资源（专硕）	–	–	–	–	0	1
兽医（专硕）	81	81	81	80	88	96

表 3–24　2002—2017 年威斯康星大学麦迪逊分校涉农博士点招生人数情况　　单位：人

	2002 年	2005 年	2008 年	2011 年	2014 年	2017 年
农业与应用经济学	33	31	40	37	53	55
农业工程	8	–	–	–	–	–
农业传播学	0	–	–	–	–	–
农业生态学	–	–	0	0	2	0
农学	7	8	4	4	5	3
动物科学	8	16	12	22	24	19
生物系统工程	–	9	9	21	24	23
临床营养	–	–	–	–	–	0
社区与环境社会学	–	–	–	0	–	–
保护生物学与可持续发展	0	0	0	0	0	–
奶业科学	17	12	14	23	20	15
昆虫学	14	18	20	15	15	13
环境与资源	–	–	52	63	70	66
环境化学与技术	4	12	15	9	16	17
环境保护	–	–	–	–	0	0
环境监测	4	5	3	2	–	–
环境毒理学	36	–	–	–	–	–
食品科学	34	30	18	20	20	15
林学	26	23	29	29	18	16
园艺学	9	7	4	3	2	2
土地资源	39	31	–	–	–	–
分子与环境毒理学	–	3	35	37	33	32
病理学	17	30	–	–	–	–

续表

	2002 年	2005 年	2008 年	2011 年	2014 年	2017 年
植物育种与植物遗传学	34	32	33	43	50	42
植物病理学	23	29	23	24	24	26
农村社会学	0	0	0	0	–	–
土壤科学	10	15	11	6	7	12
兽医学	41	–	–	–	–	–
水化学	1	–	–	–	–	–
水资源管理	0	0	0	1	1	0
野生动物生态学	10	3	4	8	14	18
动物学	37	39	46	46	44	35
动物科学（专业博士）	–	–	–	–	1	0
兽医博士	77	77	80	83	86	89

（3）德州农工大学

在德州农工大学 2020 年计划终止的专业中，农业科学类有 6 个，农业相关类有 4 个。21 世纪以来，新增的农业科学类学位项目有 3 个，农业相关类 5 个，5 个专业隶属于交叉学科学院，如表 3–25 所示。

表 3–25　德州农工大学涉农专业 / 学位点调整情况

变动形式	专业 / 学位点	学位
取消	野生动植物及渔业科学 – 野生动植物生态与保护	理学学士
	动物科学 – 科学	理学学士
	食品科学与技术 – 产业	理学学士
	动物科学 – 生产 / 产业	理学学士
	家禽学 – 产业	理学学士
	牧场生态与管理 – 牧场管理	理学学士
	兽医病理学	哲学博士
	生态学与进化生物学	哲学博士
	生物技术	专业科学硕士
	食品科学与技术 – 食品科学	理学学士
新增	食品系统产业管理	理学学士
	马业管理	MA
	农业综合企业与管理经济学	哲学博士
	校级研究 – 农学	理学学士
	校级研究 – 综合农业	理学学士
	校级研究 – 兽药	理学学士
	生物医学	理学硕士
	生物医学	哲学博士

（4）英国雷丁大学

表 3–26　英国雷丁大学涉农本科专业调整情况

原始专业	变动形式	新专业
–	新增	营养与食品科学（2005）
–	新增	营养与食品消费学（2010）
食品工艺	更名	生物加工食品技术（2010）
农业企业经济学（2003）	取消	–
应用生物学（2006）	取消	–
农村环境科学（2007）	取消	
农村资源管理（2009）	取消	–
–	新增	农学（2007）
–	新增	食品营销与商业经济学（2006）
–	新增	消费者行为与营销（2006）
–	新增	环境与乡村治理（2008）
–	新增	国际发展（2014）
植物学（2009）	取消	–
植物学与动物学（2007）	取消	–
园艺学（2008）	取消	–
园林管理（2006）	取消	–
–	新增	园艺与环境管理（2007）
–	新增	应用生态与保护学（2006）
动物科学（2005）	取消	–
–	新增	动物学（2017）
–	新增	生态与野生动物保护（2013）
–	新增	生理工程学（2017）
栖息地与土壤管理（2005）	取消	–
土壤科学（2005）	取消	–

备注：表 3–26 中农村环境科学专业为 2005 年新增专业；农村资源管理专业为 2006 年新增专业；环境与乡村治理专业在 2016 年进一步更名为“环境治理”；“园艺与环境管理”专业在 2010 年被取消；“应用生态与保护学”专业在 2013 年再次被撤销。

表 3–27　英国雷丁大学涉农研究生学位点调整情况

原始学位点	变动形式	新学位点	学位层级 / 类型
–	新增	食品质量与健康（2012）	硕士
–	新增	健康可持续食品质量（2017）	专业博士

续表

原始学位点	变动形式	新学位点	学位层级/类型
高级农业与食品经济学（2003）	取消	–	学术型硕士
农业发展经济学（2015）	取消	–	硕士
应用发展学（2015）	更名	应用国际发展学	硕士
Communication for Sustainable livelihoods（2011）	取消	–	硕士
发展政策、实践与进程（2015）	取消	–	硕士
Extension for Natural Resource Based Livelihoods（2007）	取消	–	硕士
热带农业发展 – 作物保护（2009）	取消	–	硕士
–	新增	气候变化与发展（2011）	硕士
–	新增	农业与发展（2011）	硕士
–	新增	创新与发展传播（2011）	硕士
–	新增	食品安全与发展（2016）	硕士
–	新增	农业、生态与环境（2017）	学术型硕士
园艺学（2012）	取消	–	硕士
植物生物技术（2005）	取消	–	硕士
植物多样性（2005）	取消	–	硕士
–	新增	物种鉴定与调查	硕士
–	新增	昆虫学	学术型硕士
土壤与环境污染（2012）	更名	环境污染	硕士

备注："健康可持续食品质量"博士学位点为交叉学科专业博士点，属于农业食品联合博士学位（DAgriFood）；"农业与食品经济"硕士学位点在 2003 年被取消，后更名为"农业与食品经济"于 2006 年重新招生；"创新与发展传播"硕士学位点在 2019 年招生时更名为"发展传播"。

1.3.3.2　国外涉农跨学科专业设置案例

（1）食品科学领域跨学科专业情况

美国传统食品科学领域专业由单一学系、学院或学部设置，一些专业仍然服务于老牌赠地大学传授实用技能的使命，相关专业以农业科学、食品科学、营养科学与饮食、烹饪为主。但是，美国 2000 年后新增的食品相关的跨学科专业及课程设置突破了传统的学科范围，与诸如人文科学、社会科学、自然科学甚至性别研究等研究领域融合，以回应和解决日益复杂的社会和政治问题。其背后的驱动因素包括：全社会对于食品选择、对区域和全球性重要问题，如气候变化、环境可持续、动物权利与福利等问题的关注度上升；单一学系不具备承担相应专业建设的能力。

2015 年的一项调查显示，美国大学食品与科学领域在 63 所大学设有 83 个本科阶段跨学科专业。其中，“可持续农业”专业最多，有 19 个；其次是“食品体系”，约有 8 个；此后依次是“营养与食品加工”（21 个）、“食品研究”（7 个）、“环境研究”（6 个）、“农业经济”（4 个）以及“食品安全”（1 个）。而在研究生阶段，42 所大学设有 58 个食品领域跨学科研究生学位点[1]。

英国雷丁大学食品与营养科学设在其化学、食品与药学院食品和营养科学系，这是英国大学同类系中规模最大的，拥有 24 名全职学术人员。该系的总体目标是利用现代先进技术和跨学科专业知识提供食品生物科学领域具有国际领先水平的研究和教学。该系设有“食品科学”“食品生物加工技术”“营养与食品科学”“营养与食品消费科学”以及“食品科学与商业”五个本科专业，综合了生物学、化学、营养学及社会科学等多学科知识，涵盖人类营养、饮食、健康、食品加工、消费者及其消费行为、食品营销、经营与管理等全产业链内容。

由伯克利自然资源学院（CNR）、高盛公共政策学院、伯克利法学院、传播研究院和公共卫生学院于 2012 年秋季联合成立了伯克利食品学院（BFI），于 2013 年春季正式启动。致力于变革食品体系，培养能够促进多样化、公平、可持续和健康的食品体系的领导型人才。在其使命陈述中写道：当前全球粮食系统实现了显著的历史增长和扩张，但在许多方面却日益失败。我们见证了生态系统和文化多样性的侵蚀，面对新出现的气候变化，食物浪费和自然资源的使用，持续的污染，以及无数的社会不公，包括对食品系统工人的剥削。我们还看到数以百万计的人挨饿，而许多人则患有肥胖症。伯克利食品研究所通过在学术界成员、农民和其他生产者、非政府组织、政府和民间社会组织之间建立富有成效的联系，促进和改善食品主权、环境条件和人类健康。服务上述使命，该研究所研究涵盖五大主题，而其核心诉求在于健康的食品体系：健康、劳动和公平问题；气候、农业和自然资源利用；农业生态学和生态系统服务；治理、政策和经济；城市农业和创新商业模式 。

该研究所吸引了全校来自不同学院、系的 85 名教职人员，他们均从事与食品、农业相关的研究，研究所面向全校所有教职人员提供研究机会，由教师自主申请，并组织大量的学术活动邀请教师参与。

2015 年，研究所设立“食品体系”辅修专业，该专业要求学生从系统的角度批判性地分析当代食品和农业体系，学生需要学习“通过参与食品体系进行体验式学习”顶点课程。2018 年，研究所拟设立“食品体系”认证项目，其目的在于回应对这一领域领袖型人才不断增加的需求，赋予学生创造创新解决方案的能力，这一跨学科计划将作为学生主要硕、博士研究领域之外农业与食品生态、社会、健康、政治、政策、法律和经济等领域

[1] Janifer C. Hartle，Schyler Cole，Paula Trepman，et al.，Interdisciplinary food-related academic programs：A 2015 snapshot of the United States landscape [J] . Journal of Agriculture，Food Systems，and Community Development. Advance online publication. http://dx. doi. org/10. 5304/jafscd. 2017. 074. 006

的补充文凭，该项目于 2019 年春季正式启动。

（2）农业环境、生态领域相关交叉学科专业

为应对日益增长的粮食需求与环境可持续发展这一 21 世纪人类面临的重大挑战，雷丁大学在内部整合食品和环境研究，在外部整合国内外研究力量，成立农业环境研究中心，围绕以下主题开展前沿性研究。

研究环境变化与土地管理对生物多样性的影响，重点量化土地使用变化对生物多样性的影响，还包括气候变化和其他环境驱动因素的影响。

研究生物多样性与生态系统服务的关系，了解将生物多样性与生态系统的功能和服务联系起来的机制基础，旨在确定生物多样性的组成部分，如物种丰富度、多样性和功能特征，这些因素会影响生态系统服务的提供及其对环境变化的适应能力。

研究生态系统服务提供的价值，主要考虑量化各种生态系统服务对作物生产的贡献，并在适当的情况下将其货币化。

研究可持续系统的政策制定，建立相关的证据基础，以支持政策发展，包括评估现有政策和土地利用管理需求，制定指标和政策评估工具。

研究利益相关者的行为及决策，了解农民、其他土地管理者以及消费者对社会经济动因和政策的反应的动机和行为，以及这些反过来如何影响土地利用决策。这还包括公众参与、联系和教育活动的作用等。

在这一交叉学科研究知识背景下，该中心设置“环境管理”“农业企业管理”“农学”三个本科专业，同时设有“农业、生态与环境”学术型硕士学位点以及“环境治理”硕士点。以其中的“农业企业管理”本科专业为例，该专业是管理学与农业科学的交叉，旨在使学生了解管理学的经济和商业原则及其在农业和其他领域的应用。学生还将了解财务和企业管理体系。学生通过大量的与专业人士交流和实践获得实践知识和商业经验，如聆听英国知名农场咨询公司 Savills 等多次授课，访问各种农业企业和农村地产，参加农业和农村会议及研讨会。在实践模块，学生需要向农场经营者提供决策建议。最后一学年，学生需要围绕上述实践中感兴趣的问题完成学位论文。此外，学生还参与农业俱乐部（agri-club）这一全英最大的学生会议并在此就食品安全等重大问题开展辩论。

加州大学环境科学、政策与管理系（ESPM）隶属加州大学伯克利分校自然资源学院，其前身是成立于 1868 年的农学院（为赠地学院）。ESPM1993 年由该学院多个涉农专业合并而成。该系设有 5 个本科主修专业和 4 个辅修专业，主修专业分别是“环保与资源研究”“环境科学”“林学与自然资源”“分子环境生物学”以及“社会与环境”，均为交叉学科本科专业。同时，该系面向全校学生提供“环保与资源研究”“食品体系”“林学与自然资源”及“地理空间信息科学与技术”辅修专业。

ESPM 同时设有“环境科学、政策与管理”跨学科博士学位点，博士生的培养主要通过跨专业教育完成，博士生深度参与跨学科交流和问题解决，同时以相关领域的专业教育作为补充。博士学位点由 4 个交叉的培养模块构成。

学科基础（disciplinary emphasis）：学生在生态系统科学、生物与环境以及社会与环境

3个相对宽泛的学科领域中选择一个进行学习，当学生的研究兴趣跨学科性更强时可能需要选择1～2个分支学科进行学习；

专业领域（area of specialization）：专业领域是学系学科基础上的进一步聚焦，如微生物群落生态学、生态系统功能、国际林业发展等；

研究方法：包括实验设计、抽样设计、估计以及假设检验等；

宽度拓展（breadth requirement）：每名博士生均需要修读涉及人类与生态系统过程及其相关的课程，所有自然科学博士生还必须完成一门社会科学应用于环境问题的附加课程，社会科学博士生必须完成一门生物科学或物理科学的附加课程。指导委员会将根据学生的学术背景和经验确定附加课程的水平。附加课程不得低于2学分（学生也可以修读3学分本科生高阶课程作为替代）。

北卡罗来纳大学设有"生态与可持续食品体系"本科专业，该专业由大学作物与土壤科学系和园艺科学系设置，融合农业、园艺、土壤科学、昆虫学、生态学以及社会科学和经济学，包括三个大的模块，分别是"农业生态研究与生产""社区食品体系"以及"城市园艺"。同时，修读农学或食品的学生可以选择修读"农业生态"辅修专业以扩展自身学科背景。

马里兰大学农业与自然资源学院农业与资源经济学系2018年在原有本科专业"农业经济学""农业与资源经济学"的基础上新设本科专业"环境与资源经济学"，着力于利用经济学知识和概念解决自然资源领域相关问题，如水质变化、全球变暖和世界经济发展，既体现了专业宽度的扩展也体现了学科交叉的进一步深化。这种专业上的调整也体现了学系定位的不断调整。马里兰大学农业与资源经济学系诞生于1922年，整个20世纪20年代农业经济学家研究的关注点在于改进农场管理、记录以及财会程序。因此，这时农业经济学的早期课程是与农学院的农场管理系一起教授的。20世纪30年代，农业经济学的重点从提高单个农场的盈利转向更为广泛的问题，如某种农产品在区域范围内或全国范围内生产过剩问题。这一研究重点，连同市场营销和农产品价格问题在接下来的几十年中成为农业经济学的主要研究问题。20世纪60年代以来，随着环境问题、农田减少等自然资源问题受到越来越多的公众关注，20世纪70年代末80年代初，学系逐渐从传统的农业经济系模式（主要面向农业领域）发生转型。学系聘用了生产经济学、农业政策和环境经济学方面的教授，基本奠定了此后20年学系的研究方向。近些年来，学系聘任了发展经济学领域的教授，将研究范围进一步扩展，并逐渐在农村/城市土地利用问题领域占据领先地位，成为农业、环境和自然资源领域经济学研究的世界一流学术单位。

1.3.4 国外农科专业课程内容及调整案例分析

1.3.4.1 国外农科专业课程内容调整动因

英美高校在20世纪80年代以后普遍经历了大规模的学术重构，如弗吉尼亚大学取消了80余个本科专业，马萨诸塞大学取消了70余个本科专业，伊利诺伊大学甚至关闭了300个专业，节省成本181万美元等。在专业调整之外，专业教学内容的革新也是农学院普遍关注的焦点之一。[1] 学生学习的内容逐渐转变为生物化学和基因组学，农业经济与管理，营养学或自然资源。社会对于经济、管理类人才的需求日益增长，包括相关的国际人才。与此同时，大学积极调整课程内容，以回应社会对于环境、可持续发展等重大问题的关注，并逐步增加伦理道德、社会政策在相关专业课程内容中的比重。

社会经济领域的新变化和新趋势不断推动食品与农业教育体系的变化和课程内容的调整，其中非常重要的第一个趋势是现代农业和牧场经营与管理日益复杂化，所需要的技术也日益复杂，农业生产日益精准化。这为高等农业教育人才培养提出了新的要求，农学院的人才培养需要设置更多的科学类课程。除此之外，美国农科教育的关注点主要是针对服务区域农业的应用性研究，而忽略了基础生命科学研究，美国科学界对此的批判也推动了农科研究与教育的转变。1972 年和 1982 年，美国国家研究理事会（NRC）和洛克菲勒基金会（RF）分别发布报告，对赠地学院长期以来形成的上述倾向提出质疑。美国大学中农学院更名为农业科学学院，也在一定程度上反映了赠地学院对上述科学界批判的回应。

第二个推动农科专业教育内容变革的重要变化趋势是消费者对于食品安全的关注以及对于食品特性、营养成分及其与健康之间关系的认知需求。因此农业教育必须要回应社会对食品及营养科学的关注，培养更多的毕业生，不仅能够理解和传播相关的专业知识，并且能够进一步巩固和促进作物与畜禽基因型、生产实践、食品加工以及消费者健康之间的关系链。

第三个趋势是作为美国粮食战略一部分、旨在提升农业产业国际竞争力的策略也在推动农科专业教育内容的变革。一方面，农业企业面向国际竞争，竞争力的提升对提高农产品附加值提出更高要求，也促使美国农业企业进行转型，这既包含技术层面，也包含社会、文化、政治层面的要素，相应地，也对农业教育产生影响。一个重要特征就是要求毕业生具有全球视野，掌握国际市场和国际文化。许多大学农学院增加了国际农业市场和贸易的课程内容，并为学生提供国际实践的机会。有些大学增加了国际相关问题研究的内容，同时也提高了对学生外语水平的要求。

第四个重要趋势是美国食品和农业体系的工业化趋势。这决定了不管是管理者还是技术人员的从业者都需要掌握产业链中与特定的生产、加工、市场阶段相匹配的高度专业化的技术。农科教育需要密切关注产业趋势，以确保大学开设的相关课程能够为高度专门化的技术和职务提供恰当的知识基础。

第五个推动农科专业教育发生转变的力量来自高等教育内部。随着社会对于自然资源、环境、食品等问题的关注，越来越多非赠地学院在自身学科基础上设置了相关专业，美国 20 世纪 90 年代的调查显示，美国非赠地学院培养了农业领域、食品及自然资源领域 20% 的毕业生，同时培养了农业经济领域 30% 的毕业生。赠地学院专业的设置一般是先围绕系设置，然后在此基础上进一步夯实其人才培养的专业和科学基础，而非

[1] Committee on the Future of the Colleges of Agriculture in the Land Grant University System . College of Agriculture at the Land Grant Universities：Public Service and public policy. 1996

赠地学院则在其现有学科优势基础上设立或通过跨学科方式设立，这对传统赠地学院农科专业及其人才培养内容构成挑战。

当然，劳动力市场对于求职者知识能力结构要求的变化也成为农业教育课程内容和授课方式变革的重要影响因素。美国一项调查显示，20 世纪 90 年代的管理者主要关注应聘者的个人特质和行为能力，他们对于认知技能，比如沟通、分析、问题解决、人际交往更加看重，甚至超过对学生的学业表现或者说技术知识掌握的关注。随着时代的发展，全球化视野以及在国际及跨文化情境下工作的能力也成为重要的职业能力。[1]

在上述趋势的影响下，美国自 20 世纪 80 年代以来从专业结构、教学内容等层面对农科教育进行了系列变革。

20 世纪 80 年代，美国凯洛格基金会发起了“Project Sunrise”项目，用于重构明尼苏达大学、内布拉斯加大学、威斯康星等大学农学院的课程内容及教学方法。明尼苏达大学通过“日出计划”设置十个新专业（包含跨院新设专业），包括“农业经济管理”“农业教育”“农业产业与市场”“动物与植物系统”“应用经济学”“食品科学”“自然资源与环境研究”“营养学”“农业科学”以及“科技传播”，减少了专业数量并且将改革的关注点放在跨系本科专业设置方面。同时，对教学方法进行大规模改革，推动合作学习，以深度培养学生的批判性思维、解决问题的能力和决策能力。

内布拉斯加大学将其农学院更名为“农业科学与自然资源学院”，在人才培养方面增加了对通识教育的关注，尤其强调写作、交流与沟通能力的培养。在课程改革方面，增加“农业与自然资源伦理道德课”“食品科学”“生物系统工程”以及“环境质量”课程，新设“环境研究”“自然资源”及“景观建筑”等本科专业。

威斯康星大学对校内涉农课程进行了评估，设立了专门的经费用于资助课程改革并引入新的教学方法。在此背景下，学校设立“农业、技术与社会”专业，该专业在原有的 2 门专业课基础上新增 11 门课程。学校面向大一学生推出一门新的跨学科课程“农业与生命科学学院导论”。

1.3.4.2　国外农科专业课程内容调整案例分析

（1）雷丁大学食品科学专业课程内容调整案例

雷丁大学食品和营养科学系设在其化学、食品与药学院，这是英国大学同类系中规模最大的，拥有 24 名全职学术人员。该系的总体目标是利用现代先进技术和跨学科专业知识，提供食品生物科学领域具有国际领先水平的研究和教学。该系设有“食品科学”“食品生物加工技术”“营养与食品科学”“营养与食品消费科学”以及“食品科学与商业”五个本科专业。该系所有专业课程采取模块化设置，其核心课程由几个不同的跨学科知识模块按照一定的人才培养目标组合而成，如图 3–7 所示。

构成五个本科专业的知识模块分别是食品与营养基础科学、全食品链质量与安全、食

[1] Maria Navarro，M. Craig Edwards. Priorities for Undergraduate Education and the Inclusion of Internationalization Curriculum in Colleges of Agriculture：Interpreting the ‘comparison dilemma’. Journal of Agriculture Education，2008.

品微生物学、食品加工与工程、人类营养、应用食品与营养科学、消费者选择与感知以及食品企业管理与经营，综合了生物学、化学、营养学及社会科学等多学科知识，涵盖人类营养、饮食、健康、食品加工、消费者及其消费行为、食品营销、经营与管理等全产业链内容。

此处以“食品科学”专业为例，对其2002年以来培养方案中核心课程模块进行纵向对比，分析其专业课程内容的变化及趋势（表3–28至表3–33）。

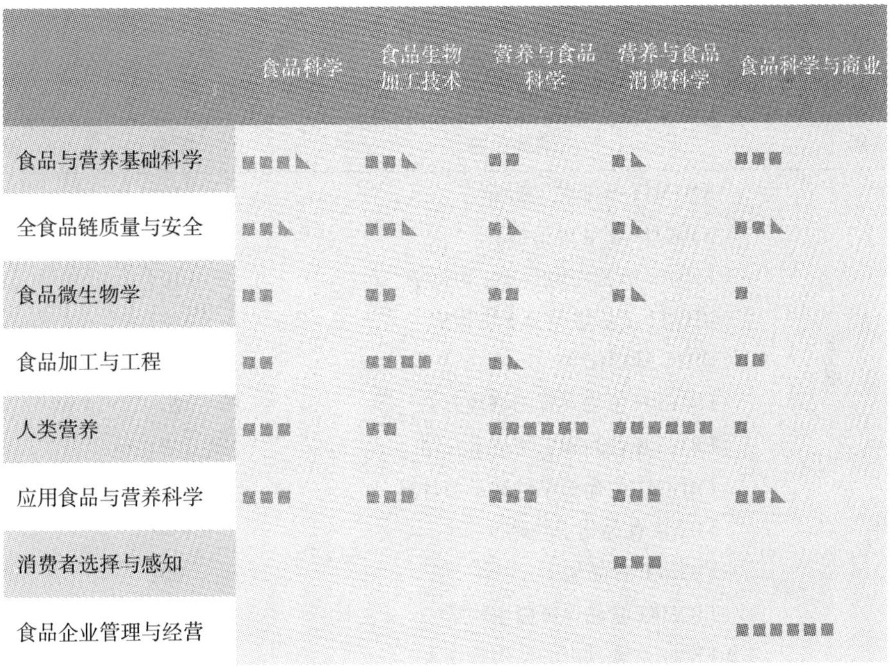

图3–7　雷丁大学食品和营养科学系核心课程构成

表3–28　雷丁大学食品科学专业核心课程–2002年

学年	模块名称	学分	等级
第一学年	AM1M11 微生物学1	10	C
	AM1M12 微生物学2	10	C
	BI1C10 细胞生物学与生物化学	10	C
	BI1C11 遗传学与分子生物学	10	C
	CH1C 基础化学	20	C
	FB1EPH 生物系统的物理方面	20	C
	FB1GSF 食物链中的科学	20	C
	FM1EM1 生命科学的数学与计算	20	C
第二学年	FB2C1 食品化学基础	20	I
	FB2EFP 食品加工	20	I
	FB2MF1 食品保鲜微生物学	10	I
	FB2MF2 食品中的微生物伤害	10	I

续表

学年	模块名称	学分	等级
第三学年	FB3GPD 食品生产	10	H
	FB3GQA 食品质量保证	10	H
	FB3GSE 感官评价	10	H
	FB3MFS 微生物食品安全控制	10	H
	FB3PFS 个人研究项目	40	H

表 3–29　雷丁大学食品科学专业核心课程 –2005 年

学年	模块名称	学分	等级
第一学年	AM1M11 基础微生物学	10	C
	AM1M12 重要微生物	10	C
	BI1C10 细胞生物学与生物化学	10	C
	BI1C11 遗传学与分子生物学	10	C
	CH1C 基础化学	20	C
	FB1EPH 生物系统的物理方面	20	C
	FB1GFB 食品和生物技术专题	20	C
	FB1EM1 生命科学的数学与计算	20	C
第二学年	FB2C1 食品化学基础	20	I
	FB2EFP 食品加工	20	I
	FB2MF1 食品保鲜微生物学	10	I
	FB2MF2 食品中的微生物伤害	10	I
第三学年	FB3GPD 食品生产	10	H
	FB3GQA 食品质量保证	20	H
	FB3GSE 感官评价	10	H
	FB3PFS 个人研究项目	40	H

表 3–30　雷丁大学食品科学专业核心课程 –2008 年

学年	模块名称	学分	等级
第一学年	AM1M11 基础微生物学	10	C
	AM1M12 重要微生物	10	C
	BI1C10 细胞生物学与生物化学	10	C
	BI1C11 遗传学与分子生物学	10	C
	CH1C 基础化学	20	C
	FB1EPH 生物系统的物理方面	20	C
	FB1GFB 食品与生物技术专题	20	C
	FB1EM1 生命科学的数学与计算	20	C

续表

学年	模块名称	学分	等级
第二学年	FB2C1 食品化学基础	20	I
	FB2EFP 食品加工	20	I
	FB2MF1 食品保鲜微生物学	10	I
	FB2MF2 食品中的微生物伤害	10	I
第三学年	FB3GPD 食品生产	10	H
	FB3GQA 食品质量保证	20	H
	FB3GSE 感官评价	10	H
	FB3PFS 个人研究项目	40	H

表 3-31　雷丁大学食品科学专业核心课程 -2011 年

学年	模块名称	学分	等级
第一学年	BI1BB2 生物化学与新陈代谢	10	4
	BI1BA1 活体细胞	10	4
	CH1FC3 分子生命科学	10	4
	FB1EQ1 生命科学的定量技能	20	4
	FB1MB1 食品微生物学导论	10	4
	FB2AG1 农场到餐桌：食品的初级生产	10	5
	FB1EP1 食品系统的物理方面 A	10	4
	FB1FST 食品科学与技术专家的关键技能	20	4
	BI1P11 微生物学导论	10	4
	CH1FC1 化学基本概念 1、FB1PH1 公共卫生营养 1（根据入学成绩二选一）	10	4
第二学年	FB2CCP 食品构成与性质	20	5
	FB2EFP 食品加工	20	5
	FB2MF1 食品变质与保存微生物学	10	5
	FB2MF2 食品中的微生物伤害	10	5
	FB2N1 人类营养学基础	20	5
	FB2CFC 食品与毒理学专题	20	5
	FB2BBE 生物化学与酶学	10	5
	FB2PYA 工业培训准备	0	5
	FB3PFAXXX 食品与营养科学研究方法	0	6

续表

学年	模块名称	学分	等级
第三学年	FB3GSE 食品感官评价	10	6
	FB3QAS 食品质量保障与安全	20	6
	FB3GPD 食品生产 1	10	6
	FB3N2A 饮食与疾病	10	6
	FB3RP** 研究项目	10	6
	FB3CF2 食品化学专题	10	6
	FB3PFA 食品与营养科学研究方法	30	6

表 3-32　雷丁大学食品科学专业核心课程 -2014 年

学年	模块名称	学分	等级
第一学年	BI1BB2 生物化学与新陈代谢	10	4
	BI1BA1 活体细胞	10	4
	BI1S1 微生物学导论	10	4
	CH1FC3 分子生命科学	10	4
	FB1AG2 农场到餐桌	20	4
	FB1EP2 食品加工与工程导论	20	4
	FB1PN 人体生理与营养导论	20	4
	FB1MB1 食品微生物学导论	10	4
	CH1FC1 化学基本概念（B 以下成绩学生必修）或其他五门课程 *	10	4
第二学年	FB2CCP 食品构成与性质	20	5
	FB2EFP 食品加工	20	5
	FB2MF1 食品变质与保存微生物学	10	5
	FB2MF2 食品中的微生物伤害	10	5
	FB1PH1 公共健康营养	10	5
	FB2SEN 运动与运动营养	10	5
	FB2BBE 生物化学与酶学	10	5
	FB2GPD 产品开发基础	10	5
	FB2PYA 工业培训准备	0	5
第三学年	FB3GSE 食品感官评价	10	6
	FB3GPD 食品生产	10	6
	FB3N2B 基因、生活方式与营养	10	6
	FB3RP 研究项目	40	6
	FB3QAS 食品质量保障与安全	20	6
	FB3N2A 饮食与疾病	10	6
	FB3CF2 食品化学专题	10	6

表 3-33　雷丁大学食品科学专业核心课程 -2017 年

学年	模块名称	学分	等级
第一学年	BI1S1 微生物学导论	10	4
	CH1FC3 分子生命科学	10	4
	FB1AG2 农场到餐桌	20	4
	FB1BFN 食品和营养中的基础生物化学	20	4
	FB1EP2 食品加工与工程导论	20	4
	FB1MB1 食品微生物学导论	10	4
	FB1PN 人体生理与营养导论	20	4
	CH1FC1 化学基本概念（C 以下成绩必修）	10	4
第二学年	FB2C30 食品构成、性质与分析	30	5
	FB2EFP 食品加工	20	5
	FB2FQS 食品质量与感官学	10	5
	FB2MF1 食品变质与保存微生物学	10	5
	FB2MF2 食品中的微生物伤害	10	5
	FB2NS 营养学	20	5
	FB2PYA 工业培训准备	0	5
第三学年	FB3AFC 高级食品化学	20	6
	FB3AFQ 高级食品质量、安全与感官	20	6
	FB3FPD 食品生产	20	6
	FB3PFB 研究项目	40	6

通过对“食品科学”专业近 20 年的纵向对比显示，培养方案在 2011、2014 和 2017 年均有较大幅度调整，尤其 2011 年，更加强调“生物化学与新陈代谢”“分子生命科学”“食品微生物学”“人类营养”“食品与毒理学”“生物化学与酶学”“食品与营养科学研究方法”“饮食与疾病”等课程教学。在学生可迁移技能培养方面更加强调具备独立完成工作、参与小组或团队工作的能力，准备报告并进行报告陈述以充分呈现调查结果，适当使用有效统计技术分析和呈现数据，有效利用信息技术，以及职业生涯规划能力。

2014 年培养方案调整后，增加“农场到餐桌”“人体生理与营养”“公共健康营养”“运动与运动营养”“产品开发基础”“基因、生活方式和营养”等课程。

2017 年的培养方案修订中课程做了进一步更新，增加“食品和营养中的基础生物化学”“食品质量与感官学”“营养学”“高级食品化学”“食品构成、性质与分析”及“高级食品质量、安全与感官”等课程。

（2）马里兰大学农业经济学相关专业课程内容变化案例

马里兰大学农业与自然资源学院农业与资源经济学系 2018 年在原有本科专业“农业经济学”“农业与资源经济学”的基础上新设本科专业“环境与资源经济学”，着力于将经济学知识和概念应用于解决自然资源领域相关问题，如水质变化、全球变暖和世界经济发展。新设专业要求学生完成以下三个课程模块的课程修读：

模块一：环境与资源经济学系的基准课程，这是该系所有本科专业必须完成的先修课程，学生必须以C或者更好的成绩完成课程后才能进入高级课程，这些课程包括：

微观经济学

宏观经济学

微积分Ⅰ

初等统计学（或其他任一统计学课程）

应用经济统计

中级微观经济学应用

模块二：学生需要从环境与资源经济学系高级课程列表中选修五门课程：

环境与资源经济学数据科学

农业与资源经济学的计算机分析

生产经济学

应用计量经济学

农业发展，人口增长和环境

可持续发展

自然资源与公共政策

气候变化经济学

土地利用经济学

能源与环境经济学

农业水质，政策和法律问题

环境经济学

模块三：学生在以下社会科学、自然科学课程列表中或者高级学位预备课程列表中任选3门课程修读：

社会科学

生态和进化人类学概论

气候变化与文化变迁

考古学方法与实践

生态人类学方法与理论

环境政治学概论

全球环境政治学

人类社会

现代社会的稀缺性

全球化

环境社会学

可持续发展

自然科学

天气气候

生态学和进化学原理

化学Ⅰ

土壤科学基础

鱼类和野生动物科学概论

环境系统地理学

物理基础Ⅰ

高级学位预备

博弈论 *

市场设计 *

计量经济学Ⅰ *（注：仅授予 AREC 422 或 ECON 422 的学分）

计量经济学Ⅱ *

微积分Ⅱ

线性代数概论

微积分Ⅲ

应用统计学与概率Ⅱ

概率论简介

统计学概论

SAS 统计概论

与学院原有“农业经济学”“农业与资源经济学”相比，三个经济学相关专业均必须完成 6 门系设必修基准课程，且必须以 C 以上成绩通过后才允许进入高级课程模块学习。而不同之处如下。

在系设必修基准课程之外，“农业与资源经济学”专业也包括系设高级课程，学生需要从中选择 5 门（400 编码课程），但是除此之外，“环境与资源经济学”专业还包括一个农业科学模块，学生需要从中选择 3 门课程（9 学分）进行修读，可选课程包括：“农业机械原理”“园艺学概论”“作物科学概论”“动物科学基础”“土壤与环境质量”等。在此之外，学生可以从高级学位预备课程中任选三门修读，课程列表与“环境与资源经济学”相同。

在系设必修基准课程之外，农业经济学专业也包括系设高级课程，学生需要从中选择 5 门（400 编码课程），但是除此之外，“环境与资源经济学”专业还包括一个企业管理课程模块，学生从会计、企业财务、市场营销、管理学以及法学（法学院经济系开设）课程中任选 3 门修读。除此之外，学生还要选修农场管理与创业课程模块，这个课程模块主要关注创业以及小企业管理实践，课程由工程科学系、应用农业研究所以及商学院提供，学生需选够 9 个学分课程，课程列表包括：发现新商机、技术风险投资高级创业机会分析、创业法律知识、农业营销、农业人力资源管理、农业企业管理、可替代企业项目分析、非企业创业思维、创业机会分析与决策以及农业创业等课程。

2 国外农科高等教育人才培养模式特征与变化分析

借鉴国际先进理念和标准，明确新农科人才培养模式的规范、基本过程，并建立科学的新农科人才培养体系，将为培养高素质的农林人才提供重要的支撑和保障。美国的康奈尔大学、加州大学戴维斯分校，荷兰的瓦赫宁根大学和德国的霍恩海姆大学在QS世界大学农业（林）学科排名中稳居前列，是典型的世界一流涉农高校，其人才培养模式和经验对促进我国农科人才培养的综合化改革、全面推进新农科建设具有重要的借鉴意义。

2.1 国外涉农高校人才培养使命与目标

大学的使命（mission）反映了大学“为何”及“何为”的问题，揭示了大学存在的目的、大学的核心价值、大学的信念、大学的原则以及大学的自我定义[1]。大学的愿景（vision）则体现组织中所有成员发自内心的共同意愿，是具体的能够激发组织成员为之奋斗的未来目标，相比“使命”更加具体并赋予可操作性[2]。大学使命与愿景深刻影响着大学的人才培养、科学研究、社会服务及文化传承。4所世界一流涉农高校在其特定的使命及愿景的影响下，形成了特定的价值追求、贡献及人才培养模式。

康奈尔大学大力促进师生的全面发展。始建于1865年的康奈尔大学是美国私立常春藤盟校和纽约州的赠地大学。康奈尔大学的使命是：“保持高质量的教育与广阔的学科结构的有机结合；持续传承和营造开放、协作及创新的文化；推进办学过程的多样性和开放性；建设充满活力的、既富有乡村气息又具有城市特色的校园”。“创新”被喻为康奈尔大学的灵魂。康奈尔大学发布的2010—2015年战略规划*Cornell university strategic plan*（2010—2015），详细阐述了学校发展的愿景：①吸引和招收、培养和输送最合适、最有前途的大学毕业生；②为所有学生提供具有创新性、独特性和最高品质的教育，激发他们学习的热情；③在研究、学术和创造力上占据世界领先地位；④招募、培养并留住优秀的学者和教师，吸引优秀的、多样化的工作人员，为教师和学生提供最大力度的支持；⑤维持、促进和支持卓越学术组织的建立及有效运行[3]。

加州大学戴维斯分校提倡学生的“包容性”发展。该校隶属于美国著名的加州大学系统，是一所世界顶尖的研究型大学，被誉为“世界生物、农业与环境科学研究及教育中心”，其植物科学、土木工程、环境工程、动物科学及农业与资源经济学和管理科学都在

[1] 赵文华，周巧玲．大学战略规划中使命与愿景的内涵与价值．教育发展研究，2006.

[2] 同上．

[3] 李忠云，陈新忠，陈焕春．供需视域下中国高等农业教育发展调研报告．北京：高等教育出版社，2019.

全美大学排名前十。该校的使命是：实现“包容性”卓越的宏观发展目标，建成卓越大学；为学者们创造更加广阔、多元的发展环境，建构稳固的财政体系，成为21世纪高等学校的引领者[1]。在发展愿景上，该校高度重视本科生培养，提出：发现并培养具有独特才能的本科生；推进多元化教育经验在本科教育过程中的融汇，从而促进学生的包容性学习（inclusive learning）；整体提高学生的学业成绩并缩小学生个体间的学业成就差距，为学生提供全面的服务，持续促进学生的全面发展，特别是保持和发展学生的好奇心（curiosity）、拥护（advocacy）、包容性（inclusivity）和善良（kindness）等[2]。

瓦赫宁根大学追求“绿色领域”的领衔地位。瓦赫宁根大学的农业科学在QS、US NEWS 2016年世界大学排名中位居第一，是世界顶尖农业大学，其使命是“农业和生命科学领域世界一流，通过卓越的科学研究扩大影响力”。瓦赫宁根大学力图建设成为最好的教育和研究机构，致力于保持“绿色领域”应用科学研究的全球领衔地位，其发展愿景包括：①致力于探索自然的潜力，提高人类生活质量；②不断增加人类在“健康食品和生活环境”领域的新知识，并促进这些知识在全球实践中的应用；③与政府、商界及国内外其他知识机构和大学紧密合作，为世界面临的重大挑战寻求解决方案；④在食物、水、生物多样性、气候、行为和健康等领域提供专业知识，帮助世界应对面临的严峻挑战；⑤促进教学与研究的结合，实现协同增效；⑥关注外界环境变化，从而确定需关注的重要问题；⑦了解利益相关者的需求，强化与合作伙伴共同制订解决方案、推进创新[3]。

霍恩海姆大学承担服务行业发展的社会责任。霍恩海姆大学是欧洲著名的农业大学，在世界大学排行榜中位居德国第一和世界前列。农业科学、自然科学与经济社会科学等学科领域是霍恩海姆大学独特的名片。霍恩海姆大学将服务地方经济和行业发展作为大学使命，且将使命分述为3个层面：①延续最佳表现和创新区域的传统，以创造知识和进步；②以独立的科学研究和基于科学研究的教学过程，提升学生的洞察力和服务行业发展的能力；③适应新的全球化发展趋势，提升学生及教职员工的能力。霍恩海姆大学的发展愿景是“促进社会进步，激发经济和社会转型”[4]。霍恩海姆大学的发展愿景体现了大学使命的整体要求，并将发展目标进一步细化，主要包括以下几个方面：加强社会进步及创新；接受并促进多元化知识；培植强大的使命感并共同承担社会责任；持续追求质量、效率和可持续发展；促进学生和教职员工的全面发展[5]。

总体来看，4所世界一流涉农高校的使命和愿景的内容不尽相同，但是在人才培养模式的理念上存在一些共同特征：重视本科生及教师的全面发展、科研与教学互促共进、人才培养服务行业建设、集聚外部力量优化人才培养环境以及强化优势特色领域的持续发展及相关人才培养等。

[1] 加州大学戴维斯分校 .

[2] 同上 .

[3] 瓦赫宁根大学 .

[4] 霍恩海姆大学 .

[5] 同上 .

2.2 国外涉农高校人才培养模式案例分析

选取加州大学戴维斯分校营养医学与健康学科作为个案，对其发展状况、专业设置、人才培养、课程体系等进行了系统分析。[1]

2.2.1 营养科学系

加州大学戴维斯分校营养科学系的使命是提升营养生物学，通过研究、教育和推广以改善人类健康。愿景是通过创新的研究和转化方法，以及培训未来的营养领导者，在解决食物、营养和健康挑战方面保持高度社会影响。

营养科学系的特色领域：以孕产妇健康、妊娠结局、婴幼儿发育和成人疾病早期决定因素为重点的发育营养；精确预测营养对健康的影响，评估营养状况，评估对营养和生活方式干预的反应；通过制定和评估多维营养干预和政策，开展社区和全球宣传活动。

在加州大学戴维斯分校，营养科学是一门生物科学，需要化学和生物学背景。两个专业的生物和物理科学基础课程相同。英语、统计学、社会科学和人文科学课程以及学校的通识教育要求也是必需的，这些课程通常会在营养专业课程开始之前，与生物化学一起优先安排学习，使得学生可在大三大四期间深入学习营养学，涉及学习营养原理、人体营养学、饮食疗法、实验营养学、发育营养学、食物和文化以及社区营养学等课程。营养科学系主要包括两个专业：一是临床营养学专业。临床营养学专业主要设计饮食以满足特定医疗条件患者的营养需求。临床营养学（前身为营养学）专业的基础课程与营养学专业相同，且还包括其他一些课程，如食品服务管理学、教育学、社会学和沟通技能训练。学生通常在前两年完成基础生物科学和一些社会科学的预科课程，在后两年学习临床营养学、食品科学、生物化学和管理技术等课程。临床营养学可为研究生学习做准备，也可以为学生在健康学专业（营养学、医学、药学、护理等）以及食品服务、食品生产与销售、教育、研究和公共卫生等领域的职业发展做进一步的准备。毕业生在完成 DPD 课程后，将收到一份专业前验证声明，并有资格申请监督实践项目（认可的营养学实习），以接受营养学各个方面的实践培训。在顺利完成学士学位和 DPD 课程以及毕业后监督实习计划后，学生有资格参加国家管理的注册考试，通过考试可获得注册营养师或“R.D.”专业证书。二是营养学专业。营养学专业涵盖食品及其成分的消费和利用的各个方面，主要研究领域包括对营养素和食物成分利用的重要生化反应，饮食对健康和疾病的影响，以及与营养相关的政策和公共卫生问题。

两个专业均需要有完整的化学和生物学背景，以及学习微积分和物理学（营养生物学方向）或经济学（公共卫生营养学方向）课程。在大三和大四，营养生物学方向的学生将学习生物化学、遗传学、微生物学、生理学、免疫学、毒理学等额外课程，公共卫生营养

[1] 加州大学戴维斯分校 .

学方向的学生将学习医学、公共卫生或其他健康科学领域的职业拓展。其中，营养生物学方向还为动物、食品和制药行业的营养技术工作提供准备；公共卫生营养学方向为行政、教学或公共卫生（公共服务）岗位等工作提供准备，如完成营养学实习的额外学术要求，也有资格在实习后从事营养学工作。

两个专业本科生的主要课程体系如表 3–34 至表 3–36 所示。

表 3–34　临床营养学专业课程体系

课程类型	课程名称
基础课	化学
	生物学
	经济学
	心理学
	社会学理论
	统计学
专业课	农业与资源经济学
	生物化学与营养学
	生物学
	食品科学与技术
	食品服务管理学
	微生物学
	营养学
	生理学
	高级营养学

表 3–35　营养学专业课程体系（营养生物学方向）

课程类型	课程名称
基础课	社会学、心理学或人类学
	普通化学
	有机化学
	生物学
	数学
	营养学
	物理学
	植物学

续表

课程类型	课程名称
专业课	生物化学与营养学
	生物化学实验
	生物学
	食品科学与技术
	微生物学
	神经科学、生理科学与行为科学
	营养学
限制性选修课	学生选修社会和健康相关科学的专业课程，如流行病学、经济学、人类学或应用统计学，还可以包括农业卫生政策、文化多样性与社区变革、社区卫生与教育、自然科学和应用科学等

表 3–36　营养学专业课程体系（公共卫生营养学方向）

课程类型	课程名称
基础课	人类学或社会学
	普通化学
	有机化学
	生物学
	经济学
	营养学
	心理学
	植物学
专业课	生物化学与营养学
	生物学
	运动代谢学
	食品科学与技术
	微生物学
	神经科学、生理科学与行为科学
	营养学
限制性选修课	学生选修社会和健康相关科学的专业课程，如流行病学、经济学、人类学或应用统计学，还可以包括农业卫生政策、文化多样性与社区变革、社区卫生与教育、自然科学和应用科学等

研究生人才培养主要有营养生物学研究生组（GGNB）、社区和国际地区人群的营养（PICN）和母婴高级营养学研究硕士。

营养生物学研究生组：GGNB是一个跨学院、跨学科的合作组织，由来自3所学院（农业和环境科学学院、文理学院以及生物科学学院）以及2所专业学院（医学和兽医学院），17个系的70余名教师组成。所有学生的入学要求和学位要求相同，与学生及主要教授的具体部门无关。学生可以在研究生小组任何成员的指导下学习营养生物学硕士或博士学位。项目优势研究领域包括：营养生物化学、动物营养学、营养和发育学、营养生物利用率、人/临床营养学、营养和行为学、营养能量学、社区营养学、母婴营养学、营养和内分泌学、国际营养、肥胖（身体组成）、酸碱度、营养和营养素、消化生理学、营养与慢性病、文化与营养、营养与基因表达、营养与衰老、营养与免疫、饮食与运动、饮食评估、蛋白质与脂质代谢、饮食调节、营养教育。教师研究兴趣的巨大多样性使学生能够从各种主题中进行个性选择。

社区和国际地区人群的营养：该项目是跨学科项目，允许博士生在该领域接受专业培训。完成这项课程的学生将获得正式的学位。教师和学生在美国及其他国家进行研究，参与评估和解决影响全球低收入社区或弱势群体的营养问题。

母婴高级营养学研究硕士：该项目旨在为公共卫生和妇幼保健项目中对营养专家的需求，以及对哺乳顾问的需求提供强有力的科学支撑，并培训专业人员设计、实施和评估各种文化、种族和社会背景的母婴营养干预计划。包括4门必修的基础课程、6～8学分专题研讨会、2～4学分选修课和一个6学分学生项目（与3名成员的指导委员会协商制定），共36个学分。每门基础课程包括10周的课堂教学，每周两次，每次2.5小时。课程还包括在线讨论相关材料和阅读资料。该项目每隔一年接纳一次学生。

两个专业的研究生课程体系如表3–37和表3–38所示。

表3–37　营养生物学研究生组课程体系

课程选项	课程名称
NUB（营养生物学课程选项）	高级营养Ⅰ：营养与代谢，常量元素（5）
	高级营养Ⅲ：健康与疾病营养（5）
	Research Group Conference（1）研究小组会议
	Directed Group Study（1–5）指导小组研究
	Research（1–12）研究
	维生素和辅酶代谢（3）

续表

课程选项	课程名称
NUT （营养学课程选项）	维生素和辅酶代谢（3） 高级营养能量学（2） 高级蛋白质和氨基酸营养（3） 矿物质代谢（2） International Nutrition 国际营养学（3） 营养学实验：设计与实施（2） 代谢平衡（3） 营养与免疫（2） 营养与发育（3） 系统分析在营养学中的应用（3） 国际营养学的实地研究法（3） 营养与衰老（2） 孕期营养（6） 哺乳期和婴幼儿营养（6） 儿童和青少年营养（6） 母婴营养的应用研究方法（4） 生物医学研究中的科学伦理：营养学相关研究（3） 摄食的调节（3） 前列腺素、白三烯及其相关脂质的生物学意义（2）
研讨	氮代谢过程中营养和激素的调控（2） 母婴营养学：成人教育原则（2） 母婴营养学：流行病学与案例分析（2） 母婴营养学：公共政策制定与实施（2） 肥胖、摄食和能量平衡（3）

注：对于特定领域还有其他课程选项，不限于 NUB\NUT 列举，括号内为学分

表 3–38　母婴营养高级研究硕士课程体系

课程类型	课程名称
基础课	孕期营养（6） 哺乳和婴儿营养（6） 儿童和青少年营养（6） 应用研究方法（4）
选修课	从学生咨询委员会批准的现有课程中选择，这些课程可以在其他院系学习（2～4）
研讨会	课程第二年为学生提供，研讨会的主题逐年变化，包括： 母婴营养流行病学专题、 母婴营养公共政策、 循证实践原则、 成人教育原则 、 促进公共卫生环境中的母乳喂养、国际委员会认证哺乳顾问实践标准

2.2.2　公共卫生科学系

加州大学戴维斯分校的公共卫生科学系设在医学院，致力于通过教育、研究、利用与组织和社区的伙伴关系，在本地和全球传播、翻译知识，改善人类健康。该系也是加州大学戴维斯分校职业与环境健康中心的所在地，后者是一个由国家资助的多校区研究和教育项目。

公共卫生科学系提供各级创新教育项目，包括公共卫生本科辅修专业、公共卫生学硕士、公共卫生学博士、健康信息学硕士和临床研究高级研究硕士。系教师还教授职业与环境卫生学、社区和预防医学、毒理学以及国际和全球卫生学等课程。

研究领域包括流行病学、环境和职业健康、生物统计学、健康政策、健康经济学和信息学。通过对癌症、阿尔茨海默病、自闭症、呼吸系统疾病、心血管疾病、肥胖和损伤等神经发育障碍的调查，将新的研究成果转化为新的治疗、预防方法和改进教育。目前项目主要集中在研究妇女健康、儿童健康、退伍军人创伤性损伤、营养、健康差异、获得护理的机会、移动健康技术、环境暴露和工作场所健康干预。其资金来源包括美国国立卫生研究院（NIH）、加州公共卫生部（CDPH）等机构以及私营和公共部门的组织。

公共卫生本科辅修专业为在毕业后立即进入公共卫生领域的人提供基础知识，并为那些在公共卫生或相关领域（医学、护理和牙科）获得高级学位的人提供知识基础。它向加州大学戴维斯分校全部 4 所学院的学生开放，辅修生可以选择在 2 ~ 4 个选修学分实习，具体课程体系见表 3–39。

表 3–39　公共卫生科学系本科生课程体系

课程类型	课程名称
基础课（10 ~ 11）	公共卫生概论（3）
	人类流行病学概论（4）
	公共卫生专题（1）
	选择下列类别之一： 全球化与健康：证据与政策（3） 公共卫生专题（1） 美国的健康差距（3）
选修课（SPH）	社区卫生实习（1 ~ 12）
	公共卫生专题（1）
	社区和国际健康研究（1 ~ 5）
	通过加州大学戴维斯分校健康教育和促进计划研究社区与国际健康
	社区和国际卫生研究（1 ~ 5）

续表

课程类型	课程名称
其他选修课	全球背景下的健康与医学（4）
	亚裔美国人和太平洋岛民面临的健康问题（4）
	比较健康：最主要的死亡原因（4）
	全球视野下的有色人种妇女的生育健康与政策（4）
	社区心理健康（4）
	健康交流（4）
	社区发展观下的环境公平（4）
	卫生经济学（4）
	计量经济学（4）
	生物信息学理论与实践（4）
	环境病理学原理（4）
	照射量和剂量评估（3）
	初级临床保健（1~2）
	医疗条件薄弱人群的卫生保健（1）
	环境变化，疾病与公共卫生（4）
	营养与代谢概论（3）
	人类营养的建议和标准（2）
	健康：人类、动物与环境的联系（3）
	健康心理学（4）
	卫生保健社会学（4）
	卫生政策起源（4）
	统计学基础（4）
	生物科学应用统计学（4）
	调查抽样理论（4）

研究生人才培养为公共卫生学研究生组、健康信息学研究生组、临床研究研究生组。

课程体系如表 3–40 至表 3–43 所示。

表 3–40　公共卫生科学系硕士课程体系

课程类型	课程名称	内容
基础课（40）	生物统计学	医学统计学概论（4） 生物医学统计学（4） 公共卫生信息学（2） SAS 简介（1）
	流行病学	流行病学原理（4）
	环境健康科学	环境健康科学原理（3）
	卫生服务管理	卫生服务管理（3）
	社会和行为对健康的影响	公共卫生的社会和行为方面（3）
	公共卫生概况	公共卫生规划（3） 公共卫生研讨会主题（1 学分 / 季度） 公共卫生实习（10）
专门训练	一般专业领域：学生至少选择 6 个学分的附加能力选修课； 流行病学专业领域：学生至少选择 11 个学分的附加能力选修课	
选修课	选修课与学生的研究兴趣相关。所需学分的数量根据每个学生毕业所需的 56 个学分总数而有所不同。（如：学生可在其专业领域选修超过最低要求的选修课数量，从而减少对选修学分的需求。）课程提供了一份每季度可用选修课的清单，此外，学生可以选择名单以外的课程，但需由其导师批准	

表 3–41　公共卫生科学系健康信息学硕士课程体系

课程类型	课程名称
基础课	电子健康记录 消费者数字健康 健康信息学导论 健康信息学研讨会系列 健康信息学研究（独立研究方式）
专业选修课	至少需要 19 个学分： 医疗决策支持（4） 健康信息学中的计算机安全（4） 健康信息学中的项目管理（4） 健康信息学家的临床知识（3） 数据库和知识管理（4） 健康信息学中的应用程序设计（3）

表 3–42 公共卫生科学系临床研究研究生课程体系

Summer
Clinical Epidemiology and Study Design（CLH 202）临床流行病学与研究设计
Academic Year
Introduction to Clinical Research（CLH 200）临床研究导论
Methods in Clinical Research（CLH 203）临床研究方法
The Ethics of Research（CLH 204）研究伦理
Team Science（CLH 207）团队科学
Introduction to Grant Writing I（CLH 208）格兰特写作概论 I
Introduction to Grant Writing II（CLH 209）格兰特写作概论 II
Critical Assessment of the Biomedical Literature（CLH 211）生物医学文献评论评价
Introduction to Medical Statistics（CLH 244 / SPH 244）医学统计导论
Biostatistics for Biomedical Science（CLH 245 / SPH 245）生物医学科学的生物统计学
Biostatistics for Clinical Research（CLH 246 / SPH 246）临床研究用生物统计学
Mentored Research（CLH 299）指导研究

表 3–43 公共卫生博士课程

课程类型	课程名称
基础课	加州中央谷的公共卫生问题 健康差异 移民与健康 临床和人群研究的生物统计学 卫生政策与经济的关键评估 博士研讨会 公共卫生转化科学轮转 转化医学研究者的科学交流 流行病学研究设计 流行病学研究设计中的问题 健康信息学导论
选修课（与导师协商形成支持课题研究的个性化学习计划，包括但不限于建议清单）	流行病学模型方法与数据分析 统计模型、方法和分析 流行病学研究设计的前沿概念 流行病学资料分析与解释 流行病学建模 SAS 程序设计 数理统计：基础课 调查抽样理论 公共卫生计量经济学 医疗卫生经济评价 国际医疗保健 公共卫生 EPI 史 癌症防治的原理与应用：公共卫生视角 应用于健康的定性研究 成本效果数据分析

续表

课程类型	课程名称
选修课（与导师协商形成支持课题研究的个性化学习计划，包括但不限于建议清单）	营养评估：饮食、人体测量和临床评估
	社区营养学
	国际营养学
	国际营养学的野外研究方法
	改造性思维概论
	健康状况和护理系统
	临床数据采集与分析
	美洲原住民的公共卫生：话题与争议
	临床试验
	以学校为依托的预防项目
	教育与社会政策
	沟通效果评估
	社区发展理论
	卫生问题的新争议
	环境毒物
	环境毒理学
	水媒人畜共患病
	人畜共患病流行病学
	传染病研讨会
	建筑环境理论与原理
	社会运动
	基于社区的参与式研究
	疗效比较研究的原理与方法
	美洲原住民公共卫生

2.3 国外涉农高校人才培养模式的主要现状与特征

人才培养模式是为了实现人才培养目标及规格而采取的培养标准及运行方式的综合[1]。人才培养模式的要素至少包括培养目标、课程体系、培养路径和教育评价等方面。4 所世界一流涉农高校经过长期的办学过程，在人才培养的主体、客体、目标、途径及制度方面形成了稳固的特色化发展路径。

[1] 莫甲凤 . 中国研究型大学人才培养模式：概念模型与基本特征——基于全国 15 所“985 工程”高校学生的调查分析 . 中国高教研究，2016.

2.3.1 复合型人才培养目标

4 所世界一流涉农高校的人才培养过程中均提出复合型人才发展目标，将广泛的基础知识和专业技能作为人才培养目标的核心。例如，加州大学戴维斯分校从社会和产业需求的角度，在涉农人才培养上推动“宽口径”的基础知识教学，同时基于大生态、大农业视角培养学生，以广泛的专业基础和创新的专业技能应对农业和产业需求的变化。霍恩海姆大学提出以培养满足产业发展需求的复合型人才为目标，倡导跨学科人才培养导向，基于教学实践和产业应用的现实需求，规划与设计模块化课程，将学科知识体系与社会需求紧密结合。瓦赫宁根大学同样坚持宽口径、厚基础的本科生培养方式，提出“激发年轻人的心灵”的人才培养理念，通过多种多样的学习方式、灵活有效的途径，强调对学生个体的关注，通过让学生明确个人需求及社会发展需求，激发学习热情并广泛获取相关知识。

2.3.2 跨学科人才培养理念

跨学科专业设置及人才培养制度设计是 4 所世界一流涉农高校的共性特征。康奈尔大学积极推进跨学科专业设置，从而促进不同领域知识的交叉与融合。例如，植物科学现已建设成为交叉本科专业，其人才培养过程中涉及作物学、园艺学、土壤科学、植物生物学、植物遗传与种植学和植物病理学等学科。与此同时，植物科学专业整合多学科教师实力，开设近 70 门课程，保证每一名学生都能够在其中找到感兴趣的科目[1]。又如，加州大学戴维斯分校既考虑到了学科的前沿发展，又考虑到了学科之间的交叉融合与人才培养相结合，构成了大农业、大生态的教育环境和科研环境。加州大学戴维斯分校生态学拥有来自 20 余个系的上百名教师构成的体系，教师之间有良好的互动，促进了学科之间的交叉和各学科的前沿问题的探索。跨学科师资队伍有利于将学科交叉内容和前沿问题及时传递给学生，教学过程体现了前沿性、厚基础和宽口径。霍恩海姆大学本科教育的前两年为基础学习阶段，学习自然科学、农业经济学、农业社会学以及各个农业科学领域的基本知识；后两年则是专业学习阶段，为涉农专业的大学生开设营养学、家政学、食品工艺学、经济学（国民经济学、管理经济学）、农业经济学等课程，人才培养多学科领域交叉、融合，提升农科人才培养质量。

2.3.3 综合、多元的课程体系设计

第一，教学内容设计的综合性。4 所世界一流涉农高校在课程设置上尊重专业知识演变的科学规律，同时注意拓展课程内容，建立综合、多元的课程体系。例如，霍恩海姆大学的有机农业和食品系统专业的课程设置，包括有机农业领域产品生产、加工、质量管理和市场营销等各种主题，涵盖了从农场到餐桌的有机食品生产的各方面。瓦赫宁根大学将学生的知识、能力和素质的培养建立在扎实、雄厚的理论基础上，在研究生课程设置方

[1] 李忠云，陈新忠，陈焕春 . 供需视域下中国高等农业教育发展调研报告 . 北京：高等教育出版社，2019.

面，注重基础理论相关课程设置，突出表现为生理学、生物化学、分子生物学、遗传与育种方面课程设置较齐全。康奈尔大学的园艺专业不仅广泛开设传统课程和特色课程，还开设大量相关拓展性的选修课程，包括从艺术史到生物工程再到酒店管理等，有利于扩展学生的知识储备、积累相关经验。加州大学戴维斯分校则在涉农课程体系中广泛融入了人文、艺术领域的课程，包括哲学、历史、英语、经济学、管理学、教育学、心理学、人类学和艺术学等，这些人文社会科学课程为全校提供人文精神，滋养师生的人文情怀，培养师生的艺术气质。第二，课程体系设计涵盖全产业链，响应市场需求。霍恩海姆大学注重以国家、地区经济和社会发展对农业生产的重大需求为中心，以市场为导向，优化专业设置，提升农业知识和技术的时效性，注重课程内容更新。以作物学为例，相关课程设计不仅考虑了粮食生产问题，同时按照种质创新、育种新技术、新品种选育、良种繁育等科技创新链条设计，内容涵盖基础研究、前沿技术、关键技术、种质创新与示范应用等，课程体系涵盖了产业链核心阶段的关键知识内容，增强了学生知识积累的系统性和逻辑性。再如康奈尔大学的园艺相关课程，围绕园艺产业市场发展，开设园艺产业规划、市场划分、产品定位及分布、品牌、包装与广告以及消费人群的购买趋势等课程，最大限度地提高学生掌握园艺产业发展基本规律的能力。第三，课程类型丰富、选择多样。为了满足学生多元化的学习需求，4 所大学开设的课程类型及数量丰富，且课程设置多样化与针对性并重。瓦赫宁根大学强调课程类型的多样性，包括理论课、技能训练课程、专题学术讨论会、系列讲座和其他课程等，且必修课、选修课的总量持续增加。2015 年，瓦赫宁根大学开设的课程共计 2 103 门，其中，注册课程 862 门、开放课程 35 门、企业共建课程 1 174 门、企业课程 32 门，形成了多元化、丰富的课程体系。霍恩海姆大学也将课程类型及数量的扩增和学生选择空间的扩大作为课程建设的重要原则。第四，课程管理制度完善。康奈尔大学提倡追求“卓越的教学”，在院系都设有专门负责课程检查的委员会，所有课程设置都要经过专业的考查，课程审核的要点包括：每门课程的总体目标、基本内容等要有明确界定，相关内容等详尽信息要以网络等形式发布，引导潜在修读的学生了解课程课题全貌以及具体课程的授课大纲和范围。此外，4 所大学均将国际化导向及大学生全球胜任力培养融入课程内容。例如，瓦赫宁根大学几乎所有的课程都涉及国际化和全球性问题，部分课程的学习目标则鲜明地提出促进毕业生能在国际环境中工作、能适应多元的文化环境。

2.3.4 完善的实践教学体系

实践教学是强化理论联系实际、促进大学生理解和掌握理论知识的有效途径，有助于学生掌握科学方法和提高动手能力。4 所高校均高度重视大学生的实践能力培养。其一，注重实践学习的相关制度建设。霍恩海姆大学将实践环节深度融入人才培养体系，促进实践教学的制度化建设。例如，霍恩海姆大学的新生入学前必须要有半年的农业生产实践，这已经成为新生入学的前提条件之一。与此同时，霍恩海姆大学不同专业依据人才培养的具体要求，对学生农业生产实践的安排、时长等进行了差别化的规定。其中，农学院植物生产、动物生产类专业要求新生入学前有6个多月的时间在农民的农场或农业企业进行农业生产实践，入学后，可以利用假期在实验室里再实习3个月；农业经济专业的学生入学后进行3个月的农业生产实践，要求实习内容与农业企业的经济事务相关。其二，建设完善的校内外实习实践基地，为实践教学环节提供平台。康奈尔大学拥有丰富多元的研究及实践示范基地，其中包括纽约州日内瓦的纽约州农业实验站、博伊斯·汤普森植物研究所等。其中，由农业及生命科学学院管理的纽约州日内瓦农业实验站，还分别设立了葡萄园实验室、赫逊谷实验室和长岛园艺研究实验室三个实验分站[1]，完备的基地建设为人才培养的实践教学环节提供了平台支撑。其三，建立广泛的外部联系，为实践教学提供保障。康奈尔大学与政府、企业、中小学及非营利组织建立了广泛的合作伙伴关系，通过社会服务活动为学生提供实践锻炼和了解产业及社会的机会。加州大学戴维斯分校则通过董事会聘请州政府官员、农业企业经理、农业专家等各方面代表参加学校相关教学、科研及推广活动，以此保持学校与社会的密切联系，获取必要的资源及支持，为学生提供实习实践的良好生态环境。

2.3.5 教学管理组织及制度建设

教学管理组织及制度建设是高等学校各项工作顺利进行的基础。瓦赫宁根大学为实现其使命及愿景，保障学校管理的高效有序运行，建立了完备的管理组织及制度。具体由9个职责分工各异的委员会构成，包括：监督委员会（supervisory board）、执行委员会（executive board）、师生委员会（student-staff council）、教学委员会（board of the education institute）、科学委员会（science board）、教授委员会（professor board）、课程委员会（curriculum board）、审核委员会（examining board）和入学委员会（admission committee）。各个委员会均在不同层面、不同程度肩负有人才培养管理的职责。具体来说，教学委员会的职责包括制定教学预算、确定教学内容及保证教学质量；执行委员会具有组织教学、研究和学生事务的职责；师生委员会有审议教学质量、科学研究和国际化等事务的职责，且与教学和考试相关的事务均需师生委员会审议通过；课程委员会则依据教学委员会的原则框架来组织课程修订，推进课程的持续改进及评估等工作；审核委员会负责确保考试的质量并对考试情况进行最终评估，负责对部分特别学生的学习计划进行审批及审核学位授予。此外，入学委员会负责处理学生的入学申请；监督委员会负责对质量保障系统进行监督。

2.4 借鉴与启示

新形势下，推进新农科发展要在“中国特色、世界水平”上下工夫，既要吸收世界先进办学经验，同时要结合我国高等教育发展历史及农科发展特色，推进符合我国农科人才成长成才规律的培养模式改革。

[1] 李忠云，陈新春，陈焕春．供需视域下中国高等农业教育发展调研报告．北京：高等教育出版社，2019.

第一，以学科交叉推动复合型人才培养。借助学科交叉融合培养复合型人才是4所世界一流涉农高校人才培养模式的典型特征。瓦赫宁根大学鲜明地指出，“为解决涉农领域的重要问题，培养具有应对环境变化能力的人才，唯一的方案就是促进自然科学与社会科学之间的大交叉与大融合，推进跨学科间的开放与联系”。我国的新农科人才培养模式改革不仅要促进农科内部不同领域的交叉复合，更要促进农科与其他学科的交叉融合，拓展人才培养的新内涵及实施路径。同时要充分认识学科交叉还包括不同学科之间相互交叉、融合、渗透而出现的新兴学科。新兴学科涵盖了不同学科范式的教育教学过程，能够推动以往被专业学科所忽视的领域的教学，从而促进学生对相关领域知识的广泛汲取，优化其知识结构和能力结构，成为满足产业发展需求的未来工作者。

第二，将产业发展需求融入人才培养过程。新农科建设背景下，涉农高校应积极与行业产业紧密联系，推动人才培养主动对接行业需求，服务产业转型升级。4所世界一流涉农高校中，霍恩海姆大学注重市场调研与职业分析，强调依据学生就业倾向进行特色专业设置，不仅促进了毕业生就业，也为产业发展提供了人才支持。瓦赫宁根大学提倡的三大教学风格是“教育要与社会和工业相关、国际化导向、激励学生”，反映了人才培养对接产业需求的基本导向。新形势下，我国农科人才培养要主动对接地方经济社会发展和农业发展的新要求，并将之融入学科建设和人才培养的具体环节当中，推进教学内容及组织方式的革新，建成紧密对接产业需求的课程教学资源，提升学生对市场需求的适应及服务能力。

第三，持续推进课程体系及实践教学改革。课程建设是高等学校人才培养的重要环节，对于提高人才培养质量意义重大。4所世界一流涉农高校均在课程内容、课程类型、课程总量、课程教学以及课程管理等方面形成稳定的特色。加州大学戴维斯分校在课程和专业设置上非常灵活，依据地方经济发展的特色，从地方区域农业发展的需要出发开设课程，满足地方经济发展的实际需要；霍恩海姆大学开设的各类课程较丰富，为学生提供了充分的选择空间；瓦赫宁根大学注重各类课程的衔接，制定了先修课程、后续课程等指导性建议；康奈尔大学开设的园艺课程体系涵盖了历史、考古、绘画、设计以及文学等，突出体现了课程体系的综合化。目前，我国高校应在“以学科交叉推动复合型人才培养”思路的指导下，改进课程的规划与设计，依托跨学科融合优化课程内容及体系。突出课程的“前沿性”，课程内容应体现相关学科的新发展、新动向，传授学科领域的新知识；体现课程的“针对性”，坚持将产业发展需求融入人才培养过程，促进课程内容反映农业产业发展及区域经济社会发展实际，从而提升课程内容与农业产业技术需求的适配性[1]；重视课程的“实践性”，围绕涉农学科实践性和应用性强的特点，积极引进优质社会资源扩展实践类课程总量、优化内容，从而提升学生的实践动手能力和创新能力。此外，要加强农科学生的实习实训基地建设，积极搭建校企合作平台，为学生成长创造良好环境。

第四，不断提升农科人才培养的国际化水平。高等教育国际化的本质是高质量地将跨

[1] 胡瑞，朱黎，范金凤．园艺学科研究生课程建设研究——基于对我国29所高校的实证分析．研究生教育研究，2018.

文化、全球性的相关要素和资源整合到学校办学全过程[1]。尽管人才培养的国际化水平不隶属于人才培养模式的基本要素，却能够对高等教育的整体办学水平、科研质量以及国际影响力产生重要影响。4 所世界一流涉农高校在人才培养的国际化水平上均表现突出。2015 年，瓦赫宁根大学招收的 4 790 名本科生中，国际学生占比 7%；同年招收的硕士研究生中，来自 150 余个国家的国际学生占比为 47%，博士研究生的这一数字达到 60%。霍恩海姆大学不仅开设了大量英语教学专业，同时积极拓展国际交流合作项目。2014 年，霍恩海姆大学在国外学习课程和参与研究项目的学生分别为 39% 和 12%，有国外实习经历的学生占比达 50%。比较而言，我国农业人才培养的国际化水平相对落后，应积极拓展国际交流与合作，主动与国外高水平大学、科研机构和企业建立实质性联合，开展科学研究和人才培养方面的深度合作。同时，"请进来"和"走出去"并重，借鉴瓦赫宁根大学经验，通过终身教职等途径吸引高水平国际师资；此外，鼓励和支持教师到国外学习交流，学习和吸收国外相关领域的新知识和新技术[2]，推进高质量、国际化农业人才培养。

第五，加强高校与外部组织的联系，创造人才培养的优良条件。4 所世界一流涉农高校注重发展与政府、企业等利益相关者的外部关系，逐步形成促进区域创新的"三螺旋"结构[3]。加州大学戴维斯分校主要通过两种方式与政府合作，一种是政府直接在学校建立研究机构的实体性联合；另一种是政府通过购买技术或服务的方式与学校进行合作。瓦赫宁根大学为保证学校教育和研究的长远发展，依托合作开发在线学习课程与不同国家、不同领域的协会、国际组织产生广泛、深度的联系。目前，一流大学的发展与大学外部环境正在产生越来越深刻的联系，因此，新农科建设要适应这一趋势并采取适应性策略。一方面，持续推动开放式办学，建立政、校、企等多主体协同育人模式，推进科教结合、产学融合、校企合作的协同育人体制机制改革。另一方面，涉农高校应积极与相关政府部门、涉农企业共商人才培养模式目标及方案、共同推进课程开发、共建实习实训基地等，从而促进企业融入农科人才培养过程，推进农科人才培养与产业需求紧密结合，打造农业教育开放融合的新生态。

2.5 本章小结

国外农科高等教育大体都经历了从无到有、从单科到多科再到综合的发展历程，逐步由培养专门的农业人才向教学、研究、推广综合发展转变。农科院校的学科发展的领域都随着国家或区域重大战略及经济社会发展需求的变化不断拓展，发展视野都经历从关注本

[1] 伍宸，宋永华 . 高等教育国际化内涵式发展的依据、维度及实现路径 . 中国高教研究，2018.

[2] 陈新忠，张亮 . 世界一流学科人才培养的经验与启示——以德国霍恩海姆大学有机农业和食品系统专业为例 . 高等工程教育研究，2018.

[3] 三螺旋理论：美国学者亨利 · 埃茨科维兹提出的，旨在分析政府、产业和大学之间的新型互动关系，借以促进区域创新发展。此理论确立了大学在区域创新中的主体地位，将教育教学过程及其资源流动纳入"大学 – 产业 – 政府"主体互动的背景下展开。

国问题向关注本区域问题乃至全世界发展问题转变。学科专业发展大都不断向边缘学科、交叉学科、融合学科的方向，以农业生产经营为主体的传统农科特色逐渐淡化，农科内涵在综合化浪潮中不断丰富和拓展提升。世界高水平涉农高校对于农业科学学科的建设思路总体上可以概括为以农业科学为主体，倾斜式的学科发展；以农业科学为特色，均衡式的学科发展；以人文社会科学为基础，互动式的学科发展；以理工学科为根基，驱动式的学科发展；以相邻学科为优势，协同式的学科发展这 5 种模式。5 种模式在涉农高校的学科建设实践中都取得了成效，但现有模式中存在的一些问题也值得关注，尤其是采取倾斜式学科发展模式的涉农高校，由于基础学科支持的不足，限制了其学科发展的后续动力和科研竞争的潜力。同时，人文社会科学环境的缺失，也影响了其学科科研人员的想象力和创造力。

在学科组织和科学研究方面，国外涉农高校学科发展呈现出建制更加完善、研究重视交叉融合、组织架构多元并存、组织职能进一步拓展的特点。农业科学高被引科学家的跨界合作显示出跨学科教育和专业教育的“共生”与“补充”；大学的组织结构再造，化“学科隔阂”为“跨界协同”；大学与外部组织的战略合作与联动，“三重螺旋”动员异质性资源的特征。

在国外农科高等教育发展的过程中，一些国家的学科专业目录积极回应了学科发展，体现了与人才培养需求相匹配、与国际接轨的特点。英、美两国近十年来学科专业目录调整情况呈现两个主要趋势：在学科专业目录设置方面，进一步增加学科划分的综合性水平；进一步强调为新兴学科专业尤其是交叉学科（跨学科专业）提供充足的发展空间，尤其是英国，其学科专业目录较之 JACS 更具开放性、柔性和实用性，保证学科专业目录稳定过渡的同时兼顾前瞻性。对我们来说，如何让学科专业目录更好地服务一流学科建设，是一个重要的政策问题，也是关系到新农科学科专业建设的重要制度框架。

国外农科高等教育人才培养模式具有以学科交叉推动复合型人才培养，将产业发展需求融入人才培养过程，持续推进课程体系及实践教学改革，不断提升农科人才培养的国际化水平，加强高校与外部组织的联系、创造人才培养的优良条件的特点。新形势下，推进新农科发展要在“中国特色、世界水平”上下工夫，既要吸收世界先进办学经验，也要结合我国高等教育发展历史及农科发展特色，推进符合我国农科人才成长成才规律的培养模式改革。

第四章
新时代农科高等教育的责任与使命

乡村兴则国家兴，乡村衰则国家衰。实现农业全面升级、农村全面进步、农民全面发展，加快实现农业农村现代化，是新时代中国特色社会主义伟大事业的重要内容，是站在新的历史背景下农业农村发展到新阶段的必然要求。国家战略布局、国际农业发展动向、科技进步与可持续发展等，都不断推动着现代农业转型升级和农业新业态创新发展。

服务农业产业发展，为加快推进农业农村现代化提供更大支撑，是高等农业教育的天职。而当下，国内外高等教育也正发生着深刻变革，不断回归育人本位。与此同时，我国高等教育正处在一个重要的历史发展时期，党和国家事业发展对高等教育的需要，对科学知识和优秀人才的需要，比以往任何时候都更为迫切。

这些，都为新时代农科高等教育发展提供了新的机遇，也带来了更大的挑战。

1 面临的新形势

1.1 “三农”发展与经济社会的关系变化

1.1.1 农业的多功能性与新业态

农业具有经济、生态、社会和文化等多方面的功能。从全球农业发展的实践看，经济社会的阶段不同，农业功能定位会发生变异[1]。尤其是当工业和第三产业成为国民经济的主要部分，国民经济对农业的非经济功能需求将日益彰显。根据国家统计局数据显示，农业在我国国内生产总值（GDP）中的占比从1999年的16.1%下降到2017年的7.6%（图4-1），有研究预测到2030年这一比例将下降至4.9%，但仍然高于高收入国家的约3.3%[2]。与之相对的是，与农业/农产品密切相关的其他产业份额都在不断加大，如农产品加工企业销售产值由2003年的35 193.29亿元增长至2016年的279 156.77亿元（图

[1] 李传健. 农业多功能性与我国新农村建设. 经济问题探索，2007.

[2] 胡鞍钢. 中国经济发展大趋势. 人民论坛网，2017-06-05.

4–2)，休闲农业与乡村旅游收入由 2012 年的 2 400 亿元增长至 2017 年的 7 400 亿元（图 4–3）。可见，我国农业的功能正从食物供给单一功能向生态环境、乡村景观与文化等多功能拓展。随着农业多功能性的拓展，农业形态将从传统农业向设施农业、休闲农业、订单农业、智慧农业转变；农业经营将从传统农户的小农经营向新型经营主体的规模经营发展，甚至工商公司进入农业。可以预见，未来我国农业的规模化、组织化和现代化程度也将不断加强，功能更多样、业态创新更活跃、利益联结更紧密的农业农村产业融合发展模式将逐步形成。

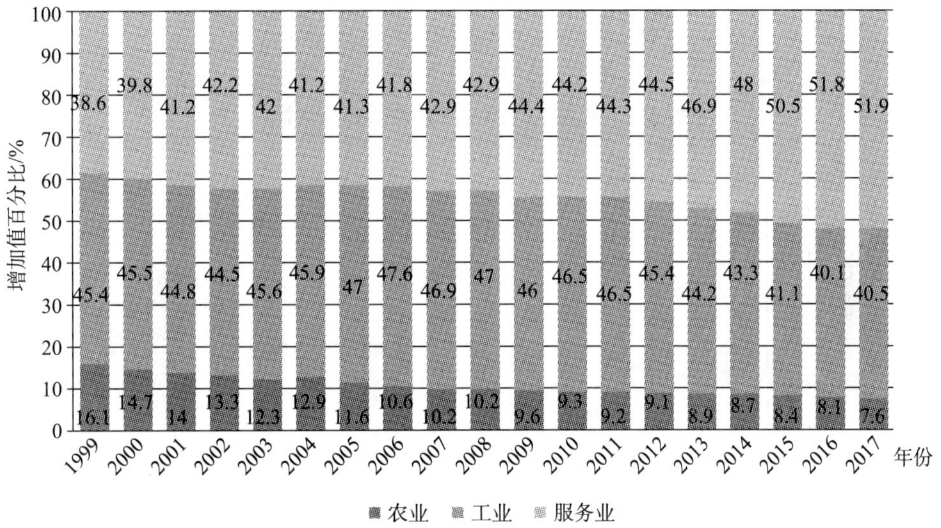

图 4–1　我国 GDP 的三产构成的变化（1999—2017）

资料来源：国家统计局

此外，从技术层面上看，现代生物技术、信息技术、工程技术等在现代农业发展中的融合运用也极大地推进了农业发展模式的转变，农业技术从传统的水肥药技术、机械技术、栽培技术向绿色生态技术、智能化技术、集成技术等发展。农业生产方式也从传统单一的粗放种养模式向立体复合的集约种养模式转变。从国家政策上看，一、二、三产业的融合成为拓展我国农业多功能性的重要着力点。近年来，国家出台了《关于推进农村一二三产业融合发展的指导意见》（2015 年）、《关于支持返乡下乡人员创业创新促进农村一二三产业融合发展的意见》（2015 年）、《关于进一步促进农产品加工业发展的意见》（2016 年）、《“十三五”全国农产品加工业与农村一二三产业融合发展规划（2016—2020 年）》（2017 年）、《关于大力发展休闲农业的指导意见》（2018 年）等一系列政策文件，初步构建了促进农业农村一、二、三产业融合发展的政策体系。

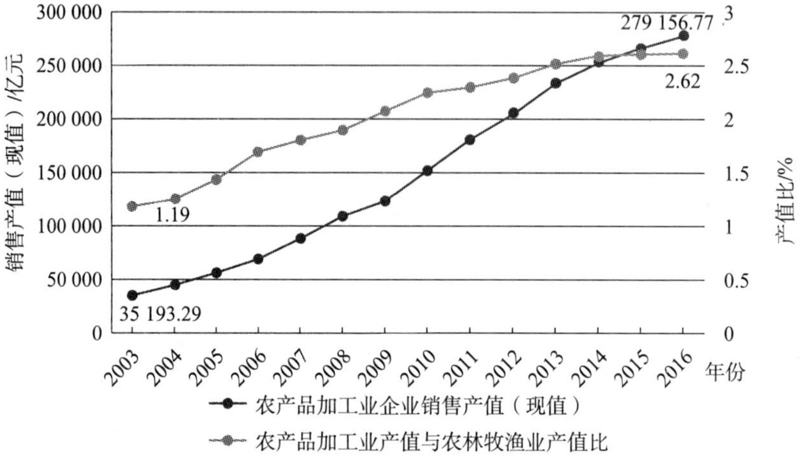

图 4–2　我国农产品加工企业销售变化情况

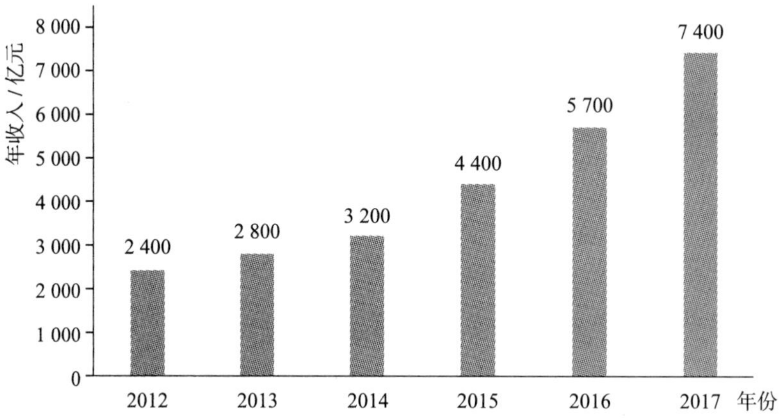

图 4–3　我国休闲农业与乡村旅游收入变化情况

在科技与政策的推动下，我国的农业发展将不断走向知识化，具体表现为：高产值、高附加值、机械化、智能化、形态多样化、企业化、全球化。未来的农业必然对农科高等教育提出更高层次的人才需求，包括：规模农业经营的管理人才、农产品销售及农业品牌规划的农商人才、紧追前沿科技革新的农技人才等。作为农科知识的供给侧，国内涉农高校亟须大力推进学科专业改革，以“新农科”建设为契机，用现代生物技术、信息技术、工程技术，改造和提升传统农科专业，推动农业与生命科学、信息科学的深度融合，培育新兴、新生农科专业，服务引领新产业新业态发展。

1.1.2　小农现代化

“大国小农”是我国的基本国情和农情。截至 2016 年底，我国经营规模在 50 亩（1 亩 ≈ 666.67 m^2）及以下的农户有近 2.65 亿户，占农户总数的 98% 左右（图 4–4），经营的耕地面积占全国耕地总面积的 82% 左右，户均耕地面积 5 亩左右。根据农业农村部发布的消息显示，按我国农村土地流转面积的年均增速 3%～4% 估算，到 2020 年，经营规模在 50 亩以下的小农户仍有 2.2 亿户左右，经营的耕地面积约占全国耕地总面积的 80%；到 2030 年为 1.7 亿户，经营的耕地面积比重约为 70%；到 2050 年仍将有 1 亿户左右，经营的耕地面积比重约为 50%[1]。因此，当前和今后很长一个时期，小农户家庭经营仍将是我国农业的主要生产经营形式，也是保障国家粮食安全和农产品有效供给的基础。

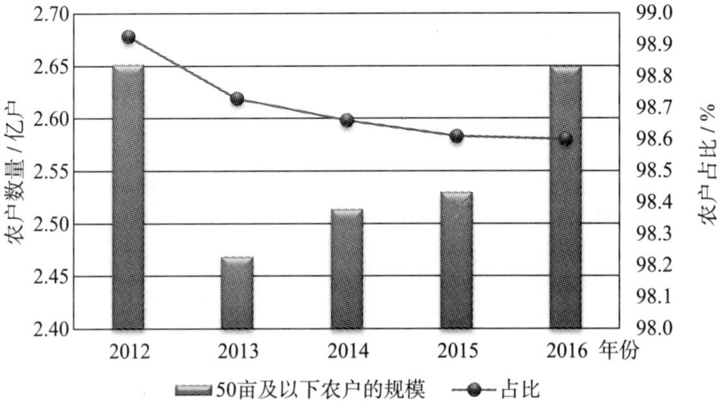

图 4-4　2012-2016 年经营规模在 50 亩及以下的农户规模变化情况

数据来源：根据《中国农业统计年鉴》(2013-2017 年) 50 亩以上农户数量及占比数据推算

然而，从发展方向看，小农户家庭经营绝不是现代农业的发展趋向，规模经营才是现代农业的必然方向[2]。因此，小农户与现代农业发展的有机衔接成为构建现代农业产业体系、生产体系、经营体系的重要环节，未来中国农民的基本特征也将集中体现在小农的现代化中。可以预见，为了满足现代农业的需求，未来中国农民将是知识型、综合技能型、市场经营型、社会责任型，同时具有多元化的社会角色，包括：健康食物和原材料生产者、消费者、市场经营者、环境资源守护者等。所以，爱农业、懂技术、善经营的新型职业农民培养也在呼唤农科高等教育资源的注入和配合，作为涉农高校的重要使命之一，服务新型职业农民也是“新农科”建设的重点内容。

1.1.3　乡村发展与治理

城镇化与农业现代化始终是相辅相成的关系，两者的良性互动与协调发展，对促进我国经济社会发展具有重要意义。根据国家统计局数据显示，截至 2018 年我国城镇人口数量为 8.31 亿人，占总人口的 59.6%；农村人口数量为 5.64 亿人，占总人口的 40.4%(图 4-5)。而欧美发达国家城镇化率基本都在 80% 左右，如果按每年增长 1% 的城镇化率计算，大概需要 20 年左右的进程，中国城镇化能达到欧美发达国家水平。因此，可以预见，2035 年之后，随着中国城市规模的不断扩大，城镇与乡村之间的界限也将逐渐变得模糊，两者在一定的范围内将出现相互空间的渗透，就乡村空间而言，未来中国农村将不

[1]　屈冬玉. 以信息化加快推进小农现代化. 人民日报，2017-06-05.

[2]　何秀荣. 小农户与现代农业发展有机衔接. 文汇网，2019-03-010.

再是传统农业和农民的空间，它将是生态空间、新型人居康养空间、三产融合空间、社会文化空间等多功能化的空间，农村的生活方式也将逐步向城市生活方式靠近。

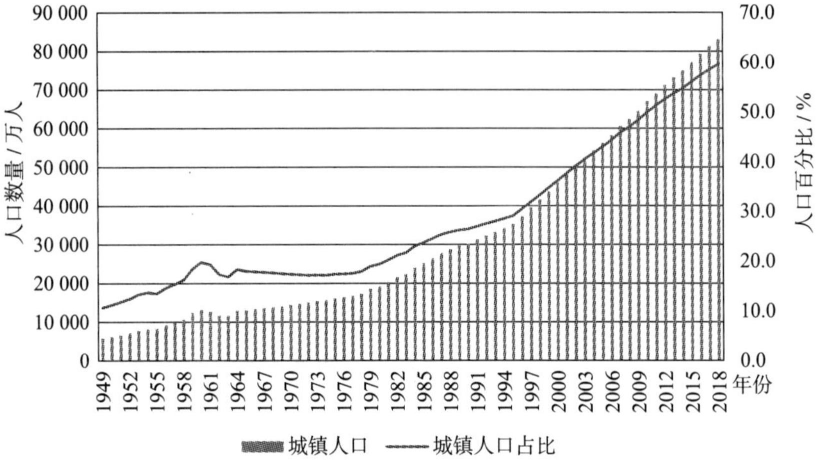

图 4-5　1949–2018 年我国城镇化水平的变化情况[1]

数据来源：国家统计局

在城镇化推进过程中，乡村经济社会的各个方面都将发生极大的变化，原有乡村治理格局也将发生深刻改变，农民权益保护、农村空心化、农村基础设施和公共事业发展、村民自治等突出问题也急需涉农高校的专家学者合力提出解决之策。“新农科”建设高校应在国家实施乡村振兴战略的重大决策部署下，聚焦乡村发展热点问题，加强城乡融合发展，现代乡村产业体系、生产体系、经营体系建设，农业生态建设、农耕文明与乡村文化、乡村基层结构与社会治理、乡村基本公共服务、社会福祉与村庄民生等理论与政策研究，为乡村振兴战略实施提供理论支撑与决策咨询。

1.2　国家战略布局对农业农村发展的新要求

务农重本，国之大纲，农业农村农民问题向来是关系国计民生的根本性问题。《国家乡村振兴战略规划（2018—2022 年）》中提到，全面建成小康社会和全面建设社会主义现代化强国，最艰巨最繁重的任务在农村，最广泛最深厚的基础在农村，最大的潜力和后劲也在农村。党的十九大报告中明确指出，必须始终把解决好“三农”问题作为全党工作重中之重，加快推进农业农村现代化。

进入新时代，国家部署和推进实施了乡村振兴、生态文明、美丽中国、健康中国、海洋强国等一系列重大战略，对农业农村发展提出了新的要求，提供了新的契机，也为我国农业农村的未来描绘出一幅绚丽蓝图。

[1] 人口统计中的总人口通常指常住人口，常住人口为国际上进行人口普查和人口调查时常用的统计口径。因此，《中国统计年鉴》中城镇化率是常住人口的城镇化率，户籍人口的城镇化率会比城镇人口的城镇化率更低。

1.2.1　乡村振兴战略赋予农科发展新使命

乡村振兴战略既是对以往乡村政策高屋建瓴的总结，也是未来乡村发展总的战略纲领。2017 年 10 月 18 日，在党的十九大报告中，习近平同志首次提出实施乡村振兴战略，并进一步强调指出，要坚持农业农村优先发展，按照“产业兴旺、生态宜居、乡风文明、治理有效、生活富裕”的总要求，建立健全城乡融合发展体制机制和政策体系，加快推进农业农村现代化。2018 年发布的题为《中共中央国务院关于实施乡村振兴战略的意见》的中央一号文件，以“四梁八柱”的顶层设计，全面部署实施新时代乡村振兴战略，再次掀起了三农建设的热潮。随后，中央农村工作领导小组办公室出台《国家乡村振兴战略规划（2018—2022 年）》，部署了一系列重大工程、重大计划、重大行动，成为统筹谋划和科学推进乡村振兴战略的行动纲领（表 4–1）。2019 年，中共中央、国务院发布《中共中央 国务院关于坚持农业农村优先发展做好“三农”工作的若干意见》的一号文件，再次明确了乡村振兴战略的重要性。这足以看出，党和国家坚定地把解决好“三农”问题作为全党工作重中之重不动摇，坚定地要求要进一步统一思想、坚定信心、落实工作，巩固发展农业农村好形势，发挥“三农”压舱石作用。

作为决胜全面建成小康社会的七大战略之一，乡村振兴战略不仅仅是要实现乡村经济上的振兴，更是包含了乡村产业、人才、文化、生态、组织等在内的全方位的振兴，是一个集聚综合性、复杂性、系统性的战略。旨在 2050 年达到“乡村全面振兴，农业强、农村美、农民富全面实现”的根本目标。

表 4–1　乡村振兴战略目标路线

<table>
<tr><th>时间</th><th>目标</th><th>总要求</th><th>具体实现</th></tr>
<tr><td rowspan="5">2022 年</td><td rowspan="5">2020 年乡村振兴的制度框架和政策体系基本形成，各地区各部分乡村振兴的思路举措得以确立，全面建成小康社会的目标如期实现；
2022 年乡村振兴的制度框架和政策体系初步健全。探索形成一批各具特色的乡村振兴模式和经验，乡村振兴取得阶段性成果</td><td>产业兴旺</td><td rowspan="2">国家粮食安全保障水平进一步提高，现代农业体系初步构建，农业绿色发展全面推进；农村一二三产融合发展格局初步形成，乡村产业加快发展，农民生活水平进一步提高，脱贫攻坚成果得到进一步巩固</td></tr>
<tr><td>生活富裕</td></tr>
<tr><td>生态宜居</td><td>农村基础设施条件持续改善，城乡统一的社会保障制度体系基本建立；农村人居环境显著改善，生态宜居的美丽乡村建设扎实推进；城乡融合发展机制体制初步建立，农村基本公共服务水平进一步提升</td></tr>
<tr><td>乡风文明</td><td>乡村优秀传统文化得以传承和发展，农民精神文化生活需求基本得到满足</td></tr>
<tr><td>治理有效</td><td>以党组织为核心的农村基层组织建设明显加强，乡村治理能力进一步提升，现代乡村治理体系初步构建；
党的农村工作领导体制机制进一步健全；
各地区各部门推进乡村振兴的思路举措得以确立；</td></tr>
</table>

续表

时间	目标	总要求	具体实现
2035 年	乡村振兴取得决定性进展，农业农村现代化基本实现	产业兴旺	农业结构得到根本性改善，农民就业质量显著提高，相对贫困进一步缓解，共同富裕迈出坚实步伐
		生活富裕	
		生态宜居	城乡基本公共服务均等化基本实现，城乡融合发展体制机制更加完善；农村生态环境根本好转，美丽宜居乡村基本实现
		乡风文明	乡风文明达到新高度
		治理有效	乡村治理体系更加完善
2050 年	乡村全面振兴，农业强、农村美、农民富全面实现		

资料来源：根据《国家乡村振兴战略规划（2018—2022 年）》整理

要实现农业农村的繁荣兴旺，离不开高等教育特别是高等农业教育的支撑与引领。虽然目前国内对乡村振兴的研究方兴未艾，但在高等教育及其相关领域，所投入的关注尚且较少。以中国知网（CNKI）为数据源，选择全部的学科领域，以“SU= 乡村振兴”为检索式，检索发表时间段为 2017 年 10 月 18 日—2019 年 6 月 30 日之间的学术文献，共检索出文献 13 958 篇。而进一步选定“教育理论与教育管理”“高等教育”“职业教育”三个学科领域检索，共检索出文献 422 篇，只占总数的 3%。

具体在这三个学科领域中，高等教育领域发文量最多，为 153 篇，职业教育次之，为 142 篇，教育理论与教育管理领域发文量为 127 篇（图 4–6）。

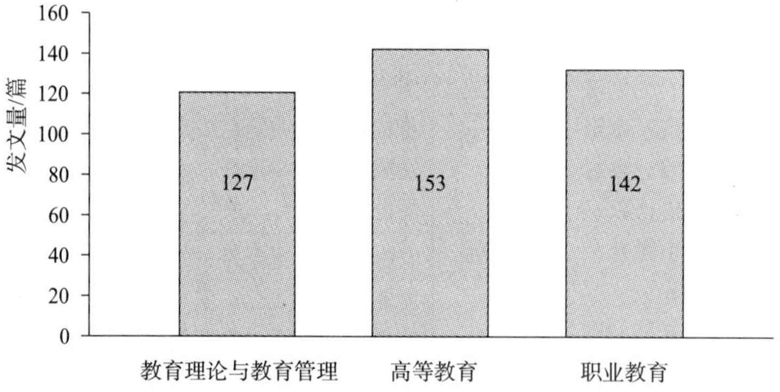

图 4–6　三个学科领域学术文献的发文量

这些文献所涉及的关键词中，除乡村振兴、乡村振兴战略外，职业教育、大学生、人才培养、乡村教育等出现的频率较高。可以看出，目前高等教育对接乡村振兴最主要的关注点在于人才培养，在于培养符合乡村振兴需求标准的农业农村优秀人才，实现乡村人才振兴（图 4–7）。

实施乡村振兴战略的重大战略部署，既是新时代“三农”工作的总抓手，也为我国新时代农科高等教育发展迎来了新的契机。党的十九大报告同时指出“要坚持农业农村优先

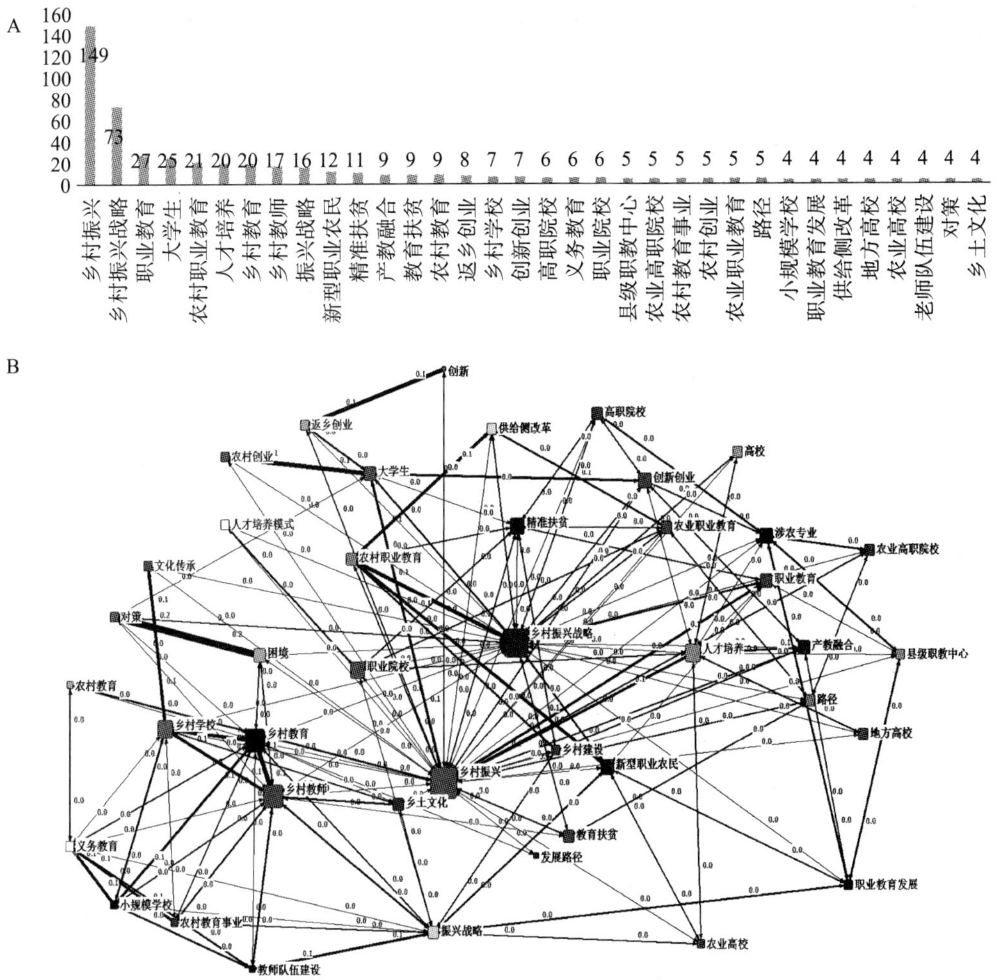

图 4–7　三个学科领域文献所涉及的主要关键词词频及关联度

发展”，“要优先发展教育事业”，正好处于两个优先发展结合点的农科高等教育，如何在这重要的机遇叠加期中全面面向乡村发展战略，全面对接乡村振兴战略经济建设、政治建设、文化建设、社会建设和党的建设中的“五大振兴”，支撑和引领乡村实现“产业兴旺、生态宜居、乡风文明、治理有效、生活富裕”的总要求，是当下乃至今后较长一段时间里面临的新的挑战和任务。

1.2.2　生态文明建设赋予农科发展新思路

“生态兴则文明兴，生态衰则文明衰”，这是人类社会发展的普遍规律。改革开放以来，我国经济社会快速发展的同时，也付出了巨大的资源、生态和环境代价，面对现代化进程中的生态环境问题，人们开始反思传统工业文明的思维方式、生产方式、生活方式和管理方式，努力探索一种新型的、能够真正实现人与自然和谐共生的生态文明之路。

2007 年召开的党的十七大首次在大会报告中提出“生态文明”，并把建设生态文明作为全面建设小康社会的新要求之一，提出：到 2020 年，基本形成节约能源资源和保护生态环境的产业结构、增长方式、消费模式；循环经济形成较大规模，可再生能源比重显著上升；主要污染物排放得到有效控制，生态环境质量明显改善；生态文明观念在全社会牢固树立。

党的十八大报告把生态文明建设提到前所未有的高度，提出要构建“五位一体”的总体布局——把生态文明建设放在突出地位，融入经济建设、政治建设、文化建设、社会建设各方面和全过程，大力推进中国特色社会主义经济建设、政治建设、文化建设、社会建设和生态文明建设，努力建设美丽中国，实现中华民族永续发展。

党的十九大进一步把“美丽”纳入中国特色社会主义建设的总目标，把建设生态文明作为中华民族永续发展的千年大计，提出建设人与自然和谐共生的现代化，明确提出了到本世纪中叶要把我国建成富强、民主、文明、和谐、美丽的社会主义现代化强国的目标。十九大报告还强调，必须树立和践行“绿水青山就是金山银山”的理念，坚持“节约资源和保护环境”的基本国策，像对待生命一样对待生态环境，统筹山水林田湖草系统治理。

加强生态文明建设，一个重要方面是加强农村生态建设和生态修复。把山水林田湖草作为一个生命共同体，进行统一保护、统一修复。实施重要生态系统保护和修复工程。健全耕地草原森林河流湖泊休养生息制度，分类有序退出超载的边际产能。扩大耕地轮作休耕制度试点。科学划定江河湖海限捕、禁捕区域，健全水生生态保护修复制度。实行水资源消耗总量和强度双控行动。开展河湖水系连通和农村河塘清淤整治，全面推行河长制、湖长制。加大农业水价综合改革工作力度。开展国土绿化行动，推进荒漠化、石漠化、水土流失综合治理。强化湿地保护和恢复，继续开展退耕还湿。完善天然林保护制度，把所有天然林都纳入保护范围。扩大退耕还林还草、退牧还草，建立成果巩固长效机制。继续实施三北防护林体系建设等林业重点工程，实施森林质量精准提升工程。继续实施草原生态保护补助奖励政策。实施生物多样性保护重大工程，有效防范外来生物入侵。

另一个重要方面是建立市场化多元化生态补偿机制。落实农业功能区制度，加大重点生态功能区转移支付力度，完善生态保护成效与资金分配挂钩的激励约束机制。鼓励地方在重点生态区位推行商品林赎买制度。健全地区间、流域上下游之间横向生态保护补偿机制，探索建立生态产品购买、森林碳汇等市场化补偿制度。建立长江流域重点水域禁捕补偿制度。推行生态建设和保护以工代赈做法，提供更多生态公益岗位。

在国家社会从保护生态环境转向建设生态文明、从山水林田湖草条块治理转向系统治理的时代背景下，新时代农科高等教育只有主动变革，才能承担起新时代的伟大使命和新的历史任务，为建设“产业兴旺、生态宜居、乡风文明、治理有效、生活富裕”的现代化乡村提供有效支撑。

1.2.3 美丽中国建设赋予农科发展新挑战

美丽中国建设是中国新时代背景下生态文明建设的根本目标，也是落实到2030年联合国可持续发展议程的中国实践。习近平指出，“加快生态文明体制改革，建设美丽中国”。党和国家针对“五位一体”的总体布局对建设美丽中国作出了战略部署，要将美丽中国建设推向加快实施阶段。

美丽中国建设重点在农村，难点也在农村。

习近平总书记指出，“中国要美，农村必须美，美丽中国要靠美丽乡村打基础，要继续推进社会主义新农村建设，为农民建设幸福家园。搞新农村建设要注意生态环境保护，因地制宜搞好农村人居环境综合整治，尽快改变农村脏乱差状况，给农民一个干净整洁的生活环境。”加强农村生态文明建设，改善人居环境，建设美丽乡村已多次被写入党中央和国务院的重要文件中。

美丽乡村（beautiful village）是指经济、政治、文化、社会和生态文明协调发展，规划科学、生产发展、生活宽裕、乡风文明、村容整洁、管理民主，宜居、宜业的可持续发展乡村（包括建制村和自然村）。《美丽乡村建设指南》（GB/T 32000—2015）国家标准已经发布，并于 2015 年 6 月 1 日起正式实施。标准的发布改变了以往美丽乡村建设从方向性概念转化为定性、定量、可操作的工作实践，为全国提供了框架性、方向性技术指导，成为全国首个指导美丽乡村建设的国家标准。

2018 年中央一号文件针对农村生态环境方面明确要求：“坚持人与自然和谐共生。牢固树立和践行绿水青山就是金山银山的理念，落实节约优先、保护优先、自然恢复为主的方针，统筹山水林田湖草系统治理，严守生态保护红线，以绿色发展引领乡村振兴。”

2018 年 2 月，中共中央办公厅、国务院办公厅印发了《农村人居环境整治三年行动方案》，要求“实施乡村振兴战略，坚持农业农村优先发展，坚持绿水青山就是金山银山，顺应广大农民过上美好生活的期待，统筹城乡发展，统筹生产生活生态，以建设美丽宜居村庄为导向，以农村垃圾、污水治理和村容村貌提升为主攻方向，动员各方力量，整合各种资源，强化各项举措，加快补齐农村人居环境突出短板，为如期实现全面建成小康社会目标打下坚实基础。”

2018 年 4 月，习近平总书记作出重要指示，强调要结合实施农村人居环境整治三年行动计划和乡村振兴战略实施，进一步推广浙江好的经验做法，建设好生态宜居的美丽乡村，让广大农民在乡村振兴中有更多获得感、幸福感。

2019 年中央一号文件强调要“扎实推进乡村建设，加快补齐农村人居环境和公共服务短板”，其中“抓好农村人居环境整治三年行动”被作为硬任务之一，要求深入学习推广浙江“千村示范，万村整治”经验，全面推开人居环境整治。

面对从“绿化祖国”到“美丽中国”转型升级的时代需要，美丽乡村建设要秉承和发展新农村建设的宗旨思路，丰富和充实其内涵实质，更加关注农业发展方式转变，更加关注生态环境的合理利用，更加关注农村可持续发展。

一方面是加强农村环境综合整治。加强农业面源污染防治，开展农业绿色发展行动，实现投入品减量化、生产清洁化、废弃物资源化、产业模式生态化。推进有机肥替代化肥、畜禽粪污处理、农作物秸秆综合利用、废弃农膜回收、病虫害绿色防控。加强农村水环境治理和农村饮用水水源保护，实施农村生态清洁小流域建设。扩大华北地下水超采区综合治理范围。推进重金属污染耕地防控和修复，开展土壤污染治理与修复技术应用试点，加大东北黑土地保护力度。实施流域环境和近岸海域综合治理。严禁工业和城镇污染向农业农村转移。加强农村环境监管能力建设，落实县乡两级农村环境保护主体责任。

另一方面是积极推进农村绿色发展。正确处理开发与保护的关系，运用现代科技和管理手段，将乡村生态优势转化为发展生态经济的优势，提供更多更好的绿色生态产品和服务，促进生态和经济良性循环。加快发展森林草原旅游、河湖湿地观光、冰雪海上运动、野生动物驯养观赏等产业，积极开发观光农业、游憩休闲、健康养生、生态教育等服务。创建一批特色生态旅游示范村镇和精品线路，打造绿色生态环保的乡村生态旅游产业链。

1.2.4 健康中国建设赋予农科发展新内涵

健康中国战略是习近平新时代中国特色社会主义思想的重要内容，充分体现了马克思主义的人民利益优先立场。健康中国是中国梦的有机组成部分，也是参与全球健康治理、持续发展的必然需求。当前，人民健康营养需求日益增长，健康服务供给矛盾突出。以人民健康为中心，新时代的农业使命光荣、责任重大。从功能定位上看，新时代的农业不仅仅是解决“吃得饱”，还要“吃得好”“有营养”，粮食安全的目标由产量安全转向营养健康安全。在产业布局上，要用产业链、价值链的理念提高农业资源配置效率和综合经营收益，提高农业在促进人民群众健康中的地位和作用，促进一、二、三产业融合发展，打造高附加值、高营养健康的农产品供给体系[1]。从统筹城乡发展的关系来看，全面提升农村农民的健康，是推进“四化同步”的现实需要。从世界一流涉农高校的发展历程来看，人类营养与健康需求提供了绵延不绝的创新动能，因此，紧密结合健康中国建设重大战略需求，为新时代农科高等教育转型提供了现实路径。

围绕健康中国战略，应致力推动建立营养健康安全的现代农业体系，从供给侧入手，大力发展绿色生产、营养农业和生物医学等。绿色生产要致力于各类农产品绿色性状资源和功能基因的鉴定和利用、育种新材料、育种技术和信息平台、栽培技术体系以及新品种示范和推广的系统集成，引领和推动全球范围内农业领域的“第二次绿色革命”[2]。营养农业则要调整居民饮食结构，补平平衡膳食短板；建立高质量的农产品营养标准；传承创新，提高农产品的健康价值；培育生物强化及特需的新产品；对接信息技术，实现精准营养等，实现营养的科学化、标准化、精准化、现代化、智慧化和个性化[3]。生物医学则依托农业高校在生物学、人畜共患病、食品科学等领域的优势与特色，推进与组学、信息学、人工智能等领域的交叉融合，大力发展公共卫生、生物医学与营养健康等领域，推动新时代农科高等教育转型。

[1] 蒋震．实施健康中国战略，建立基于营养健康安全的现代农业体系．科学与现代，2018.

[2] 张启发．绿色超级稻的构想与实践．北京：科学出版社，2009.

[3] 贺春禄．营养型农业助推“健康中国 2030”．高科技与产业化，2018.

1.2.5　海洋强国战略赋予农科发展新机遇

海洋占地球表面积的 70% 以上，是生命的摇篮、资源的宝库。21 世纪，人类进入了大规模开发利用海洋的时期，海洋是人类获取高端食品和优质蛋白的“蓝色粮仓”，掌握和利用海洋生物资源的能力已经成为科技竞争力乃至国力强弱的重要标志。中共十八大报告明确提出，提高海洋资源开发能力，发展海洋经济，保护海洋生态环境，坚决维护国家海洋权益，建设海洋强国。党的十九大提出要坚持陆海统筹，加快建设海洋强国。国家“十三五”规划纲要中将“拓展蓝色经济空间”作为创新发展的重要内容之一，是实现中华民族海洋强国战略的重要举措。近年来，向海洋要食物、要蛋白、要药物，对海洋生物资源进行综合利用、保护和持续开发已成为我国生存和发展的重要出路。

我国是拥有 300 万平方公里主张管辖海域、1.8 万公里大陆海岸线的海洋大国。我国又是人口大国，人均耕地相对匮乏，开拓广阔的海洋水域的食物生产功能在我国具有尤为突出的意义。构建和发展“蓝色粮仓”不仅是保障国家粮食安全和海洋生态安全的战略要求，也是实现屯渔戍边和开拓国际海洋资源的重要举措。贯彻海洋强国战略，一是要着力改变海洋经济粗放发展的现状，走高质量发展之路，进一步提高海洋开发能力，优化海洋产业结构，构建现代海洋产业体系。二是突出生态文明建设，坚持人与自然和谐共生、开发和保护并重，科学开发利用海洋资源，推动海洋开发方式向循环利用型转变。三是突破海洋经济转型过程中亟须的核心技术和关键共性技术，牢牢掌握海洋科技发展主动权，着力推动海洋科技向创新引领型转变。四是维护国家海洋权益，统筹国内国际两个大局，推进建设 21 世纪海上丝绸之路，构建互利共赢的涉海合作新格局。贯彻实施海洋强国这一重大部署，将对推动经济持续健康发展，对维护国家主权、安全、发展利益，对实现全面建成小康社会目标、进而实现中华民族伟大复兴都具有重大而深远的意义。

我国在新时代海洋方面有着更大的发展需要，在海洋产业中，海洋渔业是目前开发利用最早、最全面、最重要的产业之一，是促进我国从海洋大国跻身海洋强国的前提和基础，也是实施海洋强国战略不可或缺的重要途径。新时代海洋产业的发展，无疑也给新时代农科的发展提供了新的机遇。

1.3　全球化与国际农业发展的新动向

1.3.1　联合国 2030 年可持续发展议程更加关注农业问题

经济全球化与国际农业发展的新动向，需要我国的农科高等教育培养造就一大批既精通业务、熟悉国际规则，又熟练掌握外语、涉外工作能力强，具有开拓国际市场能力和艰苦创业精神的拔尖创新型与复合应用型农科人才，这对新时代高等农业教育改革提出了新的要求。

2015 年 9 月 25 日，联合国 193 个成员国通过了《2030 年可持续发展议程》（以下简称《议程》)，承诺国际社会将在今后 15 年内（2016—2030 年）实现三个维度（社会、经济和环境）的可持续发展，可持续发展观成为全球共识。

《议程》制定了包括消除贫困与饥饿、健康、教育、性别平等、水与环境卫生、能源、创新与科技、气候变化在内的 17 项可持续发展目标（SDGs）和 169 项子目标。这 17 项目标作为一个整体，以全面的方式解决可持续发展中的社会、经济和环境问题[1]。例如，气候变化行动已经不是单纯的自然科学问题，而是一个与资源、粮食、能源、生态都紧密相关的经济问题，更涉及可持续环境治理以及国际合作等问题[2]。《议程》指标主要集中于“粮食和食品安全、疾病防控及社会公平与人权”“水资源安全”“能源安全”“土地安全”“生态环境安全”等方面，而这几个方面均与全球农业发展息息相关。

2016 年 3 月，中国政府发布“十三五”规划纲要，将 SDGs 纳入“十三五”规划和国家中长期整体发展规划。同年，国家发布《中国落实 2030 年可持续发展议程国别方案》，全面提出了落实《议程》的总体路径和中国方案。党的十八大提出的“五位一体”总体布局和十九大提出的“创新、协调、绿色、开放、共享”五大发展理念完全契合了《议程》的精髓。乡村振兴战略、生态文明建设、美丽中国建设、健康中国建设等发展战略更是将《议程》中的重要内容融入了我国建设发展的重大实践。

我国落实《议程》目标的举措，在环境与生态可持续发展方面，主要内容见表 4–2。

表 4–2　我国落实《议程》目标在环境与生态可持续发展方面的主要内容

举措	具体内容
应对气候变化	主动适应气候变化，在农业、林业、水资源等重点领域和城市、沿海、生态脆弱地区形成有效抵御气候变化风险的机制和能力。到 2020 年，每年为发展中国家筹集 1 000 亿美元气候资金，承诺制定明确的路线图和时间表，并对绿色气候基金进行切实注资
可持续利用陆地生态系统	到 2020 年，全国森林覆盖率提高到 23.04%，森林蓄积量达到 165 亿立方米。参与《联合国防治荒漠化公约》土地退化零增长目标设定的示范项目
保护海洋和海洋资源	到 2020 年，海洋保护区面积占中国管辖海域面积比例达到 5%，自然岸线保有率不低于 35%。到 2020 年，保持对非法、未报告和无管制捕捞活动打击力度，严禁一切对上述捕捞活动的补贴
保护野生动植物	到 2020 年，构建生态廊道和生物多样性保护网络。实施生物多样性保护重大工程。修复和扩大濒危野生动植物栖息地，推进野生动物保护国际合作
防止空气、土壤与水的污染	到 2020 年，地级及以上城市重污染天数减少 25%。中国农村集中供水率达到 85% 以上，自来水普及率达到 80% 以上；到 2030 年，确保人人普遍、公平获得安全和负担得起的饮用水，全面落实《水污染防治行动计划》和最严格水资源管理制度，到 2030 年全国用水总量控制在 7 000 亿立方米以下

资料来源：根据“联合国《2030 年可持续发展议程》在中国的实施”整理

[1]　董亮，张海滨 . 2030 年可持续发展议程对全球及中国环境治理的影响 . 中国人口・资源与环境，2016.
[2]　薛澜，翁凌飞 . 中国实现联合国 2030 年可持续发展目标的政策机遇和挑战 . 中国软科学，2017.

作为发展中国家，我国在全面推进可持续发展的进程中，仍然面临着复杂的问题。“SDGs 指数和指示板”中，共有 63 项指标用于 149 个联合国成员国的指数排名评估[1]。根据这套指标体系，我国 SDGs 指数排名为 76 位，居于世界各国中位。关于中国未来 15 年甚至更长远的发展，如何把握“联合国 2030 年可持续发展议程”带来的机遇，积极应对挑战，仍是我们当前及今后一段时间的重要任务。

1.3.2　推进农业合作是“一带一路”倡议重要内容

面对人地矛盾日趋紧张、农业资源短缺格局难以逆转的发展局势，粮食安全、农业安全始终是国家总体安全需要认真考虑的重大问题。中国践行“一带一路”倡议，以农业与科技国际合作为依托，实现农业全球化的新发展。

当前，中国正在积极推进“一带一路”，其中的农业教育与科技国际合作占据着重要位置。通过积极利用国内国外两个市场、两种资源，推动农业“走出去”全球战略落地，以共商、共建、共享的原则整合农业优势资源，加强与“一带一路”沿线国家的农业教育与科技合作，成为中国保障国内农业发展与农产品供给的有效途径，对增强中国在全球农业产业链中的主导地位也将具有积极影响。

在“一带一路”的沿线国家中，绝大部分都属于发展中国家，甚至还有许多贫困国家，如南亚地区、非洲地区的部分国家等，它们不仅农业落后，农业产出效率低下，而且还按照传统的生产方式，现代科技要素和现代农业人才极度缺乏，造成了农产品供给严重不足，营养缺乏的贫困人口数量较多，甚至由此衍生出战争、族群冲突等社会动荡问题，农业生产条件较差（表 4–3）。

表 4–3　中国与“一带一路”沿线主要国家农业生产条件比较

国家	农业就业人员占比（2018 年）/%	人均耕地面积（2015 年）/hm^2	谷类产量（2018 年）/ 万 t
中国	26.77	0.09	58 089.8
越南	39.80	0.07	4 868.5
柬埔寨	30.43	0.24	1 017.8
以色列	0.99	0.04	30.5
印度	43.86	0.12	29 741.2
巴基斯坦	43.50	0.16	4 307.6
孟加拉国	40.15	0.05	5 638.9
哈萨克斯坦	15.01	1.68	2 041.1
乌兹别克斯坦	–	0.14	790.2
俄罗斯	5.84	0.854	11 775.0
乌克兰	15.33	0.721	6 521.1

数据来源：世界银行。– 表示相关数据缺失

[1] United Nations. Transforming our world：The 2030 agenda for sustainable development. New York：United Nations，2014.

中国发布了《共同推进“一带一路”建设农业合作的愿景与行动》，与80个“一带一路”国家签署农渔业合作文件，在塔吉克斯坦、莫桑比克、坦桑尼亚等国认定建设10个农业合作示范区。根据《中国投资》对农业农村部国际合作司司长隋鹏飞的访谈[1]，2018年，我国与“一带一路”参与国的农产品贸易总额达到770亿美元，较5年前增长17.8%，从参与国进口大量水果、油料、棉花、食糖、天然橡胶、咖啡等产品，出口我国优质蔬菜、水果、畜产品、茶叶等，促进共同实现农民增收、市场丰富。农业投资合作大幅拓展。我国在“一带一路”参与国开展农业投资合作项目超过650个，投资存量达到94.4亿美元，较5年前增长70%，促进我国农业先进品种技术、优势产能与合作国农业资源的有机结合，带动当地粮食、经作、畜牧、农产品加工等产业发展。服务了各国经济社会发展。中资农业企业积极履行社会责任、兴建公益设施，累计雇用参与国员工10万人，向当地贡献大量税收和外汇；农业技术合作、高级专家派出、农技培训推广等项目普遍受到当地欢迎，为有关发展中国家改善农民生活、实现粮食安全做出重要贡献。

我国“一带一路”战略在发展农业科技的同时，也不断加强沿线国家的农业高等教育合作，高等教育合作是“一带一路”建设“民心相通”的重要内容，是推进与沿线国家经济贸易合作的民意基础[2]。我国的高等农业教育必须坚持“走出去”并“请进来”，在合作布点上紧紧结合“一带一路”建设的经济走廊、重点合作领域和重点国别，充分发挥高等农业教育的人才培养、科学研究、社会服务和文化交流等功能，全方位、多维度地支撑“一带一路”建设与发展。

1.3.3 农业资源的全球优化配置成为新导向

目前，全球农业生产、加工、市场等格局正在发生重要转变。一方面，全球农业生产力难以支撑不断增长的人类刚性需求，可持续的自然资源受限、质量下降，气候变化和自然灾害加剧；另一方面，世界粮食供应存在严重的不均衡问题，国家之间人均粮食产量相差悬殊。中国乃至亚洲已成为全球粮食进口最大区域；世界农业正在由“传统农业技术”向以转基因技术、燃料技术、信息技术为主的“生物农业技术”快速转变。全球农业资源需求矛盾日益突出，农业持续增长动力不足和农产品市场供求结构显著变化，粮食安全与农业可持续发展成为全球议题与外交新常态[3]。

扩大农产品进口对贸易双方是一种互利共赢的制度安排，而且对优化全球资源配置，提高土地资源利用效率，使有限的土地资源以更小的环境代价创造更大的经济价值等发挥积极作用。但是，在贸易各方总体受益的前提下，扩大农产品进口会对本国相应的农业生产部门带来冲击，对部分生产者利益造成损害。与此同时，进口粮食的种类及来源地过于集中，将使本国农产品供给更大程度上受到境外突发事件等不可控因素制约，进而对本国

[1] 侯洁如．“一带一路”农业合作走深走实——专访农业农村部国际合作司司长隋鹏飞．中国投资（中英文），2019.

[2] 辛越优，阚阅．“一带一路”倡议下的高等教育合作：国家图像与推进战略．高等教育研究，2018.

[3] 李坤，殷朝华．“一带一路”现代农业发展的新机遇．农业经济，2019.

粮食安全带来隐患。因此，如何在全球农业竞争中坚守本国粮食安全的底线，成为世界各国共同面临的问题。

我国制定了“以我为主、立足国内、确保产能、适度进口、科技支撑”的粮食安全新战略，确保国家粮食安全。中国农业科学院发布的《中国农业产业发展报告（2018）》（以下简称《报告》）中提出，中国进口了大量粮食、油料和棉花等土地密集型农产品，节约了土地资源和水资源，有利于缓解国内农业资源和环境压力；进口农产品增加了国内农产品的供给，满足了国内多样化的需求，解决了农产品供求短缺的矛盾；劳动密集型农产品出口增加和出口农产品的深加工程度提高，增加了农民收入；《报告》预测，到 2035 年我国可确保“口粮绝对安全，谷物基本自给”的底线要求，主要畜产品和水产品的自给率大致保持在 90% 以上[1]。目前，我国农产品主要进口来源结构有了显著的变化。2019 年 1—5 月，我国自巴西、东盟、欧盟、澳大利亚、加拿大的农产品进口保持快速增长，进口美国农产品继续快速回落。其中，进口巴西农产品金额由 2018 年同期的 631.2 亿元上涨至 761.9 亿元，增长 20.7%；进口美国农产品金额由 2018 年同期的 732.2 亿元降至 327.3 亿元，下降 55.3%。1—5 月大豆进口 3 175.1 万 t，同比下降 12.2%，其中，1—4 月进口美国大豆 430.9 万 t，同比下降 70.6%[2]。

1.3.4　农业国际贸易与竞争面临空前压力

农业国际化是中国农业与全球经济接轨的必然趋势。我国已全面深入地融入了世界经济全球化和贸易自由化的大循环中，而在农业发展国际化的趋势当中，我国更需要充分利用国际、国内农业资源和市场，参与农业国际分工与交换，在国内优化农业资源配置，增加农产品有效供给，增加农民收入，实现农业可持续发展，在国际上不断打造农业领域的“中国品牌”，做世界农业强有力的参与者和引导者。

2019 年中央一号文件强调，要加快推进并支持农业“走出去”，加强“一带一路”农业国际合作，主动扩大国内紧缺农产品进口，拓展多元化进口渠道，培育一批跨国农业企业集团，提高农业对外合作水平。这为新时期我国农业扩大对外开放、应对国际化竞争指明了方向。

近年来，我国农业出现了高产量、高进口、高库存的“三高”问题，生产成本快速上升，“政策驱动”压力加大，资源环境压力加剧，制约长期可持续粮食安全。面对粮食生产的国内成本上升和国外竞争日盛，要增强我国综合实力、提升大国地位，就必须加快农业国际化步伐，积极打造有竞争力的农业，应对农业全球化挑战。

一是合理利用国际农业资源。我国是粮食消费大国，也正在成为粮食进口大国，应清醒地认识我国粮食供需形势，在坚持立足国内、基本自给的基础上，适度进口国外农产品、有效加大对世界农业资源的利用，缓解国内农业资源短缺压力，提高我国的粮食安全水平。

[1]　中国农业科学院．中国农业产业发展报告（2018）．北京：经济科学出版社，2018.

[2]　彭瑶．农业农村部：1–5 月进口美国农产品金额同比下降 55.3%. 中国网，2019.

二是加强两个市场两种资源的统筹。通过土地制度、农业经营体制、财政金融和外贸体制改革，以制度创新形成资源集约节约与高效利用机制，提高统筹利用国际国内两种资源两个市场的能力，实现以粮食为主的农产品供求平衡，增强社会经济稳定发展的保障能力，构建粮食安全新战略。

三是降低农业生产成本。国外农业科技进步最重要的一个目标是“降本”，而我国目前也需要从优化农业资源配置、提高资源利用效率和农业产业比较效益与竞争力的目标出发，加大包括基础设施、农业科学研究和开发等在内的公共投资，在利用科技进步实现“增产”的同时，更多地着重于降低农业生产成本，尤其是实现大宗农产品，如粮食类、棉麻类等的提质降本，才能实现与国外农产品的有效竞争。

四是推进农业科技对外交流与合作。围绕我国建设现代农业的重大科技需求，把握国际农业科技发展的脉络和走势，积极引进、消化和吸收国际先进技术，加快我国农业科技创新步伐，拓宽农业科技国际合作的领域，保护农业知识产权。学习国际先进的科学方法和管理经验，进一步扩大国际学术人才交流，在更大范围、更广领域和更高层次上推进农业科技国际合作与交流[1]（表 4–4）。

表 4–4　中国农业科技主要类型及国际合作重点区域

科技类型	代表性科学技术	科学技术优势	国际合作的重点区域
育种类技术	杂交水稻技术	杂交稻通过形态改良和利用杂种优势相结合的技术路线来提高产量，不会改变水稻的原有结构，不会引起水稻的病变。产量高，适用性强	亚洲、非洲、南美洲各国以及部分欧美发达国家
	转抗虫基因三系杂交棉分子育种技术、转植酸酶基因玉米技术等	抗虫性强，可育性稳，杂种优势明显	注重技术创新的发展中国家和欧美发达国家
	以分子生物技术为载体的单倍体育种技术	优良纯合系后代不分离，表现整齐一致，故育种年限短。单倍体植株中由隐性基因控制的性状更容易显现	注重技术创新的发展中国家和欧美发达国家
灌溉类技术	膜下滴灌技术	高节水、增肥效、促增产、投入少、造价低，易推广	干旱、半干旱国家和地区，如中亚五国、蒙古、印度以及非洲各国等
实用型技术	耕作栽培新技术，病虫害综合防治技术，畜牧、水产养殖技术，家禽疫病防治技术等	技术简单，易操作，适用性强，且成本低，见效快	东南亚国家、拉美、非洲等发展中国家
	农村小水电技术	工程简单，建造周期短，开发成本低，输变电设备简单，线路输电损耗小。水库的淹没损失、移民、环境和生态等方面的综合影响甚小	南亚、东南亚、拉美、非洲等发展中国家

[1]　谭华，吴敬学，杨培植 . 改革开放以来农业科技发展：成就、机遇和挑战 . 农业经济，2010.

续表

科技类型	代表性科学技术	科学技术优势	国际合作的重点区域
	农村沼气综合利用技术	依据生态学原理，以沼气建设为纽带，将畜牧业、种植业等科学、合理地结合在一起，通过优化整体农业资源，使农业生态系统内做到能量多级利用，物质良性循环，达到高产、优质、高效、低耗的目的	亚洲、非洲、拉美等资源、能源短缺型国家和地区
物化类技术	动植物新品种、新肥料、新农药、新机械、动物疫苗等	商品化程度较高，可以直接以产品形式进入市场交易或有偿转让	亚洲、非洲、南美洲各国以及部分欧美发达国家
体制机制创新	新农村发展研究院新型农业科技推广模式	发挥高校人才培养、科学研究、社会服务和文化传承的综合能力，构建农、科、教相结合的新型农村综合服务模式，大力推进校地、校所、校企、校农间的深度合作，构建以高校为依托的“大学农村科技推广服务模式”	注重体制机制创新的发展中国家，尤其是与中国国情具有某种趋同性的一些发展中的大国
	农垦系统农业科技发展模式	作为农业的“国家队”和现代农业建设的“排头兵”，农垦系统不与农业争地，力求开辟农业发展新基地，创新农业科技新体制，积极推进生产经营市场化、企业组织集团化、社会管理属地化、公共服务均等化	注重体制机制创新的发展中国家，尤其是与中国国情具有某种趋同性的一些发展中的大国

1.4　科技进步与可持续发展的更高追求

1.4.1　新科技革命方兴未艾

习近平指出，“进入 21 世纪以来，全球科技创新进入空前密集活跃的时期，新一轮科技革命和产业变革正在重构全球创新版图、重塑全球经济结构”，学科之间、科学与技术之间的关联更加密切。

推进农业现代化进程，核心问题就是要加速农业科技进步。2017 年，农业科技进步贡献率达到 57.5%，主要农作物良种覆盖率稳定在 96% 以上 [1]，农业科技进步的驱动作用日益彰显。

近年来，生物科学与技术、计算机和信息技术等极大地推动了农业高速发展，新材料与新能源、航空与航天以及自动控制等现代技术也加速了对农业的武装。可以说，世界新技术革命的浪潮对农业和农业科技产生着越来越广泛和深刻的影响。

[1]　国家统计局 . 改革开放 40 年我国农业农村发展成就综述 . 中国农业文摘 – 农业工程，2019.

2018 年 12 月，中国工程院战略咨询中心、高等教育出版社及科睿唯安联合发布《全球工程前沿 2018》报告，报告中通过共被引聚类方法和多轮专家研讨，遴选得出每个领域的工程研究前沿和开发前沿（表 4–5）。

表 4–5　全球农业研究与开发前沿

前沿性质	所属学科	研究前沿	前沿类别
研究前沿	作物科学	主要农作物分子设计育种	新兴研究前沿
	农业生物工程	CRISPR/Cas9 农业生物基因编辑	颠覆性研究前沿
	农业工程	智能农机装备	新兴研究前沿
	农业资源科学	全球气候变化与作物生产	传统深入研究前沿
	应用生态学	土壤菌群多样性与生物固氮	传统深入研究前沿
	应用生态学	植物多样性与全球生物安全	传统深入研究前沿
	农业资源科学	土壤重金属污染及对农作物的胁迫	传统深入研究前沿
	作物学	作物营养供给与农业可持续发展	传统深入研究前沿
	农学资源科学	植物对生物与非生物胁迫反应机制	新兴研究前沿
	林业工程	森林结构对森林碳循环的影响	传统深入研究前沿
开发前沿	动物医学	动物干细胞利用技术	颠覆性开发前沿
	农业工程	农业废弃物与生物质能源转化	新兴开发前沿
	作物学	作物转基因技术	颠覆性开发前沿
	植物保护	高效低毒作物病害防治化合物研制	传统深入开发前沿
	动物医学	动物模型及动物基因组编辑	颠覆性开发前沿
	植物保护	抗病基因的导入与抗病新品种应用	传统深入开发前沿
	农业工程	农业设施中太阳能的高效利用	新兴开发前沿
	农业工程	智能农机具的开发利用	新兴开发前沿
	林业科学	林业信息数据库构建与生态系统建设	传统深入开发前沿
	作物科学	作物自交系与杂交新品种选育	传统深入开发前沿

资料来源：根据《全球工程前沿 2018》报告整理

与此同时，大数据挖掘、人工智能、生物基因等新型科学技术正在颠覆性地重塑人类赖以生存的经济、社会、文化和环境，其对传统农业及农业学科的冲击也是巨大的。

（1）大数据

2014 年国际数据公司推算出全世界的数据总量有 4.4 万亿兆字节，把这么多的信息塞进纤薄的苹果平板电脑里，摞起来可以达到 157 000 英里高，是地球与月球距离的 2/3[1]。科技发展至今，我们已经进入了大数据时代。大数据搅动了整个世界，引发了管理革命，

[1]　史蒂夫·洛尔 . 胡小锐，朱胜超，译 . 大数据主义 . 北京：中信出版社，2015.

改变了企业的生存法则，可以提供个性化服务，但也存在泄漏隐私的黑洞。它在一定程度上已经和正在改变人们观察、认识、思考乃至生存与发展的方式。

大数据对农业发展的影响也是巨大的。如农民们甚至可以通过手机连接到实时气象数据，通过云端软件计算最优化的收割时间。农业大数据可以融合农业的地域性、季节性、多样性、周期性等自身特征数据，也可以收集耕地、播种、施肥、杀虫、收割、存储、育种等各环节的数据，大数据分析对农业环境与资源、农业生产、农业市场和农业管理等各个领域均产生广泛影响。

（2）人工智能

2018 年世界人工智能大会组委会指出，“人工智能已成为新一轮科技革命和产业变革的核心驱动力，正在对世界经济、社会进步和人类生活产生极其深刻的影响”。机器翻译、机器写作、机器视觉、机器人、语音识别、智能穿戴、深度学习、自动驾驶等人工智能将深刻地影响着人们的生活，智慧医疗、智慧生活、智慧金融、智慧城市都会在不久的将来照进现实。世界各国都在积极布局人工智能领域。如 2016 年 10 月美国国家科技委员会与美国网络和信息技术研发小组委员会发布了《国家人工智能研究和发展战略计划》，同时美国国家科技委员会发布了《为未来人工智能做好准备》，2017 年 10 月美国信息产业理事会又发布了《人工智能政策原则》。

人工智能在农业领域的具体体现就是智慧农业。智慧农业将运用大数据、物联网、移动互联、云计算等先进技术对农业生产、分配、交换、消费等各个环节进行控制。除了精准感知、控制与决策管理外，从广泛意义上讲，智慧农业还包括农业电子商务、食品溯源防伪、农业休闲旅游、农业信息服务等方方面面的内容。

（3）生物技术

进入 21 世纪，生物技术已成为新技术革命的三大核心之一，其发展使生命科学在自然科学中的地位发生了革命性的变化，其成果也以惊人的速度改变着医疗卫生、工农业、环境、能源和食品等许多领域的发展水平。习近平总书记在两院院士大会上的讲话指出：以合成生物学、基因编辑、脑科学、再生医学等为代表的生命科学领域孕育新的变革。随着我们对遗传学认知的加深，我们已经可以通过搭建新的 DNA 来实现无中生有，创造出新的生物。其在农业领域的典型表现就是转基因农作物和转基因食品等。但是与此同时，我们正站在一场生物革命的突破口，接受科技伦理的拷问。

总之，上面所论述的三大科学技术领域，每一个领域的发展都会对人类赖以生存的经济、社会、文化和环境产生颠覆性的影响，再加上目前三大领域深度交叉融合产生的叠加效应，必然加速这种颠覆。其对传统农业从育种、种植、养殖、生产、运输、储存、销售、消费、回收、循环利用等各个环节也都将产生颠覆性的影响，使传统农业发生整体根本性改变。

1.4.2　生态环境与资源保护成为新时代重大课题

习近平总书记在 2018 年全国生态环境保护大会上的讲话指出：“总体上看，我国生态环境质量持续好转，出现了稳中向好趋势，但成效并不稳固。生态文明建设正处于压力叠加、负重前行的关键期，已进入提供更多优质生态产品以满足人民日益增长的优美生态环境需要的攻坚期，也到了有条件有能力解决生态环境突出问题的窗口期”。2018 年 3 月 11 日，十三届全国人大一次会议表决通过《中华人民共和国宪法修正案》，将新发展理念、生态文明和建设美丽中国的要求写入宪法。

正像 2019 年全国生态环境保护工作会议指出的，我国生态环境保护工作面临难得的大好机遇。但治理任务仍然严峻。水土流失、荒漠化与土地退化、石漠化、山地灾害等，仍然威胁着国家生态安全、饮水安全、防洪安全和粮食安全，制约山丘区经济社会发展，影响全面小康社会建设进程。极端天气发生的频率与强度有所增强，生物多样性保护任务的愈发艰巨也对当下生态环境保护工作提出了更大的挑战。

在海洋环境与资源方面也是压力犹存。目前，我国的水产养殖业主要集中在内陆水域和 20 米等深线以内浅近海海域。一方面，随着人口持续增长和工业化、城市化进程的加快，传统水产养殖水域不断萎缩，发展空间受限；另一方面，由于养殖密度过大、养殖模式不合理等，造成养殖水体自身和邻近水域环境恶化、养殖生物病害频发、养殖产品质量和安全无法保障、单位产量能耗不断升高等一系列问题。在海洋捕捞方面，我国生态型捕捞技术开发不足，缺乏基于资源承载力的限额捕捞管理政策，普遍存在重开发、轻养护的问题，对生态和资源保护不够，导致海洋生物栖息地破坏严重、物种多样性持续下降、渔业资源趋于枯竭，难以可持续利用和发展。

建设良好的生态环境是实现中华民族伟大复兴的重要基础。目前，我国生态环境与资源保护的新需求包括：保护与合理利用土地资源，缓解人地矛盾；保护与高效利用水资源；加强林业生态工程建设，精准经营森林资源；保护合理草地资源；加大生物（种质资源）资源保护力度等。而面对生态环境发展的总体形势，农科高等教育需要在新时代背景下，助力科技进步与可持续发展，不断加强生态环境和资源保护基础研究的人才培养、队伍建设、能力建设，积极开展“十四五”生态环境保护规划和迈向美丽中国生态环境保护战略等前瞻性研究，推进生态修复（或生态恢复、生态工程）相关专业发展。同时，要在高等教育和科技领域突破国界限制，围绕地区性的生态环境和资源保护问题，建立、发展国际高等教育和科学研究平台，提升国家在科技进步和可持续发展领域的国际地位。

1.4.3 人类健康福祉呼唤农业更大作为

“人人享有健康是全人类共同愿景，也是共建人类命运共同体的重要组成部分”[1]。健康是人类生存与发展的基础，营养与健康是时代的重大主题。面对公共卫生环境急遽变化，人畜共患疾病频频突袭，非传染性疾病负担日益增加，新兴中产阶层对医疗健康的期望不断攀升，人类的健康福祉面临着巨大的不确定性挑战，农业为“人人得享健康”目标提供了坚实保障。

[1] 习近平 . 博鳌亚洲论坛全球健康论坛大会贺信 .

随着转基因、基因编辑等农业生物技术的广泛应用，农业领域的“第二次绿色革命”呼之欲出，绿色发展成为全球共识；生物医学和营养健康相关领域进入科学、精准和智能时代；伴随全球化向纵深发展，农业国际贸易正面临着深刻的变化，带来全球范围内的农业政策、投资、营销等领域的调整；当前，农业科学从人居环境、生态等层面更加关注人与自然的关系，更注重与人文社会科学学科的广泛交叉融合，农业成为解决人类现代化困境的自然路径。

概而言之，农业科学领域的变革，正在伴随有效的、可复制的、创新的政策、卫生系统的设计和实施，以及数据科学转化成为人类的健康和福祉。

1.5　国内外教育发展趋势

1.5.1　中国教育现代化 2035

《中国教育现代化 2035》提出推进教育现代化的指导思想是：以习近平新时代中国特色社会主义思想为指导，全面贯彻党的十九大和十九届二中、三中全会精神，坚定实施科教兴国战略、人才强国战略，紧紧围绕统筹推进“五位一体”总体布局和协调推进“四个全面”战略布局，坚定“四个自信”，在党的坚强领导下，全面贯彻党的教育方针，坚持马克思主义指导地位，坚持中国特色社会主义教育发展道路，坚持社会主义办学方向，立足基本国情，遵循教育规律，坚持改革创新，以凝聚人心、完善人格、开发人力、培育人才、造福人民为工作目标，培养德智体美劳全面发展的社会主义建设者和接班人，加快推进教育现代化、建设教育强国、办好人民满意的教育。将服务中华民族伟大复兴作为教育的重要使命，坚持教育为人民服务、为中国共产党治国理政服务、为巩固和发展中国特色社会主义制度服务、为改革开放和社会主义现代化建设服务，优先发展教育，大力推进教育理念、体系、制度、内容、方法、治理现代化，着力提高教育质量，促进教育公平，优化教育结构，为决胜全面建成小康社会、实现新时代中国特色社会主义发展的奋斗目标提供有力支撑。

《中国教育现代化 2035》提出了推进教育现代化的八大基本理念：更加注重以德为先，更加注重全面发展，更加注重面向人人，更加注重终身学习，更加注重因材施教，更加注重知行合一，更加注重融合发展，更加注重共建共享。明确了推进教育现代化的基本原则：坚持党的领导、坚持中国特色、坚持优先发展、坚持服务人民、坚持改革创新、坚持依法治教、坚持统筹推进。

现代化是人类社会从传统的农业社会向现代工业社会、信息化社会转型发展的动态的历史进程，这一过程，既是发展中国家追赶发达国家的过程，也是人的发展由片面束缚转向全面自由的过程，实质上，现代化的核心是人的现代化。开展“新农科”教育，应在“五大发展理念”和“四化同步”的指导下，在推进教育现代化的“八大基本理念”的基础上，将乡村振兴战略对接经济全球化和正在兴起的第四次产业革命，兼顾世界农业现代化的发展规律和中国农业农村的现实需求，探索新时代中国特色高等农业教育体系；加强高等农业教育的综合改革，进一步转变教育理念、改进培养模式，突破长期单科性办学的局限性，走出象牙塔，践行现代大学的社会责任；面向2035年基本实现农业农村现代化和2050年实现乡村全面振兴目标，通过对“卓越农林人才教育培养计划”的升级改造，加强农科人才供给侧结构性改革，构建“本研衔接”“交叉渗透”“科教协同”“产教融合”的多样化人才培养立交桥，提高卓越农林人才在知识、能力和素质等方面对新时代的适应性[1]。

1.5.2 混合式教学推动教育变革

在线教学、合作学习等新的教学方式融入传统课堂，优势互补形成新的混合式教学，已经成为当前高等教育发展的一个必然趋势。《国家中长期教育改革和发展规划纲要（2010—2020年）》指出“要注重学思结合，倡导启发式、探究式、讨论式、参与式教学，帮助学生学会学习”，这不仅体现了国家对教育教学改革的迫切愿望，而且对教学策略优化做出了顶层指引。农科高等教育具有教学内容丰富多样、实践性强的特点，在教学过程中帮助学生学会学习尤为重要。《教育信息化十年发展规划（2010—2020年）》还强调要“推进信息技术与高等教学的深度融合，促进教育内容、教学手段和方法的现代化”，这在推进教学方法改革的同时，也对教学工具和手段的优化提出了要求。

各农林院校不断地积极尝试翻转课堂、合作式学习、交互式学习平台等手段，以提高学生深度学习、自主学习的程度，提高教育教学质量。中国农业大学的教师应用混合式教学方法，在研究生专业课“食品保藏技术研究进展”中坚持“教是学的主导，学是教的主体”的原则，结合课程内容的特点，关注学生的知识背景和学习能力，设计了“分组讨论”“翻转课堂”“案例教学”等参与式为主的混合式教学模式，并采用“多次评价”和“实时评价”的方式对教学效果进行评价。最后发现混合式教学方法结合实时教学评价体系，既能兼顾课程先修背景不同的学生的需求，又能在教学过程中提高学生的参与程度，能够有效地提高学生运用专业知识分析和解决问题的能力，还能够培养学生的协作精神和表达能力，从而全方位地提高课堂教学效果[2]。南京农业大学的教师针对课时少内容多、教学模式单一等课程教学中存在的问题，采用混合式教学模式设计和开发了“数字图像处理”课程的教学，通过搭建网络课程、借助网络平台、指导学生自主学习等方法创设了线上线下混合式教学模式。通过一学期的建设和应用发现，新的混合式教学模式能够满足学生使用，而且较为便捷，能够激发学生的学习兴趣[3]。西北农林科技大学的教师采用混合式教学方式重新设计了“自然地理学”课程的教学，在课程内容结构、课程资源分配、成绩

[1] 董维春，梁琛琛，刘晓光．从传统到现代的高等农业教育——兼论中国“新农科”教育．中国农史，2018.

[2] 梁建芬．应用混合式教学方法，提高研究生专业课的教学效果——以“食品保藏技术研究进展”教学为例．中国农业教育，2017.

[3] 刘璎瑛，屈鹏程，腾秀梅，等．基于学习通的《数字图像处理》混合式教学模式设计与研究．中国教育信息化，2018.

构成等方面进行了新的尝试，激发了学生的学习兴趣、解决了教学中的难点，取得了良好的教学效果[1]。可以说，混合式教学正逐渐深入农科高等教育的教学过程中去，经过教师的实践和调整，不断发挥其优势和作用。

1.5.3 涉农高校学生全球胜任力培养

“全球胜任力”最初由美国人提出，后由经济合作与发展组织（Organization for Economic Co-operation and Development，OECD）进行了权威定义。1988 年，美国国际教育交流协会（Council on International Educational Exchange）发表了《为全球胜任力而教》（*Educating for Global Competence*）的报告。2011 年美国哈佛大学的“零点工程”与跨文化研究项目和美国亚洲协会联合发表《为全球胜任力而教：使我们的青年一代为参与世界而准备》。2017 年，OECD 发布阶段性工作报告《为了一个包容世界的全球胜任力》（*Global Competence for an Inclusive World*），将“全球胜任力”定义为“从多个角度批判地分析全球议题及跨文化议题的能力；理解差异如何影响观念、判断以及对自我和他人的认知能力；在尊重人性尊严的前提下，与不同背景的人进行开放、适宜、有效互动的能力”。清华大学也积极开展了“全球胜任力”研究和培养探索，将“全球胜任力”定义为在国际与多元文化环境中有效学习、工作和与人相处的能力。

OECD 将“全球胜任力”解构成四个维度，分别是知识（knowledge）、认知技能（cognitive skill）、社会技能和态度（social skills and attitude）、价值（value）。知识维度，强调对地区、全球及跨文化问题的关注和理解；认知技能维度，强调对人类命运和可持续发展的责任感和行动力；社会技能和态度维度，强调持有开放的态度进行有效得体的跨文化交流；价值维度，强调理解与尊重他人世界观和对待事物的看法。

清华大学从世界知识与全球议题、语言、开放与尊重、沟通与协作、自觉与自信、道德与责任六个方面概括了全球胜任力应包括的内涵，认为全球胜任力体现在对世界历史、地理等知识的了解，对不同国家政治和文化差异及人类相互依存、共同发展的理解，对环境、能源、健康、安全等全球议题的关注，具有开放的心态和跨文化同理心，合作精神和协调能力强，能有效进行多语言和跨文化交流，不断自我审视、自我提升，遵守社会伦理和职业道德，勇于承担社会责任，推动人类可持续发展。

1.5.3.1 农科学生全球胜任力核心要素

新农科学生全球胜任力应体现时代特征、人类共同命运的责任感和推动全球农业可持续发展的使命感。重点培养以下五个方面的核心素养。

（1）人类命运共同体意识

当今世界正处在大发展大变革大调整的重要时期，各个国家和地区形成了一个一荣俱

[1] 严宝文，宋松柏，栗现文．基于混合式教学方式的“自然地理学”教学模式研究．黑龙江教育（高教研究与评估），2018.

荣、一损俱损的格局，树立人类命运共同体意识是顺应人类社会发展历史大趋势的必然要求。新农科学生应牢固树立人类命运共同体意识，要学会从建设好、呵护好人类共有的地球家园的出发点，分析看待地区及全球问题；要充分认识和尊重人类文明的多样性，学会从不同文明中寻求智慧、汲取营养，携手解决人类面临的各种问题和挑战；要牢固树立尊崇自然、绿色发展的理念，担负起建设清洁美丽世界，推动生态文明迈入新时代的使命。

（2）国际理解力

全球胜任必须具有全球意识和开放的心态，了解人类文明进程和世界发展动态，在对本民族主体文化认同的基础上，尊重、了解其他国家、民族、地区文化的基本精神及风俗习惯，具备国际理解能力与素养。为此，新农科学生要强化中华优秀文化学习，在充分的文化自信与自豪感的基础上，尊重并学习世界上其他文化知识，积极参与跨文化交流，提升自我的国际理解力。

（3）对全球议题特别是农业相关议题的关注与认识

全球胜任必须关注全球议题。新农科学生尤其应关注全球性涉农议题，了解当下亟待解决的问题，包括气候变暖、环境生态、贫困饥饿等；要学会正确分析认识这些议题，思考未来发展趋势，探究这些议题相关因素的联系。具有全球胜任力的人，必须习惯于面对复杂的全球性议题，拥有预见全球议题发展趋势的能力，并善于发现议题相关因素的联系，积极探求解决问题的方式。

（4）对世界农业科技与经济相关知识的学习与掌握

农科学生全球胜任，最终体现在对全球农业经济贸易、农业科技进步与推广等的贡献上，能够为世界不同地区的农业组织、农村社区发展和农牧民幸福生活提供智慧和方案。新农科学生要掌握世界地理知识与气候变化，熟悉各国农业政策与各地农业生产方式，既了解世界农业科技前沿知识，又懂得因地制宜解决具体问题。

（5）团队协作与跨文化交流能力

全球胜任力要求新农科面向全球市场、跨国企业、国际组织培养人才。培养的人要具有在国际团队中协作与沟通的能力。掌握至少一门外语和跨文化交流能力是必备技能。要培养学生开放包容的心态，懂得求同存异，理解和接纳不同的观点和看法，尊重他人价值观和世界观，学会与不同文化背景的人进行有效交流和互动。

1.5.3.2　农科学生全球胜任力培养途径

（1）课程教学

课程教学是培养学生能力的主要途径之一。全球胜任力的培养需要系统的支持学生发展的课程体系。要将培养全球胜任力纳入新农科培养方案，围绕全球胜任力的核心素养培育，制订教学计划，组织课程教学。要加强中国和世界文化、历史、地理等知识，以及全球议题、语言、写作与沟通等相关的通识教育，帮助学生树立人类命运共同体意识，培养学生跨文化交流能力。

（2）国际交流合作

通过加强学生培养的国际交流合作，开展学生交流交换、联合培养、联合科研，组织参加国际学术会议等，给学生提供更多的跨文化交流机会，可以增进学生对不同文化的理解，锻炼跨文化交流能力。要广泛与世界各国开展人文交流，特别是“一带一路”沿线国家和广大发展中国家，拓宽学生国际视野，增强学生对世界文化多样性的认识和全球议题的关注，增强学生对人类命运共同体的认识和对人类社会可持续发展的责任感和使命感。

（3）海外实习实践

通过组织学生海外实习，开展学生海外实践教育，让学生在体验不同文化的过程中，潜移默化培养自己的全球胜任力。要组织学生赴我国政府部门和企业海外机构、国际组织、跨国公司等机构实习，让学生在国际团队中培养锻炼自己的协作与沟通能力。组织学生赴国外开展社会调研、志愿服务、文化考察等社会实践活动，让学生通过自己的切身体会，感受不同文明的魅力，增进学生国际理解。

（4）国际文化熏陶

通过文化育人，也可以培养学生的全球胜任力。通过组织举办世界文化知识讲座、国际名师进校园、世界文化校园展览、校园国际文化节及中外学生文艺联欢等活动，丰富国际文化交流，建设一个开放的多元文化荟萃的校园，可以让学生不出校门接受世界文化熏陶，涵育学生国际理解与跨文化交流素养。

2　面对的新挑战

农业产业新业态的发展需要并呼唤农业高校依托自身科技和人才优势，在这一片关系国计民生的广阔天地中有所作为、有大作为。培养符合现代农业发展需求的优秀人才，农业高校更是责无旁贷。但目前，“招不来、下不去、留不住”仍是困扰农林高校的普遍问题，农业高校在学科专业设置和人才培养模式上也存在着同质化现象，复合应用型人才培养模式较为单一，农科人才所学知识技能与社会发展和产业需求不完全契合，缺乏一定的综合实践能力，人才的质量、规格、结构等都与乡村人才振兴要求有一定的差距。面对这一系列的问题和挑战，农业高校亟须围绕新时代农业农村现代化发展的现实需要，通过有效的人才培养模式改革和专业优化设置，加快培养一批高素质农业科技人才，为现代农业发展提供有力支撑。

2.1　高等农业教育在国家高等教育体系中的地位不高

近年来，社会对高等农业教育的地位与作用的认识有了一定的提高，但在重视经济效益，忽视社会效益、生态效益的情况下，轻视农业、轻视农业科技、轻视高等农业教育的现象一直存在。这种观念与情绪必然不利于高等农业教育队伍的稳定与发展，直接影响农业科技成果的水平和人才培养的质量。高等农业教育在国家高等教育体系中的地位不高。以国家重点建设的农业高校为例：首批“双一流”建设高校名单中，仅有两所农林高校（中国农业大学、西北农林科技大学）被列入一流大学建设高校，占 42 所一流大学建设高校的4.8%；农业类“双一流”学科建设数为24个，占465个“双一流”建设学科的5.16%。这种现实状况与高等农业教育在我国经济社会发展过程中应有的战略地位极不相称，严重制约了我国高等农业教育的发展。

2.2 高等农业教育布局与农业产业布局不协调

从农林院校数量和分布来说，2017年，全国共有高等农林本科院校47所，高职高专53所，分布情况如表4–6所示。

表4–6 2017年全国高等农业本科及高职高专院校分布情况

地区	本科/所	高职高专/所	地区	本科/所	高职高专/所
北京市	3	1	湖北省	1	1
天津市	1	0	湖南省	3	1
河北省	2	0	广东省	3	0
山西省	2	2	广西壮族自治区	0	3
内蒙古自治区	1	0	海南省	0	0
辽宁省	2	3	重庆市	0	0
吉林省	2	1	四川省	1	1
黑龙江省	3	7	贵州省	0	0
上海市	1	1	云南省	2	5
江苏省	2	6	西藏自治区	1	0
浙江省	3	1	陕西省	1	1
安徽省	1	1	甘肃省	1	3
福建省	1	4	青海省	0	1
江西省	1	3	宁夏回族自治区	0	1
山东省	3	1	新疆维吾尔自治区	3	2
河南省	3	3	合计:	47	53

高等农林院校最集中的三个地区是黑龙江、江苏和云南，分别拥有10所、8所和7所。黑龙江、北京、浙江、山东、河南、湖南、广东、新疆各拥有3所本科院校，黑龙江、江苏和云南的高职高专院校最多，各有7所、6所和5所。海南、重庆、贵州等3个地区没有独立建制的农林院校，青海和宁夏均只有1所高职类专科学校。总体看来，高等农林教育的地区布局尚需调整，整个西南地区的农林本科院校仅有4所，数量偏少；华南地区也只有6所农林院校，其中3所本科在广东，3所高职类专科在广西，分布并不均衡。

对比各地区农林牧渔业发展的情况，2017年，农林牧渔业在当地国内生产总值构成占比中最高的五个地区分别是海南（21.6%）、黑龙江（18.6%）、广西（15.5%）、贵州

（15%）和云南（14.3%），占全国农林牧渔业总值比最高的五个地区是山东（7.8%）、四川（6.9%）、河南（6.7%）、江苏（6.5%）和广东（5.8%），可见，无论是从全国范围，还是立足地方经济来看，高等农业教育布局与农业产业布局都存在明显不协调的问题。

同时，随着农林院校向多科性综合化发展，不少高校快速增设专业，部分农林院校陷入了“去农化”和片面追求综合化的误区，一些专业的增设不仅与农业无关，且趋同性明显增强。在部分农林院校中，这些专业的设置缺乏学科基础，导致学科容量很小，专业发展水平较低，甚至有“低水平重复”和“教育资源配置不合理”之嫌。因此，农林院校也需要进一步结合自身优势与特色，立足区域经济发展需求，不断调整与优化学科专业布局。

2.3　涉农高校人才培养不适应农业农村现代化发展的新需求

农业院校一直在探索农业人才的培育模式，但总体来说，涉农专业人才培养与社会发展需求之间还存在结构性矛盾，与乡村振兴的整体需求存在差距。专业化教育创新能力有待提高，职业化教育与生产结合的不够紧密，面向新型农业经营主体教育需要更广的专业口径。

相关调研发现，用人单位对人才的诉求和学校的培养还存在较大的差别，一个突出的矛盾便是，单位需要能解决实际问题的人才，而学校培养的毕业生恰恰在实践能力上相对欠缺一些。如农业科技企业希望农业人才除具有涉农专长外，具有与企业经营发展相关的综合素质与知识储备，具有商业敏锐思维。种业企业希望涉农毕业生具有种植业产业链综合素质，具备“种子经营 + 农技配套服务 + 农产加工与营销”等领域知识储备，有较强的实践动手能力、思考能力，胜任农业产业化经营需求。而现有涉农人才培养专业条块分割严重，社会参与度、融合度有限。

2.4　高等农业教育对社会的吸引力不足

总体看来，农业院校，特别是涉农专业在生源竞争中处于明显劣势。受传统观念影响，由于农学类专业的“艰苦性”和服务对象的“艰苦性”等原因，社会对“农”的传统偏见和低视依然存在，造成农业院校和涉农专业对年青一代的吸引力有限，高等农业院校招生难、招优秀生源更难，生源质量在同层次的高校中基本处于“垫底”位置，与同一层次的综合性大学、理工科大学相比，招生分数一般相差 30 ~ 60 分。西北农林科技大学、江西农业大学、河南农业大学、沈阳农业大学等高校对本科专业生源热门度的分析结果表明，报考热度最低的专业均是传统农科专业。这甚至造成了部分农科院校涉农专业萎缩严重，仅占招生规模的 20% ~ 30%，一些特色小宗作物人才稀缺，后继乏人。高职高专院校涉农专业招生更是举步维艰，部分涉农专业因无人报考而停招、停办，这也导致了务农农民以半农半读、弹性学制模式接受系统性职业教育的渠道不畅。国家实施新的研究生推免政策以后，农业高校研究生优质生源问题进一步凸显，自己培养的优秀本科生都流向了综合性大学和科学院系统，严重影响农业大学高层次人才培养质量。

生源质量直接关系到高等农林院校的人才培养质量。在我国农业公益性成分越来越大的今天，服务于农业的高等农业院校更需要高素质的生源，目前的招生制度下农业大学生源状况令人担忧，束缚高等农业教育的发展。但同时，“入口难”的问题也在倒逼高等农林院校的改革，农林院校不仅需要进一步完善招生、培养与就业的联动机制，更需要以招生改革为龙头，带动学校培养机制、管理体制等全方位的改革，以切实解决“入口”弱的历史难题。

2.5　高等农业教育的投入机制亟待改革与创新

农科院校办学条件与发展需求的矛盾仍然十分突出。一方面，针对高等农业教育的国家财政投入相对较少。与规模和办学层次大致相同的其他类型高校相比，国家对农业院校的财政投入一直偏低。据统计，2016 年中国农业大学的中央教育经费拨款仅为清华大学的 30%，地方教育经费拨款更少，仅为清华大学的 6%。2016 年教育部直属的四所农业院校的中央教育经费拨款之和，仅能与清华大学或北京大学持平。作为我国高等农业教育主体的地方院校，所能获得的财政拨款和其他经费投入相对更少，财源单一匮乏[1]。另一方面，高等农业院校与行业间的协同机制缺失。高等教育体制改革打破了行业部门办学的格局，大多数高等农业院校都脱离了原有行业部门的主管，由于体制改革先行，没有配套完善的协调机制，一定程度上阻碍了大学与行业的联系，也削弱了行业对高等农业教育的投入力度。同时，高等农业院校在将科研资源转化为教育资源方面仍存在瓶颈。农业科技成果转化周期长、投入大，社会效益高，经济收益差，再加上科学研究和成果推广之间仍然存在着一定程度的脱节，导致成果转化对人才培养的回馈作用不能得到充分发挥，农业高校办学资金筹措渠道有限，自我造血能力较差。

办学经费的普遍不足，使得农林院校的办学条件都相对较差，不仅在硬件设施上难以满足新时代农业人才培养的要求，更重要的是，在当前人才竞争如此激烈的背景下，难以吸引优质师资。涉农专业人才培养成本高，但学费偏低，同时农村学生和贫困生比例又高，学校还要从有限的学费中拿出一部分用于资助贫困生，无疑加剧了高等农业院校的办学经费紧张程度。

近年来，教育投入虽有增加，但大多数农业院校原有基础薄弱，招生规模又快速增长，实验室、实践教学基地建设滞后，难以满足现代化教学的需求，学生实践动手能力训练受到削弱，培养质量受到一定影响，高等农业教育的投入机制亟待改革与创新。

[1]《农业院校农科人才培养使用状况及农业行业人才需求研究》课题组. 我国高等农科人才培养状况总体分析. 高等农业教育，2012.

3　提出的新需求

扎根中国大地、服务国家战略，是高等农业教育矢志不渝的办学初心。随着中国特色社会主义进入新时代，全面建成小康社会进入决胜阶段，我们长期服务并熟悉的三农领域在不断转型升级，现代生物、工程信息、人工智能等对传统农业的改造，农业新产业新业态的发展态势，乡村振兴战略与生态文明建设等，无不呼唤着高等农业教育的改革与创新。

方向明，才能行稳致远；目标准，方可守正出新。农科高等教育要在保持快速、可持续发展态势上有更大进展，在全国乃至世界高等教育格局中有更重要的地位，在服务国家重大战略和经济社会发展上有新的作为，就必须以更高远的历史站位、更宽广的国际视野、更深邃的战略眼光，革故鼎新、前瞻谋划，为高等农科教育未来发展的提质增速指引路向，谋篇定策。

“新农科”的提出，正是对照新时代新要求、高等农业教育发展的新阶段新挑战，在更高起点上对农科高等教育未来的再认识、再凝练。是新的发展任务，也是新的发展机遇；是建设高等教育强国和实现农业农村现代化的大势所趋，也是我国高等农业教育立足全球科技经济一体化和人类命运共同体、抢占人才和科技创新制高点的孜孜以求，不仅反映出我国高等农业教育一脉相承的志存高远、追求卓越，也必将助推高等农业教育一以贯之的蓬勃向上、历久弥新。这既是对我国农科高等教育发展历史最好的致敬，也是对这个时代最好的呼应！

可以说，从传统农科迈向新农科，展示着我国高等农业教育服务国家重大战略和新时代三农发展的必然担当，体现了科技强国和教育强国对高等农业教育的必然要求，彰显着高等农业教育厚植新优势、引领新发展的必然追求。在这条更加宽广、也充满挑战的路上，农科高等教育需要进一步夯实“立德树人”之基，努力培养具有“世界眼光、中国情怀”的卓越农林人才；需要进一步聚焦创新链的前端，努力构建特色鲜明、适度综合、面向未来的学科专业体系；需要进一步围绕乡村振兴、生态文明、健康中国、海洋强国等国家战略，踏踏实实地“将论文写在中国大地上”，为中国提供农科高等教育的担当和力量；需要进一步加强与国际前沿的“对话”与“交流”，努力以全球视野引领现代农业，为世界提交农科高等教育的中国经验和中国方案。

这，是指南针，是任务书，也是动员令。面对着我国高等农业教育充满无限可能的未来，新农科，势在必行，更呼之欲出！

4　本 章 小 结

中国特色社会主义进入新时代，“三农”的建设与发展面临新的转型与变革，高等教育发展开启新的篇章，我国的农科高等教育也迎来了崭新的历史机遇，承载着新的任务和使命。

新时代农科高等教育面临着新的发展形势。一是“三农”发展与经济社会的关系发生了新的变化，农业功能更多样、业态创新更活跃、农业农村产业融合更深入，将在推动和促进整个国民经济的可持续发展等方面发挥更大的作用，产生整体的社会效益。为了满足现代农业的需求，未来的农业从业者将是知识型、综合技能型、市场经营型、社会责任型，同时具有多元化的社会角色，必然呼唤农科高等教育资源的注入和配合。随着乡村经济社会的变化，原有乡村治理格局也将发生深刻改变，农民权益保护、农村空心化、农村基础设施和公共事业发展、村民自治等突出问题也急需涉农高校合力提出解决之策。

二是国家战略布局对农业农村发展提出了新的要求。乡村振兴战略、生态文明建设、美丽中国建设、健康中国建设、海洋强国战略等一系列的国家重大战略，不仅加快推进着农业农村现代化，描绘出我国未来农业的写真图，也对农科高等教育提出更高层次的人才需求。

三是全球化与国际农业发展有了新的动向。《联合国 2030 年可持续发展议程》让可持续发展观成为全球的共识。推进“一带一路”倡议的农业合作，将成为沿线国家共建利益共同体和命运共同体的最佳结合点之一，有利于推动形成全球农业国际合作新格局。而随着全球农业生产、加工、市场等格局的重要转变，全球农业资源需求矛盾日益突出，如何在全球农业竞争中坚守本国粮食安全的底线，成为世界各国共同面临的问题。在农业发展国际化趋势中，我国更需要充分利用国际、国内农业资源和市场，参与农业国际分工与交换，在国内优化农业资源配置，增加农产品有效供给，增加农民收入，实现农业可持续发展，在国际上不断打造农业领域的“中国品牌”，做世界农业强有力的参与者和引导者。

四是科技进步与可持续发展彰显了更高的追求。生物技术和信息技术为主体的新科技革命热潮，积极推动农业科技创新，加速了对农业现代化的武装。而以低能耗、低排放、低污染为基础的低碳农业，作为一个新兴的发展模式，已经在世界各国悄然兴起，促进着农业的可持续发展。生态环境和资源保护、对人类健康福祉的关注等也已成为现代农业发展新的使命，需要新时代农科高等教育在这些方面的更多作为。

五是国内外教育发展呈现出新的趋势。在我国努力从高等教育大国向高等教育强国转变的新阶段，《中国教育现代化 2035》对实现教育现代化提出了明确要求，引领着新时代高等教育的方向。混合式教学方式推动着教育变革，在线教学、合作学习等新的教学方式融入传统课堂，已经成为当前高等教育发展的一个必然趋势。经济全球化和高等教育的国际化，也促使教育更加关注对学生全球胜任力的培养，让青年一代为参与世界而做好准备。对于农科高等教育而言，需要顺势而上，进一步转变教育理念、改进培养模式，不断提高卓越农林人才在知识、能力和素质等方面对新时代的适应性。

这些新的发展形势，无一不需要我们以更深的历史维度、更高的政治站位、更广的国际视野，准确研判发展形势，科学谋划战略目标，主动融入国家建设、国际战略、区域发展，全面推进我国新时代农科高等教育的高质量、跨越式发展。

但目前而言，我国农科高等教育也面临着严峻的挑战。一是高等农业教育在国家高等教育体系中的地位不高；二是高等农业教育布局与农业产业布局不协调；三是涉农高校人才培养不适应农业农村现代化发展的新需求；四是高等农业教育对社会的吸引力不足；五是高等农业教育的投入机制亟待改革与创新。

知不足而自反，知困而自强。扎根中国大地、服务国家战略，始终是高等农业教育的办学初心。面对新时代新要求、发展的新阶段新挑战，新时代高等农科教育急需围绕农业农村现代化发展和建设高等教育强国的现实需要，进一步增强责任感、使命感、紧迫感，依托自身科技和人才优势，通过有效的人才培养模式改革和专业优化设置，加快培养一批符合现代农业发展需求的卓越农林人才，为实现中华民族的伟大复兴提供强有力支撑。

第五章
“新农科”的概念、内涵与发展路径

前文从历史发展视角、国际比较视角、国内外环境变化分析视角分别阐释了“新农科”建设的必要性，即回答了为什么要培育“新农科”。本章将从理论层面提出“新农科”的概念框架，同时阐释“新农科”的概念内涵，剖析“新农科”与其他学科之间的关系，尝试回答什么是“新农科”。在此基础上，提出“新农科”的发展理念与路径，为“新农科”的具体建设方案提供理论指引。

1 “新农科”的概念与内涵

从语义层面上解析，“新农科”的“新”是指新时代下我国农科高等教育的新发展，即农科高等教育在传承中的创新；“新农科”的“农”是指全农科（农、林、牧、渔、水），面向新时代“三农”发展的关键问题，贡献农科高等教育的解决方案；“新农科”的“科”是指学科，涉及农科的全要素，即知识体系、专业体系、人才培养体系、组织体系和治理体系。从实践层面上审视，“新农科”建设初期有必要统一“新农科”的概念认知，各界达成共识性概念，进而形成“官产学研”的合力，为“新农科”具体实践活动的有效开展奠定基础。

1.1 “新农科”的概念框架

（1）“新农科”的共识性概念建议

“新农科”是以融入全球新技术革命与产业变革为发端，以服务乡村振兴、生态文明、美丽中国、健康中国等国家战略需求为导向，以解决农业农村现代化的关键问题为重点，以科技创新为基础，以人才培养为根本，从知识体系、专业体系、人才培养体系、组织体系和治理体系等维度，重构面向新时代的农科高等教育体系。

（2）“新农科”的体系结构与特征

“新农科”体系的主要结构包括：一是多学科交叉融合、基础研究与应用研究紧密结合、科学研究与技术创新相辅相成的知识体系；二是基础知识与学科前沿相贯穿、国际规范与产业需求相融合的专业体系；三是专业团队与跨学科机构相配合、实体与虚体组织相结合的组织体系；四是理论教学与能力训练相联结、创新创业与产学研相联动的人才培养体系；五是组织设置与制度建设相贯通、内部治理与外部治理相协调的治理体系。

（3）“新农科”的体系逻辑

“新农科”的体系逻辑（图 5–1）主要包括：一是系统性逻辑，即“新农科”体系强调从系统的结构去认识系统的整体功能，并从中寻找系统最优结构，获得最佳系统功能；二是跨学科性逻辑，即“新农科”体系需要吸收跨学科、跨专业要素，将院系结构与跨学科研究组织统一，兼顾学科导向与问题导向；三是协同性逻辑，即“新农科”体系需要密切关注社会的需求来协同、整合校内外各种异质性资源，有效促进科技成果落地和转化。

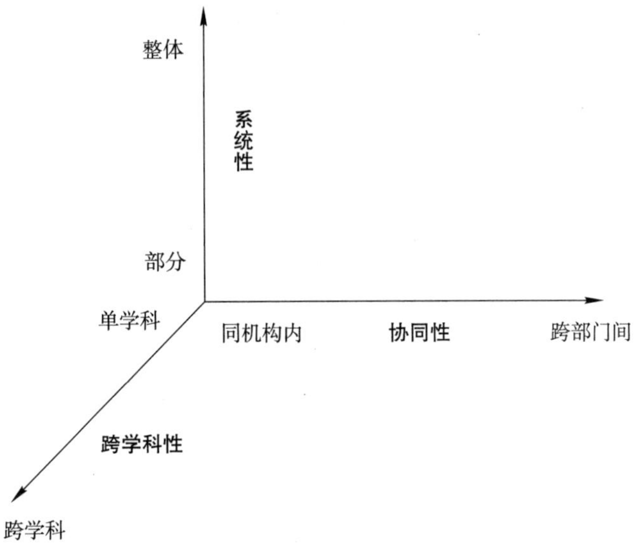

图 5–1 “新农科”的体系逻辑

1.2 “新农科”的内涵阐释

（1）“新农科”的知识体系

原有农科的知识体系由于涵盖范围过于狭窄已不适应未来“三农”发展的需求，需要把生物技术、大数据分析、人工智能等新技术和食品安全、农业农村治理等方面的知识纳入“新农科”的知识体系范畴中来，在信息技术和数据科学的推动下，变革农科的理论、方法、工具、思维方式，使其自身知识结构和逻辑与现实“三农”问题的匹配性更强。

（2）“新农科”的专业体系

由于原有农科知识体系、研究范式等方面发生的变化，原有农科的专业学科设置也必然发生变化，它们可能会沿着新专业新学科的不断萌生、原有专业学科的自然延伸和跨学科跨领域之间融合交叉而衍生的路径向前发展，因此需要采取更为灵活的专业学科设置原则来对“新农科”的专业学科体系进行重构。

（3）“新农科”的人才培养体系

在新的形势下，原有的农科人才观已经发生变化。“新农科”培养的人才应该是专业人才和综合性人才的有机结合。因此，其培养体系也面临着进行重构的问题。在“新农科”人才观的指导下，其培养内容要加强综合智慧和新型技术、科技伦理等方面的培养，培养方式也将更多地应用数字化、信息化等新型科学技术，如慕课（MOOC）。总之，“新农科”培养的人才应该是能够全面推进我国“三农”发展的人。

（4）“新农科”的组织与治理体系

随着原有农科知识体系、研究范式和专业学科体系的变化，作为其组织载体的院系组织结构需要重构，相应的制度规范需要重建。原有的农学院、植物保护学院、动物科技学院等院系组织结构将无法覆盖由不同路径所产生的新的专业学科，所以应该采用以问题、研究领域为导向的，实体与虚体组织相结合的，新的组织架构体系，以顺应“新农科”的各种变化与发展。同时，在制度保障上，应致力于化“学科隔阂”为“跨学科协作”，从而突破单一学科知识的藩篱，凸显学术网络资源的聚集效应。

1.3 “新农科”与相关学科的关系

农业科学体系是由农业基础理论科学，农业技术科学，农业应用科学和农业社会科学构成的农业科学知识系统（图 5–2），体系内各组成部分既相对独立又相互联系[1]。农业技术科学作为农业基础理论科学和农业应用科学之间的桥梁，起着连接的作用。农业基础理论科学通过农业技术科学向应用科学转化，农业应用科学直接或间接通过农业技术科学反促农业基础理论的创新与发展。在整个系统中，农业基础理论科学是农业科学体系的基石，基础理论的发展推动整个体系更快更好地发展，而农业社会科学则通过宏观调控三者的联系促进整体系统的发展，通过提高生产者、经营者和管理者的素质，最大效率地将科技知识转化为现实生产力。

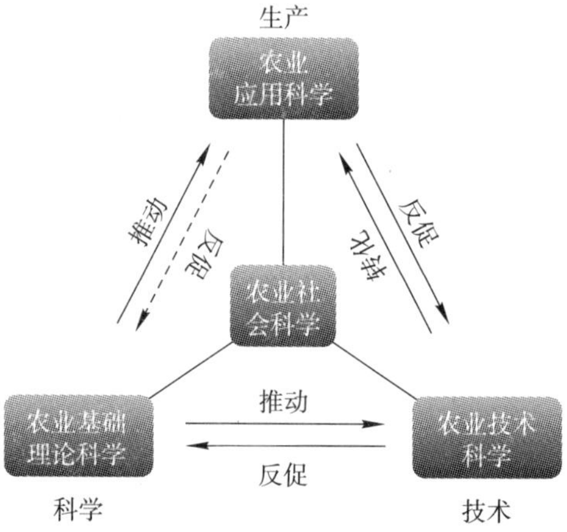

图 5–2 农业学科体系的构成

农业基础理论科学包括数学、物理、化学、植物学、动物学、微生物学、生物学、生态学、农业气象学等，主要研究农业生物生长发育的过程、条件和规律，以发现农业生物的新知识，建立农业技术研究与开发的理论基础。

农业技术科学包括作物学、园艺学、林学、农业资源利用学、植物保护学等学科领域，也包括可促进畜禽动物健康与快速饲养的畜牧学、兽医学、水产科学等学科领域以及农业可持续发展的理论和技术，旨在促进农业生物的优质、高产、安全、高效生产。

农业应用科学包括食品科学、粮食、油脂和植物蛋白工程、农产品加工与储藏等学科

[1] 官春云 . 农业概论 . 2 版 . 北京：中国农业出版社，2007.

领域以及农业机械化工程、农业水土工程、农业电气化与自动化、生物环境与能源工程等农业工程学科领域。

农业社会科学包括农业经济学、农业教育学、农业推广学、农业社会学、农业政策学等众多研究农业与社会关系的社会科学领域。

此外，随着农业科学的发展，学科的外部交叉和内部渗透，以及分类原则的深化，农业科学体系的学科结构也不断发展变化，一方面表现在现代科学普遍向农业科学渗透，如生物科学、环境科学、工程科学、医学、经济科学、人文社会科学、信息科学等都不断进入农业领域，形成了农业科学中各种边缘分支学科（图 5–3）；另一方面表现在农业科学体系内部，各门学科也往往从学科间的交叉点、结合部上去寻找发展前沿和新生长点，以求不断创新和发展新学科。

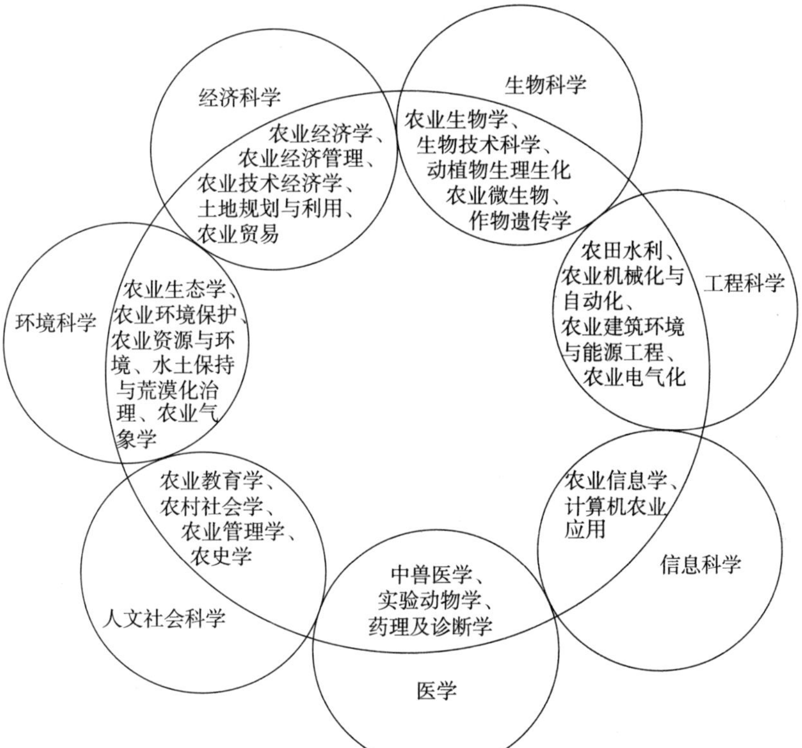

图 5–3　农业科学与其他学科交叉融合示意图

2 “新农科”的发展理念与路径

2.1 “新农科”的发展理念

（1）“新农科”发展的主要目标

以“国际卓越、中国特色”为标准，牢固树立并切实贯彻“创新、协调、绿色、开放、共享”的发展理念，主动应对新一轮科技革命与产业变革，支撑服务创新驱动发展、“乡村振兴”等一系列国家战略布局，全力探索形成领跑全球农科教育的中国模式、中国经验，助力高等教育强国和科技强国建设。

（2）“新农科”发展的基本原则

“新农科”发展战略谋划需要遵循四条基本的逻辑线：一是中国现实的国情农情和农业农村现代化建设规律；二是国家发展的远景规划与战略布局；三是全球科技的创新前沿与发展方向；四是农业相关要素的国际化流动与重新配置。

“新农科”发展要兼顾各方利益主体的需求。一是“新农科”要对接政府，一方面是需要政府的政策和财政支持，另一方面是面向政府战略需求，在建言献策、资政启民等方面贡献农科力量；二是“新农科”要对接企业，一方面是需要企业的资金和技术支持，另一方面是面向企业的技术需求，在产学研合作、科技成果转化等方面贡献农科力量；三是“新农科”要对接社会，一方面是需要全社会的关注，另一方面是面向社会需求，在扶贫攻坚、食品安全等方面贡献农科力量，并重塑农科新的社会形象。

2.2 “新农科”的发展路径

（1）重构

现有学科和领域的布局是在特定历史时期，人们认识局限的情况下，根据所研究的具体问题进行归类而逐步积累演化而来，客观上缺乏对整个知识体系的系统考虑。根据已有科学技术的积累，明确各学科和领域之间的逻辑关系，不仅有利于科学研究机构的发展和组织，有利于教育体系的构建，也可促进学科交叉，实现相关学科的无缝融合，以最大限度地减少重复、促进合作，同时将极大地促进教育体系的重构和交叉学科人才的培养。因此，“新农科”要以需求为导向，厘清农科知识体系的结构与逻辑，将农科知识体系的结构和逻辑与研究对象的结构和逻辑保持一致，打破学科的藩篱，拓展学科的外延，从不同学科中抽取知识元素，重新构成完整的知识体系结构，并将研究对象和知识体系的层次结构与社会经济重大需求有机统一，为应对全球挑战贡献“新农科”知识（图 5-4）。

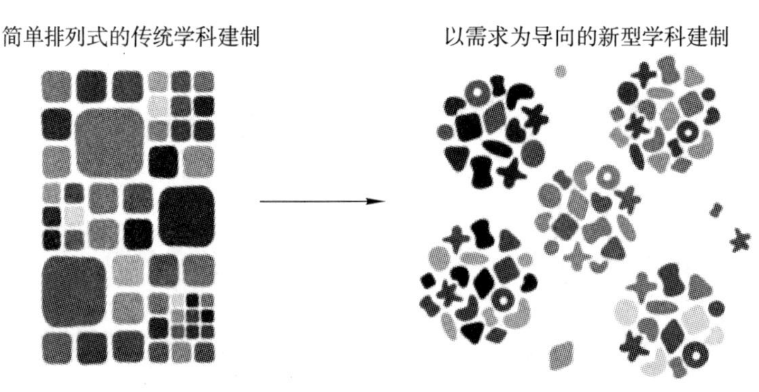

图 5-4 “重构”的示意图

（2）会聚

会聚是一种解决问题的策略，针对的是处在多个领域交界处的科学、社会挑战，通过跨越学科边界，整合生命健康、物理、数学、计算、工程等学科的知识、方法与思路，而构建出综合性的解决框架[1]。也就是说，通过融合各种专业领域，能促进基础科学创新发现的诞生，并以创新的形式付诸应用。因此，“新农科”应当针对农业领域的复杂问题，整合多学科知识、方法和思路，构建综合性解决框架，促进学科“嫁接”与“生发”（图 5–5）。一方面充分利用数据科学、材料学、现代生物技术、信息技术、工程技术改造和提升传统农科的科研能力；另一方面结合人文社会科学，以准确地划定研究问题，构建其解析空间，将科学、技术、人类行为、经济和政策融为一体进行系统性思考。

（3）跨界

当前人为设置的基础科学与应用科学隔阂，形成了同质性、等级性的知识垄断。这种固化学科知识难以解决农业环境生态、医学健康、高科技发展、全球化和本土化等重大问题。因此，“新农科”的知识创新应突破大学单个实体，更加注重与政府、企业、社会等外部组织的战略性合作与联动、创新，促进异质资源在大学、政府、企业、社会之间的跨组织整合与流动，形成充分发挥“四方螺旋式”互动作用的循环机制（图 5–6）。

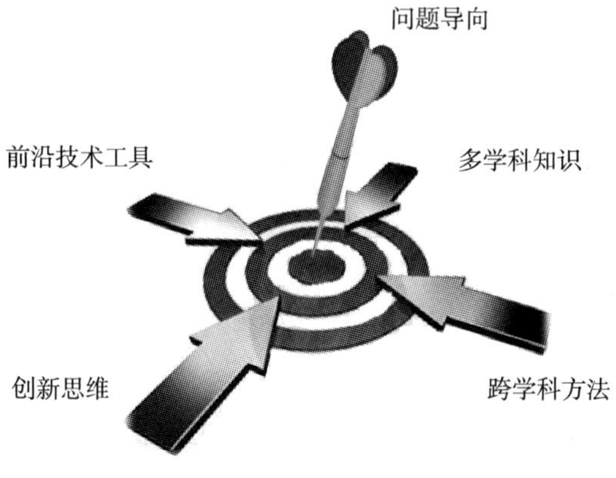

图 5–5 “会聚”的示意图

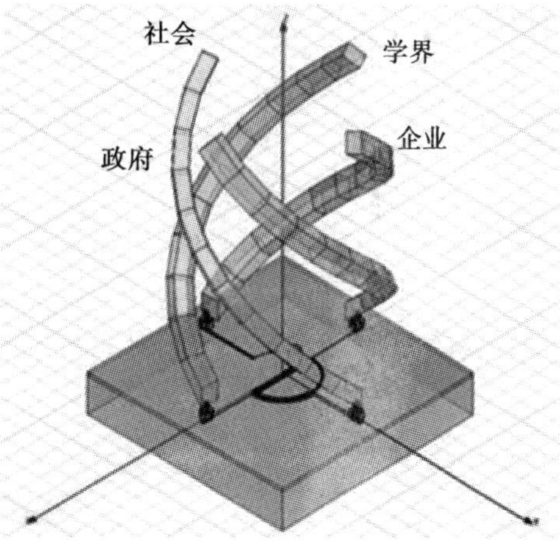

图 5–6 “跨界”的示意图

3 小 结

本章主要从理论研究层面出发，解析了“新农科”的概念要义，提出了“新农科”的共识性概念，并从知识体系、专业体系、人才培养体系、组织体系和治理体系等五大核

[1] Desimone JM，Galitski T，Gentile JM，et al. Convergence：Facilitating Transdisciplinary Integration of Life Sciences. Physical Sciences，Engineer- ing，and Beyond. Washington，DC：National Academies Press（US），2014.

心构成要素上逐一阐释了“新农科”的概念内涵，辨析了“新农科”与相关学科之间的关系。在此基础上，提出了“新农科”的主要目标和基本原则，提炼了“重构”“会聚”“跨界”三个“新农科”的发展路径，即：“重构”是以需求为导向，厘清农科的知识与逻辑，打破学科的藩篱，拓展学科的外延；“会聚”是以问题为导向，整合多学科知识、方法和思路，构建综合性解决框架，促进学科“嫁接”与“生发”；“跨界”是以组织为载体，通过大学、政府、企业、社会之间的跨组织整合，运行基于“四螺旋模型”的知识生产动力机制。

第六章
新时代农科高等教育知识创新领域的设想与展望

本项目组调研了美国国家科学院《2030年前美国食品农业领域科技突破》调研报告、“联合国面向2030可持续发展农业报告”、中国农业科学院《跨越2030农业科技学科发展战略》等国内外权威研究报告，追踪了瓦赫宁根大学、康奈尔大学、加州大学戴维斯分校、北京大学前沿交叉学科研究院等国内外典型涉农高校跨学科研究机构的最新实践，访谈了农学、生物学、信息科学、资源与环境科学、动物科学、食品科学、工程科学、人文社会科学等相关领域的20余位专家，在此基础上，提出了新农科的知识创新重点领域构想，如图6–1所示。

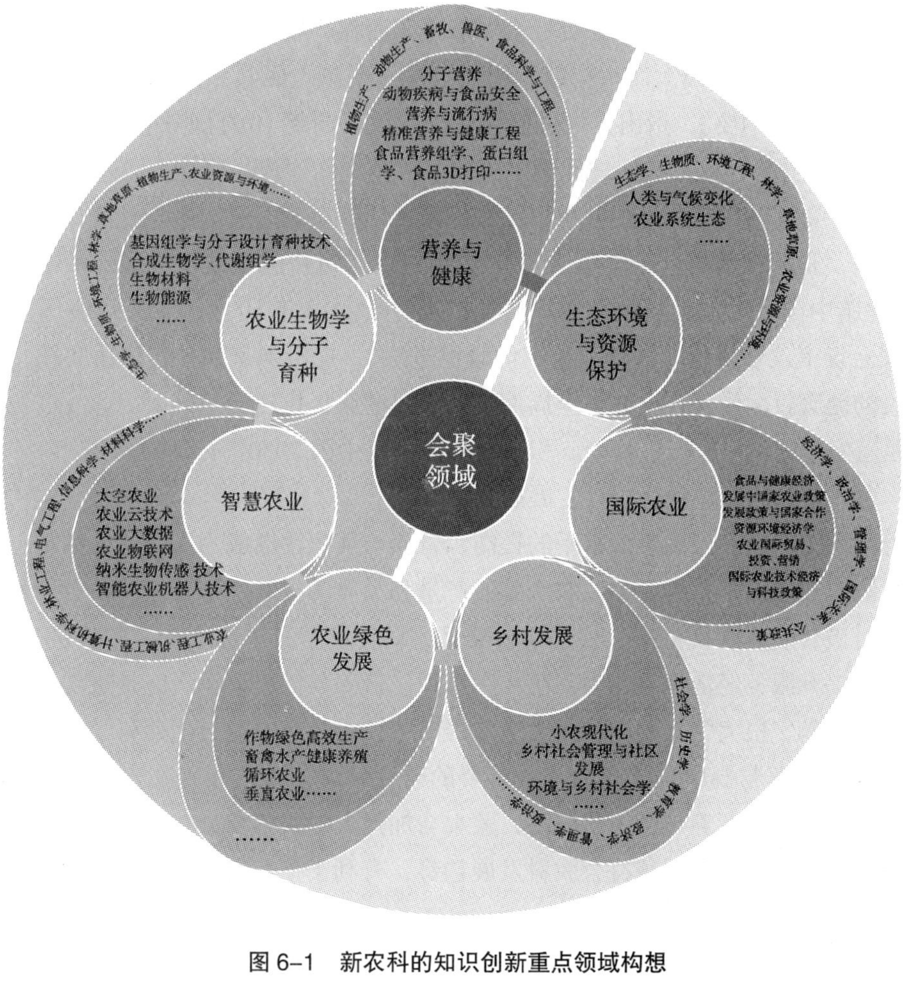

图6–1 新农科的知识创新重点领域构想

1 营养与健康

1.1 本领域发展的必要性

在我国全面建成小康社会进程中，营养健康科学研究具有重要的地位和广阔的发展前景。“十三五”规划指出，要推进健康中国建设。国务院于2016年发布的《“健康中国2030”规划纲要》指出，将健康中国建设作为国家重大战略加以推进。积极参与“健康中国2030”行动，发挥农科相关学科优势，加强营养健康科学研究和学科建设，拓展农科相关人才培养与科技创新领域，是新时代农科高等教育的责任和使命所在。

（1）营养与健康科学符合国家战略需求

目前我国国民面临严重的健康问题，慢性疾病普遍存在，其中肥胖症、高血压和糖尿病的人群患病率分别高达8%、20%和10%，另外有70%的人处于亚健康状态。慢性疾病和亚健康不仅严重影响国民健康，还带来沉重的医疗开支负担，影响国家经济和社会的进步发展，使我国的公共卫生、医疗等社会保障体系面临严峻的挑战。

2016年十二届全国人大四次会议表决通过了《中华人民共和国国民经济和社会发展第十三个五年规划纲要》，指出要推进健康中国建设。同年10月国务院发布了《“健康中国2030”规划纲要》，提出“推进健康中国建设，是全面建成小康社会、基本实现社会主义现代化的重要基础，是全面提升中华民族健康素质、实现人民健康与经济社会协调发展的国家战略，是积极参与全球健康治理、履行2030年可持续发展议程国际承诺的重大举措”，将健康中国建设作为国家重大战略加以推进。2018年10月，十三届全国人大常委会第六次会议审议了《基本医疗卫生与健康促进法》，提出国家和社会依法实现、保护和尊重公民的健康权，为实现全方位全周期维护人民健康提供法治基础。因此发展营养与健康领域是落实国家“十三五”规划，积极参与“健康中国2030”行动的需要。

（2）营养与健康科学符合农科发展需要

随着物质的丰富和人民生活水平的提高，营养与健康逐渐成为人们关注的重点。我国的传统优势农业相关学科主要关注农产品的产量和品质的提升，随着经济社会与科学技术的发展，打破传统学科间壁垒，促进学科交叉，对传统学科进行改造，多学科交叉融合，从而进一步提升服务经济社会能力，已成为共识。营养与健康科学研究是重要的交叉学科之一。荷兰瓦赫宁根大学、美国加州大学戴维斯分校等具有农业与生命科学优势的国际一流大学，都将营养与健康科学作为一个重要的研究领域，并拓展到临床营养学等新兴领域。中粮集团成立了营养与健康研究院，蒙牛与加州大学戴维斯分校成立了营养健康创新研究院等。发展营养健康领域符合农科发展趋势，有利于把握农科发展前沿、抢占学科制高点。

1.2　本领域的国内外发展动态

目前在大健康产业的驱动下，国内外高校和科研机构对营养与健康科学的类似学科进行了较多的探索。早在 2000 年及 2010 年，美国在交叉学科的设置中提出营养与健康科学，其他国家也相继发挥多学科、大综合的优势进行营养与健康科学交叉学科的建设，加强学科交叉综合发展，促进健康产业基础研究的发展，进一步提高教学科研水平，提升学校的有效竞争力。

荷兰瓦赫宁根大学在面向农业发展前沿领域的多学科交叉研究和系统研究具有丰富经验和世界领先水平，成立了营养流行病与预防医学研究中心、环境与健康研究中心等机构，致力于健康学的交叉研究。开设流行病学与健康、营养物理疗法与健康状况、分子营养学与毒理学等交叉的课程，鼓励交叉学科研究者进行合作研究，鼓励产业与研究的结合。瓦赫宁根大学在营养与健康学科的交叉研究方面成绩显著，引领了世界的发展。

康奈尔大学营养科学系致力于利用化学、生物学、社会科学从分子水平阐释人类健康、营养现状、食物及生活方式以及社会和制度环境的复杂关系。探究营养物质的代谢调节功能、生命周期营养需求、膳食方式在减少疾病方面的作用、食品营养质量以及干预措施与政策的关系，旨在促进个体及群体的营养健康发展。目前设有人类营养学、分子营养及营养基因组学、公共营养（母婴营养、肥胖及慢性病）和国际营养四个研究方向。配备专业的实验室及相关设备，拥有人体代谢研究机构，旨在支撑对人体从营养及代谢方面的全面研究；拥有统计咨询机构，提供专业的统计知识、研讨会、培训、教学材料等，旨在协助学校研究人员使用统计方法以最优的方式进行研究；拥有人体营养化学实验室，为分子营养研究提供研究支持。

西安交通大学全球健康研究院成立于 2016 年 9 月，是由西安交通大学医学部联合管理学院和公共政策与管理学院建立，依托公共卫生、临床医学、基础医学、药学、数学、统计学、生物信息学、管理学、人文、工程学等优势学科而创建的全球健康教科研平台。该研究院所设学科重点关注的领域及核心研究内容包括：慢性病预防和控制研究、系统科学与医学大数据研究、药品安全与政策研究、卫生体系与卫生政策研究、食品安全与营养研究、儿童发育与健康研究、移动健康研究及个体精准健康服务的发展和推广研究。

其他高校如加州大学戴维斯分校设立营养学和健康学的研究方向，通过公共营养、国际营养、社区营养学研究为全球人类的健康提供理论指导。我国知名高校北京大学、浙江大学、厦门大学等也相继成立了“健康医疗大数据国家研究院”，苏州大学成立了“健康中国研究院”，向营养与健康科学学科方向发展，但相关体系仍未完善；此外，国内外大型企业也先后成立了相关营养健康研究院，如杜邦、雀巢、达能、中粮等，但无具体学科支撑，限制了企业研究院的长远发展。因此，为了相关高校、科研机构、企业的大健康研究及产业的顺利发展，实现“健康中国”的社会目标，通过多学科的交叉组合设立“营养与健康科学”交叉学科迫在眉睫。

1.3 本领域的内涵

营养与健康科学是解析在生命全周期过程中，膳食与营养素对健康和疾病影响规律的科学。营养与健康科学的内涵是研究营养素等活性物质的富集、消化吸收、代谢和转运机制，从分子水平到系统水平全面解析膳食成分及方式对健康和疾病的影响，通过膳食干预及调节营养平衡，提升健康水平，预防疾病发生，提高生命质量。

本领域是营养学理论、系统生物学理论、农业科学理论与医学理论的交叉融合，运用多种研究手段与方法（如食品科学、流行病学、基因组学、转录组学、蛋白质组学、代谢组学、分子营养学、环境毒理学、肠道微生态学、农产品加工技术、农兽药安全检测技术、膳食营养干预等）对健康相关的研究对象（食物、环境与机体）的相互作用进行研究。

本领域的发展方向是将系统营养学与全面健康理念相结合，通过遗传育种、植物营养、动物营养、营养强化（包括生物强化）等方式提升食物的营养价值与品质，研究食物中营养成分的富集、消化吸收、代谢和转运机制，研究食品加工贮藏对营养成分的影响机制，研究环境危害因子在食物链各环节中演变、代谢与积累的过程，全过程研究污染因子与暴露途径对营养素品质的作用机制；运用营养与流行病理论和大数据分析，研究食物及其成分与人体健康的关系，进一步利用肠道微生物组学、机体糖脂代谢通路探讨作用机制，并通过膳食干预、健康宣教和健康管理，促进人类的全面健康。

1.4 本领域的研究方向

本领域依托食品科学与工程、生物学、兽医学、畜牧学、作物学、植物保护、农业资源与环境、医学、营养学等学科（图 6-2），重点在营养源与健康、环境与营养健康、精准营养与健康工程、营养与流行病四个二级交叉方向上开展工作（表 6-1）。

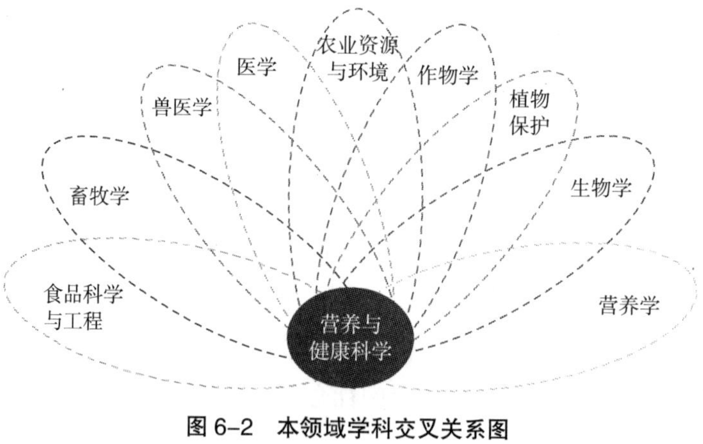

图 6-2 本领域学科交叉关系图

表 6-1 营养与健康科学方向与研究内容简要表

研究方向	研究内容
营养源与健康	陆生营养源与健康、水生营养源与健康、微生物营养源与健康
环境与营养健康	环境生物因素（农作物微生物学）与营养、环境化学因素（雾霾、农兽药残留等）与营养、环境物理因素与营养、食品安全与风险评估
精准营养与健康工程	分子营养、营养评估与膳食干预、健康宣教与健康管理
营养与流行病	营养与健康流行病学、营养与健康生物信息学、营养与健康统计学

1.4.1 营养源与健康

本方向是以提升人体健康为目的，运用相关医学、生命科学、农业科学等理论与知识，通过遗传育种、生物强化、饲料营养价值评定、饲养管理等方式提升农产品的营养价值与品质，研究营养源中营养活性物质的富集、消化吸收、代谢和转运机制，为人类健康提供高效优质的营养来源。

本方向以营养与健康、作物生理生态学、作物遗传学、作物育种学、作物基因工程学、动物生理学、动物生物化学、微生物学、现代生命科学、生物学、生理学、食品科学、食品质量与安全为理论基础。主要包括作物产量与品质形成规律及其协调机制，作物产量、品质和抗性等重要性状的遗传规律及其调控机制，表型组特性与发育规律，动植物的遗传育种，动物组织学和胚胎学，兽医药理与病理学，兽医生物工程，动物卫生检疫学，动物营养代谢疾病学，食品营养成分在人体的消化、吸收及其代谢规律等。

研究领域：充分吸收、整合现代科学技术相关成果和前沿研究，研究营养相关因素在人类营养健康、发展各环节中所起的不同作用，包括在育种、饲养过程中营养素的摄入，通过遗传育种、生物强化、饲料及饲养方式的管理，提升果蔬、作物、乳品、肉品、蛋品、水产品以及菌类等农产品的营养价值和品质，研究农产品中多酚、矿物质、维生素、功能蛋白、脂肪酸等营养物质的富集、消化、吸收、代谢和转运机制，使活性物质在体内起到聚集保持、协同增效的作用，从而为人类提供品质最优、功能成分活性最高的陆生、水生、微生物三大营养来源，促进机体的代谢，从源头全面促进人类的健康。

1.4.2 环境与营养健康

运用医学、生物学、环境科学、化学等方面理论与知识，确定健康污染因子的归趋、残留形态及健康胁迫风险，探索环境污染因子单一及协同暴露健康效应，以及农兽药在食物链各环节演变、代谢与累积过程中对营养素品质及机体健康的影响，全过程研究环境、污染因子、暴露途径通过营养素的摄入发挥人体健康效应的科学。

本方向以环境科学、环境保护、农药学、兽医药学、微生物学等为理论基础，主要理论包括：环境污染物多介质作用机制、协同控制理论，全过程控制理论，外源化学物毒性和毒效、危险度评估理论，环境领域的科学、技术、工程和管理等集成理论，人类与环境的相互关系、健康风险评价和环境质量评价理论等。

在农业生产中，农药、兽药等过量使用，导致污染因子在农业植物或动物体内的蓄积和污染，使各个来源营养素的品质受到影响，致使人类通过被污染的食物链将营养素摄入体内，有毒物质在人体内积累，使人体对疾病的抵抗能力降低，导致或诱发癌症和其他疾病的发生，人类健康受到严重威胁。本学科依据农业的生产过程，对农兽药进行全过程的控制，解析毒理机制，同时进行流行病学的风险评估，进而为政策的提出提供理论依据和方法基础。

1.4.3 精准营养与健康工程

精准营养与健康工程运用生物学、食品科学等学科知识，运用营养与流行病理论、大数据分析及分子营养手段发现人体健康变化的规律，利用调控肠道微生态的平衡、肌肉等组织的糖脂代谢评估机体的健康状态，并通过营养提升和营养干预的手段改变膳食结构和营养素品质，从遗传、吸收、合成、转运、代谢全方面探讨营养与人类健康的关系和作用机制，通过科学的营养评估、膳食干预、健康宣教与健康管理，从而促进人体健康。

本方向以食品科学、生物学、畜牧学、兽医学、化学、信息工程、材料学等为理论基础，主要理论包括营养素的吸收和代谢，营养素的功能及人体的需要量、营养相关疾病的评价，营养素摄入对健康影响的营养学理论，健康相关行为及其改变理论，肠道健康发育及糖脂代谢，生物信息学，宏基因组学，代谢组学，蛋白质组学，生命质量评价理论等。

运用生物信息学、组学技术和系统营养学知识发现人体健康变化规律，利用分子营养手段探究营养相关因素在健康发展各环节中所起的不同作用，并通过调控肠道微生态的平衡、肌肉等组织的糖脂代谢分析评估人体的健康状态；进而通过膳食干预设计人体营养健康方案、改善营养结构，从遗传、吸收、合成、转运、代谢精准探讨营养与人类健康的关系和作用机制，提高机体免疫力，预防疾病发生，促进人类健康。

运用系统营养学知识与理论，借助于作物学、畜牧学、兽医学、生物学、食品科学与工程等技术，通过遗传育种、饲料与饲养管理等方式提升农产品的营养价值与品质，探究营养活性物质在机体内富集、消化吸收、代谢和转运的机制，筛选培育高效优质的营养来源；全过程评估环境、毒素对健康产生的作用，识别并明确危害因子的毒理，采用膳食调节、生活方式改善等手段阻断亚健康的发生；运用分子营养、转化营养学知识评估人体健康各环节中营养相关因素的作用机制，分析机体的健康状况，从而达到对健康进行全面管理、实现人类健康的目的。

1.4.4 营养与流行病

营养与流行病是应用流行病学方法研究人群营养与健康及疾病关系的科学。通常将营养与流行病研究分为分析性调查和实验性研究。前者主要是调查膳食与健康、疾病关系及决定因素的研究，研究方法有横断面研究、生态学分析、队列研究和病例 - 对照研究。后者则是用经典试验方法，在相同条件下，通过膳食干预确定其与健康、疾病的因果关系。

营养与流行病是以流行病学、统计学、生物信息学、营养学、食品科学与工程、临床医学、生理学、生物化学、病理学、药理毒理学等为理论基础。主要理论包括：食品加工理论、膳食配伍理论、食物成分消化吸收理论、食物成分、体内代谢理论、代谢综合征理论、疾病发生发展理论、临床诊断学理论、流行病学理论模型、统计学原理、生物信息学分析理论。

运用流行病学方法、统计学方法、生物信息学方法分析研究食物成分、膳食与人体健康及疾病的相关性与因果关系；分析研究食物成分、膳食与基因表达、转录活性、代谢变化的关系；分析不同食物成分与膳食方案干预对肠道微生物、机体糖脂代谢、机体免疫力的调节和稳态化的影响；分析研究食物成分、膳食对机体内环境稳态化、慢性疾病（如肥胖、Ⅱ型糖尿病、心血管疾病、神经性退行性病变等）所发挥的作用与机制的研究。

2　农业生物学与分子育种

2.1　本领域发展的必要性

2.1.1　种业自主创新是保障国家食物与生态安全的战略根本

中国强，农业必须强；农业强，种业要先强。种业是保障国家粮食安全、生态安全及农业产业安全的根基，是我国的战略性、基础性核心产业，必须走自主创新之路。习近平总书记多次强调“保障粮食安全始终是国计民生的头等大事”，“要下决心把民族种业搞上去抓紧培育具有自主知识产权的优良品种，从源头上保障国家粮食安全”。我国 14 亿人口（占世界人口的 18.8%），人均耕地面积（1.4 亩）只占世界平均水平的 1/3，粮食产量占世界的 16%，而化肥用量占全世界的 31%，每公顷用量是世界平均用量的 4 倍；每年农药用量 180 万 t，占世界用量（340 万 t）的 50% 以上，但有效利用率不足 30%，这些基本国情，决定了我国农业发展将长期面临资源紧缺约束和环境保护的重大挑战。实践证明，良种是提升单产最核心的要素，我国种业科技的发展对国家粮食安全起到重要的支撑作用，作物品种对粮食增产贡献率达 43%，畜禽良种的贡献率达 50% 以上。但传统农作物与畜禽的育种周期长和效率低的瓶颈效应愈来愈明显，现有育种技术满足不了未来种业科技需求。比如，我国作物单产提高速度呈减慢趋势，与国际水平有极大差距；玉米单产仅是美国平均水平的 50% 左右；引进国外的快大型白羽肉鸡极大地提高了产量，但不符合我国传统消费文化习惯，满足不了我国人民日常生活对优质肉类的需求。在不增加投入品的情况下，亟须依靠种业自主创新，培育抗病虫害、抗逆广适、资源高效、高产优质的新品种，从源头上确保国家粮食安全。

2.1.2 基因组学与精准育种成为世界农业高新技术竞争的战略重点

抢占农业生物技术及其产业发展的制高点已成为世界各国增强国际竞争力的重大战略。2019 年，美国国家科学院、工程院、医学院联合发布了题为 *Science Breakthroughs to Advance Food and Agricultural Research by 2030* 的研究报告，提出跨学科研究和系统研究方法、传感技术、数据科学与农业－食品信息化、基因组学与精准育种、微生物组学五大重点突破领域，为农业生物技术描绘了战略路径。以欧美为代表的发达国家以及新兴经济体出台了众多的生物技术与生物经济战略规划，旨在加强生物技术创新研究和应用，推动生物农业、生物医药、生物环保和生物制造等战略性新兴产业的发展。2011 年美国发布《创新战略：确保美国的经济增长与繁荣》，阐述了生物技术“赢得未来”的构想。2012 年，欧盟委员会发布生物经济战略报告，加大与生物经济相关的研发和技术投入力度，以提高其全球竞争力。日本将“生物技术产业立国”战略作为日本新的国家战略，通过强大的财政支持，发展生物技术产业。同时，发达国家纷纷启动大科学计划，如美国“国家微生物组计划”“英国合成生物学战略计划 2016”等，将生物技术和生物经济等纳入战略优先领域。世界新兴国家如印度和巴西等也纷纷把农业生物技术等前沿技术创新列入国家科技优先发展战略。2015 年印度公布了《国家生物技术发展战略 2015—2020》，加强生物技术全链条创新、全领域布局，将印度打造成面向发展中国家及发达市场的世界级生物制造中心。经济合作与发展组织在《生物经济 2030》报告中预测，到 2030 年生物技术产出将占全球农业产值的 50%、药品和诊断治疗产值的 80%、工业总产值的 35%，将引发世界经济格局的重大调整和国家综合国力的重大变革。2013 年我国国务院颁发《生物产业发展规划》，明确提出生物农业是我国优先发展的战略性新兴产业之一；《国家中长期科学和技术发展规划纲要（2006—2020 年）》将动植物品种分子设计技术确定为前沿技术，并启动了“动植物分子设计育种”相关重大专项。

2.1.3 农业生物学与分子育种是多学科融合发展的必然趋势

生命科学是研究生命现象和生命活动规律的一门综合学科，研究生命起源、进化、功能及其活动规律，并利用相关知识来改进人们生活的学科。农业生物学研究是解决世界范围内长期以来存在的农业和环境问题的需要，在培育高效、优质、抗逆农业新品种，保护生物多样性及生态环境等方面发挥关键作用，也为新能源的开发提供可能性，还将为防治人畜共患重大传染病、生物防卫和反恐等方面提供科学基础和方法，也是维护国家安全和社会稳定的需要。农业生物学随着其他基础学科的发展，需要充分融合基因组学、蛋白质组学、代谢组学、表型组学、遗传学、生物化学、生理学、免疫学、人工智能等多学科知识，借助基因编辑、合成生物、生物芯片、生物信息等多种生物技术手段，来完成特定农业生物性状的遗传调控网络解析，人工定向设计新的物种或合成新的满足人类需求的性状。农业生物种业也早已脱离传统育种范畴，正在充分借鉴生物学、数理统计、遗传学、基因组学等学科研究进展，融合生物技术、信息技术、表型组测量技术等技术手段，加快新品种培育过程。自然科学发展至今，学科交叉融合度越来越高，有些学科间界限非常模糊，充分说明农业生物学与分子育种等新兴交叉学科是发展的新趋势，也是未来农业生物学发展的主要方向。

2.2　本领域的国内外发展动态

2.2.1　农业生物技术与功能基因组研究进展迅速

生物技术在农业中的广泛应用，将开创人类按照自身需求创制新型高效动植物品种的新纪元。转基因技术、基因编辑技术、全基因组选择技术、合成生物技术、RNA 靶向调控技术、代谢途径重构技术、表型智能设计技术促进传统农业升级换代，推动机械化、智能化、工厂化农业革命。耐旱节水玉米、品质改良马铃薯、抗褐化苹果和蘑菇、低饱和脂肪酸大豆、速生三文鱼等新一代基因编辑和 RNA 靶向调控品种不断涌现，促进传统农业升级换代；合成生物技术、代谢途径重构和表型智能设计技术将突破性提高农业生产对光、肥、水等资源的利用率，颠覆传统农业生产和农产品加工的生产方式。美国奶牛育种 2009 年全面使用全基因组选择育种以后，部分重要性状的育种进展比常规育种进展速度平均提高 4 倍左右。国际范围内，已经开展了千牛基因组、万种鸟类基因组、千种鱼类基因组等大科学计划。

2.2.2　生物产品与品种创新推陈出新

绿色生物产业迅猛发展，生物技术品种不断创新。据统计，1996—2017 年全球针对抗虫和抗除草剂的绿色生物品种种植面积增加了 112 倍，累计达到 21 亿公顷。2017 年，全球种植面积 28.4 亿亩，77% 的大豆、32% 的玉米、80% 的棉花、30% 的油菜都是生物技术品种，美国市场上 75% 的加工食品都含有基因定向改造成分。2017 年，美国、澳大利亚、阿根廷、西班牙等 24 个国家种植生物技术作物，欧盟、日本、韩国等 43 个国家和地区进口生物技术产品，覆盖了全球 60% 的人口。1996—2016 年，生物技术作物的应用使全球作物产量增加了 6.576 亿 t，带来 1 861 亿美元的收益；全球累计减少农药使用量 6.71 亿 kg，相当于我国年农药产量的 1.3 倍。目前全球的种子市场规模约 500 亿美元，预计规模将进一步扩张，其中约 35% 是基因定向改造品种种子。美国科学家基于对角型控制基因的研究成果，培育了无角奶牛，减少了动物争斗，提高了产奶性能。目前美国已经获得了表达人重组乳铁蛋白基因的转基因奶牛、MSTN 基因敲除牛、*β*– 乳球蛋白基因敲除牛、转溶葡萄球菌素抗乳腺炎转基因牛、*fat-1* 转基因奶牛、抗布病转基因羊等。2014 年，美国密苏里大学通过基因编辑成功获得完全抵抗蓝耳病的 CD163 敲除猪，国际著名猪育种公司 Genus plc 公司与密苏里大学合作，共同开展抗蓝耳病新品种猪的系统培育工作。已批准的商业化产品涉及 35 个科 50 多个物种，涵盖玉米、大豆、棉花、油菜、水稻、马铃薯、甘蔗、杨树、桉树等作物已商业化应用。抗除草剂、抗虫是第一代生物技术改良性状，抗逆、优质、养分高效利用、增加营养功能，以及多基因多性状综合改良成为主要发展趋势，生物种业竞争空前激烈。

2.2.3 智能分子设计育种引领未来生物种业发展

智能分子设计育种是根据不同农业生物的具体育种目标，以多组学大数据为基础，综合遗传学、生物学、育种学、生态学、生物信息学等学科的相应信息，解析重要农艺性状形成的分子基础；采用人工智能技术，形成智能决策育种方案，实现定向、高效培育新品种的新兴前沿技术。目前国内外的分子设计育种基础研究只针对某一物种或几个单一性状，研究布局不均衡。虽然分子设计育种的相关基础研究积累了大量信息，但还不能够实现通过预先设计进行复杂农艺性状的改良。迫切需要强化不同学科的交叉与融合，通过全产业链科技创新，打破学科壁垒，解决分子设计育种的瓶颈问题，引领全球农业生物育种新方向。智能分子设计育种相关的基础研究已经成为国内外极为活跃和重要的研究重点和焦点，为农业生物的分子遗传改良奠定了基础。欧美等发达国家先后启动了作物、畜禽等基因组研究计划、功能基因组计划、蛋白质组计划、表观遗传组计划、微生物组计划，为农业生物的分子设计育种积累了重要的基本遗传信息并奠定了坚实的基础。国际上，通过采用分子标记辅助育种技术，显著加快育种进展。美国原孟山都公司采用全基因组选择育种方案以后，使育种进展提高 5 ~ 6 倍以上。合成生物技术快速发展，目前已经设计合成了全部酵母染色体，使未来设计合成新生物成为可能。

2.3 本领域的内涵

2.3.1 本领域的定义

农业生物学是以农业生物（植物、动物和微生物）为研究对象，研究农业生物重要性状的遗传规律、揭示农业生物生长发育和重要经济性状的形成规律及其与环境的关系，采用分子育种技术精准培育优良品种、遗传改良的学科。

2.3.2 本领域的主要研究对象

本领域的研究对象为农业生物，包括植物、动物、微生物。主要利用基因组学、系统生物学、合成生物学、基因编辑等多种手段研究重要经济性状的遗传规律，开发高效育种技术，培育优良品种，实现良种化。研究农业生物生长发育和产量、品质、抗逆等重要经济性状形成规律及其与环境的关系，制定相应的管理技术策略，将良种的增产潜力转化为现实生产力。农业生物学的发展依赖于概念上的重大突破，依赖于技术手段的革新及与其他学科的交叉融合。当代农业生物学研究趋于系统化、规模化和定量化，农业生物学各传统分支学科的界限已经难以划分，植物、动物和微生物与农业基础科学之间相互渗透和融合，衍生了一大批新的学科前沿和生长点。

2.3.3 本领域的知识体系

（1）理论体系

本学科需要不断完善理论体系，拓展研究方向，充分利用生物学、遗传学、合成生物、基因编辑、系统生物学等最新进展，系统研究农业生物的基本特征、农业生物重要性状的遗传规律、性状形成的分子机制以及性状间互作机制、性状与环境互作机制以及农业生物育种新方法、新技术、新理论，培育新品种（系）。区别于传统动物遗传、植物遗传以及基础生物学，本学科是在基础生物学、遗传学研究成果的基础上，结合农业生物特点，围绕人类需求的重要经济性状以及品种培育方法、技术、理论开展研究。

（2）基础知识

生命过程是物质运动的高级形式，农业生物学与育种学的进步离不开生物学、数学、物理学、化学、统计学、计算机科学、信息科学等自然科学的发展。基础知识包括两大部分，一是学科基础，由数学、统计学、物理学及化学等理科素质培育课程；二是领域基础知识包括动物学、植物学、生物化学、微生物学、遗传学、生理学、生物技术、系统生物学、生物信息学、蛋白质组学、基因组学、表观组学、免疫学、育种学等课程。

（3）研究方法

农业生物学与分子育种是一门基于实验的自然科学，主要遵从“现象观察—解析现象—提出假设—验证假设—育种应用”的研究方式，逐渐从现象描述到分析和实验，从单一层面到多层次整合（分子、细胞、组织器官等），从单一领域到多学科交叉融合，深入系统地解析农业生物生命活动规律和生命本质，通过遗传改良培育新品种并规模推广，实现资源高效化、效益最优化。主要研究方法如下（图 6-3）。

① 表型组学：以智能化装备和人工智能技术为依托，通过表型数据的自动化获取与解析，实现表型组学大数据的高通量、精准积累；结合生物技术和智能设计、虚拟呈现、增强现实等手段，利用表型智能设计技术推进智能决策。

② 基因组学：指对所有基因进行基因组作图（包括遗传图谱、物理图谱、转录图谱）、核苷酸序列分析、基因定位和基因功能分析的一门科学。基因组学研究主要包括以全基因组测序为目标的结构基因组学和以基因功能鉴定为目标的功能基因组学两方面的内容。基因组学是研究生物基因组的组成，组内各基因的精确结构、相互关系及表达调控的科学。

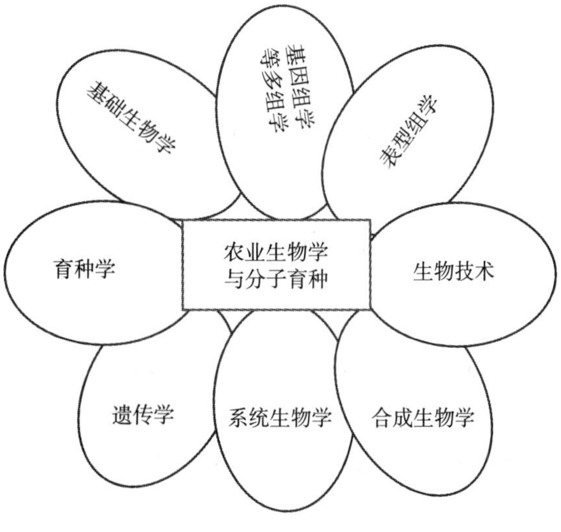

图 6-3 农业生物学与分子育种各交叉学科与关键技术关系

③ 系统生物学：以生物信息学、数

理统计、机器学习技术为依托，通过整合基因组、转录组、代谢组、表型组数据，阐明并构建性状形成的多层次网络调控模型，调控基因快速挖掘与表型精准预测。

④ 合成生物学：基于系统生物学的遗传工程和工程方法的人工生物系统研究，从基因片段、DNA 分子、基因调控网络与信号转导路径到细胞的人工设计与合成，类似于现代集成型建筑工程，将工程学原理与方法应用于遗传工程与细胞工程等生物技术领域。

⑤ 基因精准操作技术：通过基因敲除、定点转基因、特异突变引入等手段对动植物基因组进行编辑，实现特定生物学目的。以 CRISPR/Cas9 技术为代表的第三代编辑技术显著加快了基因编辑技术在不同领域的应用。

2.4 本领域的研究方向

2.4.1 农业生物种质资源发掘与创制

种质资源是农业生物遗传改良的基础。现代育种实践证明，突破性育种往往依赖于特异种质资源的发现及其有效利用。本前沿学科主要以农业动植物为研究对象，充分利用基因组学和生物信息学等学科的最新研究成果、技术和方法，系统化地挖掘、研究我国多年收集和培育的优良品种、丰富的地方品种和野生材料资源，从群体和个体水平解析动植物育种过程中的基因组变异规律，并利用全基因组关联分析、基因组学等方法，鉴定出有重要育种价值的基因及优异等位变异，为动植物育种取得新的突破和保障农业可持续发展提供优异资源和重要基因。

2.4.2 农业生物基因组学与系统生物学

生命活动过程中蛋白质组、转录组、代谢组以及表型组变化是研究的技术基础。通过以全基因组测序为目标的结构基因组学和以基因功能鉴定为目标的功能基因组学，结合各种组学手段收集多种数据，构建完善的基因表达调控网络。利用生物信息分析等手段，对生物系统组成成分的构成与相互关系的结构、动态与发生，以系统论和实验、计算方法进行整合研究，为分子设计、合成生物等提供理论与技术手段支持。

2.4.3 农业生物经济性状形成的分子基础

在基因克隆和功能鉴定的基础上，解析其分子调控网络，将为通过人工智能策略设计最佳育种方案提供重要理论和技术支撑。针对我国农业生产面临的重大瓶颈和未来农业发展需求，本方向针对主要农业生物的高产、优质、抗逆、高效等主要育种目标性状，综合应用分子生物学、发育生物学、功能基因组学和生物信息学等多学科交叉的手段，从现有种质资源中发掘新的优异基因，通过对这些基因功能及其调控机制的系统深入研究，明确重要农艺性状形成的分子基础，解析不同性状的遗传互作关系，为生物育种和新产品创制提供理论支撑。

2.4.4　农业生物智能分子设计育种理论和技术

农业生物智能分子设计育种将实现从传统“经验育种”向高效定向“精确育种”的转变，大幅度提升育种的效率和水平。本研究方向主要以智能分子设计育种急需解决的关键问题为核心，建立室内及室外设施齐全、现代化、智能化、高通量的智能育种平台和智能育种信息网络，集中深入地开展基因组编辑、智能分子设计、全基因组选择育种、工程化的单倍体技术和表型通量精准鉴定等研究，构筑智能育种的技术体系，实现育种理论和关键技术的新突破。

2.4.5　生物新品种与新产品创制

满足未来农业发展需求以及多元化市场需求，本方向主要以突破动植物基因编辑材料创新和产品创制的关键技术为主要方向，以培育生物固氮、耐极端环境作物等新品种，以及功能型畜禽产品和抗重大疫病畜禽新品种为中心，创制抗生素替代、盐碱地改良、动物疫苗、农业废弃物生物转化等生物制剂，创建原料利用能力强、物质合成效率高、安全稳定的农用细胞工厂，解决常规技术难以解决的重大农业生产问题，为促进农业由大田种植、圈舍养殖向动植物工厂车间制造的颠覆性技术创新奠定基础。

3　智 慧 农 业

3.1　本领域发展的必要性

我国土地资源紧缺、生态环境恶化、农业劳动生产率低、劳动力老龄化问题突出，这就迫使农业从小农生产走向规模化、精细化、远程化生产，只有加快农业生物技术、信息技术和装备技术的创新步伐，走一条生产集约、产出高效、资源节约、生态安全的现代农业道路。农业物联网能够实现“人－机－物”一体化互联，可以更加精细地管理和控制农业中各要素、各过程和各系统，将农业与移动互联网、云计算等技术融合，实现对农业对象和过程的智能化识别、监控和管理，为智能育苗、智能田间管理和智能灌溉提供完美解决方案。将物联网、5G、大数据、人工智能、云计算等新一代信息技术与农业融合，不仅使农业生产科学、简单、高效，还能够达到增长增收、保障农产品质量的目的。大力发展精准农业、数字农业、工厂化农业、智能农业，不断推进农业现代化的广度和深度，促进产业结构优化、延伸农业产业链条，大力优化各种生产要素的组合，推动一、二、三产业融合发展。不断加强构建现代农业生产体系、经营体系、产业体系、科技体系，不断提高生产效率、转变发展方式、增强农业综合生产能力，推动农业现代化进程。

智慧农业根据不同农业场景，以多参数传感器融合数据为基础，综合信息学、表型学、机械学、控制学、应用数学等学科技能，将农业设施面向农业生产要素组建为农业物联网，全面获取各场景下农业要素感知信息，进而通过大数据和人工智能模型生成控制决策、实现对农业要素的最优反馈控制。当前世界处于人工智能、大数据、智能制造和仿生机器人技术的创新爆发期，发达国家政府纷纷制定政策导向，引领以“无人值守、智能、精准”为主题的基础生产力升级，以农业设施智能精准作业技术为主的农业生产力革新已进入白热化阶段，以美国、日本、英国为代表的农业发达国家在智慧农业、无人农作的机制和技术创新方面走在前列，基本完成主要农业设施智能化升级，强化了其农业经济基础，继续推动其农业向绿色、高效、可持续的方向发展。美国早在1993年就在明尼苏达州建立了2个精准农场，产生了精准农场的“明尼苏达州效应”，美国卡耐基梅隆大学建立了农业机器人国家实验室，提出了智能农业研究计划，预计到2020年，平均每个美国农场有超过50台连接物联网的设备。2015年日本启动了基于“智能机械+IT”的“下一代农林水产业创造技术”。英国国家精准农业研究中心正在实施“Future Farm”智慧农业项目，2014—2016年，英国创新署连续发布《人工智能2020国家战略》《英国机器人及人工智能发展路线图》《机器人和人工智能报告》，这些政策导向与报告中明确提出要在农业领域基于人工智能与机器人技术实现农业设施的智能化升级，哈珀亚当斯大学正在推进“Hands Free Hectare”无人农场项目。农业设施智能化技术的进一步应用将大幅提升精准农业的技术水平，为农业产业升级勾绘蓝图。

虽然我国智能农业设施在水产养殖、大田种植、温室园艺、畜禽养殖方面均有很大进步和创新，部分技术在实用性方面已达到国际领先水平，甚至处于领跑水平，但我国在基础材料、制造工艺等方面存在技术瓶颈，对传感器、智能装备、关键模型等方面与国外还有较大差距。因此，迫切需要加强智能精准作业关键机制与技术研发，为升级我国农业生产力、保障农业经济活力、促进农业资源高效利用等国家重大科技需求提供切实的科技支撑。

3.2 本领域的国内外发展动态

3.2.1 先进农业传感技术

先进农业传感器技术作为智慧农业的基础必备技术，是基于动植物生理、水质、土壤、气象信息与敏感元件间的相互作用机制获得农业生物与环境精准信息的技术，其研发重点在于先进机制与材料、工艺的集成。国外发达国家农业传感器对先进机制研究深入，开拓出基于电磁学、核磁共振学、遥感学、微观物理学、高分子化学等前沿学科的感知机制，对敏感材料与制作工艺的研究成果也已达实用水平。

相比而言，目前国内农业生命－环境信息传感技术仍停留在集成基础感知机制的水平，且普及率极低，缺乏先进感知机制研究，严重制约智慧农业发展。所应用的主要感知技术不能进行实时、动态、连续的信息感知。成熟的实用传感技术少，集中在温度、光照、土壤墒情、pH 等测量指标。其瓶颈在于感知机制、材料工艺的研究水平低，表现在农田生态综合环境、植物生长信息实时监测的先机感知装备匮乏，对土壤重金属、农药残留等有害污染物的动态实时感知、关键环境因子和“植物－土壤－环境”互作动力学模型的研究不够深入，缺乏对单组分检测对象的高灵敏性、高选择性、多点同步检测，及多组分、高通量的检测机制与工艺，先进感知技术对外严重依赖。核心技术和机制仍被牢牢掌握在原创技术国家，如传感技术掌握在 Hach、Omega、WTW、YSI 等国外公司手中，我国农业生产环境的复杂性导致进口农业传感技术应用受限，其高成本、需经常维护的特点限制了国内农业物联网的应用。

3.2.2　农业生产优化调控机制

农业生产优化调控作为智慧农业的核心目标，是利用动植物生长模型、农业物联网，基于农业要素感知信息对农业设施进行反馈调控的关键技术。动植物生长信息模型历来是西方农业发达国家的重点研究方向，在 20 世纪 50 年代发展出生物数学，在 20 世纪 60 年代便展开基于计算机图形学的虚拟植物生长与形态学研究，随着 1985 年物联网概念的萌芽，目前欧美发达国家正通过物联网技术整合动植物生长模型与自动化设备，形成掌控动植物生长发育全过程细节的农业生产优化调控体系，例如在玉米专用模型 CERES–Maize 的基础上，结合作物通用模型 INTERCOM 和 WOFOST，使玉米生长模型的品种参数简化，适合于预报长期气候变化对玉米生产力的影响，进而通过机器间通信将控制设备组网，依托模型输出对现场感知信息进行反馈控制，实现优化调控。

我国的类似农业生产优化调控技术已在陆基工厂化鱼类生产领域展开了深入研究，但限于模型精度低、物联网异构性强，仍需进一步提高智能化水平，强化无人值守能力。农业信息模型的核心原理与技术掌握在法国农业科学院等机构中。综上，农业生产优化调控机制研究促进我们对动植物生长发育相关的生理生态规律由定性描述上升到定量分析，其技术瓶颈在于模型精度不足、物联网装备异构性强等问题，表现在精密模型与智能微控制器单元对外严重依赖。

3.2.3　智能农业机械精准作业机制

农业机械精准作业是智慧农业的首要实现途径，是农业机械同人工智能的先进集成技术。作为实现精准、智能农业生产的必要技术，农业智能机械可以有效提高资源利用率和农业产出率，降低人力劳动成本，提高经济效益，已经成为国内外农业工程领域的科研重点之一，成为农业要素感知技术、农业生产优化调控技术、人工智能技术的集成平台。国外发达国家迫于严峻的农业劳动力短缺问题，针对广泛的农业生产场景，展开作业机制的深入研究，集成出一大批材料、工艺创新程度极高的智能农机，主要成果包括智能无人机、育苗机器人、采摘机器人、施药机器人、施肥机器人、挤奶机器人、饲料给喂机器人、粪便清扫机器人等。

与国外相比，我国农业智能机器人研究与开发方面尚处于起步阶段，但得益于及时紧跟智能农机的发展趋势，各大科研机构也已取得重要突破，例如，中国农业大学基于多传感器融合技术，研制出黄瓜采摘机器人；北京农林科学院将采摘机构同自主搜索、模式识别技术集成，研发出草莓采摘机器人；东北林业大学研发出高采摘效率的林木果球采集机器人。综上，智能农业机械精准作业机制是我国现代农业发展的必要研究方向，其技术瓶颈在于材料与工艺的自主创新，表现在先进材料与工艺对外严重依赖。核心技术依然掌握在日本、美国等发达国家的少数公司中。

3.3 本领域的内涵

3.3.1 定义

智慧农业就是应用物联网、5G、大数据、人工智能、云计算、空间信息技术（遥感、地理信息系统、北斗定位系统）等新一代信息技术，对土地、农业装备、动植物等生产要素在线化、数据化和网络化，实现农业生产要素配置中的优化和系统集成，使人类可以以更加精细和动态的方式管理农业生产和生活，提升人对农业物理世界实时控制和精确管理能力，从而实现农业的资源优化配置和科学智能决策，促进农业高产、高效、优质、生态、安全。智慧农业是现代农业发展的新业态。

3.3.2 主要研究对象

该学科领域主要研究对象包括：新一代信息技术与智慧农业，农业生物系统与智能生产，农业智能装备以及机器人 4 个子领域，主要研究技术包括农业物联网技术、农业大数据技术、农业人工智能技术、农业机器人技术等。

3.3.3 知识体系

农业大数据：是涉农各环节数据的集合，主要包括对大量数据的收集、分析、挖掘，以及数据可视化等。农业大数据不仅仅包括种植业、养殖业等农业领域的数据，还拓展到相关饲料生产、化肥生产、农机生产、屠宰业、肉类加工业等上下游产业，并整合宏观经济背景的数据，包括统计数据、进出口数据、价格数据、生产数据、气象数据等。

农业物联网：是新一代信息技术在农业生产、经营、管理和服务等环节的高度集成和综合应用，即指应用射频识别、传感、网络通信等技术，对农业生产经营过程涉及的内外部信号进行感知，并与互联网连接，实现农业信息的智能识别、定位、跟踪、监控和管理的网络。

农业人工智能：是指将研究、开发用于模拟、延伸和扩展的智能理论、方法、技术及应用系统的一门新的技术学科与农业相结合，实现智能农场、智能化植物工厂、智能牧场、智能渔场、智能果园、农产品加工智能车间、农产品绿色智能供应链等智能农业和智慧农业。

农业机器人：是在农业生产中可替代或部分替代人完成特定目标任务的一种兼有人类四肢行动和部分信息感知功能、可重复编程的柔性自动化或半自动化农业机械。

3.4　本领域的研究方向

3.4.1　新一代信息技术与智慧农业

重点开展：①农业物联网技术应用研究。研究各类传感器设备和感知技术，采集农业生产、农产品流通及农作物本体的相关信息；研究农业场景无线传感器网络、移动通信无线网和互联网传输技术；研究海量农业信息进行数据清洗、加工、融合、处理，研究智能化操作终端，实现农业产前、产中、产后的过程监控、科学决策和实时服务。②农业大数据。研究结构化、半结构化及非结构化的多维度、多粒度、多模型、多形态的海量农业数据的抽象技术与方法，研究农业科研、技术推广、农资供应、生产管理、加工储运、市场营销、资源环境等全产业链的跨行业、跨专业、跨业务、跨地域的农业数据挖掘技术与方法，研究农业数据价值、农业信息消费、农业决策的技术与工具。③农业人工智能。是集新兴的互联网、移动通信网、云计算和物联网技术为一体，依托部署在农业生产现场的各种传感器节点（环境温湿度传感器、土壤水分传感器、二氧化碳浓度传感器、光照强度传感器等）和无线传感器网络实现农业生产环境的智能感知、智能预警、智能决策智能分析、专家在线指导，为农业生产提供精准化种植、可视化管理、智能化决策。

3.4.2　农业生物系统与智能生产

农业生物系统与智能生产是一种高技术、精装备的生产体系，集信息技术、生物技术、工程技术和系统管理于一体，将农业生产从自然生态束缚中脱离出来，按计划周年性进行动植物产品生产的农业系统。重点研究动植物生长长势特征识别及其机制，研究与其相适应的生长环境的优化模拟模型，建立基于生长机制、环境因素与营养元素间的统计数学模型和最优控制模型，开发适应动植物生长的智能控制、多品质传感检测、机械手执行以及友好人机界面于一体的高精度、远程智能监控系统，保证动植物最佳生长特性以及其所应具有的营养配方。

3.4.3　农业智能装备

围绕关键核心技术自主化，主导装备智能化发展需求，以粮、棉、油、糖等大宗粮食和战略性经济作物育、耕、种、管、收、运、贮等主要生产过程以及现代果园、设施园艺与养殖智能生产为重点，突破多模态信息感知、自主决策智控、强化试验检测、自推理精细管控等应用基础技术，研发高效环保农林智能动力、多功能与定位变量作业、设施种植和健康养殖智能化精细生产、农产品产地绿色节能处理以及林木培育、智能采收加工等重大智能技术与装备，提高农机装备信息自动收集、智能决策和精准作业的能力，推进形成面向农业智能生产的整体解决方案，支撑农业向智能生产转变。

3.4.4 农业机器人

针对农业生产过程中对人体生命健康危害严重、繁重重复高负荷劳动、综合性要求精度较高的作业，围绕非完全信息环境下感知与认知、人机交互与群体智能决策、灵巧型末端智能执行等重点任务，开展农业智能作业机器人感知技术研究，研究群体与环境数据分析的主动感知与人机融合的群体智能演进机制，开发基于视觉、触觉、听觉、味觉技术的空间环境、靶标位置与形态等多模态信息感知系统；开展人机交互、深度学习与群体智能决策技术研究，开发农用机器人通用控制软件、安全控制、靶向目标、高精度运动解算及规划等人机协同群体智能决策系统；开展高效鲁棒机器人专用驱动及末端执行机构技术研究，开发具有高性能伺服、振动抑制、惯量动态补偿的驱动机构和多指灵巧手、快换功能的末端执行器。集成开发自动巡检、密闭环境与靶向施药、精密定植、选择剪枝、快速套袋、识别采集、柔性搬运、智能分拣等农业智能作业机器人。

4 农业绿色发展

4.1 本领域发展的必要性

4.1.1 未来食物安全压力有增无减

从世界总体发展趋势来看，未来食物安全形势不容乐观。联合国可持续发展目标（The Sustainable Development Goals，SDGs）第 2 条就明确提出“消除饥饿，实现粮食安全，改善营养状况和促进可持续农业”。联合国预测世界总人口将在 2030 年达到 85 亿，在 2050 年增加到 97 亿，在 2100 年增长到 112 亿。《世界农业 2030/2050 年展望》中提到，到 2050 年，全球粮食产量需在 2005—2007 年的基数上增长一倍以上才能满足人口增长对于粮食的需要。在耕地资源持续减少的背景下，到 2050 年，全球粮食增产主要来源于作物单产的提高，其中，发展中国家作物增产主要靠大幅度提高单产来实现。

未来 10 ~ 20 年，随着我国城镇化步伐的推进和食物消费结构的升级，粮食、水果、蔬菜、肉、蛋、奶等农畜产品需求将大幅度增长，满足未来人口高峰期的食物安全供给是我国农业发展的首要任务。按照目前 6 亿 t 的粮食产量基数和 95% 的基本自给率，要保持年度产需基本平衡，中国每年粮食至少要增产 1 000 万 t（即 100 亿 kg）。而近十年的粮食单产增长率平均不足 0.7%，与未来需求的增长率相差较大，产需矛盾更加突出。依靠科技进步促进现代农业高效生产，有效保障主要农产品的安全供给，是我国最重要的国家战略需求。

4.1.2 农业绿色转型发展任务艰巨

Nature 杂志 2018 年发表的 *Options for keeping the food system within environmental limits* 一文指出：如果不采取行动应对人口和收入水平的预期变化，从 2010 年到 2050 年期间，世界食物生产系统对环境造成的影响（包括气候变化相关的温室气体排放、土地系统变化相关的耕地利用、地表水与地下水的淡水使用以及氮肥和磷肥施用）可能会增加 50%～90%。我国农业资源短缺、开发过度、污染加重，农业废弃物产生量大、利用率低、污染严重，长期高度集约化投入下，农业生态系统退化严重。我国人均水资源占有量仅为世界平均的 1/4，但利用率不足 40%，远低于发达国家 60% 以上的水平。2030 年我国农业缺水也将达到 500 亿～700 亿 m^3。我国水土流失面积占国土面积的 37%，年水土流失量 50 亿 t，占全球的 1/5。我国化肥消耗量占世界的 25%、农药消耗量占世界的 30%。我国氮肥利用率为 33%，农作物每公顷化肥用量 318 kg，远高于 120 kg 的世界平均水平，是美国的 3 倍，是印度、欧盟的 2.5 倍。每年产生的秸秆、畜牧粪便等农业有机废弃物分别超过 40 亿 t。我国农业生产正面临着生态环境保护与增加数量、提高质量的多重压力，农业转型发展已迫在眉睫。如何创新科技、创建农业绿色发展交叉创新学科体系，支撑我国农业绿色转型发展，是新时代我国现代农业发展和新农科建设的重大任务。

4.1.3 发展绿色高效农业是农业高质量发展的必由之路

习近平总书记指出，农业发展不仅要杜绝生态环境欠新账，而且要逐步还旧账。李克强总理提出，要坚决把资源环境恶化势头压下来，让透支的资源环境得到休养生息。当前，农业资源短缺，开发过度、污染加重，如何在资源环境硬约束下保障农产品高效安全生产，确保有效供给和质量安全、提升农业可持续发展能力，实现质量兴农、绿色兴农是中国今后一段时期应对的一个重大挑战。党的十九大做出实施乡村振兴战略的重大决策，以绿色发展引领乡村振兴是一场深刻革命。当前，我国农业绿色发展正处在机制创新、加快推进的关键时期，既面临重要机遇，也面临严峻挑战。习近平总书记提出“绿水青山就是金山银山”的生态发展理念，为农业绿色发展指明了方向、提供了遵循。2017 年，中共中央办公厅、国务院办公厅印发了《关于创新体制机制推进农业绿色发展的意见》。这是国内外第一个农业绿色发展的文件，首次全面提出农业绿色发展的总体目标，首次明确提出农业绿色发展的四方面任务，首次系统提出农业绿色发展的体制机制安排，搭建了新形势下推进农业绿色发展的“四梁八柱”，是当前和今后一个时期推进农业绿色发展的一个纲领性文件，为农业绿色发展奠定了制度基础。推进农业绿色发展是贯彻绿色发展理念，破解资源环境硬约束，实现农业可持续发展的必然选择，是增强农业国际竞争力、实现农业高质量发展的有效举措。

4.2 本领域的国内外发展动态

20世纪70年代以来，可持续发展受到全球性关注，努力解决经济发展与生态环境失调的矛盾成为各国寻求的目标。联合国粮食与农业组织1991年发表的《关于可持续农业与农村发展的丹波宣言和行动纲领》成为世界各国农业系统地转向可持续发展的契机和转折点。1992年欧盟开始实施“多功能农业”、日本开始推行“环境保全型农业”，1998年韩国开始实施“环境友好型农业”，1999年美国开始推行基于资源与环境的“农业最佳管理措施”。农业的生态转型已经成为一个浩浩荡荡的世界潮流。总体来看，世界各国探索的取代高能耗、高投入“石油农业”的模式有许多种，代表性的有“有机农业”“自然农业”“生物农业”“生态农业”等。这些典型模式的共同特点为：针对高能耗、高投入的“石油农业”的弊端，通过农业发展方式的转换，推动农业与资源环境相匹配，与生态环境相适应，减少外源投入，挖掘系统自身潜力，实现农业可持续发展。欧盟共同农业政策的实施和推进“替代农业”模式探索，体现了以环境保护和生态涵养优先，曾展现出了农业的多功能性与乡村美丽的生态价值。

近十年来，“绿色增长（green growth）”被国际社会普遍视为解决资源环境危机、实现社会经济可持续、平衡与包容性发展的重要议题。2005年联合国亚洲及太平洋经济社会委员会（ESCAP）合作与发展会议将“绿色增长”看作实现可持续发展的关键战略。经济合作与发展组织（Organization for Economic Co-operation and Development，OECD）发布了“绿色增长战略”宣言，并在2011年公布的《迈向绿色增长》（*Towards Green Growth*）报告中进一步指出，“绿色增长”是“在确保自然资产能够继续为人类幸福提供各种资源和环境服务的同时，促进经济增长和发展”的途径。2011年，联合国环境规划署（UNEP）发布了《迈向绿色经济》，2012年“联合国可持续发展大会（又称“里约+20”峰会）”上，“在经济范式改革基础上推进绿色增长”这一新理念的提出，再次掀起了全球范围内的绿色浪潮。

目前，世界大部分食物生产系统主要是基于高投入和资源密集型农业系统，使环境付出了高昂的代价，导致土壤、森林、水源、空气质量和生物多样性持续退化。2009年英国皇家学会发布了“*Reaping the Benefits*”报告，其中提到的“可持续集约化”（sustainable intensification）获得国际的广泛关注。联合国粮农组织（FAO）也认可该方向，2012年组织实施了“可持续作物生产计划”（Sustainable Crop Production Intensification，SCPI），该计划着眼于提高单位耕地面积的作物产出能力，并综合考虑了社会、政治、经济和环境等所有影响生产力和可持续能力的因素，尤其特别强调环境的可持续性，通过生态系统方法实现作物生产的集约持续。FAO发布的《2016年粮食及农业状况》报告指出：食物生产系统需要注重多样化并与复杂生态过程更好地整合，将农业生态方法与可持续集约化结合，通过引入绿肥作物、种植固氮覆盖作物进行可持续土壤管理，把农林体系与畜牧生产结合，提高综合生产能力和稳定性，增强抵御环境变化的能力。

无论是欧美发达国家还是发展中国家，农业转型发展都面临着作物高产高效生产、生态环境保护的多重挑战，而发展中国家面临的食物安全压力、农业资源紧缺压力和乡村建设压力更为突出，需要开展国内外合作、多学科联合，破解当今农业转型发展的诸多难题。2018 年，中国农业大学率先成立了国家农业绿色发展研究院，构建了农业绿色发展学科并列入了北京市高校高精尖学科（2019—2024）。中国农业大学、西北农林科技大学、西南大学、海南大学、安徽农业大学等高校与荷兰、澳大利亚、英国、德国、美国等有关大学和科研机构开展合作研究和人才培养，先后在北京举办了两届农业绿色发展国际研讨会（2018 和 2019 年）。中澳科学家正在合作实施“健康土壤－健康食物（Healthy Soil and Healthy Food）”大型项目，共同探索从土壤健康到食品健康全链条重大科学问题；中英 Newton Agritech 项目探索农业绿色生产与气候适应、水资源管理、智能遥感和大数据技术应用以及相关的社会、经济、环境影响评价等。

4.3　本领域的内涵

4.3.1　领域的定义

绿色发展是以保障食物安全和生态安全为目标，以农业生产体系为研究对象，研究农业全产业链物质循环及其生态环境效应，揭示从产地环境到生产系统再到食物系统的各个系统界面协同互作原理及其对系统生产力、资源效率、环境效应、生态功能等的影响，建立区域农业绿色发展系统设计和综合评价方法，通过综合应用各学科理论，开展多学科集成创新，支撑农业绿色转型发展，保障国家主要农产品数量安全、质量安全、资源高效、环境友好的农业交叉创新学科（图 6–4）。

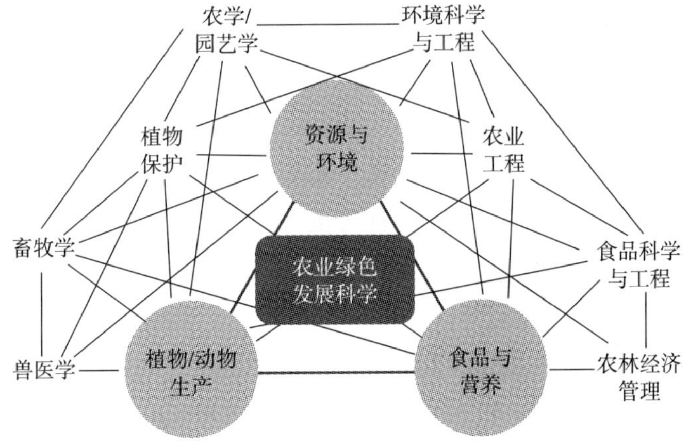

图 6–4　农业绿色发展领域所涉学科交叉联系图

4.3.2　领域的主要研究对象

农业绿色发展学科主要围绕农业全产业链物质循环系统的理论与技术创新，在绿色环境指标规范下通过农业资源利用、农学、动物科学、食品科学、生态学、环境科学等多学科交叉融合，突破“水 – 土 – 气”“植物 – 土壤系统”“植物 – 动物系统”“生产 – 消费系统”四个交叉界面上的前沿科学问题和关键技术，揭示界面间的耦合机制，在绿色产地构建与评价、绿色生产与种养循环、绿色产品与营养、绿色生态与环境评价等方向开展研究，建立农业绿色发展评价方法及其指标体系，研究区域农业绿色发展模式与实现路径（图 6–5）。

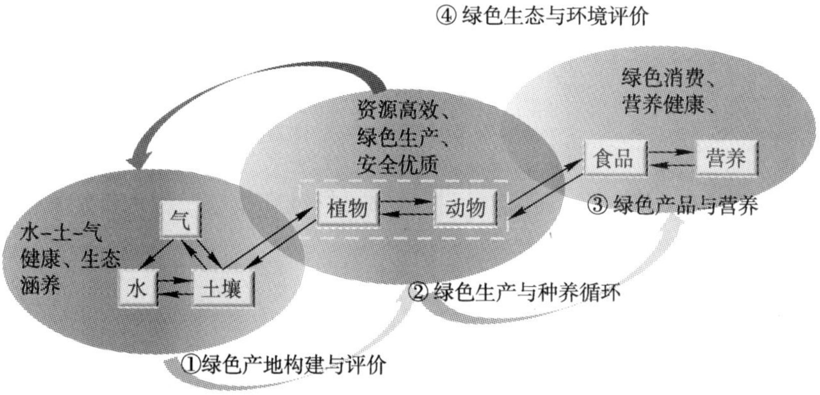

图 6–5　农业绿色发展领域研究对象与系统界面图

4.4　本领域的研究方向

4.4.1　绿色产地构建与评价

本方向围绕大气、土壤和水体三大要素开展绿色产地环境构建、评价与管理，满足农业绿色生产产地需求。重点研究绿色产地质量与条件，产地土壤健康监测，投入品安全限量与管理等。通过农田景观配置和农业系统重构，提高土壤生物多样性，利用地上 – 地下生物互作提升土壤生态涵养功能；引入土壤生态服务定量化模型，建立土壤生态服务功能评价体系，进行健康土壤培育，在绿色指标规范下开展产地工程设计与绿色产地构建。

4.4.2　绿色生产与种养循环

本研究方向以农业生产体系为研究对象，剖析全产业链物质流动效率与限定环节，产量与品质提升潜力与限制瓶颈，生产（长）周期营养物形成、富集与强化途径；全产业链绿色种养体系设计，包括绿色品种、高效种植、种养循环、智能农机、绿色农资等技术集成整合。重点研究内容包括绿色种植技术、绿色种养循环技术、绿色饲料与健康养殖、农业绿色产业链构建与分析、系统界面互作与环境减排等；基于区域承载力种养空间规划、产业技术标准、科技创新体系和绿色政策等。

4.4.3 绿色产品与营养

以人体营养健康为目标，基于全产业链控制理念，通过生产体系调控与农产品营养强化，建立绿色产品评价方法与指标体系；研究矿质营养在“土壤－植物－农产品－加工产品－人体”的全程流动与富集及其营养效率，集成反馈生产体系关键过程技术创新，提高营养物质在人体的生物利用效率。重点内容包括绿色产品评价与认证、营养安全与营养强化技术、绿色食品生产管理等。

4.4.4 绿色生态与环境评价

本方向重点研究区域主要生产体系生态环境效应，影响区域水、土、气环境质量的核心指标和区域绿色环境指标体系。基于边界理论和物质循环分析，定量界面“水－土－气”系统资源效率与环境容量，研究农资投入限量标准和生产过程污染物环境排放控制指标；研究基于绿色产地环境安全、农资投入品安全、绿色食品安全生产的指标体系与绿色农业发展指标体系，建立绿色农业认证与评价系统；通过区域生态环境与农业全产业链评价，建立区域农业绿色发展指数，服务国家和区域管理，实现大气清洁、水体干净和土壤健康等绿色生态环境目标。重点研究内容包括绿色环境指标体系与监测、绿色环境阈值及安全保障、绿色农业系统认证与评价、区域农业绿色发展指数与评估等（表 6–2）。

表 6–2　农业绿色发展科学方向与研究内容简要

研究方向	研究内容
绿色产地构建与评价	产地条件与质量评估、健康土壤监测与培育、土－水－气界面控制与产地工程设计、绿色投入品安全认证、绿色产地建设等
绿色生产与种养循环	绿色种植技术、绿色种养循环技术、绿色饲料与健康养殖、农业绿色产业链构建与分析、系统界面互作与环境减排等
绿色产品与营养	绿色产品评价与认证、营养安全与营养强化技术、绿色食品生产管理等
绿色生态与环境评价	绿色环境指标体系与监测、绿色环境阈值及安全保障、绿色农业系统认证与评价、区域农业绿色发展指数与评估等

5　生态环境与资源保护

5.1　本领域发展的必要性

5.1.1 生态环境是生态文明建设的基础与关键

生态环境是人类赖以生存和发展的基础。农业生产与粮食安全、食品安全、水资源供给与水资源安全、大气环境与空气质量、海洋及内陆水域环境、城乡居住安全、工业生产、应对气候变化和大众健康等无不与资源环境密切相关。可以说，生态环境深刻地影响着人类生活与生产的全过程，是人类生产、生活的基础和保障，更是人类生存之本、发展之源。牢固树立和践行“绿水青山就是金山银山”的理念，坚持节约资源和保护环境的基本国策，像对待生命一样对待生态环境，统筹山海林田湖草系统治理，实行最严格的生态环境保护制度，形成绿色发展方式和生活方式，坚定走生产发展、生活富裕、生态良好的协调文明发展道路，建设美丽中国，为人民创造良好生产生活环境，为全球生态安全做出贡献。生态环境保护是功在当代、利在千秋的事业。要清醒认识保护资源环境、治理环境污染的紧迫性和艰巨性，清醒认识加强生态文明建设的重要性和必要性，以对人民群众、对子孙后代高度负责的态度和责任，真正下决心把生态环境保护好、把环境污染治理好、把生态环境建设好，努力走向社会主义生态文明新时代，为人民创造良好生产生活环境。

5.1.2 生态环境是实施乡村振兴战略和建设美丽中国的基础与衡量标准

“生态兴则文明兴，生态衰则文明衰。”党的十九大报告提出，我们要建设的现代化是人与自然和谐共生的现代化，既要创造更多物质财富和精神财富以满足人民日益增长的美好生活需要，也要提供更多优质生态产品以满足人民日益增长的优美生态环境需要。必须坚持节约优先、保护优先、自然恢复为主的方针，形成节约资源和保护环境的空间格局、产业结构、生产方式、生活方式，还自然以宁静、和谐、美丽。

建设生态文明，关系人民福祉，关乎民族未来。建设美丽中国的主要内涵，是坚持人与自然是生命共同体的理念，营造绿水青山的生态环境，打造舒适宜居的生活环境，让人民群众共享自然之美、生命之美、生活之美。建设美丽中国的战略目标是建成生态环境良好的生态文明国家，建成人与自然和谐相处、共生共荣的生态文明社会。建设美丽中国，在实践中要构建生态文化体系，全面推动绿色发展，完善生态文明制度体系，着力解决突出生态环境问题，构建生态环境风险防范体系，提高环境治理水平。习近平生态文明思想为我国推进生态文明建设和美丽中国建设指明了方向，提供了科学指南。

实施乡村振兴战略，是我国改革开放和城市化、城镇化获得举世公认的巨大成就基础上，实施的一项重大国家战略。乡村是具有自然、社会、经济特征的地域综合体，兼具生产、生活、生态、文化等多重功能，与城镇互促互进、共生共存，共同构成人类活动的主要空间。乡村兴则国家兴，乡村衰则国家衰。我国不平衡不充分发展最突出体现在乡村，全面建成小康社会和全面建设社会主义现代化强国，最艰巨最繁重的任务在农村，最广泛最深厚的基础在农村，最大的潜力和后劲也在农村。实施乡村振兴战略，是解决新时代我国社会主要矛盾、实现“两个一百年”奋斗目标和中华民族伟大复兴中国梦的必然要求，具有重大现实意义和深远历史意义。实施乡村振兴战略，生态环境是根本。良好的生态环境是乡村“产业兴旺、生态宜居、乡风文明、治理有效、生活富裕”的基础。

5.1.3　良好的生态环境是人类生存、发展与健康的基础

经过40余年的改革开放，我国经济社会取得巨大发展成就，但生态环境等问题也开始凸显，人民群众从注重“温饱”逐渐转变为更注重“环保”，从“求生存”到“求生态”。生态环境问题已经成为全面建成小康社会的突出短板，扭转环境恶化、提高环境质量是广大人民群众的热切期盼。人因自然而生，人与自然是生命共同体，人类对大自然的伤害最终会伤及人类自身。生态环境没有替代品，用之不觉，失之难存。生态环境还是人类文明存在和发展的基础。历史上的文明古国都发源于生态环境良好的地区，但因为生态环境遭到破坏导致文明衰落的例子比比皆是。生态环境保护是功在当代、利在千秋的事业，建设生态文明是中华民族永续发展的千年大计。保护生态环境，是全球面临的共同挑战，良好的生态环境也成为展现我国良好形象的发力点。生态环境与生产力直接相关，纵观世界发展史，保护生态环境就是保护生产力，改善生态环境就是发展生产力。

5.1.4　生态环境是“新农科”知识创新的重要组成部分

国家推动创新驱动发展战略和“双一流”建设，为高等教育带来了前所未有的历史机遇。新农科是高等教育落实习近平生态文明思想和习近平总书记教育重要论述的重要抓手，要贯彻“两山”理念，用现代科学技术改造升级涉农专业，助力打造天蓝水净、食品安全、生活恬静的美丽中国，服务百姓的幸福生活，提高生态成长力。2018年5月28日，“双一流”农科联盟在北京成立，联盟由中国农业大学、北京林业大学、浙江大学、兰州大学、中国海洋大学等17所高校组成，将推动成员高校间开展人才培养、科学研究、社会服务、文化传承创新、国际合作交流等领域的合作，强化成员单位共同服务国家战略，解决国家农林领域重大问题；探讨中国特色、世界一流学科建设内涵和标准，自主开展学科评价；研讨学科重大前瞻性问题，引领学科发展方向，推动学科整体水平提升；加强成员单位间资源共享等方面开展工作。深化高等农林教育改革，与其他学科领域齐头并进，并以此为契机加快推进高等农林院校“双一流”建设。而生态环境建设是“新农科”知识创新的核心组成部分，助力打造美丽中国的核心途径，不断满足人民群众日益增长的优美生态环境需要，这就对生态环境建设提出了更高的要求。

5.2　本领域国内外发展动态

5.2.1　系统性开展生态环境领域研究与治理是根本

生态环境是一个有机整体，与人类生存和发展紧密相关。生态环境保护与建设是一项长期的、艰巨的系统性工程，需要不断更新对生态环境变化趋势的科学认识和把握。从中国生态文明建设的行动与政策演变中，可以看到中国作为一个负责任的发展中大国，积极实施生态环境保护与治理的决心与行动。我国作为发展中国家，人口数量庞大，资源环境

禀赋差以及发展不平衡的问题尚未根本解决。城市化、工业化初期的经济增长方式粗放，主要靠大量能源与资源的消耗。在经济高速发展的同时，也带来了资源的枯竭及一系列的环境问题。目前，受技术、经济、安全等因素的影响，非化石能源未来供应能力还存在不确定性，煤炭消费目前占我国能源消费的绝对比例仍较高。由汽车尾气、生活排放、工业排放、扬尘等共同造成的雾霾天气，已成为近几年公众迫切关注的问题。另外，中国水资源总量在世界排名靠前，但人均占有量不到世界平均水平，特别是北方地区面临着水资源的严重缺乏。我国国土辽阔，但是山地多、平地少是中国土地构成的显著特点。我国人均耕地面积仅为世界平均值的1/3，且宜农地较少，后备的土地资源不足。土地沙化是我国西北地区当前最为严重的生态环境问题，近年来的沙尘暴、沙化土地问题使得生态环境的保护和改善越来越迫切，给国民经济和社会发展造成了较大影响。我国北方地区分布的戈壁、荒漠化土地有200多万 km^2，约占国土面积的1/4。随着我国城市化、工业化进程的加快，传统水产养殖与捕捞作业的近海海域和内陆水域面临着发展空间萎缩、渔业资源枯竭、水域环境退化等问题。整体来看，我国生态问题仍不容乐观，全国各地在持续不断推进生态文明建设，牢固树立“绿水青山就是金山银山”的理念，加快改变经济发展过度依赖劳动力、土地和资源等物质生产要素投入的局面，积极推进生态治理。就2016年来看，全年完成造林面积679万公顷，其中人工造林面积381万公顷。森林抚育面积837万公顷。截至2016年年底，全国自然保护区达到2 750个，其中国家级自然保护区446个。新增水土流失治理面积5.4万 km^2，新增实施水土流失地区封育保护面积1.6万 km^2。优化能源结构，清洁能源消费量占比提高1.7%，煤炭消费量占比下降2%，全国万元国内生产总值能耗下降5.0%。强化大气污染治理，二氧化硫、氮氧化物排放量分别下降5.6%和4%，74个重点城市细颗粒物（PM2.5）年均浓度下降9.1%。中央财政分别安排大气、水、土壤污染防治专项资金112亿元、140亿元、91亿元。发挥政府与社会资本合作（PPP）示范项目引领作用，生态环境保护领域入库项目630多个。

国外发达国家，如德国，曾经是20世纪环境污染最为严重的国家之一，莱茵河污染严重、鲁尔区衰落带来了大气污染等一系列生态问题。经过几十年的努力，德国的生态环境已大大改善，如今已成为多国学习借鉴的对象。首先，恢复鲁尔区活力，德国政府把土地修复作为出发点和着眼点，全面解决老矿区遗留下来的土地破坏和环境污染问题。在矿山治理方面建立起比较完备的法律体系，如《德国经济补偿法》《德国矿产资源法》等，保证煤炭开采补偿有法可依。州政府设立土地基金，购地后对污染严重地区进行修复处理后再出让给新企业。其次，实现产业升级，关、停、并生产成本高、机械化水平低、生产效率低的煤矿，将采煤业集中到盈利多和机械化水平高的大型企业中。对于莱茵河的生态治理，德国主要是以整体性生态理念推进。首先是开展国际合作，成立了由德国、法国、瑞士、荷兰、卢森堡等国家共同组成的“保护莱茵河国际委员会”，进行跨国治理。其秘书长永久性由生活在莱茵河下游的荷兰人担任，以便其全力监督上游各国的污染问题。其次是实施整体性生态规划，注重莱茵河大生态系统治理，对城市、农村和社区以及森林、湖泊协同治理，大力投入资金进行动植物栖息地保护与建设，针对河流中的城市生活药品残留物进行监测、过滤，对工业化时期的河道截弯取直等进行改造，恢复其自然弯曲原貌等。

5.2.2　强化法律保障，构建科学的生态文明评价体系和考核体系

党的十八届四中全会提出：“依法治国，是坚持和发展中国特色社会主义的本质要求和重要保障，是实现国家治理体系和治理能力现代化的必然要求。”因此在生态治理工作中，应加强生态司法、绿色执法、环保守法等环节，构建推动绿色发展的法治化机制，形成全面的生态评价指标体系以及生态治理考核体制机制。生态环境的改善，最根本的是相关法律机制的构建是否科学健全，最核心的是执法水平以及效率。有专家指出，目前我国生态治理领域的法律条文分散在资源节约、能源安全、生态建设等各种法律法规之间，系统性不强，甚至条款之间也存在细节上的矛盾。从美国的经验我们可以看到，依法行政贯穿于美国环保系统的各个部门，完善的体制机制为其执法提供了有力的制度保障。推进生态保护的标准化建设、健全生态治理的行业规范、将生态治理纳入法制化的轨道，都是生态改善的先决条件。另外，还应建立对政府、企业的生态环境治理考核机制。把生态效益、资源消耗、污染排放纳入经济社会发展评价体系，加大其考核权重，并及时向公众公开考核信息以及奖惩标准。

美国于20世纪五六十年代将生态环境整治的概念正式引入法律制度，目前已经形成涵盖几乎所有生态环境领域的、较完善的环境法律体系格局。美国环境法律体系是一个由多立法主体、多层级的复杂体系。美国生态环境治理相关的法律法规主要有六个来源：宪法、立法机构（国会）、行政命令（总统或内阁）、司法（法院解释或判例）、行政部门法规（国会或法律授权）和国际法。不同立法主体制定的立法成果会以不同的形式编辑成典，分类明细。环境立法与执法息息相关，环境执法一直是美国国家环境保护局（简称“环保局”）的中心工作，也是2014至2018年战略规划的重点内容。美国环境执法主要分大气执法，水执法，废物、化学品的清理活动执法和刑事执法。当有证据证明社区、企业或个人未能严格遵守环境法，当局就将启动环境执法，通过民事、刑事与行政手段相结合的途径来确保公众健康与环境得到保护。美国环保局于1982年设立了刑事执法项目，其对象是有意或故意的严重违法行为，手段主要有刑事罚款和监禁。负责刑事执法的机构主要负责通过向联邦、州及地方检察官提供环境犯罪证据、司法鉴证分析及法律指导，调查并协助起诉环境犯罪。目前该机构拥有200多位环境执法官，以保证全过程的公平合理。另外，美国还会通过信息披露来管控生态环境问题，这是从20世纪90年代互联网蓬勃发展就开始逐步实施的，通过公开企业或产品的信息，利用各方市场来对制造污染、超标的企业不断施加压力，以达到管控目标。总体来看，美国就是通过渐进立法及体制机制的不断创新，建立了一个务实理性并充分利用市场机制的生态法制体系，并且注重通过公民诉讼制度推动生态问题得以解决。美国的生态法制体系中，有很多重要法律法规对同时期其他发达国家的生态治理具有重要借鉴意义。

5.2.3 加大区域 / 国家联防联治，拓宽参与渠道

大气污染、水污染治理，尤其需要区域间联防联控。德国莱茵河等治理案例，都是通过区域合作、国际合作取得了显著成效。因此也有专家提出要探索研究区域、流域性环境保护立法的可行性，探索合理的立法模式。跨行政区的生态保护和污染防治一直是我国生态治理体系的薄弱环节。对于海洋、河流、湖泊的生态治理，有必要制定统一的区域、流域法律，以及重点区域、流域的单项法，并制定规定各利益主体的责任职责、资金投放、生态补偿规则、纠纷解决机制的相关制度。比如针对大气污染治理，可以通过整体的规划集中供应能源，提高燃煤集中度，减少污染源。也可以城市群为单位尝试集中进行污染物排放治理，例如在京津冀一体化协同发展的过程中提高煤炭集中利用度就是一项可推行的措施。

全面拓宽公众参与渠道，是公众表达生态诉求，促进人与自然、社会和谐相处的必然要求。社会力量的加入，理性的公众参与，这对生态环境保护无疑是有利的。鉴于现阶段公众参与仍相对不足，应该从切实保障公民享受优质生态环境的权益和敦促公民履行生态责任两方面同时入手，通过有效的制度创新和组织创新，提高公众参与度，同时使政府、市场力量优势互补、有效结合。例如大气污染治理是一项极其复杂庞大的工程，关系到广大国土中每一个人的切身利益，其影响深远，需要社会公众的共同参与。尤其是我国人口数量庞大，加强全社会的生态治理观念，普及相关法律法规，引导健康合理的生活消费习惯，对改善生态十分重要。媒体应充分发挥传播宣传作用，运用各种传播手段增强全民参与监督的意识。有关部门需协调联动，倡导节约绿色的生活消费方式，动员全民参与生态保护和监督。学校、社区、单位都应定期开展科普活动，针对受众的差异性、隐蔽性等特点，采用不同方式的宣传手段。必要时还可引入听证代理人制度，在社区、单位中选择公众代表参与听证，充分发挥公众在生态治理中的主人翁作用。

5.2.4 从人类社会可持续、科学发展的角度，进一步加强生态环境问题研究的中长期规划

过去数十年是生态环境科技事业快速发展的时期，随着科学认识的提升、研究能力的发展和科技需求的发展，国际科学界进入了新一轮的科技发展规划时期。对我国而言，在社会经济快速发展压力之下，局部地区的生态环境问题进入集中爆发期，国家经济发展也进入了一个阶段性的高台期，具备加大投入生态环境科技事业的软硬设施的需求和能力。在生态环境科技事业的这一轮挑战和机遇中，设置基于人类未来可持续发展和科学发展理念的中长期目标尤为重要。未来的发展应着力实现低环境成本的发展模式，避免在先污染、后治理，先透支、再补充的发展道路上走得过远，减少未来社会经济体系运行和发展的压力。

5.3　本领域的内涵

5.3.1　领域的定义

生态环境泛指地球上存在的各种自然生态系统和人为干扰下形成的生态系统的总和。从人类生存与发展的角度看，生态环境则可以理解为与人类密切相关、影响人类生活和生产活动的各种自然（包括人工干预下形成的第二自然）力量（物质和能量）和作用的总和。一般包括影响人类生存与发展的水资源、土地资源、生物资源以及气候资源数量与质量的总称，是关系到社会和经济持续发展的复合生态系统。

5.3.2　领域的主要研究对象

以生物系统（动物、植物、微生物及人类自身）和环境系统（陆地环境、水域环境、大气环境）相互作用为对象，以林学、自然保护与环境生态、动物生产、动物医学为基础，交叉融合计算机科学、神经和认知科学、心理学、社会学和基因工程、生命科学、工程学和信息科学等，逐步实现与人类营养健康、资源集约利用、生态文明建设、人文社会科学等领域的有效衔接，是本领域研究的主要趋势与方向。

5.3.3　领域的知识体系

（1）生态学理论

德国生物学家海克尔（Ernst Haeckel，1866）首次将生态学定义为：研究有机体与其周围环境（包括非生物环境和生物环境）相互关系的科学。美国著名生态学家奥德姆（E. P. Odum，1956）对生态学的定义为：生态学是研究生态系统结构和功能的科学。我国著名生态学家马世骏对生态学的定义为：生态学是研究生命系统和环境系统相互关系的科学。实际上，生态学的不同定义能够反映生态学不同发展阶段的研究重心。

（2）环境学理论

环境科学是研究和指导人类在认识、利用和改造自然中正确协调人与环境相互关系，寻求人类社会可持续发展途径与方法的科学，是由众多分支学科组成的学科体系的总称。从广义上说，它是研究人类周围空气、大气、土地、水、能源、矿物资源、生物和辐射等各种环境因素及其与人类的关系，以及人类活动对这些环境要素影响的科学。从狭义上讲，它是研究由人类活动引起的环境质量的变化以及保护和改进环境质量的科学。可持续发展理论的提出和不断完善，对环境科学产生了深刻影响，无论是对环境问题的认识，还是研究内容和学科任务等方面都有了许多新的发展。环境科学的研究内容可概括为：研究人类社会经济行为引起的环境污染和生态破坏，研究环境系统在人类干扰（侧重于环境污染）影响下的变化规律，确定当前环境恶化的程度及其与人类社会经济活动的关系，寻求人类社会经济发展与环境协调持续发展的途径和方法，以争取人类社会与自然界的和谐。

所有这些决定了环境科学的两个明显特征，即整体性和综合性。同时，也决定了环境科学是一门融自然科学、社会科学和技术科学于一体的交叉学科，而且在很多领域，与环境生态学的研究内容有交叉。

（3）生态环境学理论

生态环境是以人类为主体，以物质、能量和信息等有机联系维持人类生态系统正常运转的天然生态系统。当前，对于生态环境还没有十分明确统一的定义，一些学者认为生态环境是指除人口种群以外的生态系统中不同层次的生物所组成的生命系统。另有一些学者则认为生态环境是由各种自然要素构成的、具有环境与资源的双重属性的自然系统。还有学者认为生态环境即生物的生境。综合起来就是：生态环境是指由生物群落及非生物自然因素组成的各种生态系统所合成的整体，主要或完全由自然因素形成，并间接地、潜在地、长远地对人类的生存和发展产生影响。对生态环境的定义，具有一定的局限性，即仅主要强调了生态环境的自然属性，没有将人类的影响考虑进去，不能适应社会发展的需要。随着人类文明的进步，人类已越来越意识到人类活动对自然生态环境的影响，自然条件对人类活动的反作用。因此，生态环境是人类的生态环境，其凝聚着自然因素和社会因素的相互作用，其内涵与复杂程度更为复杂与广泛。

（4）水土保持学

水土保持学是研究水土流失原因和发展过程，以及运用综合性技术措施，防治水土流失，保护、改良与合理利用水土资源，维护和提高土地生产力，以利于充分发挥水土资源的生态效益、经济效益和社会效益，建立良好生态环境的一门学科。水土保持学重大基础理论研究包括：土壤侵蚀动力学机制及其过程；土壤侵蚀预测预报及评价模型研究；土壤侵蚀区退化生态系统植被恢复机制及关键技术；水土流失与水土保持效益、环境影响评价；水土保持措施防蚀机制及适用性评价研究；流域生态经济系统演变过程和水土保持措施配置；区域水土流失治理标准与容许土壤流失量研究；水土保持社会经济学研究；水土保持生态效益补偿机制；水土保持与全球气候变化的耦合关系及评价模型。水土保持关键技术方面包括：水土流失区林草植被快速恢复与生态修复关键技术；降雨地表径流调控与高效利用技术；水土流失区面源污染与环境整治技术；生产建设项目与城市水土流失防治技术；水土流失试验方法与动态监测技术；坡耕地与侵蚀沟水土综合整治技术；水土保持农业技术措施；水土保持数字化技术；水土保持新材料、新工艺、新技术。

（5）可持续发展理论

可持续发展是一种整体发展观，其实质是人与自然、经济与生态的协调发展，是人力资本、物质资本和生态资本的协调发展。可持续发展的本质是改变单纯的经济增长，综合考虑社会、经济、资源与环境效益，运用生态学原理，增强资源的再生能力，通过产业结构调整和合理布局，引导技术变革，使再生资源替代非再生资源成为可能，并遵循发展的公平性、区域分异规律、资源再生和共生原则，实行清洁生产和文明消费，提高资源的使用效率，减少废物排放等措施，协调环境与发展之间的关系，使社会经济的发展既能满足当代人的需求，又不对后代的需求构成危害，最终达到社会、经济、资源与环境的持续稳定发展。可见，可持续发展是人与环境矛盾运动中形成的正确的发展选择。

（6）系统理论

系统理论指把评价对象视为一个系统，评价指标、评价权重和评价模型均按照系统最优的方法进行研究。作为系统分析和决策行为的结合点，系统评价是系统分析过程中的一个必要步骤，它提供的相关信息是决策者进行决策的基础和依据。我国有的学者认为系统科学应包括“系统概念、一般系统理论、系统理论分论、系统方法论（包括系统工程和系统分析）和系统方法的应用”五个部分。我国著名科学家钱学森把系统科学看作与自然科学、社会科学等相并列的一大门类科学。系统科学像自然科学一样也区分为系统的工程技术（包括系统工程、自动化技术和通信技术）、系统的技术科学（包括运筹学、控制论、巨系统理论、信息论）、系统的基础科学（即系统学）、系统观（即系统的哲学和方法论部分，是系统科学与马克思主义的哲学连接的桥梁）四个层次。

5.4　本领域的研究方向

（1）土壤侵蚀与生态系统生产力

基于含沙水流的水动力学关键参数与临界条件，侵蚀形态发生演变过程数值模拟；风沙流动力学特征及沙粒运动过程与机制，重力侵蚀与泥石流发生的力学机制与发生条件，高海拔寒区融水土壤侵蚀机制与过程模拟；水力－风力、水力－冻融、水力－重力等多重外力复合侵蚀过程与模拟；我国东北漫岗丘陵地区的长缓坡、西北黄土高原地区的陡坡、长江中上游山区的深切峡谷、西南喀斯特区的岩溶地貌等特殊环境下的侵蚀过程与机制；流域侵蚀产沙对景观要素及其时空格局的响应；侵蚀泥沙输移过程及水沙汇集传递关系；坡面侵蚀与流域产沙间非线性作用机制等；坡面生态环境恢复与生态系统生产力提高的调控途径；生态系统重建中的生产力提高机制；流域水循环与生产力耦合效应。

（2）林业生态工程科学与技术

林业生态工程基础理论的构建与更新；人工防护林生态系统稳定性维持；干旱地区林木水分生理；植被土壤水文生态过程；区域森林植被建设适宜度与生态用水的关系；抗性植物材料的选择和繁育；区域性防护林恢复与重建的生态经济评价；森林生态效益长效补偿机制，实现森林生态效益补偿社会化；林业生态工程监管与质量管理；复合型生态经济防护林体系构建技术；防护林林草植被可持续恢复与营造技术；以功能为导向的防护林体系构建技术。

（3）荒漠生态系统动态与荒漠化防治

荒漠生态系统状况评价指标体系；荒漠生态系统服务价值动态评估；荒漠生态系统生物量与土壤水分动态耦合；荒漠生态环境监测网络体系构建；降水、温度和氮沉降对荒漠生态系统稳定性的影响；气候变化条件下荒漠生态系统演化动态模拟与保护策略；固沙植被稳定性的生态——水文模拟与阈值界定；干旱半干旱区生态系统和水资源脆弱性评估及风险预估；荒漠化防治功能区生态补偿机制综合评价；荒漠化防治关键技术及模式；荒漠化时空变化特征及驱动力分析；荒漠化防治与生态恢复；植被－土壤对荒漠化的响应。

（4）石漠化形成机制与综合治理

石漠化演替的驱动机制；不同成因类型石漠化景观的生态示范区建设；石漠化在不同时空尺度下的驱动机制（尤其是人类驱动力）；石漠化基础信息系统以及灾害监测预警决策系统研究；石漠化的水文生态过程与植被恢复重建机制；喀斯特生态系统退化和石漠化过程中的生物地球化学过程；石漠化综合防治战略与模式；石漠化的形成过程和趋势研究；石漠化过程与水、土资源的相关性研究；石漠化综合治理的模式与技术研究；石漠化环境质量和治理工程效益评价；石漠化过程的自然与人为背景的研究；石漠化动力学过程及其调控研究；石漠化的生物学过程与植被恢复重建机制；石漠化综合防治战略与模式；喀斯特生态系统退化受损状态以及分布与演变趋势；喀斯特石漠化的环境效应；喀斯特石漠化预警研究。

（5）山地灾害形成机制与综合治理

山地灾害形成机制和运动规律；重大山地灾害评价与防治；浅表层山地灾害（滑坡、崩塌、泥石流、地面沉降、地面塌陷、地裂缝、不稳定斜坡）形成的地质背景、发育分布规律、成因机制、评价预测方法及防治处理措施；人类活动与山地环境之间的互馈作用机制、灾害发生过程及控制对策；区域山地环境评价和区域山地－生态环境的联合调控及协调保护机制；山地灾害监测预警与信息技术；山地灾害对生态的响应机制；气候变化对山地灾害的影响与巨灾预测；基于水－土耦合的山地灾害动力学分析和灾害运动模型构建；山地灾害风险的理论与方法；基于灾害形成理论的机制预报模式；山地灾害综合治理技术体系构建。

（6）水土流失综合治理理论与技术体系

坡面、小流域、大流域、区域多尺度土壤侵蚀机制；物理、化学、地貌、生物多过程土壤侵蚀机制；水蚀、风蚀、重力侵蚀、冻融侵蚀多类型土壤侵蚀动力学机制；多尺度、多过程、多类型土壤侵蚀过程与机制耦合和模型构建；基于流域过程模拟与情景分析的水土流失治理；统筹考虑社会－生态－经济效益，调节和控制水土流失的综合治理模式；基于生态系统功能与生态安全，通过改变生态系统的物质、能量和信息流的水土流失综合治理技术体系；水土流失综合治理要围绕生态系统整体性，以生态系统功能和服务为出发点，使用包括综合治理在内的多种管理和治理技术，对侵蚀泥沙的功能流进行合理调节和控制，变对抗为利用，变控制为调节，将土壤侵蚀防治与其他高效技术融为一体；基于水土保持分区的区域水土流失综合治理技术方案；土壤侵蚀与水土保持的动态调查技术；水蚀、风蚀、重力侵蚀、冻融侵蚀要素和过程监测技术；无人机 / 船水土流失快速调查与监测技术；区域水土流失调查与监测技术。

（7）农业面源污染与水资源安全

氮磷流失过程及其综合调控技术；流失养分的局域多层空间综合防治措施优化配置调控技术；水源地面源污染防治技术；水土保持防控土壤、水污染机制与技术；流域尺度面源污染防治措施及控制技术体系；农业面源污染系统控制与区域治理结合的技术体系；农业面源污染监测评价与预警体系；农业面源污染物质的生态拦截技术；农药减量化与残留控制技术；化肥减量化技术；面源污染控制相关的生态补偿政策；农业面源污染的时空特征、迁移路径、预测污染负荷；农业面源污染负荷空间分布及风险评价；农业面源污染预报模型及应用；土壤侵蚀过程对农业面源污染物运移和水质影响；不同面源污染物危险性评价的指标体系与专家系统。

（8）生态修复理论与工程技术

生物过程与地学过程耦合作用机制；生态系统退化的过程和机制；受损土地植被修复与重建理论的构建和技术体系；人工恢复和自然恢复机制与过程；植被快速恢复、定向修复的技术体系和模式；植被演替理论、限制性因子理论在矿山废弃地生态修复中的应用；立地条件类型划分与评价；边坡固定及工程绿化技术；植物物种选择、配置及种植技术；矿山废弃地生态修复质量评价；不同生态系统（河流、湿地、矿山、荒地等）修复理论与技术体系；水土保持生态修复理论及发展趋势；生产建设项目生态修复及植被构建；城市水土保持及生态修复；泥石流和滑坡等灾区灾后重建与生态修复；脆弱生态区生态修复与重建；山水田林湖与生态修复；环境污染控制与生态修复；生态环境修复材料与资源化利用；生态修复监测与评价。

（9）生物多样性与生态系统服务功能

生物多样性与生态系统服务功能变化的机制研究与监测；生物多样性和生态系统服务的价值评估；变化环境中的生物迁移与适应；流域生态系统的生物多样性与生态系统稳定性；生物多样性的调查、编目及信息系统的建立；人类活动 / 气候变化对生物多样性的影响机制与过程；生物多样性与生态系统服务功能的互馈影响机制与过程；生物多样性的动态监测与预报技术；不同对象（土壤微生物、植物等）的生物多样性；生物多样性大数据平台与数据库建设；生物多样性与生物安全；生物多样性保护与生态监测；生物多样性与环境变化、生物入侵及其后果；景观生态学与生物多样性。

（10）气候变化与生态环境演变

区域生态环境对全球气候变化的响应与适应对策；区域环境污染防护与修复技术及对策研究；区域资源可持续利用对策研究；全时空尺度的气候变化研究、评估、模拟与预测；气候变化的关键驱动过程研究；跨大气 – 海洋 – 陆地界面的复杂作用研究；气候变化对清洁水、空气和食物等生态系统服务的影响与对策；环境污染物对人类健康的影响研究；植被 – 大气相互作用模式发展的研究；气候 – 生态 – 环境演化特征的研究；气候 – 生态 – 环境的影响评价、对策及可持续发展的研究；污染土壤、水体的生物修复；阻断和降低污染物的控制对策研究、监测手段与方法的研究与开发；城市化过程评估及可持续城市化发展模式研究；敏感区域生态环境保护与可持续发展方案；基于系统思维的生物地球化学循环研究。

6 乡村发展

6.1 本领域发展的必要性

1978年农村改革后，我国农业和农村发展取得了巨大的进步，但也面临许多问题和挑战。长期以来，受到城市和工业优先发展战略的影响，农村发展相对滞后，问题日益突出。从20世纪90年代农民负担过重，到21世纪城乡发展不平衡、农村空心化、水土污染等问题日益严重，严重影响了农村的生产、生活和生态发展。2017年，党的十九大报告提出乡村振兴战略，提出坚持农业农村优先发展，按照产业兴旺、生态宜居、乡风文明、治理有效、生活富裕的总要求，建立健全城乡融合发展体制机制和政策体系，统筹推进农村经济建设、政治建设、文化建设、社会建设、生态文明建设和党的建设，加快推进乡村治理体系和治理能力现代化，加快推进农业农村现代化，走中国特色社会主义乡村振兴道路，让农业成为有奔头的产业，让农民成为有吸引力的职业，让农村成为安居乐业的美丽家园。乡村振兴战略的提出和实施，对新时代农科高等教育“乡村发展”领域提出了迫切的要求。

同时，乡村发展也是国际发展研究和发展机构长期关注的议题和领域。发展研究（development study）作为一个学科兴起于20世纪50年代，在现代化浪潮和冷战背景之下，发达国家和发展中国家、南方国家和北方国家、第一世界和第三世界等不同维度上的概念划分应运而生，由此产生了现代发展理论与实践，构建了最初的发展研究学科体系。发达国家的顶尖大学都设置了发展研究的本科生和研究生培养建制。进入21世纪以来，中国的国内外社会经济发展态势进入新的阶段：在国际上，中国与发展中国家的经济、社会及政治联系日益紧密，成为影响非洲、拉美和亚太地区发展的关键性力量，全球影响也日益加强，新的发展研究范式逐渐改变和形成。随着中国“农业走出去”战略、“一带一路”倡议的提出和实施、中国国际发展合作署等新发展机构的成立，发展研究学科知识为基础的乡村发展领域有了新的研究方向和内涵，也提出了该领域学科知识和人才的巨大需求。

6.2 本领域的国内外发展动态

“发展”最早作为一种追求进步的思潮在19世纪末到20世纪初传入中国。严复在1896年到1908年间，先后翻译了赫胥黎的《进化论与伦理学》、亚当·斯密的《国富论》等。与此同时，马克思主义思想也传入中国。随着新中国的成立，中国发展思潮的变化与乡村发展领域的发展密切相关，中国的国家发展进程也一直与农村发展变迁和实践紧密联系在一起。从人民公社、农村改革、社会主义新农村建设到乡村振兴，从农业经济发展到农村政治、经济、社会、文化和生态全方位发展，从生产发展到产业兴旺、生态宜居、乡风文明、治理有效和生活富裕，农业农村领域的发展变迁始终是国家发展的关键性议题。迄今为止，全国已有40多所高校开设了乡村发展领域类的本科专业（专业名称为“农村区域发展”），并建立了相关的硕士和博士研究生培养的学科点。这些学科点的学科偏向有所不同，因此有的设置在社会学学科，有的则归属于管理学，还有的归属于经济学、农学、国际关系等，所采用的名字也各有所异，如社会发展、发展管理、农村发展、国际发展等。在“一带一路”背景之下，北京大学、清华大学、复旦大学、南开大学、对外经济贸易大学等纷纷设立以国际发展为名的学院、研究中心和人才培养项目。英国、美国、加拿大、澳大利亚和欧洲各国的顶尖大学二战后即设置了发展研究的本科生和研究生培养建制。国际发展研究中重要的基础议题和领域即不同发展程度的国家和文明中乡村发展问题及其变迁。

6.3 本领域的内涵

6.3.1 领域定义

《国家乡村振兴战略规划（2018—2022年）》指出，乡村是具有自然、社会、经济特征的地域综合体，兼具生产、生活、生态、文化等多重功能，与城镇互促互进、共生共存，共同构成人类活动的主要空间。长期以来，大部分经济学家把发展等同于经济增长，后来人们逐渐认识到单纯的经济增长并不等于发展，发展的内涵不仅包括物质生活层面，还包括政治、文化、社会、生态环境等多方面。随着以人为本的发展观、可持续发展观的出现，乡村发展领域的学科基础不断扩大，由经济学扩展到政治学、社会学、人类学等领域，形成发展研究等综合学科知识。发展是指变化，乡村发展所追求的变化主要包括以经济、社会、文化、政治、机制与立法、人力与性别、知识与技术及环境等各领域的全面进步。发展的重要手段是项目，发展的内涵、理论和思路必须从项目过程中体现出来。项目过程包括一系列的具有高度逻辑性的操作步骤，而且这些步骤是一个不断循环的过程。具体地说，项目过程包括：社区背景资料准备，参与分析，问题分析，资源潜力分析，目标分析，方案选择分析，发展战略制定及表述，实施计划的制订，监测与评估，再规划。发展是一项系统工程，它需要各个系统有序协调地发展，只有这样，才能保持发展的可持续性和稳定性。

6.3.2 领域的主要研究对象

乡村发展领域的研究对象是运用社会学、管理学、发展规划等学科的理论、方法和工具等知识体系，研究乡村发展的变迁和现实，以及乡村发展理论和实践工作等。要求毕业生掌握发展学科的基本理论、乡村发展研究的基本方法，具备在宏观政策层面、机构层面以及社区层面进行发展规划、项目实施、监测评估以及组织管理的能力。毕业生将成为从事乡村发展研究、发展管理与发展实践的中高级人才，就业于国内与国际的政府或发展机构、政策研究机构以及社会发展组织等。

6.3.3 领域的知识体系

本领域的知识体系包括乡村发展研究和相关学科的基础知识，包括社会学、管理学、发展规划等跨学科知识；乡村发展规划和项目管理、监测评估、团队工作和沟通交流等专业知识和专业技能；乡村发展专业的历史、现状和前沿动态，掌握本专业的研究思路和研究方法，了解国内外相关政策法规和惯例。以下是主要的必修课程介绍。

（1）农村社会学

农村社会学是从农村社会的整体出发，通过观察农村人口的社会关系和社会行为，以综合的观点研究农村社会的结构、功能、发生、发展规律的科学。具体内容包括农村社会学概述；农村社会中的个人、人地关系、社会关系、婚姻、家庭与家族、社会组织和农村社区，分析农村社会初级群体和社会组织等结构性要素的新变化；社会分层、社会流动、社会问题、社会控制和社会保障，论述农村社会整体性结构与变迁特点、农村社会结构失调和均衡机制，阐释农村社会变迁方向和具体路径等。

（2）农村公共管理

农村公共管理是一门综合运用管理学、经济学、社会学、财政学、公共经济学、公共政策学、公共行政学、人力资源管理学等学科方法研究农村公共管理组织和公共管理过程与规律的科学。主要内容包括农村公共组织管理、农村公共战略管理、农村公共部门人力资源管理、农村社会事务管理、农村社会保障管理、农村公共管理的监督与绩效评估等。

（3）发展理论与实践

农村发展的概念、理论和农村发展的实践方法，包括发展研究与发展理论框架、古典发展理论、现代发展理论、参与式发展、发展指标、国际发展援助、贫困与发展、性别与发展、治理与发展等内容。

（4）农村发展规划

农村发展规划是发展的利益相关群体不断地分析问题，利用当地资源确立发展目标和发展活动，并在实施发展活动过程中通过不断的监测和评估，再界定新的问题、新的发展目标和新的发展活动等的一系列持续不断的循环过程。

（5）社会调查和研究方法

社会调查和研究方法包括快速农村评估、参与式农村评估、农村基线调查、参与式调查、问卷调查、小组访谈等获取农村基本情况的调查工具和方法。

6.3.4 学科领域方向简介

（1）乡村振兴理论与实践

研究中国乡村发展的变迁和现实，进行乡村发展和乡村振兴理论与实践工作的问题分析，包括乡村社会、经济生产、自然环境、文化生活、治理民生等方面的全面、协调发展的理论和实践。

（2）国际乡村发展

通过应用发展学科的理论知识，诊断国际乡村发展以及发展合作中的具体问题，提出相应评价或解决思路的能力。例如通过了解中国的对外援助，比如操作过程、管理和影响，探究中国的以南南合作为基础的国际发展框架与 OECD–DAC 成员国以南北关系为基础的方式之间的关系。开展中非合作发展实践，在发展实践中开展行动研究。

（3）乡村发展规划

主要研究乡村发展规划和方法、发展项目管理和评估等。具体内容包括发展与发展规划的概念；参与式发展规划起源、方法概述、方法论基础；发展理论；规划理论；区域概貌；发展规划中的基础分析；发展战略的制定与表述；发展战略报告的撰写；发展规划的实施；农村供水、卫生等部门规划；规划的组织；发展规划中的组织与沟通技术等。

7　全球农业

7.1　本领域发展的必要性

农业国际化是不同国家农业经济运行超国界逐步融合并构成全球体系的过程，不同国家和地区依据农业比较竞争优势的原则参与国际分工，在此基础上调整和重组国内农业资源，使农业资源在世界范围内进行优化配置，实现资源、产品在国内和国际市场的双向流动，通过商品与劳务的交换、资本流动、技术转让等国际合作方式，形成相互依存、相互联系的全球经济整体。当前，世界格局大发展、大变革、大调整继续深化，经济全球化和区域经济一体化进程加快，我国农业发展与世界农业的关联度进一步提高。粮食安全、农业对外投资、气候变化、能源、汇率等问题成为多双边关注的热点和焦点，对中国农业发展影响深远。

（1）全球化背景下，各国更加关注农业国际合作，农业贸易自由化和投资便利化是大势所趋

随着科技革命的不断深入，用高新技术武装的、高效率的现代化大生产客观上要求更大范围的国际协作和生产专业化，世界经济越来越表现出全球化与区域化并存的趋势。区域经济集团化与世界经济全球化相互作用、相互影响，推动了世界经济的发展进程。不同社会制度、不同发展水平的国家和地区正被纳入统一的世界经济体系之中。一个国家经济运行的效率无论有多高，总是要受到本国资源和市场的限制，只有在世界资源和市场一体化的前提下，才能使国内经济发展最大限度地摆脱资源和市场的束缚。同样，农业国际化也是不可回避的历史趋势。乌拉圭回合将农产品贸易纳入多边贸易谈判中，并在 1993 年签署了《乌拉圭回合农业协议》，这成为推动农产品贸易自由化的重要一步。

中国农业的国际化是中国参与国际合作与竞争的必然结果。中国自 1986 年提出恢

复其在关贸总协定（GATT）合法席位的要求以后，全面参加了乌拉圭回合的谈判，并于2001年正式加入世界贸易组织（WTO）。中国加入WTO的过程实际上就是中国经济国际化的过程。中国加入WTO实际上意味着包括农业在内的国民经济，将在一定程度上受WTO的管理与协调。也就是说，未来的中国农业，在享受国际分工与合作的巨大利益的同时，也要承担相应的国际义务，迎接国际竞争的挑战。农业国际化是中国农业发展的必然趋势。

（2）统筹利用国内国际两个市场、两种资源是中国保障粮食安全和农产品有效供给的必然选择

中国自1996年提出“立足国内资源、实现粮食基本自给”的方针，成为中国至今未变的粮食战略总纲。基于上述粮食安全观，中国用9%的耕地养活了20%的人口，实现了主要粮食产品的基本自给。但不可否认，利用境外农业资源和国际农产品市场，为中国确保粮食安全做出重要贡献。2019年，中国进口农产品2 301亿美元，是世界农产品进口第一大国。其中，大豆进口8 851万t，谷物进口1 792万t，棉花进口194万t，食糖进口339万t，牛羊肉进口205万t。农产品进口为国内粮食安全战略实现和农业结构调整腾出了空间，仅是大豆进口量，若按国内平均单产折算，即利用了7.91亿亩的境外耕地资源，相当于中国耕地总面积的39.1%。若这一部分转由国内生产，必将对国内粮食安全产生巨大影响。换言之，今后为保障谷物基本自给特别是口粮绝对安全，其他农产品进口则不可避免，即利用国际农产品市场和全球农业资源不可避免。

现阶段，中国利用国内国际两个市场、两种资源的能力正不断增强。但不可回避的是：一是进口产品相对集中，由此导致进口来源地较为集中。由于尚未建立持续稳定的全球农产品供应网络，因此进口的可获得性、进口成本以及其他不确定性风险持续增加。二是国内企业开展境外农业投资与合作尚处于初级阶段，全球化视野和国际化经营能力还有待提高；企业投资能力与人才支撑较弱；仍缺乏必要的、系统的政策支持体系。

（3）国际贸易环境日趋复杂，农业国际合作也面临不少挑战

首先，我国农产品贸易面临的国内外环境更加错综复杂。多哈回合谈判进展缓慢，我国劳动密集型优势农产品出口压力不断增加。国内农产品需求刚性增长，农业发展与资源约束之间的矛盾日益突出。能源、投机资本、气候变化等非传统因素增加了国际农产品市场的波动和不确定性，保障国内农产品有效供给和价格稳定挑战增加。劳动力成本上升、人民币升值等压力依然存在，从整体上提升农产品质量安全水平面临不少困难，农产品出口竞争力提升受到制约。

其次，农业关键核心技术引进难度加大，利用外资水平尚需提高。随着我国综合国力不断增强，外国政府和国际机构农业无偿援助和低息贷款条件越来越高，获取援助和贷款的难度越来越大，援助资金逐年减少，对中西部农业国际合作部门开展工作提出了更高的要求。

最后，农业国际合作责任更加重大，面临的制约日益突出。国际社会对我国的定位和期望发生转变，发达国家要求我国承担更多的责任和义务，发展中国家在资金和技术援

助方面对我国期望过高，农业国际合作面临更为复杂和敏感的局面。中国综合国力显著提升，国际影响力与日俱增，但作为发展中国家的地位没有发生本质改变，履行发展中国家国际责任义务的难度加大。此外，随着农业国际合作内容不断丰富，工作任务日趋繁重，现有支持手段不够，农业国际合作能力建设和人才队伍建设尚不能满足发展需要，制约了农业国际合作事业的发展。

7.2　本领域的国内外发展动态

（1）关于农产品市场与多边贸易体制

农产品市场的不确定性增加，进出口国趋于集中。全球农产品市场价格自 2008 年经济危机之后一直保持相对稳定，但近年来非洲农产品需求快速增长、原油价格变化、病虫害频发、生物燃料、技术变革、消费观念转变等因素，使得国际农产品市场价格存在较大的不确定性。全球农产品贸易主要出口国和进口国都趋于集中，如巴西和美国的大豆出口占全球大豆出口的 70% 以上。

南美洲国家农业资源丰富，在全球农产品供给方面潜力巨大。南美国家的小麦、玉米等农产品生产呈现上升趋势，这与全球农产品贸易发展趋势是一致的。特别是阿根廷和巴西，其农产品供给和需求增长十分迅速。这些增长主要是由土地、资本等投入推动的，但最重要的是全要素生产率的增长。在巴西、阿根廷等南美国家，全要素生产率的增长带来了农业和食品方面投资的增加，这些投资主要集中在知识、技术、知识产权和现代管理方式等方面。南美洲国家农业发展的战略目标是成为世界重要的食品供应商之一，农产品加工增幅达到 40% 以上。此外，南美洲国家还将通过提高机械化率和管理水平，不断提高农产品质量。

多边谈判进展缓慢，贸易自由化进程举步维艰。基于 2030 年联合国可持续发展目标，在 WTO 多边谈判中要重点考虑国内支持、以粮食安全为目的的公共储备、市场准入、特殊保障机制、出口竞争、出口限制等议题。在当前国际合作意愿减退的情况下，WTO 多边谈判包括农业谈判要取得实质性进展十分困难。很多国家可能会出于自身利益加强对农业的支持和保护。

（2）关于农业国内支持政策

近年来 OECD 成员农业生产者支持占农民收入的比例下降，由 1995 年的 31.4% 下降至 2017 年的 17.82%，而同期新兴经济体（中国、巴西、哥伦比亚、南非等 10 国）由 3.51% 上升至 12.11%，两者逐渐趋近。但各国间支持水平差距仍然较大。2017 年，冰岛、瑞士、挪威生产者支持占农民收入比例的 60% 左右，韩国为 53.55%，日本为 49.2%，中国约为 14.03%。从支持方式看，价格支持、基于产出的补贴以及对投入品的补贴在支持总量中占绝大多数。从补贴范围看，补贴集中在大米、棉花、食糖、牛奶、小麦、油菜籽、玉米等少数产品上，且主要采用价格支持的方式。从是否与环保措施挂钩看，与特定生产操作规范相挂钩的补贴开始在新兴经济体中出现，如中国的退耕还林还草补贴，

2015—2017 年此类补贴平均在农民收入中占 0.16%。从补贴与市场的关系看，补贴对价格的扭曲程度总体下降，但在某些国家国内与国际价格仍存在较大差距。从与消费者的关系看，除乌克兰、美国和哈萨克斯坦外，绝大部分国家均通过农业价格政策对消费者隐性征税，从而实现对农业的补贴。

（3）关于全球可持续发展与粮食安全

气候变化将对全球农业生产和农产品贸易产生显著影响。气候变化导致平均气温升高、降雨量增加、海平面上升、极端天气发生频率增加、病虫害增加等。由于发达国家大多分布在高纬度地区，而发展中国家、不发达国家多分布在低纬度地区，因此气候变化对发达国家农业生产和经济发展的影响是正向的，对发展中国家和不发达国家的影响是负面的。气候变化对各地区不同的影响将增强贸易在气候适应及粮食安全方面的作用。通过贸易将农业资源引向经济效率高、碳排放效率高（生产单位食物伴随的排放更低）的地区配置，有助于应对气候变化的影响。

7.3 本领域的内涵

（1）定义

全球化与国际农业是以经济学和管理学理论为基础，研究全球农业供求关系、分工合作以及农业发展规律的综合学科。

（2）主要研究对象

全球农业生产：研究世界各国农业劳动生产率和全要素生产率变化，以及气候变化、生物能源、环境约束、支持政策等因素对农业生产的影响；

全球食品消费：研究世界各国食品消费变化趋势，食品安全管理，食品消费与营养健康的关系等；

全球农产品流通：研究世界农产品贸易发展规律，全球供应链、价值链增值及管理；

农业支持政策：研究各国的边境保护政策、国内支持政策，以及多双边贸易协定等。

（3）知识体系

农产品市场理论：主要包括农产品需求理论、供给理论、消费者行为理论、生产者行为理论、市场均衡理论等，解释农产品生产和消费规律以及市场价格变化；

农产品贸易理论：主要包括比较优势理论、资源禀赋理论、技术差距理论等，解释为什么有国际贸易，以及作为一个国家应当如何对待国际贸易，特别是如何对待农产品贸易以及国内农业支持政策；

国际市场营销理论：主要包括国际市场产品策略、价格策略、渠道策略、促销策略、权力策略等，从管理学角度解释农产品的国际流通及竞争力状况。

7.4　本领域的研究方向

（1）全球农业生产

农业发展的国际间比较是农业经济研究的重要议题。从各国的农业经济研究的演变规律来看，大多都经历了从自身农业研究为主向国际农业研究转变的过程，目前我国农业经济研究主要关注国内农业发展情况，对其他国家的农业发展方面的深入了解相对欠缺。未来针对外国农业发展的研究需求将不断增加，从经济、技术、文化等各个方面加强外国农业研究非常必要。此外，农业生产与绿色发展、营养健康之间的关系也将成为重要的研究内容。

（2）农业国际贸易

农业国际贸易是农业全球化和国际化的重要基础。产品贸易是市场对外开放的重要手段，农业国际贸易主要以农产品为研究对象，归纳总结各国农产品贸易发展规律，解释农产品贸易产生的原因，分析影响农产品贸易的影响因素，讨论贸易对资源环境的影响。贸易环境对农业贸易影响巨大，研究贸易自由化进程、多双边谈判、支持政策以及贸易救济措施也是农业贸易的重要议题。

（3）农业国际投资

农业“引进来”和“走出去”将推动全球农业进一步融合。在农业对外开放过程中，各国对农业国际投资都保持审慎态度。但随着经济全球化的快速发展，农业国际投资需求越来越受到关注。各国开始签订农业投资协定，中国一方面在引入国际资本，另一方面也在积极开展农业“走出去”，对农业投资的研究需求不断增加。

（4）农业国际营销

全球化与国际农业不仅涉及经济学问题，更包括管理学问题。如何促进优势农产品出口、优化农产品进口，如何增加国际市场上的话语权、提高农产品国际竞争力，这些问题都与产品的市场营销能力密切相关。因此农业国际营销将在这些方面发挥重要作用。

（5）领域的学科交叉，跨学科研究情况

一方面，全球化与国际农业本身是经济学和管理学的交叉学科，需要从不同的视角研究国际农业；另一方面，全球化与国际农业需要与新农科其他领域进行密切合作。比如，智慧农业技术与工程将提供大数据及其分析方法，这将有益于提高农产品质量和市场信息透明度，提高农产品竞争力；生物技术的突破可以打破国外对“卡脖子”技术的垄断，为农业贸易政策的制定和实施创造空间；绿色发展和营养健康将成为全球农业生产的重要目标；如何减少农业生产中的温室气体排放以及如何应对气候变化对农业生产的影响都需要跨学科协作研究。

第七章 新时代农科高等教育专业体系设想与展望

作为“后发外生型”现代化国家，我国现代意义上的高等教育体系是在不断学习和借鉴西方高等教育的进程中逐步建立和发展起来的。新中国成立后，在苏联模式影响下，我国高等教育领域进行了一系列从宏观到微观领域的改造，其中就包括苏联的学科与专业管理制度。这构成了中国农科专业体系的基本框架，虽历经几次大的修订，但仍存在其弊端。这导致了农科专业结构存在人才培养规格和质量难以满足农业农村现代化发展需求，对新型、交叉学科专业建设与发展重视不足，难以适应新农业、新农村、新农民、新生态建设发展需要等短板。因此，在新农科建设背景下，面向新农业、新农村、新农民、新生态，聚焦产业当前需求和未来发展趋势，布局调整农科专业结构，重构农科人才知识和能力结构成为新农科的重中之重，也为农科教育的整体创新发展开辟了新的航道。农科高等院校应坚持发展导向、问题导向和全球视野的原则，主动谋划、布局、设置、建设和发展相关新型农科专业，使其更好地适应经济社会发展的新要求，并引领农科和未来产业的发展。

1 现有农科高等教育专业体系研究

新中国成立以来，我国高等学校专业设置历经四次大规模调整。在 1998 年普通高等学校本科专业目录修订中，通过对专业的综合、交叉和延伸，在一定程度上改变了专业过窄、过细、局部陈旧的状况，此次修订后，农学门类包含植物生产类、草业科学类、森林资源类、环境生态类、动物生产类、动物医学类、水产类 7 个专业类，16 个专业，除此之外，工学门类下设农业工程类、林业工程类涉农专业 7 个，管理学门类下设农业经济管理类涉农专业 2 个，共同构成农科专业体系。此后本科专业目录相对稳定（表 7–1）。

表 7–1 《普通高等学校本科专业目录》（1998）– 涉农专业列表

09	学科门类：农学
0901	**植物生产类**
090101	农学
090102	园艺
090103	植物保护
090104 △	茶学

续表

0902	**草业科学类**
090201	草业科学
0903	**森林资源类**
090301	林学
090302	森林资源保护与游憩
090303*	野生动物与自然保护区管理
0904	**环境生态类**
090401	园林
090402	水土保持与荒漠化防治
090403	农业资源与环境
0905	**动物生产类**
090501	动物科学
090502 △	蚕学
0906	**动物医学类**
090601	动物医学
0907	**水产类**
090701	水产养殖学
090702	海洋渔业科学与技术
08	学科门类：工学门类
0819	**农业工程类**
081901	农业机械化及其自动化
081902	农业电气化与自动化
081903	农业建筑环境与能源工程
081904	农业水利工程
0820	**林业工程类**
082001	森林工程
082002	木材科学与工程
082003	林产化工
11	学科门类：管理学门类
1104	**农业经济管理类**
110401	农林经济管理
110402	农村区域发展

2012 年教育部发布《普通高等学校本科专业目录》，目录保持了农学门类 7 个专业类划分，专业类有所调整，植物生产类、自然保护与环境生态类、动物生产类、动物医学类、林学类、水产类、草学类，除此之外，工学门类下设农业工程类、林业工程类涉农专业 8 个，管理学门类下设农业经济管理类涉农专业 2 个，共同构成农科专业体系（表 7–2）。

表 7-2 《普通高等学校本科专业目录》(2012) - 涉农专业列表

09	学科门类：农学
0901	**植物生产类**
090101	农学
090102	园艺
090103	植物保护
090104	植物科学与技术
090105	种子科学与工程
090106	设施农业科学与工程（注：可授农学或工学学士学位）
0902	**自然保护与环境生态类**
090201	农业资源与环境
090202	野生动物与自然保护区管理
090203	水土保持与荒漠化防治
0903	**动物生产类**
090301	动物科学
0904	**动物医学类**
090401	动物医学
090402	动物药学
0905	**林学类**
090501	林学
090502	园林
090503	森林保护
0906	**水产类**
090601	水产养殖学
090602	海洋渔业科学与技术
0907	**草学类**
090701	草业科学
08	学科门类：工学门类
0823	**农业工程类**
082301	农业工程
082302	农业机械化及其自动化
082303	农业电气化
082304	农业建筑环境与能源工程
082305	农业水利工程
0824	**林业工程类**
082401	森林工程
082402	木材科学与工程
082403	林产化工
12	学科门类：管理学门类
1203	**农业经济管理类**
120301	农林经济管理
120302	农村区域发展

现行农科专业体系存在以下问题：

（1）在苏联模式的学科专业基本框架和逻辑指导下，农科类专业建设仍然存在面太窄、太固化、专业布局和专业内容过于传统等问题，农业专业教育一直没有脱离过去几十年的发展轨道。农科领域的专业设置基本围绕农业生产分工不同设立，与服务农业农村现代化建设脱节，人才培养规格和质量难以满足农业农村现代化发展需求。

（2）现有农科高等教育专业体系对新型、交叉学科专业建设与发展重视不足。高等农业院校在人才培养上过度强化了专业教育和专业能力，综合交叉学科人才的培养能力不足，理科、工科、经济、管理等多学科渗透与融合不够。

（3）大学专业设置应适应、支撑、引领行业及产业发展变革，但继 1998 年大规模调整本科专业目录以来，国家层面和农林高校层面本科专业设置调整很小，难以适应新农业、新农村、新农民、新生态建设发展需要。

2　新时代我国农科专业结构设置调整原则

发展新农科教育的核心在于聚焦产业当前需求和未来发展趋势的战略分析，主动布局、合理规划重构农科学科专业结构，重构农科人才知识和能力结构，以培养各类卓越农林科技人才，引领相关行业产业的未来发展。在此过程中，高等农业院校应形成科学的专业建设历史观和发展观，掌握专业设置与发展的内在规律，把握当前农科专业设置存在的问题与挑战，及时调整相关学科专业结构和建设方向，主动谋划、布局、设置、建设和发展相关新型农科专业，使其更好地适应经济社会发展的新要求，并引领农科和未来产业的发展。新农科专业结构调整应坚持以下原则。

2.1　发展导向原则

学科的要义是知识的分类，学科分类有其发生、发展的历史，各个不同历史时期建立的分类标准、原则和分类体系均是一定历史时期、历史条件下的产物，因此带有主观性、阶段性和局限性特征。专业作为一定历史发展阶段知识体系的系统化与结构化也同样存在阶段性与局限性特征，因此，学科专业的设置应坚持发展导向原则。

党的十九大报告中提出，实施乡村振兴战略，要以产业兴旺为重点、生态宜居为关键、乡风文明为保障、治理有效为基础、生活富裕为根本，建立健全城乡融合发展体制机制和政策体系，加快推进农业农村现代化。在此大背景下，我国农业农村工作的总任务也发生了变化，中央农村工作会议明确提出了实施乡村振兴战略“三步走”时间表，即到 2020 年，乡村振兴取得重要进展，制度框架和政策体系基本形成；到 2035 年，乡村振兴取得决定性进展，农业农村现代化基本实现；到 2050 年，乡村全面振兴，农业强、农村美、农民富全面实现。这意味着我国高等农业院校的根本任务已经转变为为实现乡村振兴战略提出大学智慧、大学方案，为支持和服务农业农村现代化建设提供人才支撑、科技贡献和智力支持，以服务产业兴旺、生态宜居、乡风文明、治理有效、生活富裕总要求。这意味着，高等农业院校在相当长的一段时间内面临的主要矛盾将是服务和引领乡村振兴战略的使命与现行的农业大学办学理念和办学能力不足之间的矛盾。这是今后提高人才培养质量，培养适应农业农村现代化发展人才的总方针。

在这一背景下，农科高校需要将以往的学科导向转向国家战略视角下的产业和未来需求导向，面向国家、产业和未来社会经济发展需求看待和推进新农科建设。进入建设农业农村现代化新时代，我国高等农业院校现行专业设置的弊端日益突出，服务发展的能力和人才培养的规格不适应发展的要求，寻求革新的内生动力不断增强，与此同时，新技术、新理论的快速发展也对专业革新提供了强有力的外生动力。两种动力的合力正催生新的农科专业的诞生。高等农业院校应聚焦产业当前需要和发展趋势，主动布局、合理规划，重构农科专业结构，并坚持以学生发展为中心的理念，重构农科人才知识和能力结构，培养面向未来、能够服务和引领产业发展的具有国际竞争力的人才。

在传统农科专业改造、升级及新型农科专业设置基础上，应坚持发展导向，紧密围绕人才培养目标定位，将产业、技术的最新发展，以及行业对人才培养的最新需求引入教学过程，系统更新并设计人才培养方案、课程体系并更新教学内容。以“植物产业工程”专业人才培养为例，其对应“植物生产类”相关专业，包括农学、植物保护、植物营养、园艺学等，其专业划分依据为传统农业生产技术的细分方式，这与农业现代化发展需要的产业人才在知识能力结构方面存在较大差距。因此，为了满足农业现代化发展，新的“植物产业工程”专业人才培养应更强调与以下学科的交叉融合：首先，与理学的结合，学生应具有扎实的化学、生物、数学基础；其次，与工程科学的结合，包括机械化、自动化与智能化、物联网、信息技术、工程理论与技术；最后，还需要与人文社会科学相结合。

2.2 问题导向原则

新农科专业结构调整应坚持问题导向原则。新中国成立后直至 20 世纪 90 年代，在专才教育理念的指导下，我国学科分类和专业设置主要依据社会生产部类，强调人才培养与社会生产的对应关系 [1]。重视高等教育的外在适切性，强调高等教育要切合社会需求，培养学生职业能力和谋生技能是这一阶段高等教育人才培养的重要特征 [2]。新中国成立后，我国大学的专业设置主要借鉴苏联模式，农科领域的专业设置基本围绕农业生产分工不同设立，如围绕作物生产设立的作物遗传育种学（解决作物新品种问题）、作物栽培与耕作学（解决粮食高产的问题）、植物保护学科（解决病虫害问题）等。这种设置方式适应当时农业发展的需求，培养了一大批专门人才，促进了农业农林经济发展。

20 世纪 90 年代以来，这种教育观念逐步发生转变，高校对通才、通识教育在认识上

[1] 纪宝成 . 中国大学学科专业设置研究 . 北京：中国人民大学出版社，2006.
[2] 周光礼 . 论高等教育的适切性——通识教育与专业教育的分歧与融合研究 . 高等工程教育研究，2015.

不断重视，在实践中逐步深化[1]。2010 年，《国家中长期教育改革和发展规划纲要（2010—2020）》提出将“促进人的全面发展”和“适应社会需要”作为衡量教育质量的根本标准，从政策层面奠定了专业教育与通识教育融合的合法性地位。然而，在实践中，通识教育理念及其制度化并不理想。而作为行业型高校，由于具有较为深厚的行业底蕴和学科沉淀，中国的高等农业院校总体而言仍然带有非常鲜明的单科性学院特点，在多学科协调发展特别是新建学科的质量提升方面尚未取得理想效果[2]。由此而产生的高度专业化的培养模式也呈现明显的局限性，既不能满足“人的全面发展”的需要，也不能充分满足我国农业农村现代化发展对人才的知识能力要求。如何解决农林高校普遍存在的这一人才培养的主要矛盾成为高等农业院校构建高水平人才培养体系面临的关键问题。而进入建设农业农村现代化新时代，现行专业设置的弊端日益突出，服务发展的能力和人才培养的规格不适应发展的要求，寻求革新的内生动力不断增强。

2.3 全球视野原则

现代知识社会对知识的依赖程度空前提高，知识作为一种生产要素在经济发展中发挥着至关重要的作用。在知识社会中，知识的生产方式出现重大的变化。根据吉本斯（Michael Gibbons）等人的研究，与传统的知识生产方式相比，新知识生产方式的两个首要特征是：第一，知识生产更多地置身于应用的语境；第二，知识生产由于更多地源于实际问题，因此具有天然的跨学科性质，这些知识有独特的理论结构、研究方法和实践模式[3]。在这一新的知识生产模式下，跨学科人才培养成为世界一流大学重要的人才培养趋势。

美国新媒体联盟发布的《地平线报告》（2018 高等教育版）指出，正在兴起的跨学科交叉学习和研究将成为下一代学习的挑战，学习者需要突破惯性学习圈，在看似不同的多个领域同时进行探索、研究等学习活动，甚至开拓尚未存在的新领域。报告表明，科学、工程、技术、数学、医学等与人文科学的融合对学生学习会产生积极影响，帮助学生进入劳动力市场创造丰富的生活并成为积极、知情的公民。未来职业很可能引导全世界毕业生进入目前尚未定义和出现的行业工作，跨学科教育在今天尤为重要[4]。

新兴学科专业的迅猛发展和对部分传统学科进行优化整合是国外大学学科专业设置的重要趋势。通信技术、生命科学、计算机与信息科学等学科也相应地成为发展最快的学科领域。通信技术与服务学科群、生物学与生物医学科学学科群、计算机与信息科学学科群的学科数量分别从 1985 年的 1 个、8 个和 7 个增至 2000 年的 4 个、13 个和 11 个。随着生命科学与技术的迅猛发展，生物学与生物医学科学学科群不仅吸收了农学类学科群的部

[1] 李曼丽 . 中国大学通识教育理念及制度的构建反思：1995~2005. 北京大学教育评论，2006.
[2] 李爱民，周光礼 . 高水平行业特色型大学组织特质研究——基于北京 16 所高校的实证调查 . 中国高教研究，2017.
[3] 迈克尔，等 . 陈洪捷，等译 . 知识生产的新模式：当代社会科学与研究的动力学 . 北京：北京大学出版社，2011.
[4] 李艳，姚佳佳 . 高等教育技术应用的特点与趋势——《地平线报告》（2018 高教版）及十年回顾 . 开放教育研究，2018.

分专业，而且将医疗卫生类学科群的医学基础科学学科群整合进来；农学、工商管理、家庭科学方面的学科群也进行了整合[1]。

新农科教育作为突破现有农科界限，重视理科、工科、经济、管理等多学科渗透与融合的新型农科教育，正是新知识生产模式下世界一流大学人才培养的普遍选择。

3　我国新时代农科专业体系设想

3.1　新农科专业的内涵与结构设想

关于“新”：“新”是创新的“新”，不是新旧的“新”，因此，新农科专业体系架构不能采取新旧二元划分方式，也不仅仅是农科专业的局部改造。根据专业创新方式不同，我们将“新”农科专业划分为：①新型专业，原有农科专业的升级改造；②新兴专业，适应农业农村现代化发展的新农科专业；③新生专业，由不同农科交叉复合或由农科与其他学科交叉融合产生的新专业。

关于“农”：新农科关注“农”的多功能性，这是“新农科”在“农”的内涵上的重大突破。农科不仅仅是农业学科专业，也包括乡村发展领域相关学科专业，还包括人类营养与健康领域相关学科专业。所以，从对农的定位来说，“新农科”包含两个层面的内涵：

一是“新农业”，是指以现代生物技术、信息技术、工程技术、人文社科等改造传统农科专业，引领农业创新发展。总体来说，新农业具有以下特征，即高产值（高附加值）、设施和机械化、智能化、形态多样化、企业化、全球化。

二是“大农科”，是顺应新科技革命变革浪潮，农工、农理、农医、农文深度交叉融合，推动大农科综合发展。

而从“农”的功能面向而言，新农科包含生产、生态、生活三个领域。

我们将上述两个层面作为进行新农科专业体系的建构基础，将其维度进行交叉，可以获得六个大的专业领域，如表 7–3 所示。

表 7–3　新农科专业体系设想

	生产	生活	生态
新农业	**领域一（传统涉农专业改造）：** 农业绿色发展 智能农机装备 农业大数据 / 物联网 智慧农业 生物农药 ……	**领域二：** 休闲农业与乡村旅游 兽医公共卫生 ……	**领域三：** 土地治理 ……

[1]　纪宝成. 中国大学学科专业设置研究. 北京：中国人民大学出版社，2006.

续表

	生产	生活	生态
大农科	**领域四：** 生物医药 生物医学 环境与营养科学 ……	**领域五：** 营养与健康 城乡规划 乡村治理 国际农业发展 ……	**领域六：** 可持续发展 气候变化 自然资源管理 ……

基于这一维度划分及交叉，新农科专业体系结构如下，领域一为新型农科专业，领域二、三为新兴农科专业，领域四、五、六为新生农科专业。

3.1.1　新型农科专业

如前所述，由于新中国成立以来我国农科领域的专业设置基本围绕农业生产分工不同设立，因此新农科专业体系中最为基础与核心的部分是领域一，传统农业生产性专业的升级与改造。新农科的“新”其目标在于创新、更新，而不在于区分与区隔。在领域一中，新农科专业建设意味着利用现代生物技术、信息技术、工程技术实现传统专业的改造与升级，建设新型农科专业，如“农业绿色发展”“智能农机装备”“智慧农业”等。

3.1.2　新兴农科专业

仅仅信息技术、生物技术等现代科技在传统农科专业领域的应用并非新农科。在农业农村现代化进程中，新农业的核心特点是农业的多功能性的凸显。区别于传统农业单一生产服务面向，新农业逐渐向生态、生活领域扩展，农业不仅意味着食材和生物材料生产，还进一步涵盖健康、人类营养、生态安全、自然资源、环境、生态文明等，在这一农业农村现代化背景下催生出领域二和领域三内的一批新兴农科专业，包括围绕生态的“土地治理”等，以及围绕“休闲农业与乡村旅游”的专业。

3.1.3　新生农科专业

新农科不仅是新农业理念下农科专业的重构，还是农科突破传统学科界限，农工、农理、农医、农文深度交叉融合、综合发展的“大农科”。如前所述，学科是专业发展的重要基础，也为专业人才培养提供了重要支撑。但是，学科作为一定阶段人为划定的知识体系，带有与生俱来的主观性、阶段性与局限性。进入新时代，农业农村现代化发展的一个重要特征便是突破传统农科边界和产业划分，因此，需要根据科技、农业产业变革的需要和新经济发展的趋势来重新理解和认识农业学科及其范畴，赋予其跨越现有学科边界和产业边界的新的内涵。基于这一认识，由不同农科交叉复合或由农科与其他学科交叉融合而产生新兴农科专业。

在新农科领域四，在利用现代技术升级改造传统农科专业的基础上，进一步通过农业学科与其他学科的结合设置新兴农科专业，如“生物医药”“生物医学”“环境与营养科学”等专业。

在新农科领域五，新农科是研究人与自然和谐共处关系的学科，新农科的专业建设必须服务人类营养与健康，必须适应农业农村进程中乡村振兴对农业人才培养的需求，服务未来乡村的多功能化特征和小农的现代化转型，设立“城乡规划”“乡村治理”“城乡规划”专业，同时，必须顺应农业全球化趋势，设置“国际农业市场”“农业援助”“国际农业发展”等专业。

在新农科的领域六，应积极推动农业科学、生态系统科学、生命科学、环境科学、管理科学及其他社会科学的交叉融合，建立“可持续发展”“气候变化”“自然资源管理”“农业与自然资源”等新兴交叉专业。

当然，专业是依据一定的社会分工和职业需要设置、围绕一定的培养目标对科学知识进行系统化和结构化以培养专业人才的基本单位。新农科的专业设置仍然是基于新农科学科设置的，因此，后文将立足人类营养健康与健康食品领域、农业生物技术与绿色生产领域、农业信息技术与智能装备领域、生态环境与可持续发展领域、乡村治理与经济管理领域以及国际农业与全球化领域分别以 1 ~ 2 个新型 / 新兴 / 新生专业为例进行论述。

3.2 新农科专业体系设想

3.2.1 营养健康领域

新时代，食品营养科学要向精细化、精准化方向发展，促进营养与健康是高等农业院校的重要使命。营养学涵盖食品营养学和人类营养学两个部分，两者完全不同但密切相关。从国际来看，荷兰瓦赫宁根大学、美国加州大学戴维斯分校等具有农业与生命科学优势的国际一流大学，都将健康食品、人类营养进行结合，并拓展到临床营养学等新兴领域。另一个重要的趋势就是围绕产业链构建专业，比如，基于食品与营养基础科学、全食品链质量与安全、食品微生物学、食品加工与工程、人类营养、应用食品与营养科学、消费者选择与感知以及食品企业管理与经营等生物学、化学、营养学、经济学、管理学多学科知识，涵盖人类营养、饮食、健康、食品加工、消费者及其消费行为、食品营销、经营与管理等全产业链内容构建人类营养健康与健康食品领域专业，如“营养与食品消费科学”“营养与食品科学”“环境与营养科学”等新专业。

以“环境与营养科学”为例，国际上叫作“environmental nutrition”，翻译为环境营养。食品营养是有地域差异的，重视环境与营养的关系是人类健康发展的重要方面。但目前高等农业院校食品科学与工程专业教育内容仍然以各种营养成分的搭配为主，而缺少对环境与人类营养关系的研究和知识教学。未来食品科学与工程专业的发展方向是在进一步依托生命科学和食品科学研究食品的营养、安全与健康的关系基础上，充分研究食品营养的环境差异、地域差异和文化差异等因素，以便更好地发展食品工业，保证营养健康。高等农业院校应培养具备专业分析环境因素与饮食结构、食品营养关系的能力，能够正确认识营养科学的地域特性，把环境与营养相结合以达到最优效益的复合型人才。

3.2.2 生物技术领域

农业生物技术领域的专业发展主要是通过运用现代技术——基因组学、蛋白质组学、代谢组学、表型组学、遗传学、生物化学、生理学、免疫学、人工智能等多学科知识，借助基因编辑、合成生物学、生物芯片、生物信息等多种生物技术手段，实现传统涉农专业的升级改造。

3.2.3 智慧农业领域

（1）农业智能装备制造

世界正在进行新一轮的工业革命，如德国政府提出的高科技战略计划——德国“工业 4.0”，美国推出的“工业互联网”战略规划，以及我国提出的《中国制造 2025》战略规划，虽名称各异，但其本质在于基于“信息物理系统”实现“智能工厂”，即将网络空间的高级计算能力有效运用于现实世界中，从而在生产制造过程中，与设计、开发、生产有关的所有数据将通过传感器采集并进行分析，形成可自律操作的智能生产系统。在我国，农业现代化的发展必然要完成从机械化向自动化、智能化转型的路径，农业智能装备制造的方向是数字化、智能化、网络化、自动化、敏捷化、高效化、绿色化、安全化。集成和融合机械制造、信息、人工智能、空间信息等技术，建设农业智能装备制造专业，有助于带动先进技术应用于农业发展、提升农业技术水平，成为推动农业现代化发展的重要驱动力。我国高等农科院校应着力于培养熟悉农业生产过程，掌握机械制造技术、信息技术、人工智能空间信息技术的复合型人才。

（2）畜牧产业工程

畜牧业与农业大生产不同，畜牧业本身具有工业属性。工业的本质特征就是用工业的思想来解决产业发展的重大问题。当前畜牧学专业存在划分明确、口径过窄的设置问题，按照育种、饲养到繁殖分割进行研究。而实际上，畜牧业的产业过程既包括育种、营养、繁殖，也包括设施环境的控制、光温水气的控制、信息化的智能控制等，这都呈现了工业的发展逻辑。今后畜牧业的发展必然是围绕完整的产业发展过程，需要从产业的视角重新调整专业设置。当前高等农业院校培养的学生尚不具备领导一个产业发展的能力，新农科教育发展应致力于推动畜牧产业工程人才培养规格的重构，学生要知晓和掌握畜牧产业链，适应现代畜牧业发展。

3.2.4 绿色发展领域

生态系统工程是用系统工程的思想、理论和方法，解决、防止生态破坏等重大问题。生态系统工程本身是一个整体的学习系统，但是目前高等农业院校在人才培养中存在专业口径过窄、划分过于明确的问题，如土壤学、营养学、废弃物处理学，专业方向划分均过窄。高等农业院校在生态学领域人才培养中并不是将山水林田湖草作为一个生态系统来教育学生，也并没有把生态要素的管理、控制、反馈、开放的知识理论和技术教育传授给学生。因此学生在正确认识人与自然的关系，了解山水林田湖草系统的结构与功能，掌握系统工程技术和生态技术方面存在知识上的欠缺，导致缺乏能够发掘资源的生产潜力，有效评估、预防和治理生态环境，促进经济、生态、社会效益共赢的专门人才。

3.2.5 资源环境领域

（1）生物质工程专业

利用现代科学技术将可再生的农林生物质资源（如农业废弃物、生活垃圾等）转化成能源、化工原料、生物基产品、药品等各种产品，实现资源循环利用，以有效解决农业废弃物堆积、农村生态环境严重污染等问题。这符合农业农村现代化进程中绿色发展的需求，有助于构建生态宜居的农村环境。本专业培养目标：培养能够正确认识资源与环境、能源的关系，扎实掌握相关专业理论与生物质转化技术应用的专门人才，服务于新能源、新农村和现代化农业建设。

（2）自然资源管理工程

坚持“绿水青山就是金山银山”的理念，统筹山水林田湖草系统治理，资源与环境工程与生态学科、工程学科交叉融合。用系统工程的思想、理论和方法解决、防止生态破坏等重大问题。专业人才培养目标应定位于正确认识人与自然的关系，掌握系统工程技术和生态技术，能够发觉资源的生产潜力，有效评估、预防和治理生态环境，促进经济、生态、社会效益共赢的专门人才。

3.2.6 乡村发展领域

（1）城乡规划

随着农业农村现代化的有效推进，农村不再是传统农业和农民的空间，而是多功能化空间，城镇与乡村界限模糊，农村成为生态空间、新型人居康养空间、三产融合空间以及社会文化空间。国家对乡村规划和改造专业人才的需求十分迫切。实现城乡一体化联动、建设产业兴旺、生态宜居、乡风文明的新农村，必须建立健全城乡融合发展体制。规划是一件长远的事情，不同的历史发展阶段需要不同的规划。但是目前高等农业院校在这方面的专业建设远远不能适应发展的需要。随着新农科教育的实施，高等农业院校应加大城乡规划人才的培养力度，培养具备城乡规划、城乡设计方面的理论与技术，了解城乡文化，熟悉生产生活实际，并能够参与城乡融合发展规划设计与管理，以及相关政策法规的研究制定等方面工作的高层次技术和管理人才。

（2）农村现代化管理

推进农业现代化和新农村建设，必须贯彻“五位一体”的发展思路，建立健全现代乡村治理体制，充分发挥农村基层党组织的领导地位，深化村民自治、建设法治乡村、提升乡村德治水平和文化建设，开展安全防控治理。农村现代化管理专业的建设任务，就是为国家五位一体整体建设、农业农村现代化建设、乡村文明治理能力建设提供理论研究和人才保障。在新时代，高等农业院校要培养“一懂两爱”（懂农业、爱农村、爱农民）的“三农”人才队伍，掌握农村政府治理、经济管理、农村治理以及农村社会学的基本理论和管理技能，具备现代、科学的管理理念与先进的管理手段，善于乡村治理的管理型人才。

（3）休闲农业与环境

综合利用农业景观资源和农业生产条件，将农学、景观设计旅游管理、文化产业、食品产业、区域发展等专业融合交叉形成的新型专业，对深度开发农业资源潜力、调整和优化农业结构、改善农业环境、拓宽农业功能、延长农业产业链、增加农民收入、统筹城乡规划、建设乡风文明等均具有重要意义。人才培养目标应定位在培养掌握休闲农业、设施农业、景观设计的基础知识和基本技能，具有较强的综合能力和经营管理能力，具有开拓精神和创新精神，能够满足休闲农业规划、服务和管理工作所需要的复合型人才。

3.2.6 全球农业领域

新农科建设必须扎根中国，立足农科高校服务中国农业农村现代化发展的新时代使命，同时也必须意识到，一方面，在农业全球化的时代，农科人才培养必须强调全球视野及相关的知识能力培养，包括对全球性涉农重大议题的关注，对全球农业经济、贸易、法规、政策的了解等；而另一方面，要培养学生全球命运共同体意识，能够为世界不同地区农业、农村与区域发展，尤其是“一带一路”沿线国家发展提供智慧和方案。

4 小　结

（1）新农科专业建设是新农科建设的核心。新农科专业建设应着力解决以下问题：第一，在苏联模式的学科专业基本框架和逻辑指导下建立起来的面太窄、太固化、专业布局和专业内容过于传统的农科专业结构体系，实现农科专业的创新发展；第二，大力发展新型、交叉学科专业建设，并围绕专业建设更新专业知识和能力体系，培养交叉复合型人才；第三，面向农业农村现代化及产业新需求，培养能够适应、支撑和引领行业及产业变革的卓越农林人才。

（2）新农科专业调整应始终坚持发展导向、问题导向和全球视野原则。

（3）新农科专业建设既包含用现代技术改造和升级传统农科专业的新型专业建设，也包括打造适应农业农村现代化的新兴农科专业，还包括农科专业间以及农科与理科、工科、管理等学科交叉融合而生的新生农科专业。这是农科专业创新的三条重要路径。

（4）新农科专业体系的建构应关注农业面向“三生”（生产、生活、生态）这一维度，以及其新技术融入和新内涵拓展两个内涵变化维度，通过两个维度交叉可建构新农科新型、新生和新兴专业领域。

（5）基于新农科学科知识范畴和新的行业产业需求可进一步聚焦出一系列新农科专业，如环境与营养学、设计育种、农业智能装备、畜牧产业工程、生态系统工程、生物质工程、自然资源管理工程、城乡规划、农村现代化管理、休闲农业与环境等。

第八章
新时代农科高等教育人才培养模式探索与实践

人才培养模式具有系统性、人本性、开放性、多元性等特征。人才培养模式的不断变革创新，是大学能够引领时代变化，培养适应经济社会发展人才的重要途径。因此，人才培养模式必然要随着教育思想观念更新、人才需求的变化、现代教育技术的进步不断变革。选取国内不同类型的涉农高校，研究近年来人才培养模式改革的成效与特色，同时系统分析涉农高校人才培养模式改革面临的困难与问题，总结涉农高校人才培养模式改革的特征和趋势，据此使涉农高校重新审视人才培养的思路、目标，并从本科人才培养模式、研究生人才培养模式、本研贯通培养模式等方面进行创新和重构。

1 涉农高校人才培养模式研究

1.1 不同类型涉农高校人才培养模式改革成效与特色

选取 11 所国内涉农高校，通过实地考察，系统分析农科优势高校、综合性涉农高校和地方涉农高校等不同类型涉农高校农科人才培养模式的改革成效与特色。

1.1.1 教育部直属涉农高校

中国农业大学：强化个性化导向的人才培养政策，坚持并完善自由转专业政策，改进新生研讨课的针对性，强化专业认知；对有转专业意愿同学进行专项学业指导，减少转专业申请的盲目性；实施更为自由的选课制度，鼓励跨校修读高水平大学优质课程，打通本科生与研究生选课管理政策，鼓励学生，特别是保研学生大四选修研究生课程，鼓励跨专业、跨学科、跨学院选课；改革学业成绩计算方法，采用等级制或两级制记载学业成绩；改变单一的 GPA 计算口径，对每位学生分别计算必修课程和全部课程两个层次的 GPA，全面展示学生学业表现。

浙江大学：坚持“宽专交、精深通、强实践、重创新、融国际”的农科拔尖人才培养理念；按照“基础模块 + 专业模块”的方式构建课程体系；充分发挥学科齐全的综合性优势，推行“农科 +X”等培养模式，融合农学、理学、工学、医学、社会科学和人文科学，实现宽专结合；在培养过程提供交叉学习途径，突出交叉学科培养和宽口径专业教育相结合。

西北农林科技大学：构建多元化人才培养模式。遵循“以生为本、融合贯通、协同育人”原则，深入推进“三融通、三递进、一卓越”的“331”人才培养新模式改革。完善以学院为基础的大类培养机制，形成“1+2+X”“2+X”“3+X”等多元化人才培养模式。试行三学期制，实行弹性学制、主辅修制、学分互认制，开设辅修专业、第二学位，进一步向学生开放专业、课程和学习方式的选择权，为学生提供更多成长选择的机会和途径。

南京农业大学：搭建了“本研衔接”的拔尖创新型学术人才培养立交桥，通过本科实验班、本－硕－博连读等多样化培养链，实现“3+X”本研衔接，搭建多样化、开放性的招生培养模式，形成本研衔接、通专结合的培养体系。构建了“寓教于研”的研究性教学与创新能力培养体系，通过导师制、小班化、研讨班等方式，开展“寓教于研”的研究性教学；依托重点科研平台和重大科研项目，吸收本科生参与教授科研活动，在重大项目中引导博士生走向科学前沿，形成“师生学术共同体”。

华中农业大学：持续开展每四年一次的全校性教育思想大讨论，组织全校 54 个招生本科专业逐一开展“你说我听大家评”专业课程体系研讨，重新审视专业人才培养目标、培养模式、课程设置、课堂教学、师资队伍及管理服务，推进一流专业建设。积极发展生物医学，积极论证筹建智慧农业、营养健康等新农科专业。优化人才培养管理体制，实质整合教务处、学生工作处及国际学院本科留学生招生培养管理等职能组建本科生院。坚持通专融合、本研贯通，统筹修订人才培养方案，一体化设计课程体系。全面推进学分制改革，2019 级本科新生实施按学分收费。

中国海洋大学：围绕国家对水产相关领域的重大科学与技术需求，培养具有突出的创新能力和优异的产业技术开发与创业能力的水产科学技术研究开发和集成应用人才。充分发挥学校雄厚的海洋学科群优势，调动、整合、汇聚一流水产学科资源，全力支撑人才培养；围绕新时代水产学科知识结构需求，吸收融合相关学科发展前沿，优化重构交叉融合的课程体系；联合龙头企业，加强校外重点实践教学基地建设和学科实践教学平台建设；以进课堂、进教材的形式，促进科研成果向教学内容的及时转化，推进本科－硕士贯通培养模式；引进国外高水平教师、教材等优质资源，拓展国际合作办学渠道，提高人才国际化竞争力；课堂授课与在线授课有机结合，采用现代信息技术，培养教师使用现代化教学手段和工具的能力。

北京林业大学：树立人才培养的适应性质量观，推进产出导向的专业建设，以一流专业建设、工程教育认证为契机，加强专业建设，探索构建“招生－培养－就业”联动机制。突出服务导向的人才培养，完善以学生为中心的培养制度，完善辅修、双学位、转专业机制，拓展学生选择路径。强化能力实践教学，拓展校外实习实践资源。深化协同育人机制，构建产学研用合作协同育人机制。建设全员育人理念的课程思政体系，切实贯彻全程育人理念。全面推行低年级按学科大类培养，实现人才培养基础的“宽口径”。凝练理科基地班和“梁希”实验班办学经验，丰富办班形式，提升办班质量。总结创新班培养经验，试办新工科实验班。

1.1.2　地方农科高校

华南农业大学：着力培养信念执着、品德优良、知识丰富、本领过硬的高素质专门人才和拔尖创新人才；形成了以丁颖创新班为突破点，以主辅修、双学位、国际联合办学为主线，以平台加模块为基础的点、线、面相结合，分层次、多样化的人才培养新模式；健全学校教师与行业专家“互聘”及专职教师挂职顶岗制度，加强专业教师“双师”素质培养和“双师”结构专业教学团队建设；创建协同卓越行业人才培养的“温氏模式”。

南京林业大学：开展农林类专业“2+2”高层次人才培养模式改革，实行差异化、开放式的培养模式，前两个学年遵循“夯实基础、拓宽涉猎面”的原则实行大类通识教育，所有学生不分具体专业，而将同类型下的所有相近专业的公共基础课集成打包进行教学。第三个学年，根据学生自身对具体专业兴趣进行方向选择，实现高层次人才的个性化塑造。在强调基本理论、特色融合的基础框架下，还为每一名学生配备了专业指导老师，以帮助学生更好更快地参与到课题研究与科研训练的过程中，为后阶段的学习打下坚实基础。

1.1.3　农业高职院校

苏州农业职业技术学院：把“2+7+*n*”的专业体系建设作为完善职业教育和培训体系、优化专业布局的重要突破口，充分整合校内外资源，围绕等 7 个专业群，构建起“现代农业”和“乡村建设”两大专业集群建设，实现“专业链”深度对接“产业链”[1]。把青年学生学农爱农的职业养成、农业经营主体职业素质能力提升和农业生产者实际需求有机结合，构建“校地联合定向委托培养—农民社区学院订单培育—田间课堂专项培训”的培育路径，构建农业院校“分段培养—农学融合”、农民社区学院“现场教学—跟踪指导”等多元职业农民培养方式[2]。

杨凌职业技术学院：创新实施了职业农民“学历＋技能”教育，建立了“一体两翼”新型职业农民教育体系，即以新生代职业农民（在校涉农专业学生）培养为主体，以职业农民（村干部）学历培育和现代农业生产一线劳动者实用技术培训为两翼，培养更多掌握先进农业科学技术的新型职业农民[3]。搭建“百县千企”联姻平台，以现代农业职教集团为载体，共建共享实习实训基地，突出专业特色构建多样化实习组织模式，生物工程分院建立“季节分段、农学结合”模式、动物工程分院建设“工学交替”模式、水利工程分院建立“三段三层递进，内外衔接协同”模式、经济与贸易分院建立“模拟＋实战＋创业”模式、药物工程分院建立“现代学徒制”（东科药业）模式[4]。

[1]　紧抓乡村振兴战略机遇，探索国家优质高职院建设——苏州农职院人才培养瞄准“高质量”. 新华日报，2018-12-19.

[2]　苏州农业职院：蹚出新型职业农民培育新路 . 中国教育报，2018-04-02.

[3]　杨凌职业技术学院：走出一批新生代职业农民 . 中国教育报，2019-05-15.

[4]　杨凌职业技术学院：依托产业园区共建特色实习基地 . 中国教育报，2019-01-29.

1.2　农业高校学生国际化培养的案例研究

在"双一流"建设的背景下，尤其在坚持"三个面向"（面向学术前沿、面向国家重大战略需求、面向国家和区域经济社会发展），推进"三大建设"（大团队、大平台、大项目）的趋势下，人才培养方案需要更加集中优势，重点突出，问题聚焦，中国农业大学积极推进南南发展合作本科人才培养体系创新。

1.2.1　改革创新的背景

第一，当前我国缺乏一大批能够参与全球治理的重大战略需求人才。近年来我国发起了"一带一路"倡议、亚洲基础设施投资银行以及新开发银行、丝路基金、南南合作援助基金等一系列参与全球治理的新机制，为全球公共产品的供给和全球治理的改善提供了新思路、举措。然而，迄今为止，我国在现有国际发展架构下的人才储备严重不足，比如，中国承担着 7.921% 的联合国会费，占比排名全球第三，仅次于美国和日本，但中国人在联合国系统任职的总体人数仍较少，还有半数名额空缺，中国雇员比例甚至低于一些发展中国家，这在很大程度上影响了世界对于中国的了解。我国明确指出要加强全球治理人才队伍建设，突破"人才瓶颈"，做好人才储备，为中国参与全球治理提供有力"人才支撑"。

第二，现行教学体系存在"孤岛"现象，教学与研究、实践、传播等部门相互脱节是现行高等教育中的常规现象，如何链接各方、构建系统方案，形成终身学习者社区是关键议题。"孤岛"现象由来已久：一方面，各种社会压力和焦虑的焦点都集中在学校；另一方面，教育体系相对封闭，较少获得教育体系之外的支持，比如，如何将高效的管理工具和方法应用于高校，如何拓宽高校教师的职业发展路径等，都需要打破"孤岛"，通过跨界交流和协作，实现资源整合，从而形成富有活力、具有多条输入和输出路径的学习者社区。

第三，当前南南合作人才培养体系存在重宏观、轻微观，重课堂、轻实践的问题，学生难以深入实践一线获得真知实学。尽管南南合作和国际发展合作已有六十多年的历史，但国内对于这一社会现象的研究最近才得以蓬勃发展，这使得有关南南合作、国际发展合作的知识相对单薄，且大多集中于宏观层面，尤其是国家与国家之间的互动和关系，而聚焦于微观层面、关注民众之间交往、共同分享发展经验等方面的研究和素材很少，在教学中就更少涉及实习和实践的机会，缺乏真实细致的生活体验。

1.2.2　改革的主要举措

第一，面向国家战略重大需求，建立一套系统的南南发展合作人才培养体系（图 8-1），包括师资体系、课程体系和教材体系：团队在国际发展和南南合作方面奠定了深厚的研究基础，在国内外顶尖期刊和前沿期刊上发表数十篇论文，并获得国家社科基金重大

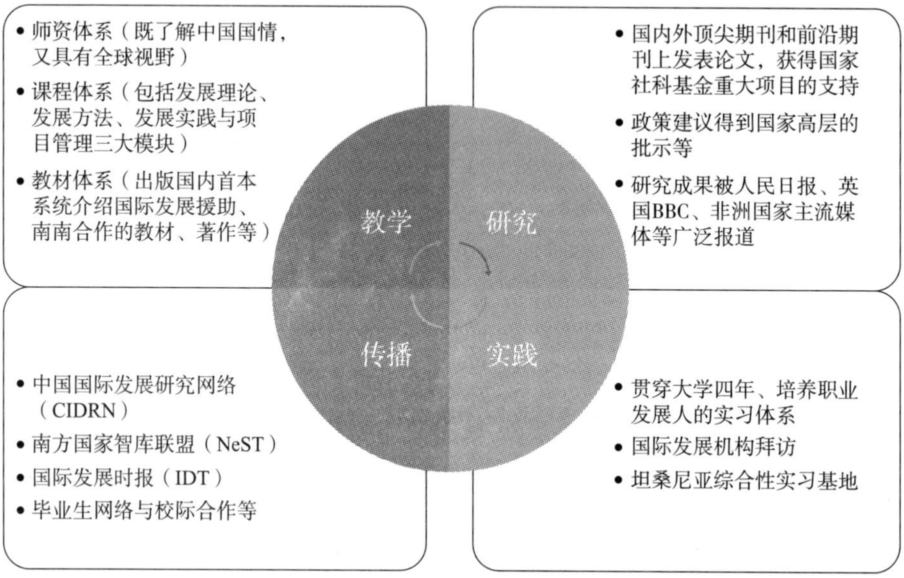

图8-1　南南发展合作本科人才培养体系：教学-研究-实践-传播全知识链

项目的支持，所提交的政策建议得到国家高层的批示等。在此基础上，通过 2010 年设立国际发展方向本科实验班，再加上之前 2007 年开设的国际发展方向研究生培养项目，以及 2008 年开始启动的国际发展国际留学生项目，本团队设立了从本科到博士、从国内学生到国际留学生的南南合作双维度人才培养建制。其中，课程体系包括发展理论、发展方法、发展实践与项目管理三个模块，从大一经济学、社会学、人类学、政治学、管理学等多学科基础知识，到大二的专业基础课，再到大三的项目管理和发展实践案例分析，最后到大四的毕业研究设计，形成完整的课程培养体系。在教学的过程中，团队还在社会科学文献出版社和世界知识出版社等出版了系列教材和参考书等。

第二，针对教学"孤岛"问题，不仅建立起教学、研究和实践的联系机制，还建立系统的创新传播推广体系，包括国际发展研究网络、南方国家智库联盟、国际发展时报公众平台、毕业生网络和校际合作等信息传播多维途径，这些都是借鉴英国国际发展研究院和芝加哥大学多学科中心的全知识链条思路，通过该体系，国际发展知识能够以更有效的方式进行传递和反馈，从而形成学生、实践者等多重主体的终身学习者社区。

第三，建立了贯穿大学四年、具有体验式、参与式特征的国际发展机构拜访和非洲实习基地二位一体的实践体系，提升了我国发展经验在国际上的影响力，提高我国参与全球治理的制度性话语权。这套体系具有"顶天立地"的特性，不仅包括多种类型的国际发展机构拜访，还包括坦桑尼亚为期两周的实地调研，在这些实践过程中，学生们可参与其中，通过互动对国际发展工作和南南合作性质有更加深刻的理解。

1.2.3　解决教学问题的主要方法

第一，以发展问题为切入点，通过嵌入式方案，探索了中央"突破全球治理人才瓶颈”倡议的落地。“发展”始终是全球治理关键点，凭借我国在此方面的绝对优势，培养“发展”人才易于向世界分享中国发展的历程与经验，提高我国在国际发展机构中的话语权和影响力。所谓嵌入式方案，是指通过继承创新，利用已有的农村发展研究教研系统，将师资、课程、教材等方面调试后嵌入国际发展方向，从而避免另起炉灶，能够在短期内形成成熟方案。

第二，借鉴国际前沿的全知识链思路，搭建南南发展合作研究－教学－实践－传播等全知识链和人才培养体系，在此链条中，人才既是知识的生产者，也是知识的接收者，还是知识的传播者。其中，课程体系主要包括三大模块：发展理论、发展方法、发展实践与项目管理。围绕课程，通过搭建线上、线下网络，引导研究力量、实践部门和传播体系参与教学的设计、展开和监测评估、反馈等环节，突破教学“孤岛”现象，形成多方参与的终身学习者社区。

第三，建立参与式、体验式的国内外教学实习基地体系：建立贯穿大学四年、目标明确的实习体系：大一的发展问题认知、大二的发展实践认知、大三的发展干预实习，以及大四的发展研究设计。实习基地既包括在京的国际发展机构，比如联合国国际开发署、世界银行、盖茨基金会等，也包括非洲国家坦桑尼亚的综合性实习基地。通过“引进来”和“走出去”，形成课堂知识、研究课题和实践经验的结合，从而养成完整的发展职业态度、知识和技能。

1.2.4　改革的主要创新点

第一，从 0 到 1，探索形成南南发展合作人才的一套方案：中央指出要着力增强我国规则制定能力、议程设置能力等，但如何落地、变成可操作性的方案始终是个挑战，该创新选准南南合作和“发展”议题作为切入点，形成系统的人才培养体系，尤其是师资能力建设体系、课程体系和教材体系等都可在其他高校推广应用。

第二，借鉴国际前沿的全知识链思路，搭建南南发展合作研究－教学－实践－传播等人才培养体系。区别于其他高校在点上的探索，该成果通过多年的实践已将创新点连成线，并逐渐将线连成面，从而保证良好的知识传递机制和反馈机制。

第三，建立了参与式、体验式国内外实习基地体系：将课堂搬入国际发展机构，搬入非洲实地，让学生在互动中了解最前沿的国际发展工作是如何展开的，面临的机遇和挑战有哪些等。除此之外，该创新另辟蹊径，在非洲国家建立海外实习基地，鼓励学生和当地政府官员、大学和社区的互动，共同体验中非文化、理念、政策和实践等方面的差异。

1.2.5　改革的辐射带动效果

第一，通过中国国际发展研究网络（CIDRN，简称“网络”）进行教学创新传播。网络成立于 2013 年，由中国农业大学担任秘书处，致力于在政界、学界和实践部门搭建沟通的桥梁，传播有关全球治理、一带一路、国际发展和南南合作等方面前沿信息和经典案例。该网络成员几乎囊括了我国国内从事该领域的专家学者，并引起商务部、外交部、卫生部和农业部等相关部委的关注，在联合国开发计划署（UNDP）、世界银行、粮农组织等多边和双边国际发展组织中也很有影响力。与此同时，在联合国亚太经济与社会委员会（UNESCAP）的协调下，中国、韩国、日本、俄罗斯等国家的国际发展研究网络之间搭建了畅通的沟通桥梁，并进行相关研究和教学方面的交流和合作。

迄今为止，该网络主要有包含近 30 家发展研究和教学机构，已经举行了 23 次高水平公共讲座，并通过支持小项目的形式推广网络的理念和思路，即深入了解中国的发展历程，并进行国际对比，从而分享各国发展的道路和经验，在此过程中，我校南南合作方面的人才教育理念和方案或通过要素拆分的形式，比如教材体系、课程体系，或师资队伍等单要素，或通过多要素综合体系的方式推介给同行，从而实现了创新的传播过程，初步估计通过该网络直接和间接影响受众 5 000 多人。简言之，通过该网络，本教学成果要素在现行国际发展领域内产生了良好的反馈和影响。

第二，通过南方国家智库联盟（NeST，简称“联盟）进行教学创新传播。联盟成立于 2014 年，由我校担任主席国，包括来自中国、印度、巴西、南非、俄罗斯等国的学者和研究机构，联盟主要以挖掘南南合作的特色和模式，通过交流、研讨和合作等方式，本教学成果也在此平台上得以广泛传播和交流，如果说，上述网络专注于在现行以西方为主导的国际发展体系框架内产生影响，那么联盟则主要专注于在南南合作国家内部发挥作用，据初步估计，大概有 1 000 人通过此平台了解该创新成果。

第三，通过国际发展时报（IDT，简称“时报”）进行教学创新传播。时报成立于 2015 年，致力于发育和传播国际发展和南南合作领域前沿信息，包括政策、研究、教学和实践领域，尤其是学生们海外实习和国际发展机构实习的调研成果和感想都能随时发布在时报上，从而使教学过程、教学方式和教学效果能够得到快速而广泛地传播。目前，时报已有 4 000 人的订阅量，通过多方反馈，已引起了本领域内政策制定者、学者、学生、实践者等多方关注，已形成一个联系较为紧密的学习型社区。

第四，也是最重要的，通过专业培养的毕业生及其社会网络、常规的校际合作、教学研讨、师资培训等方式，该项教学创新也得到了广泛地交流与传播。首先，本项教学创新迄今已培养了数百名中高级国际发展管理、实践与研究人才，他们服务于中国发展管理的不同领域和各个层次，其中既包括国家各大部委、国际发展机构，并有许多毕业生继续就读于伦敦政治经济学院、牛津、剑桥等世界名校。在众多的优秀生中，许多在校生在高度竞争的情况下受邀参加各项国际交流的机会，比如 2007 年，大三学生李行在亚洲开发银行举办的“亚太地区可持续性发展”学生征文比赛中获奖，他是中国大陆地区唯一的获奖者。2009 年，大四学生张悦获得丹麦“亮绿”青年组织邀请，与 46 个国家的约 500 名青少年一道，赴丹麦参加气候青年营活动，中国仅有 2 名学生受邀参加此项活动。2010 年，大二学生谭思受邀前往哈佛大学参加了“哈佛大学第二届系列研讨会暨学生交换项目”。2011 年，大一学生吴成浩参加成都第一届模拟联合国大会，并获最佳代表奖。2012 年，大二学生林川皓、周晨琦组成的参赛队代表学校参加了在北京大学举行的亚洲国际模拟联合国大会，并荣获“杰出代表奖”等。每位毕业生都是学科和专业的对外传播的“民间大使”。通过学生自主管理的社团“发展动力社”，在校生和毕业生保持着紧密的联系，这就保证了在校的改革成果及时地传递给发展政策领域和实践领域。

其次，通过国内高校间的校际合作，拓宽了该项成果的应用和推广，比如近年来北京农学院的学生来本专业选课，新疆石河子大学、东北农业大学、吉林农业大学、山东农业大学、河北农业大学、河南农业大学等相关大学师资队伍来访学习，大大延伸了该项成果的同行影响力和社会影响力。与此同时，我们还构建了发展研究高校网络，包括了北京大学、清华大学、对外经贸大学、人民大学、浙江大学、复旦大学、西北农林科技大学等从事南南合作和国际发展研究的高校教师，通过日常的交流和合作，我们及时分享有关教学中的问题和进展，通过参与式课程开发、全国发展管理一级学科申请等大型活动共同开展了一系列的合作和探讨，互相磨合，凝聚共识，推动成果的应用。

最后，凭借长期与国际发展机构合作的经历，在教学领域内建立了完善的、多层次的、丰富的国际教学、研究与实践合作网络，通过这个网络，我们在课堂中引入更多的外教参与授课，同时也为学生们创造前往国际机构、海外学习和实习的机会。英国东英吉利大学的学生曾来本专业学习，我们已与伦敦政治经济学院、英国发展研究所、荷兰格罗宁根大学、欧盟的农村发展国际硕士（IMRD）项目方、捷克布拉格生命科学大学等建立了紧密的合作网络。

1.3 涉农高校人才培养模式改革主要困境

1.3.1 生源质量亟待提升

农林高校面对的农业、林业、畜牧、渔业等属于艰苦行业，农林岗位的收入、社会地位、工作环境以及各种保障普遍低于其他行业，导致考生报考农林院校的积极性不高，农科专业呈现招生难、招优秀生源更难的局面[1]。软科中国最好大学排名 2018 年发布生源质量排名，中国农业大学排名 57 位，北京林业大学排名 75 位，华中农业大学排名 96 位，南京农业大学排名 103 位，西北农林科技大学排名 111 位，与这些大学在国内四大排行的综合实力排名及其不匹配，说明国家重点建设的农林院校整体生源质量不高，地方农林高校生源更是堪忧。多年来，农林高校农科专业需降分录取或调剂招生，生源质量在同一层次不同类型大学中垫底，优质生源严重不足，即使是浙江大学，也把农科专业大类放在了提前批次里招生[2]。全国农科类学生填报专业的维度调查显示，有 21.9% 的学生是因为分数不高而选择农科类专业；有 25.7% 是被调剂到农科类专业，真正因为有志于服务“三农”而报考农科类专业的仅占 13.7%。学生进校后，也因担心将来毕业走向而专业思想不稳定，导致“学生学农不爱农、学农不务农”现象严重。

[1] 2018 年软科中国最好大学排名 .

[2] 陈焕春，陈新忠 . 中外高等农业教育的实践经验与改革趋向 . 北京：高等教育出版社，2019.

1.3.2 人才培养目标定位还不够科学

农林院校人才培养理念滞后于高等教育改革发展，“学生中心、成果导向、持续改进”教育理念体现还不够，学校目标、学院目标、专业目标、课程目标相互支撑不够，专业人才培养目标存在一定的泛化。从全国涉农高校总体来分析，7 所教育部直属农林高校的人才培养目标基本都是拔尖创新人才，地方农林院校基本都定位于培养高素质复合应用型人才。可见，不同类型和层次高校的人才培养目标和定位趋同，缺乏各自的特色和针对性，没有合理细分，培养一流农科人才的模式和体系还未完全形成。目标定位和实现途径还不够明确，不能很好适应区域经济和国家经济社会发展需求，不能完全支持农业新产业和新业态发展。

1.3.3 专业建设滞后产业发展

传统优势专业与新办专业发展不平衡，专业群优势不明显。与社会经济发展相适应的专业结构自我调节机制不健全，运行实效性不强，有研究发现，2004—2013 年，农学类专业与农业产业的协调度相对较低，一直维持在 0.6 水平以下，并存在一直下降的趋势；专业建设水平不均衡，个别新办专业条件建设不足；专业竞争力不强，特别是国家急需的战略新兴专业数量偏少。直接导致农科类人才出现人才供需的结构性矛盾，农业产业发展需要大量各级各类农科人才，而高校培养的人才规格确不能满足需求[1]。2017 年，华中农业大学除去动物科学 / 动物医学院外，其他涉农学院的毕业生就业与专业相关度都低于 70%。

1.3.4 课程体系有待进一步优化

课程体系不能有效体现专业特色及学科发展趋势，没有凸显“重基础、宽口径、模块化”。课程体系和教学内容滞后，不能有效契合行业、产业要求。通识教育课程体系不健全，课程数量不足、质量不高，不能很好地支撑“全人”教育。专业教育课程体系缺乏系统性、人文性、综合性，部分课程内容陈旧、重复、脱节现象比较严重。学生“一懂两爱”品格和“三农”情怀培养的课程不多。课程建设水平有待提升，精品课程的引领与示范作用不强，通识教育课程（公共选修课）教学质量不高，高质量的文史哲类课程数量偏少。课程总量不足，人文素质类通识课程短缺，选修课比例偏低，课堂规模偏大；学生自由选修空间偏小；不能有效体现实现人才培养目标的“可描述、可测量、可区分、可评价、可达成”；课堂教学质量有待提升，学生在课堂上的不动、被动和手动现象比较常见。

1.3.5 实践教学有待持续加强

农林高校大学生实践能力培养的薄弱之处主要体现在校外实习环节。而农林学科专业

[1] 李忠云，陈新忠，陈焕春 . 供需视域下中国高等农业教育发展调研报告 . 北京：高等教育出版社，2019.

的应用性、实践性强，农林大学学生培养对实验、实习等实践教学环节要求高，且农林高校尤其不能给行业企业带来直接快捷的经济利润，所以安排学生实习实训主要靠校友靠感情。有的学校由于实习基地建设和“双师型”教师不足，教学往往只能以理论传授为主，不少实践环节难以开展，学生实践不足，导致动手能力差，创新能力受到限制。农林高校教师缺乏产业经验，解决实践问题的能力不够，教师走进产业一线不够，一定程度上影响新农科背景下教师的业务水平、教学能力、教学效果。政府支持及企业、行业部门参与教学机制不够健全，教学经费总体不足，经费来源单一。企业、行业部门参与人才培养的积极性不高，农科教合作、产学研结合的机制不够畅通。

1.3.6　人才培养国际化程度较低

相对于综合类高校，农林院校国际化概念薄弱，有国外教学经历的师资比例偏低，学生“走出去”比例相对不高，有统计显示，十八大以来，从国家公派出国留学生的学科分布看，农科人才占比最低，仅为 3.17%。建立海外联合人才培养机制较为困难，从国外引进优质教育资源的学校较少，双语教学课程数量偏少，赴国外开展学术交流、国际交换生项目或社会实践等活动的学生较少[1]。与境外沟通的机制还未完全建立，少数学校持续派遣教师赴国外参与学习培养，引进国外教育资源，而一般农林高校的学生很少有赴外交流学习的机会。

2　涉农高校人才培养模式改革特征与趋势

2.1　以学生为中心

以学生全面成长成才为中心，探索个性化人才培养模式。保护、张扬学生个性，挖掘和培养学生的潜能，激发学生的主动性和自主性，引导学生自我管理，使学生实现独特的自我价值。完善学分制，探索实施按学分收费的管理制度，探索书院制。鼓励学生在教师指导下，根据专业兴趣和职业规划，自主选择专业、课程甚至课堂。建立良好的适应学生个性发展的环境，构建多样化的课程体系，形成多通道、多规格的发展途径。建立从“以教学为主”向“以学习为主”转变的新农科质量保障体系。打造适应学生自主学习、自主管理、自主服务需求的智慧课堂、智慧实验室、智慧校园。大力推动互联网、大数据、人工智能、虚拟现实等现代技术在教学和管理中的应用，探索实施网络化、数字化、智能化、个性化的教育。在人才培养水平和质量评价中，突出学生中心、产出导向。积极推广小班化教学、混合式教学、翻转课堂，大力推进智慧教室建设，构建线上线下相结合的教学模式。

[1]　陈焕春，陈新忠．中外高等农业教育的实践经验与改革趋向．北京：高等教育出版社，2019.

2.2 学科高度交叉融合

围绕农业产业链、食品价值链、营养健康链、环境生态链，调整学科专业结构，实施人才培养供给侧改革。用现代生物科技、信息科技、工程科技改造和提升优势学科专业，完善课程体系，拓展知识结构。同时研判新产业新业态发展趋势，提前布局一批富有时代性的新型交叉涉农学科专业。着力发展生物医学与健康、信息科技与智慧农业、生态环境与绿色发展、乡村振兴与休闲农业等相关新兴交叉学科专业。进一步加强通识课程建设，探索通过书院制等途径切实加强农科学生美育教育，全面提升人文素养。建立跨学科交融的新型教学科研组织机构，构建跨学科课程体系，探索适应一、二、三产业融合、全产业链融汇的课程模式，组建跨学科教学团体、跨学科项目平台，推进跨学科合作学习，培养具有多学科背景的复合型农林人才。

2.3 产学研协同育人

以“协同创新、实践育人”“科教融合、学术育人”理念为指导，学校、研究所和企业的创新资源与育人要素共享、互补、互动，将行业优质资源转化为育人资源、科研优势转化为教学优势、行业特色转化为专业特色，实现由学校单方育人向学校与行业合作育人、全程育人新局面转变。探索建立政府主导型——“专业＋产业”校地校所校企协同创新育人模式，科研主导型——“专业＋行业”科技引领校地校院合作育人模式，以及企业主导型——“专业＋企业”校企合作组成发展共同体，本科生、研究生和青年教师同台，理论与实践一体化培养人才。

2.4 注重创新创业创造与实践能力培养

将创新创业教育贯穿育人全过程，覆盖教学全环节。以推进素质教育为主题，以提高人才培养质量为核心，以创新人才培养机制为重点，以完善条件和政策保障为支持，坚持创新引领创业、创业带动就业，促进新农科创新创业人才培养与科技进步、经济社会发展紧密结合，培养一批富有创新创业精神、勇于投身创新创业实践、引领创新创业潮流发展的人才队伍。建立健全教师课堂教学、学生自主学习、专业教育与实践结合、创业导师指导帮扶、行业企业深度参与、创新创业文化引领融会贯通的创新创业教育体系。改革人才培养质量标准、教学方法、考核方式以及教学和学籍管理制度，使创新创业人才培养体制得到创新和完善；调整专业和通识课程设置，促进专业教育和创新创业教育深度融合，建立健全创新创业教育课程与教学体系；加强专业实验室、创业孵化器、大学生创业园等创新创业实践和平台基地的建设；加强专兼职创新创业师资队伍建设，聘请优秀企业家到校开展创新创业教育，创新创业师资队伍能力得到强化提升；支持和举办各类创新创业竞赛，发挥“互联网 +”大赛的引领推动作用，营造创新创业的良好氛围。强化实践基地建设，强化实践课程设计，进一步加快统筹融合一、二、三课堂重视实践的优良培养传统，在实践教育中引导学生学农、爱农、知农、为农，崇尚劳动、尊重劳动。

2.5　本研贯通培养

以培养拔尖创新人才为目标，创新体制机制，探索本科生与研究生贯通的“一体化”人才培养模式，提高学生的学习效率。统筹修订培养方案，一体化设计不同培养阶段的课程体系，融合本科生与研究生培养过程，强化科研和实践创新能力，做到本科生和研究生教学体系对接、本科生课程设置与学科研究方向呼应、本科学分和研究生学分互认、本科毕业设计和研究生课题衔接，使本科阶段的专业基础教育与研究生阶段的专业科研训练具有连续性。

2.6　国际化视野和全球胜任力培养

围绕高素质拔尖创新人才培养，将具有国际视野的人才培养融入人才培养的全过程，培养学生的跨文化理解能力和国际交往能力。积极融入“一带一路”建设，构建沿线国家农科相关高校战略联盟，扩大国际合作办学项目规模，推进相关学科专业与境外高水平大学开展联合培养，完善学生互换、学分互认、学位互授联授及跨文化交流学习等机制，提高本科生国际交流比例。推动专业建设质量标准和课程体系课程内容国际化，全面提升教学国际化水平，加大本科生海外交流学习（实践）资助力度，坚持聘请海外优秀教师给本科生授课。加强全英文授课专业与课程建设，鼓励教师开设全英文授课课程。

3　新时代农科高等教育人才培养模式重构与实践

3.1　新时代农科高等教育人才培养思路

以全球范围内重大时代主题及新时代生态文明建设和乡村振兴对人才的需求为导向，坚持立德树人、面向未来、面向世界，深化高等农林教育人才培养供给侧改革。以学生自主学习能力和综合素质培养为中心，以创新能力和全球胜任力培养为突破口，深化农科教结合，坚持产学研协作，建设适应农业新产业新业态发展的农科新专业，构建具有中国特色的高水平高等农业教育人才培养体系。

3.2　新时代农科高等教育人才培养目标

培养德智体美劳全面发展，自觉承担中华民族复兴和人类营养健康、环境生态和可持续发展的使命，人文底蕴、自然科学基础、农科专业知识和知识迁移能力兼备，具有国际视野、家国情怀和创新精神的拔尖创新型、复合应用型和实用技能型卓越农林人才。

3.3　新时代涉农高校人才培养定位

不同类型的高校要根据自身发展状况，找准自己的位置，一是适应农业创新驱动发展新要求，培养引领农业创新发展的高层次高水平拔尖创新型农科人才；二是适应农村一、二、三产业融合发展新要求，培养多学科交叉渗透的高素质复合应用型农科人才；三是适应乡村振兴和现代农业建设新要求，培养懂农业、爱农村、爱农民的实用技能型农科人才。

农科优势部属高校要对农业人才培养、科技创新和产业创新发挥主体关键作用。综合性涉农高校要对农业人才培养、催生高新技术和孕育新产业发挥引领示范作用。地方涉农高校要对农业人才培养、区域经济发展和农业产业转型升级发挥推广支撑作用。

3.4　新时代农科本科人才培养模式创新与实践

我国正处于传统农业向现代农业转型的关键时期，培养高素质农业人才是建设创新型国家、实施科教兴国战略、发展现代农业和社会主义新农村的要求。落实乡村振兴战略进入新征程，新时代赋予农科人才培养新使命、新机遇、新挑战。新科技革命和产业变革呼唤新农科，乡村振兴战略、生态文明建设和美丽中国建设等国家重大战略的实施呼唤新农科，需要培养多学科交叉融合发展的人才，深入推进人才培养模式改革迫在眉睫。

农林院校要坚持以创新农科人才培养模式为重点，以人才培养目标确立为引领，以学科专业体系优化为抓手，推进人才培养方案修订、专业建设、课程建设、实践教学建设，坚持规范管理与改革创新结合，科学评价与激励约束结合，全面构建新时代农科本科人才培养模式。

3.4.1　人才培养目标再定位

秉承“以学生为本”的教育理念，坚持德智体美劳五育并举，以学生的终身学习、终身发展为中心，以培养社会责任感、自主学习能力、实践创新力、全球胜任力为重点，重新定位人才培养目标。区别于传统农科，新农科的人才培养目标应更注重培养德智体美劳全面发展，更具有社会责任感、“一懂两爱”品格和“三农”情怀，更加聚焦农业农村现代化和现代农业产业体系，更加着力于国际视野、创新能力、学习能力、跨学科综合素养的培养。

3.4.2　专业学科体系再构建

由于原有农科知识体系、研究范式等方面发生的变化，原有农科的专业学科设置也必然发生变化，可能会沿着新专业新学科的不断萌生、原有专业学科的自然延伸和跨学科跨领域之间融合交叉而衍生的路径向前发展，因此需要采取更为灵活的专业学科设置原则来对新农科的专业学科体系进行重构，加强学科、专业间的交叉与融合，调整、改造。瞄准世界科技前沿，构建基础知识与学科前沿相贯穿、国际规范与产业需求相融合的农科专业新结构。结合学校优势学科，加强专业改造和调整步伐，适应国家及区域经济社会发展需要，鼓励发展交叉学科和新兴学科专业，以生物技术、信息技术、工程技术、现代运营管理技术改造提升传统农科专业，增设一批战略新兴专业，服务"互联网＋现代农业"、创意农业、休闲农业、乡村旅游、森林康养等新产业新业态发展。

3.4.3　专业人才培养方案再审视

审视人才培养方案能否支撑引领乡村振兴战略，能否可以利用现代科学技术改造提升现有涉农专业，新兴涉农专业布局是否适应农林新产业新业态发展需要，审视人才培养方案是否能支撑新农科人才的培养。对照《普通高等学校本科专业认证标准（第三级）》，对比国内外一流大学专业与课程设置，促使专业人才培养目标、培养模式、课程设置、课堂教学、师资队伍及管理服务的有机契合，将专业建设落实到教学基层组织，将研讨成果优化到人才培养方案。设立荣誉课程项目，通过开设"虚拟"班级等教学组织形式鼓励学生选修富有挑战性的荣誉课程，激发学习潜能，强化学术训练。

3.4.4　课程教学体系再优化

要围绕人才培养目标，坚持通专融合、本研贯通，一体化设计课程体系，促使课程目标与专业人才培养目标、学校人才培养总目标契合，加大通识教育课程建设力度，促使通识教育与专业教育有机融合。采用灵活多样的模块化或"平台＋模块"的课程结构，在课程体系建设上，形成"厚基础、宽专业、重实践、强个性"的课程体系。加强课程体系研究和改革，改进淘汰现有课程，突出"两性一度"，聚焦"合理增负"。以提升学生批判性思维、写作与沟通能力、全球胜任力等为重点，立项建设一批核心通识教育课程。

3.4.5　产教协同育人资源再整合

进一步整合资源，加强实习实践平台建设，整合资源、共享平台，加大卓越农林人才实践能力培养。积极开展与农业科学院、林业科学院的战略合作，主动牵头与农业龙头企业建立战略联盟，多途径建设农科教合作人才培养基地，构建校内实践教学基地与校外实习基地联动的实践教学平台。充分发挥现代农业产业技术体系综合试验站的功能，进一步挖掘国家级农科教合作人才培养基地的科研优势和体量优势，提升农科教合作人才培养基地在创新创业教育中的作用。加强校企合作，构建“专业＋企业”联合培养、“专业＋产业”协同育人的模式。

3.4.6 国际化培养水平再提升

围绕“一带一路”建设，扎实推进农科人才培养国际化。有针对性地与“一带一路”沿线国家和地区高校开展教育合作交流，探索卓越农林人才培养的国际化路径，提升国际化办学水平。坚持对标国际一流，开展国际化教学改革试点，拓展人才培养途径，加大学生出国（境）支持力度。选派试点项目教师赴国外学习深造，选派学生赴国（境）外开展交换学习、暑期实践或夏令营活动。积极引进国外优质教育资源，特别是引进国外精品 MOOC（大规模开放在线课程），开展 SPOC（小规模限制性在线课程）和翻转课堂教学改革。加快双语课程、暑期课程、全英文授课专业的建设力度，聘请国外高水平学者给本科生上课，邀请国际知名学者参与全英文授课或讲座，扩大教学型教师到国外访学交流规模。

3.4.7 教学管理和服务水平再加强

从学分制、书院制、专业动态调整、教师发展等方面优化服务和管理，更好地服务人才培养体系构建。要逐步建立以选课制为核心，主辅修制、导师制、弹性学制、重修制、免修制、学分绩点制等教学教务管理制度。探索书院制管理模式。搭建师生交流平台。全校教师定期走进交流平台与学生面对面交流，完善“课堂、课外、实践、网络”师生交流四渠道，完善“三全育人”（全员、全程、全方位育人）格局。开展教师教学能力提升系列计划。依托教师教学发展中心，完善面向新农科建设的教师教学研究，集培训、服务咨询、评估于一体的教师教学发展服务体系。

3.5 新时代农科研究生培养模式创新与实践

3.5.1 新时代农科研究生培养模式重构

一是培养目标调整。农林高校研究生培养目标调整应主动结合国家“乡村振兴战略”、“一带一路”建设等，主动对接国家重大科研需求、重大战略需求，以及地方经济发展需求，应着眼于成为农林学科领域人才培养和科技创新的引领者，培养大批富有家国情怀和全球胜任力的高层次拔尖创新人才、高端应用人才和综合素质高、解决问题能力强的复合型人才。

二是课程体系调整。课程体系调整应瞄准世界农科发展前沿方向精准发力，在夯实农业学科的基础上，增加生命科学、信息科学、社会科学等学科核心课程和平台课程，打破学院学科壁垒，鼓励以课程组形式开设多学科知识融合的交叉学科课程，进行研究生知识结构的大优化、课程结构的大调整，在学分要求、课程设置上逐步建立起与新时代农科学科结构、新农业经济结构、新市场人才结构的需求相适应的课程体系。

三是培养渠道和途径调整。突出多学科集成与交叉，建立“学科特区”，从研究生招生、教学管理、培养环节、毕业条件、学位标准、支撑保障等方面进行系统设计，拓展项目依托、平台依托、学科依托等学科交叉途径，推进构建新时代农科培养环境与机制，整合资源组建优势和特色团队，力争打造更多高水平创新平台。新时代农科人才培养对多学科交叉的知识背景要求更高，客观上还要求新时代农科人才培养加大本－硕－博贯通培养的力度，按照“3+2+3”或“3+2+4”或“4+2+3”模式，在培养“厚基础、宽口径、高素质”人才教育体系的基础上，加强创新意识培养，强化本－硕－博三阶段培养方案的衔接。

3.5.2　新时代农科研究生培养模式实践

一是完善以博士研究生为主的“拔尖创新人才培养模式”。在培养目标上，根据农业科研领域对高层次拔尖创新人才的需求，以提高学术创新能力为目标，以博士研究生为重点，培养有望成为未来农业科学家及学术精英的拔尖创新人才。在培养方式上，系统构建博士生学科交叉培养平台和机制，鼓励博士生结合学术志趣开展国家急需的战略性研究、顶尖领域的前瞻性研究、学术前沿的原创性研究，不断提升博士生对国家重大需求的贡献率。在培养途径上，拓展与国际一流大学（机构）的合作渠道，加大国际联合培养博士生比例，将国际联合培养、学术交流与社会服务经历列入学历教育博士研究生毕业和学位授予的基本要求；实施博士生助教制度，提升博士生综合素质和能力。在质量保障上，提高直接攻博、硕博连读、提前攻博的研究生比例，提升博士生课程质量，健全博士资格考试制度，完善博士生分流淘汰机制，建立博士生分流淘汰指标补偿机制；探索建立博士学位论文国际同行评价制度，提高博士学位论文质量。在培养条件上，整体提高博士生待遇，持续实施“优秀博士生资助计划”和“研究生学术创新奖”，完善支持博士研究生为完成高水平研究适当延期毕业的保障机制。

二是完善以专业学位研究生为主的“应用型人才培养模式”。在培养目标上，根据农业生产领域对高层次实践创新人才的需求，以提高实践能力为目标，以专业学位研究生为重点，培养有望成为未来农业企业家及产业精英的高端应用人才；面向行业产业实施专项招生，以选定的实践基地或产业体系为单元遴选招生导师，安排招生计划。在培养方式上，邀请企业行业专家参与专业学位研究生培养标准、培养方案、学位授予条件等的制订，根据专业特点和人才培养目标定位，按照“产业链”和“综合化”的思路，优化课程体系和培养环节，增加行业产业发展案例课程，打通本研课程资源，增加经济、管理类课程，开设创业指导类课程；建立与企业行业相结合的专业化教师团队，落实双导师制。在培养途径上，以行业产业龙头企业、社会服务机构为重点，以项目制建设一批稳定优质的实践教育和联合培养基地，完善基地建设与管理办法，完善校所、校企、校地联合培养研究生工作机制。在质量保障上，根据专业学位研究生培养目标调整课程设置、培养环节、实践要求、毕业条件和学位标准，适当降低在学术研究方面的要求，同时提高实践能力方面的要求。专业学位论文应反映研究生综合运用知识技能解决实际问题的能力和水平，可将研究报告、规划设计、产品开发、案例分析、管理方案、发明专利、文学艺术作品等作为主要内容，以论文形式呈现。在培养条件上，完善专业学位导师招生资格审核办法，将承担横向研究项目和应用性研究项目作为导师招收专业学位研究生的必要条件。

三是系统构建“多学科交叉人才培养模式”。在培养目标上，根据解决综合性重大农业科技和农村社会问题对复合型人才的需求，以提高综合素质能力为目标，以硕士研究生为重点，通过多学科交叉渗透，培养综合素质高、解决问题能力强的复合型人才。在培养方式上，打破固有学科领域界限，组建跨学科、跨专业的教学团队和项目平台，建设体现新时代农科优势与特色的专业集群；改革课程体系，提升、改造现有农业学科课程体系，打破学院学科壁垒，增加生命科学、信息科学、社会科学等学科核心课程和平台课程，鼓励以课程组形式开设多学科知识融合的交叉学科课程，探索建立面向复杂农业问题的跨学科课程体系和教学模式。在培养途径上，建立并完善多方协同的新时代农科育人平台，创新高校与境内外企业、科研院所等多方协同育人模式，构建优势互补、项目共建、成果共享、利益共赢的人才培养共同体；大力推进与“一带一路”沿线国家建立合作关系，拓宽研究生国际联合培养、学术交流与社会服务渠道，加大对研究生国际联合培养和学术交流的支持力度；构建相关工作机制，支持研究生参与“一带一路”沿线国家社会服务和到国际组织实习任职，培养具有全球视野、通晓国际规则、能够参与国际事务与国际竞争的高素质复合型研究生。在质量保障上，探索多学科交叉融合的人才培养师资结构、管理模式等；研究制定多学科交叉融合能力达成的评价标准和考核办法，建立质量监控体系。

3.6 新时代农科本研贯通培养模式创新与实践

3.6.1 建立新时代农科本研贯通人才选拔考核机制

并非所有新时代农科都适用本研贯通式人才培养模式。基础性学科的理论性和学术性都较强，取得创新性和原创性成果偏难，对于学生知识积累的广度和深度以及实际运用能力都有很高的要求，需要连续性和长周期的学习过程。新时代农科及生物学科中以生物为主要研究对象的专业，因研究成果受到生物有机体自身生长发育周期或季节等自然条件的影响，科研周期长，适合采用本研贯通式人才培养模式；涉农院校中学科实力强、培养条件好的学科（学科评估中被评为 A 类的学科或高校中整体进入 ESI 前 1% 的学科），也可尝试本研贯通式人才培养模式。该模式选拔方式通常有两种，一是通过依据高考成绩直接选拔，二是进入大学后择优滚动选拔。进入该培养模式的学生要及时进行分流，通过第三学年末的考核决定是否进入研究生阶段学习，进入研究生阶段之后进行中期考核分流，适宜继续培养的转入博士阶段，对不适合继续培养的学生及时分流淘汰。

3.6.2 构建新时代农科本 – 硕 – 博贯通式人才培养方案与课程体系

新时代农科人才培养对多学科交叉的知识背景要求更高，客观上要求新时代农科人才培养加大本 – 硕 – 博贯通培养的力度，按照“3+2+3”“3+2+4”或“4+2+3”模式分阶段制定培养要求和培养年限，在培养“厚基础、宽口径、高素质”人才教育体系的基础上，加强创新意识培养，强化本 – 硕 – 博三阶段培养方案的衔接。本科学习阶段以通识教育为主、加强实践创新教育，开展基本的科研素质训练；研究生学习阶段注重学科基础知识培养，并强化研究思维训练，开展深入研究锻炼和创新发明。按照学分制管理机制，实行目标管理和弹性年限，只要完成培养方案的要求，达到学位授予要求，即可获得相应的学位。贯通培养的核心是课程体系融会贯通，根据高等农业发展需求，新时代农科应统筹考虑本科和研究生阶段的学习、科研和实践，探索建立跨院系、跨学科、跨专业交叉培养创新创业人才的新机制，构筑平台课程，整合、新建专业核心课程，建立多学科交叉融合的课程体系；实现跨层次、跨学科选课，支持学生按兴趣、学习能力选课修课，构建本研课程互选机制。

3.6.3 建立新时代农科本研贯通人才培养保障机制

①导师组集体指导制度新时代农科本研贯通人才培养体系实行“1+X”多学科交叉培养的导师组集体指导制度，进入该体系的学生在本科阶段配备一对一的学业导师，进入研究生阶段配备一个主导师和多个副导师，副导师则来自不同学科，通过提前进入导师课题组和实验室轮转等模式进行科研训练，激发创新意识。②卓越奖学金制度。对于新时代农科本研贯通培养体系的学生，在学校原有的奖助体系基础上，设立专门的奖学金，奖励成绩突出、创新能力强的学生，鼓励学生持续开展科研创新。③国际合作培养机制。建立国际合作培养机制，提升新时代农科拔尖创新型人才的国际视野与创新能力。对于新时代农科本研贯通培养的学生，有计划地派出到国外知名大学或科研机构进行学习、交流或联合培养，让学生参与国际顶尖学术会议，在进入研究生阶段学习之前保证有一次以上的国外培养经历。④科学的管理机制。本研贯通培养包括本 – 硕连读、硕 – 博连读、本 – 硕 – 博连读等模式。新时代农科人才培养需要学校进行顶层设计，设置新时代农科专业及研究方向，建立本科生管理部门和研究生管理部门、学院等单位的多方协作制度，达成农业高科技领军人才、拔尖创新型人才的共识，对主要培养环节进行约束和指导；建立本研贯通动态管理制度，完善学生逆向分流（博士转为硕士，硕士转为本科生）保障机制，遵循以人为本的发展理念，强化分类指导，多途径培养学生成长成才，适应经济全球化和中国现代农业发展的需要。

4 本章小结

新时代农科高等教育人才培养模式探索和实践研究选取中国农业大学、西北农林科技大学、南京农业大学、华中农业大学、浙江大学、华南农业大学、南京林业大学等11所国内具有一定代表性的涉农高校，从农科优势高校、地方涉农高校、农业职业院校三种类型高校，系统分析不同类型涉农高校农科人才培养模式的改革成效与特色，为新时代农科高等教育人才培养模式构建提供了很好的实践探索。通过研究，课题组发现不同类型涉农高校在人才培养模式改革中面临着生源质量亟待提升，人才培养理念和目标定位需更新，专业建设不均衡、滞后产业发展，课程体系有待进一步优化，教师教学投入和教学管理能力提升空间较大，实践教学有待持续加强，人才培养国际化程度较低，质量保障体系需进一步健全等八个方面的困难和问题。

在新时代农科高等教育发展的背景和需求下，涉农高校均在不同方面积极探索人才培养模式的改革。调研发现，近年来，涉农高校人才培养模式出现以学生为中心、学科高度交叉融合、产学研协同育人、注重创新创业创造与实践能力培养、本研贯通培养、国际化视野和全球胜任力培养等方面的改革特征与趋势，这些特征与趋势是新农科人才培养模式改革的方向。

世界范围内新一轮科技革命和产业变革蓬勃兴起，教育和农业的内涵正在发生深刻变化，对新时代农科高等教育人才培养模式重构与实践提出了新的要求。研究提出，新时代农科高等教育人才培养思路是以全球范围内重大时代主题及新时代生态文明建设和乡村振兴对人才的需求为导向，坚持立德树人、面向未来、面向世界，深化高等农林教育人才培养供给侧改革。以学生自主学习能力和综合素质培养为中心，以创新能力和全球胜任力培养为突破口，深化农科教融合，坚持产学研协作，建设适应农业新产业新业态发展的农科新专业，构建具有中国特色的高等农业教育高水平人才培养体系。新时代农科高等教育人才培养应以培养德智体美劳全面发展，自觉承担中华民族伟大复兴和人类营养健康、环境生态和可持续发展的使命，人文底蕴、自然科学基础、农科专业知识和知识迁移能力兼备，具有国际视野、家国情怀和创新精神的拔尖创新型、复合应用型和实用技能型卓越农林人才为目标。

不同类型的高校要根据自身发展状况，找准自己的位置，适应农业创新驱动发展新要求，培养引领农业创新发展的高层次高水平拔尖创新型农科人才；适应农村一、二、三产业融合发展新要求，培养多学科交叉渗透的高素质复合应用型农科人才；适应乡村振兴和现代农业建设新要求，培养懂农业、爱农村、爱农民的实用技能型农科人才。农科优势部属高校要对农业人才培养、科技创新和产业创新发挥主体关键作用。综合性涉农高校要对农业人才培养、催生高新技术和孕育新产业发挥引领示范作用。地方涉农高校要对农业人才培养、区域经济发展和农业产业转型升级发挥推广支撑作用。

新时代农科高等教育的发展面临新的机遇和挑战，需要涉农高校坚持德智体美劳五育并举，以学生的终身学习、终身发展为中心，以培养社会责任感、自主学习能力、实践创新力、全球胜任力为重点，重新定位人才培养目标。在改造提升传统专业的同时，提前布局一批富有时代性的新兴涉农专业。不断完善人才培养方案，形成“厚基础、宽专业、重实践、强个性”的课程体系，构建“专业＋企业”联合培养、“专业＋产业”协同育人的模式，围绕“一带一路”建设，服务国家战略，扎实推进农科人才培养国际化。从学分制、书院制、专业动态调整、教师发展等方面优化服务和管理，更好地服务人才培养体系构建。完善以博士研究生为主的“拔尖创新人才培养模式”和以专业学位研究生为主的“应用型人才培养模式”。建立新时代农科本研贯通人才选拔考核机制和保障机制，构建新时代农科“本－硕－博”贯通式人才培养方案与课程体系。

第九章
新时代农科高等教育的组织体系和治理体系

新时代背景下，高等教育规模持续扩张，高等院校职能丰富完善，国家与社会发展对知识、技术、人才等方面的需求进一步深化升级，与此同时，也为高等教育带来新的机遇与挑战。在国家战略导向和高校自我革新需要的双重驱动下，诸多高等院校对标“世界一流大学和一流学科”的新要求，进一步深化推进组织与治理体系改革。高等教育的组织与治理任务实施主体是大学，随着原有知识体系、研究范式和专业学科体系的变化，作为其组织载体的院系组织结构需要重构，相应的制度规范需要重建。在治理体系方面存在内部治理与外部治理两个方面，内部治理涉及两类问题：一是学术问题，二是行政问题，两者关系需要重新理顺，在不同组织体系上应针对性治理。外部治理则是关系到“政府 - 学校 - 学部 - 院系 - 研究机构”的外部社会关系和科学管理。

本部分将通过对新时代大学组织与治理体系的改革现状分析，围绕世界一流大学学科、教学、教师等基本要素，探究新时代知识体系、专业体系、人才培养、师资队伍建设等多维度的重构与整合，以此获得对新时代我国农科高等院校组织与治理体系建设与重构的启示。

1　新时代高等教育组织与治理体系改革的现状

党的十九大报告明确提出，加快一流大学和一流学科建设，实现高等教育内涵式发展，2018 年政府工作报告提出“发展公平而有质量的教育”，特别强调“以经济社会发展需要为导向，优化高等教育结构”，这是党和国家在中国特色社会主义进入新时代的关键时期，对高等教育提出的新要求、新动员令，是发展等教育最紧迫的战略任务。在此驱动之下，诸多高等院校特别是“双一流”高校重新审视大学办学定位与时代要求，进一步推进组织革新与治理体系改革，通过大学章程的制定、院校两级管理体制改革、学部制改革、跨学科组织机构改革等方面，不断促进学科生长与发展、引领教学改革与建设、激发学术自由与活力。

1.1　学科组织与治理

根据前文研究，学科本身存在着“知识说”与“组织说”两层含义，从组织与治理角度理解，更加突出了学科存在实现知识的新旧更替的特点，学科活动不断导致现有知识体系的系统化和再系统化，并通过创造、传递、融合与应用等活动组成具有组织形态的学术组织系统。在新时代，随着新技术的介入和知识的交叉融合，研究范式正发生着巨大的变化，学科也从单一孤立的发展向跨学科、跨组织发展转变，催生了高等院校学部制改革、跨学科组织机构改革等诸多新的组织体系与治理体系探索。

1.1.1　研究型大学的学部制改革情况

截至 2018 年 11 月，我国“双一流”高校中已有 11 所大学设置了学部，据不完全统计，全国已有包括北京大学、武汉大学、吉林大学、北京师范大学等在内的 21 所综合型大学设置了学部。

从我国高校学部制的改革实践来看，学部的设立一般遵循两条逻辑：一是以一级学科群为设置依据，如大连理工大学；二是按学科门类设置，如浙江大学。根据学部被赋予的职能、权力，我国研究型大学学部制改革大体归纳为三种模式：一是将学部作为一级学术组织的学术管理型，是虚体学部，如北京大学、武汉大学、吉林大学、湖南大学、东南大学、国防科技大学等；二是将学部作为一级行政组织的综合管理型，是实体学部，如大连理工大学、天津大学管理与经济学部、北京师范大学教育学部等；三是兼有行政和学术职能的综合统筹协调型，是虚实结合学部，如厦门大学、重庆大学以及浙江大学的一些学部等。

一部分全校范围实行学部制的高校初步形成“三级建设、两级管理”的学部制管理层级，三级建设指“学校—学部—学院”，两级管理指学校之于学部以及学部之于学院的管理。以浙江大学为例，学校协调整合原有学院，形成基于学术分类管理平台的学部，每个学部由相应的学院或系构成，学部的职能在于对大类学科的发展规划，致力于构建重大科研项目，以学术权力为中心，以教师为本，充分发挥学部的学术职能。浙江大学下设人文学部、社会科学学部、理学部、工学部、信息学部、农业生命环境学部和医学部七大学部，各学部的角色定位基本一致，但在具体的运作模式及管理结构上略有差别。还存在一种模式是学部与学院并行，并以学部模式为主，这种模式主要存在于局部范围进行学部制改革的高校中。以北京师范大学为例，学校整合优质资源，强化学科建设，将教育技术学院、教育管理学院、首都基础教育研究院、教育部基础教育质量监测中心、农村教育与农村发展研究院、首都教育经济研究院等相关机构组建为教育学部，北京师范大学的这种改革模式称为“校中校”模式，集中校内的优势学科，形成具有核心竞争力的综合交叉平台。

1.1.2　前沿交叉学院设立的改革情况

目前，诸多大学开始设立前沿交叉学院，如北京大学的现代农学院、清华大学的交叉信息研究院、北京航空航天大学的国际交叉科学研究院、北京理工大学的前沿交叉科学研究院、浙江大学的国际创新研究院等。以北京大学现代农学院为例，分析其组织架构，为涉农高校跨学科组织机构设置提供思路。

北京大学现代农学院成立于 2017 年 12 月，为学校独立建制的教学科研实体单位，重点发展农业交叉学科，着力解决农业现代化发展中的重大关键问题，突出办学特色。现代农学院致力于建设成“学、研、产、管”一体，集理论、应用、战略、政策、规划研究和中高端人才培养和培训、咨询为一体的，国际一流的现代农业技术与管理学院，为国家新农村发展建设提供基础理论支撑、前沿核心技术支撑、人才队伍支撑和政策咨询支撑。下设研究机构包括：北京大学现代农业研究院、北京大学新农村发展研究院、北京大学中国农业政策研究中心、北京大学－特拉维夫大学粮食安全中心（表 9–1）。

表 9–1　北京现代农学院内部组织架构

研究机构名称	主要特点	主要任务 / 目标
北京大学现代农业研究院	经山东省人民政府与北京大学友好协商，决定共建的省属事业法人，为省属公益二类事业单位	研究院依托北京大学现代农学院，整合各自资源优势，聚集全球顶尖科研力量，结合山东省农业发展实际情况，本着基础研究与应用开发研究相结合的模式，开展应用生物与现代农业技术研发等现代农业科学研究，全力推动科研成果转化。北京大学将负责提供、组织一流学科的人才支持，按照国家工程技术研究中心和国家重点实验室的建设标准，建成不少于 30 个世界前沿实验室，拥有 300 ~ 500 名科研及管理人员组成的国际一流团队开展前沿农业技术研发，积极服务地方及国家新旧动能转换重大战略，解决山东省，乃至全中国农业发展中的重大突出问题
北京大学新农村发展研究院	研究院设四个研究部门：农业发展研究部、城乡统筹研究部、资源环境研究部、北大－地方乡村振兴研究基地	研究院以加快农业农村现代化建设、推动乡村全面振兴和早日全面实现农业强、农村美和农民富的目标为宗旨，瞄准学科前沿问题和国家重大需求，开展基础性、前瞻性和系统性的战略研究和咨询服务，建成国内外享有盛誉的农业农村发展高端智库，同时推进中国农村转型经济与政策的成功经验在亚洲和非洲等发展中国家的应用，提升中国在国际上的影响力
北京大学中国农业政策研究中心	国家自然科学基金委首批资助的“创新研究群体”，也是农业经济学科世界知名研究机构之一	建设世界一流的农经教研团队，立足中国，面向世界，推动现代农业经济管理学科的发展，并为中国及其他国家制定农业和农村经济发展政策提供决策咨询。中心的四个核心研究项目是：农业科技政策、资源环境政策、城乡协调发展、农产品政策分析与决策支持系统。中心不但在管理、运行机制和人员构成等方面具有其独特性，而且在研究方面极其注重学术的前沿性，强调内部研究的群体性和协作性，重视一手数据的科学采集和分析，重视人力资源建设和国内外学术交流，保持与政府部门和国内外同行的密切合作
北京大学－特拉维夫大学粮食安全中心	联合中心将在科学研究、人才培养、延伸服务三个领域中开展活动工作，包括提供创新科研项目的设备及种子资金；联合培养研究生、进行相关职业培训；召开年度会议等	北京大学－特拉维夫大学粮食安全联合中心是北京大学与特拉维夫大学共同成立的，挂靠北京大学现代农学院的跨学科研究创新中心及学术交流、人才培养的国际化高端平台。中心依托特拉维夫大学先进的农业科学研究及创新技术以及北京大学雄厚的综合学科优势，致力于促进并支持基础农业、先进农业、农业经济与管理方面的前沿跨学科研究活动；共同精心培养博士研究生等新生代科研工作者；培训相关领域的企业家、政府工作人员及相关行业管理人员；通过全国及全球范围的会议和工作室等传播理念和知识，为现代农业研究及教育提供国际化先进平台

1.2 教学组织与治理

教学是人才培养的关键要素之一，教学由教师的“教”和学生的“学”组成，教师有目的、有计划、有组织地引导学生学习和掌握文化科学知识与技能[1]。从组织与治理体系建设角度看，存在两个层次问题，一是教学运行机制、教学组织如何保障新时代背景下“教”的适应性，即培养德智体美劳全面发展，满足社会需要的人才；二是“学”的反馈，也就是如何健全学生自我管理、主动学习、全面发展的保障机制。

第一个层次的问题，大多数高校的做法是通过学部制改革或书院制改革，以培养通识型人才为本科人才培养目标和专业型人才为研究生人才培养目标而展开。相较之下，第二个层次的问题则显得更为难以解决，学生自我管理、主动学习从理论上讲是一种学生自我教育，这种教育是一种“我—我”模式的主体合一的个体自我教育，而大学生自我教育主要指学生个体和学生群体之间的教育[2]，但自我教育并不是不需要教育者的教育，事实上这种模式是对教育者提出了更高、更精确的要求。对于高校来说，从实践层面探索学生自我教育的现实模式是破解这一难题的关键所在。浙江大学在其“十三五”发展规划中明确提出五大战略之一为“打造一流教育教学品牌”（表 9–2），打造第一、二、三、四课堂协同培养模式汇聚优质资源，构建新型学习空间提升学习体验，整合培养模式，将通识教育、专业教育、交叉培养和思政教育深度融合，塑造科学精神和博雅人文，以及关注文化育人体系建设，构建多元文化环境，提升人文关怀和艺术审美素养。这四大体系的建设，将形成全方位的育人新模式，也将健全学生自我管理、主动学习、全面发展的保障机制，真正做到对教学组织与治理体系的有效建设。

表 9–2 浙江大学：打造一流教育教学品牌

拔尖人才培养模式	内容
开环教育体系	第一课堂、第二课堂、第三课堂、第四课堂协同培养； 汇聚优质资源，推进开放式办学和国际化学习
文化育人体系	知识文化、传统文化、先进文化、大学精神开源育人； 构建多元文化环境，提升人文关怀和艺术审美素养
整合培养模式	通识教育、专业教育、交叉培养、思政教育深度融合； 强化通识教育，塑造科学精神和博雅人文
新型学习空间	课堂教育、慕课教学、移动学习、网络平台创新互动； 构建线上线下融合的学习空间，提升学习体验

[1] 张焕庭 . 教育辞典 . 江苏：江苏教育出版社，1989.

[2] 邓远萍 . 人的现代化视域下大学生自我教育研究 . 东南大学，2016.

1.3 教师组织与治理

当前，在高等院校治理环境变革的大背景下，教师组织与治理的变化反映了教师这一学术共同体寻求自我突破的尝试，这是其作为新型学术组织主动使用外部挑战的关键举措[1]。钱颖一认为，大学内部治理的第一个原则应是在学术问题上遵循“教师治学”。教师治学的含义是学术问题应由教师决定，即由教师组成的委员会或教师大会根据一人一票的民主投票结果作为学术判断的根本依据。在教师治学的问题上，首先要解决学术“去行政化”的问题，让教师拥有更多的自主权。

近年来，我国高校不断深化治理体系改革，完善党的领导权、行政执行权、学术自治权、教职工民主权、学生自主权、社会参与权的运行机制，在校院两级改革方面进行了越来越多的实践。据调研，42 所世界一流大学建设高校中，超过 2/3 的学校已经实施了各具特色的校院两级管理体制改革，基本理念是管理重心下移，改革总体涉及人、财、事、物四个方面，多数高校能够做到将部分事权（学术事务权力等）下放，但与事权相应的主要财权和人事权仍然归校级决定；调研的高校中，北京大学、清华大学、北京师范大学、上海交通大学、复旦大学、武汉大学、浙江大学、中国矿业大学（人事权和财务权划分彻底）改革较为全面，学院拥有了与其完成相关事项相对应的主要的管理权。

教师在人事权方面，主要围绕教授、副教授职称晋升审核、岗位的设置、教职工招聘、人才引进、内设机构主任及以下人员的聘任。大部分学校依旧由校级掌握着高级人才的评聘、引进和岗位设置等被认为是关系学校发展的重大的人事权力。改革较为完全的是复旦大学，由院系提出五年人力资源规划，经学校核准后，院系得到了在岗位设置、人才引进、高级职务聘任等方面的自主权力，根据院系的长远发展需要实施人力资源配置权。院系人力资源规划的前提是院系五年学科建设规划，学校在支持院系自主发展的理念下，将更多精力投放于进一步调整、优化学科布局，推动学科整合、交叉。

此外，学院是大学功能实现的主体，实现教师治学关键在学院，因此在校院两级管理体制改革中要持续强化学院作用，彰显学术权力。复旦大学梳理应当下放给院系的资源和权力，通过实施校、院系预决算管理改革，改变现行的以职能部门为主、按“条”分配资金的预决算管理模式，将院系作为预决算执行主体，最大限度增强院系办学自主权和办学活力，形成以“微观激活，宏观调控”为特征的校、院系两级管理体制，扩大院系的发展自主权，促使院系成为学校发展的动力源。在校院权力分配上，中国政法大学坚持“三原则”，即学术权力为主、行政权力为辅的原则，公平与绩效相结合的经费配置原则，分类、分层指导与责、权、利统一的原则。同时建立制约机制，确保权力运行廉洁高效。

从教师发展角度看，为适应现代教育发展规律，提升学生的动手能力、实践能力，大

[1] 刘之远，张青根．治理视角下美国研究型大学教师发展组织变革研究．复旦教育论坛，2019.

学对于教师能力的培养与提升显得尤为关键，特别是对于青年教师在实践教学上缺乏经验，存在着教师“下不去”的问题要尤为重视。其次，在学科专业不断调整与重构的动态变化下，教师队伍难以满足学科专业变化的要求，教师面临着如何再培训、再教育的问题，以及学院间存在藩篱，缺乏机制让教师自由选择学科和方向。为此诸多高校从教师发展角度出发，对教师进行职业培训，并改革创新考核机制，形成多元动态考核评价体系，解决教师发展驱动力不足的问题。丹尼尔·平克认为，人类行为的驱动力分为外部驱动力与内部驱动力。外部驱动力来自外在动机，即做出特定行为时外部会带来奖励或惩罚；内部驱动力来自人的生物本能的内在需求以及人类发现新奇事物、进行挑战、拓展并施展才能以及探索和学习的内在倾向[1]。那么，大学对于教师的评价是大学教师发展的外部驱动力，现行教师评价主要通过两种方式实现：一是与职称、薪酬等利益挂钩，因此教师会调整自身的行为以满足评价标准的要求；二是通过教师评价排序进行末位淘汰、非升即走等制度[2]。

1.4　对新时代农科高等院校的启示

通过对国内高等院校校院两级改革、学部制改革、前沿交叉学科机构设置等方面的资料收集与分析，发现新时代高等院校组织体系与治理体系改革的两大趋势：一是趋向更大的办学、办院自主权，赋予学院更多主体地位和主导作用，优化教育资源的整合与配置，同时转变学校机关部门的职能和作风，趋向扁平化管理，缩减行政办事流程，提高行政办事效率；二是聚焦国际前沿研究，促进多学科交叉与融合，无论是学部制改革还是成立新的前沿交叉学科机构，均是从实体或虚体上促进人、财、事、物在不同学科间的自由流动，加强人员在学术层面的交流与合作，进而解决综合性的前沿研究问题。

对于农科高等院校，这一新时代高等院校发展趋势同样具有指导意义。第一，要从问题出发，确定改革方向。全面审视学校目前发展的瓶颈与存在的问题，结合国家重大战略发展需求，结合农业农村现代化的实际重大问题，从与需求不适配的地方着手，明确改革方向。第二，要坚持学术为上，推动新农科发展。高校要对标国际前沿农科研究水平，遵循学术发展规律，加强学术权力，强化学院和教师的主导作用，在政策、制度上引导学术在更大范围的融合与交流，进而促进学术生长。第三，要从顶层设计，加强系统规划。组织体系和治理体系的改革涉及方方面面，需要从管理思想、体制、手段、评估等方面，自上而下地进行融通性设计，再逐步推进。

[1]　丹尼尔．驱动力．龚怡屏．北京：中国人民大学出版社，2012.

[2]　周玉容，沈红．现行教师评价对大学教师发展的效应分析——驱动力的视角．清华大学教育研究，2016.

2 新时代我国农科高校组织与治理体系重构的基本原则

2.1 学术自由原则

在教育领域，关于学术权力与行政权力的争端始终存在。伯顿·克拉克提出的三角协调图是研究大学权力制衡的重要理论框架，而这一框架图所强调的重点是学术寡头、国家和市场三方之间权力的冲突与制衡。伯顿·克拉克认为大多数国家高教系统的公开活动在三角形中点左边，即“公开的战斗在国家官员和教授之间展开”[1]。甚至有研究者将学校权力结构直接简化为行政、学术的二元化结构，并指出“各级学校的学术层次越高，二元化的特征越明显”[2]。

在高等教育体系内部，学院一般被认为是学术权力的主体单位，而教授被认为是学术权力的主导者。国内诸多高校的校院两级改革既是一种管理重心下移的趋势所向，也是学术自治、教授治校的一种集中体现。然而在当代，由于大学除了具有研究高深学问的功能外，还有适应于国家战略需求并服务于社会等功能，国家与市场力量的介入也意味着大学很难有绝对的学术权力和完全的学术自治。但在相当范围内的学术自由仍是大学组织体系与治理体系建构所必须遵循的原则。与企业重效率、政府重公正不同，大学重学术自由，这也要求其组织程度最小化，具体表现为降低组织化、程式化、形式化、行政化等。其意义在于，一方面保证了学术主体单位的相对独立性，使人、财、事、物等能最大限度地围绕学术事务开展；另一方面也保证了学术活动的纯洁性，为科学研究、学科发展提供自由生长与发展的土壤。

2.2 问题导向原则

问题导向这一概念可以追溯至20世纪初期哲学家卡尔·波普尔的问题理论，他提出“科学的发展就是不断发现问题、解决问题、进而又发现问题的过程”[3]。诸多学者在此思想的引领下，形成了以问题为导向的教学与研究方式。余虹指出“20世纪以来的思想学术正在经历一种根本性的转变，我将这种转变描述为突破学科化的思想学术方式，回到问题本身，以问题为中心组织当代学术思想，这种问题意识是大学学科建设走出经院化的关键”[4]。由此可见，我国的高等教育改革已经进入了一个新的历史阶段，即“倡导问题导向，

[1] 克拉克．王承绪，等译．高等教育系统——学术组织的跨国研究．杭州：杭州大学出版社，1983.

[2] 陈孝彬，高洪源．教育管理学．3版．北京：北京师范大学出版社，2008.

[3] 张聪，焦利芳．问题导向的宽基础人才培养模式——浙江大学“基地”建设的实践与探索．清华大学教育研究，2004.

[4] 余虹．当代思想学术的问题意识七人谈．中华读书报．2003-01-22.

鼓励学科交叉”的创新型研究阶段[1]。

这一点在李永东对于人文学科建设的研究中得以论证，他提出在人文学科范畴内的人才培养和学术研究，以问题为导向，可帮助打破学科边界、沟通古今中外，有助于完善知识结构、扩大观念视野、开拓学术领域、推动学科发展，而这一方式也契合“双一流”建设方向，成为大学教育改革的一种内在思路[2]。

同理，在新时代背景下的农业科学高等教育的组织构建中，问题导向同样是一项重要原则。当今社会，对外伴随全球新技术革命与产业变革，为农科发展带来机遇与挑战；对内伴随服务乡村振兴、生态文明、美丽中国、健康中国等国家战略需求，为农科发展提供亟待解决的问题聚焦。在双重驱动下，决定了新时代农科高等教育的组织体系和治理体系必定要紧密围绕解决农业农村现代化的关键问题这一核心而布局规划，面向未来，培养“未来卓越领导人”“具有全球视野的农业企业家”“新农业科学家”和“涉农的高级管理者”四类人才，承担创新研究责任，在基础领域、创新领域和应用领域，实行多学科融合，创新社会参与机制，提升农业、农村、农民的价值。遵循以问题为导向的原则，形成大学知识体系重构、学科关系重组、组织架构重建的新逻辑。

2.3　系统性原则

系统论，其作为一门科学是由奥地利理论生物学家贝塔朗菲于 20 世纪三四十年代创立的。系统论认为，系统可用以分析所有研究对象，具有整体性、集合性、相关性、环境适应性、目的性等特征[3]。高等教育系统同样具有以上特征，其复杂性也在于自身是一个环环相扣、一以贯之的完整体。

高等教育组织体系和治理体系架构的系统性在于三点。一是要注重高等教育的全局观，从系统论角度看，高等教育是一个有序的整体，围绕大学发展的理念与五大职能，将知识与学科通过组织架构的方式实现有机组合，将人力、物力、财力等通过有效分配实现高效运行。二是要注重大学内部组织的相互关系，以功能为单位，学校层面的各机关部门、委员会和学院层面的各职能办公室、分委员会形成由上至下的科层结构；以事务为单位，又往往突破实体部门的界限，实现同层次多部门间的合作与交流；除此之外，教育财政力度、教师队伍质量、学科发展质量、人才培养质量等要素间相互影响，以上都使得高等教育系统成为一个复杂关系的聚合体，牵一发而动全身。三是要注重大学系统的开放性，高等教育治理体系包括内部治理与外部治理两个层面，要求大学系统是一个时刻与外部环境产生良性互动的开放的、动态的系统，一方面要顺应国际国内形势，契合国家战略需要，及时调整大学组织形式与内容，另一方面也要以大学前沿研究作用于人类社会的发

[1]　刘伦刚．营造问题导向的研究环境 搭建学科交叉的创新平台．中国科技期刊研究，2012.

[2]　李永东．以问题为导向：学科边界、人文研究与人才培养．中国高等教育，2018.

[3]　欧阳光明，郭卫，王青．遨游系统的海洋——系统方法谈．上海：上海交通大学出版社，2001.

展与进步。

系统性原则要求新时代农科高等教育院校的管理者必须具备战略思维，从顶层设计上对学校的组织体系和治理体系进行融通性设计，充分考虑教育体系的各个环节、组成和主体对象，充分权衡大学在各项职能发挥上的权重，在明确的新农科发展定位下，确定体系设计的总体思路与目标、方法与手段。

2.4 包容性原则

蔡元培教育思想是中国传统教育思想与西方现代教育思想的有机结合产物，其一个重要的教育观点认为，大学应当具有独立性，主张“思想自由，兼容并包”的办学原则，并提出“大学学科的设置应沟通文理、废科设系。”具体到新农科院校的组织体系与治理体系重构，遵循包容性原则包含两个方面内容。

一个是权力包容性。在有限理性理论视角下，作为“有组织的无政府状态”的组织机构，大学具有“难以确定的目标”“含糊不清的技术”“不断变化的参与”等特征[1]，与之对应的是，在学术系统中也形成了多元的合法权力体系。由此，所谓的“大学内部由谁控制”的争执从未中断，也从未有过定论。新时代农科高校的定位不再仅是单纯的研究高深学问，同时还具备社会性的人才培养和社会服务等职能，在确定学术权力的自由与主导地位基础上，也应保有对国家力量和市场力量的包容性，构建政府－企业－学校“三位一体”甚至更多位一体的协同组织体系。

另一个是学科包容性。在问题导向原则下，大学组织体系构建进而衍生出学科包容性原则。当代新农科发展面临的问题错综复杂，人类由温饱走向高产高效，再到现今追求的绿色食品、营养与健康等，农科发展早已突破单一学科的边界，趋向学科的交叉与融合。由此，以学科为壁垒建立的组织体系早已无法适应农科类综合问题的解答，新的组织体系重构需要在学科包容性原则的指导下实现。

3 新时代我国农科高校组织与治理体系的设计思路

提及大学治理体系，必然分为内部治理与外部治理两个层次，而其中内部治理又衍生出了关于组织体系如何架构的问题。在前文所谈到的遵循学术自由、问题导向、系统性和包容性原则的基础上，对新时代我国农科高校组织与治理体系进行设计，主要探讨两个层次的三个问题。第一个层次在于大学的内部治理，一是如何构建一所新农科大学的内部权力体系架构，二是如何围绕新农科前沿研究构建实体与虚体相结合的组织体系。前者聚焦权力关系的制约与平衡，为组织体系和治理体系的构建提供思想上的引领；后者聚焦当下学科交叉与融合的大趋势，为“新农科”建设提供思路。第二个层次在于大学的外部治

[1] 科恩，马奇．郝瑜，译．大学校长及其领导艺术．青岛：中国海洋大学出版社，2006.

理，主要回答一个问题，即如何实现大学内部治理与外部治理的平衡，也可理解为如何实现大学与政府、市场多位一体的协同发展。

3.1 关于大学内部权力体系的架构

阿什比提出“大学的兴旺与否，取决于其内部由谁控制”，这就引出“权力”这一概念。马克思·韦伯将权力定义为“在社会关系中行动者在其位置上不受阻碍地实现自己意志的可能性”[1]。权力的配置以及权力主体之间的关系和权力分配等共同形成了权力结构，这种结构实际上是各方权力博弈的结果，重点在于权力关系。“由于大学功能及其目标的复杂性，导致大学各主体和层次结构之间交叉发生关系，权力关系呈网状”[2]，而这种错综复杂的权力关系在各方权力博弈的过程中，按照不同的权力机构和权力主体进行梳理、建构，搭建了高等教育的权力结构体系。

新农科高等院校的权力体系架构应该是什么样的？首先，从权力主体上看，高等教育系统中有三种主要力量在起作用：“国家权力”“学术权威”和“市场力量”[3]。国家权力的行使往往通过学校的行政管理人员实现，他们直接接受国家的政策信息与财政支出等，并通过自己的权力影响学校的发展与规划；学术权威主要来源于教授，有时也来源于学生代表；市场力量则来自企事业单位的成功人士、社会公众、校友等，这一部分在中国大学的内部治理中鲜有话语权。大学治理的权力从行政人员向教授倾斜，加大学术权力的比例是保持学术和学科活力的关键。其次，从权力层次上看，当前大部分国内高校仍呈现“校－院－系”直线职能式的权力层次结构，这种自上而下的科层式管理体制在面向谋求高深学问、研究创新的高水平大学时，则与预期目标难以适配，权力重心下移至学院的校院二级改革，有助于实现学院一级参与共同治理的新模式，特别是将部分人权、财权和大部分事权下放学院，更能激发组织活力。最后，从权力机构上看，英国大学注重学术权力，有“教授治校”的传统，大学内部只将学校的日常行政事务交由行政管理者管理，而一切的学术问题包括教学、科研等都由教授领导的学术力量解决，其主要权力结构为评议会，相当于现代意义的学术委员会。在权力机构上加以调整，以充分发挥教授而非行政人员对教育教学、科学研究、学科发展等学术事务的主导作用，是未来新农科大学建设的施力方向。

3.2 关于学科实体与虚体相结合的组织体系架构

在以问题为导向的原则下，无论是从解决国家战略需求和农业农村现代化实际问题出发，还是从聚焦国际前沿研究热点出发，单一的学科发展都不再能够满足现实社会对农科

[1] 黄崴．教育管理学（概念与原理）．广州：广东教育出版社，2002.

[2] 胡娟．西方大学制度的几种主要模式及其启示——从权力结构的角度分析．中国人民大学教育学刊，2011.

[3] 刘洪宇．高等学校内部权力关系研究发展评述．现代大学教育，2006.

高等院校发展的需要。以农业科学为特色，促进与近缘性学科的协同发展，与远缘性学科的驱动与互动发展，已成为新时代农科高等院校发展的重要趋势。在实体组织上实现近缘性学科的大融合，在虚体组织上实现近缘性和远缘性学科的大交叉，能够全面培育复合型农科人才，有效催生新的研究思路与成果，切实解决全球性的综合农业问题。

在实体上通过学部制改革构建近缘性学科的大融合。首先，在学部设置依据上建议以一级学科群作为聚合。国内涉农高校大都并非完全意义上的综合性大学，其具有鲜明的农科特色。以中国农业大学为例，农科、理工科、人文社科院系的体量由上至下呈倒金字塔形，这也决定了此类农科高校并不适合如浙江大学按学科门类设置的学部。因此，以一级学科群作为聚合依据设立学部是较为可行的方式，其优点是学部内各学科一般具有较大的相关性，学科交叉融合具有一定的基础，有利于较快实现学科的融合和快速发展；缺点是学部内含的一级学科一般不多，作为学科交叉融合的平台较小，短期内虽然能较快产生学科交叉融合的成果，但长远看，学科交叉融合产生更大成果的后劲不足。由此，也需要通过其他方式为远缘性学科交叉提供补充。其次，在学部设置主体上建议形成兼具行政功能与学术功能的实体机构。学部下设学院或系，可形成“学校－学部－学院（系）”的三级管理体系。学校管理重心整体下移至学部，将人才引进与考核、教师晋升与评价等在内的人事权交由学部，将学校统筹分配后的财政以拨款形式下拨至学部，再由学部在内部学院或系之间进行再分配，将本学科群内部的学科发展、教育教学计划制订、课程设置、人才培养等学术事务权力在最大程度上交至学部，给予教授自治权和学术自由。实体型学部降低高校管理的行政化倾向，校级职能部门转向政策制定及提供政策支持等方面的宏观管理，学部对学院层面进行协调，有利于缩减管理跨度并对学院有较强的影响力。最后，在学部内部管理上，建议将现有学院的内部机构上移至学部，设分党委书记、学部长各 1 人，分党委副书记、副学部长若干。在行政层面，设相关职能科室；在学术层面，设学部学术委员会。

在虚体上通过跨学科组织设置促进近缘性和远缘性学科的大融合。前文提到，对于近缘性学科交叉融合形成实体学部，长远性取得学科交叉融合成果的后劲不足。由此，需要通过虚体上的跨学科机构进行补充，具体有两种建构思路。其一是由学校设立专门的跨学科研究中心，不同的研究中心聚焦智慧农业、绿色食品、营养与健康等国际前沿农业研究问题，聚合来自不同学部、学院、系的教师和研究生共同探讨跨学科研究问题。这一方式的特点在于有一个相对实体的机构，该机构可以专设行政管理人员负责相关学术事务的组织与协调，但具体的学术事务决策权由教授拥有。其二是效仿美国加州大学戴维斯分校的研究组形式，不一定具有一个在物理上的固定的研究场所，研究组的主席统筹负责整个小组的运作，主席所在的院系作为研究组的主导部门[1]。研究组以不同的研究问题为聚合，广泛吸纳来自不同学院的研究者共同参与，除科学研究的职能外，也可同时被赋予招生、教学、颁发学位等重要职能。这一方式的特点在于以研究项目作为跨学科联系的纽带，形式

[1] 加州大学戴维斯分校 .

更为自由，融合程度更高，覆盖范围更广，可形成更为浓厚的跨学科研究氛围，但随之也对学校整体组织与治理体系改革提出更高要求，需在前期先在师生群体中形成较强的跨学科合作意识，并奠定一定的合作基础。跨学科组织设置总体建议以虚体方式构建，作为一个学术机构而非行政实体，教师兼具学部或学院成员以及跨学科组织成员的双重身份，在一个固定的学部或学院从事科研与教学工作，同时可参与多个跨学科组织，聚焦国际前沿重点研究项目与问题。

3.3　关于内部治理与外部治理体系的架构

大学治理一直以来都是研究者和管理者广泛关注的重要课题。研究者指出，内部治理与外部治理的关系在大学治理框架中具有较大差异。“有些国家大学内部治理与外部治理的关系是显在的，有些国家大学内部治理与外部治理的关系是隐晦的；有些国家大学内部治理与外部治理之间的张力过强，有些国家大学内部治理与外部治理之间的张力较弱”[1]。

英国大学具有显著的权力主体多元化特点，“采用利益相关者共同管理，治理机构人员构成中内外部利益相关者各占一部分”[2]，这为我国高校治理提供协同治理的范式和启发，但也需进一步结合我国农科特色，进行新时代农科高校的治理体系探索。一般而言，国内大学较少有外部治理权力高于内部治理的情况，也较少有大学设置董事会，没有实体的外部治理机构。因此，外部治理一般弱化为与内部的协同合作，合作范围一般包括财政资助、科学研究、教育教学、人才培养、基地建设等，由此体现出产学政研相结合的总体特征。

这个协同合作模式依据“学校－政府－社会”三位一体的协同发展体系，在资源整合的基础上搭建平台。农科院校作为农业知识和技术的汇聚体，提供人才和技术资源；地方政府通过政策倾斜、相关部门协助联系等形式提供政策支持；社会力量包括企业、公益组织、校友等广泛群体，提供财力与智慧等多元支持。王文岩等人的研究提供了多种构建思路。一种构建思路是从合作方式的角度出发，包括技术转让、委托研究、联合攻关、内部一体化、共建科研基地、组建研发实体、人才联合培养与人才交流、产业技术联盟等多种模式。另一种构建思路是从合作主体的角度出发，划分为点对点、点对链和合作网络等三种模式[3]。

[1] 胡建华 . 大学内部治理与外部治理关系分析 . 江苏高教 . 2016.

[2] 张倩 . 英国大学内部治理结构及其启示 . 当代教育科学，2010.

[3] 王文岩，孙福全，申强 . 产学研合作模式的分类、特征及选择 . 中国科技论坛，2005.

第十章
面向 2035 农科高等教育的发展战略及对策建议

面向 2035 农科高等教育聚焦新三农发展需求，从供给侧和服务侧的角度，提供新的知识和技术供给。农科高等院校要推动课程内容升级换代，创新教育理念。在开创农林教育新格局上，推进农工、农理、农医、农文深度融合；在农林新人培育上，为社会输出创新型、对接乡村一、二、三产业融合发展的复合型及实用技能型农林人才；在专业设置上，设立“金专”“金课”，构建农林实践教学“高地”，让农林教育走下“黑板”，走出教室。世界在变，农业在变，农科高等教育也要因时而进，从农科高等教育的目标、规划、制度、机制等层面，进一步推进面向 2035 的农科高等教育发展。

1 目标层面：为乡村振兴培养造就一支“一懂两爱”的专门人才

高等农业教育具有天然的优势，可结合不同区域特点，主动引领社会发展特色农业产业，同时构建全产业链的产业模式和人才培养模式，实现人才培养与产业发展紧密结合。改革现行的专业硕士和专业博士学位设置制度，在高水平涉农高校探索培养农业、林业专业学位博士；地方高等农业院校、职业院校灵活设置专业（方向），创新人才培养模式，综合利用教育培训资源，为乡村振兴培养专业化人才，扶持培养一批农业职业经理人、经纪人、乡村工匠等；高等农业职业教育通过弹性学制，大力培育新型职业农民 。

2 规划层面：调整优化我国目前的农业院校布局

与其他行业产业不同的是，农业的发展具有很强的空间区域性，为更好地服务于地方经济社会的发展，高等农业教育的布局应该尽量与农业产业布局相协调。但目前，我国高等农业院校主要集中在东部、中部和北部，整个西南地区的农林本科院校仅有 4 所，数量偏少。青海和宁夏均只有 1 所高职类专科学校。华南地区也只有 6 所农林院校，其中 3 所本科在广东，3 所高职类专科在广西，分布并不均衡。2017 年农林牧渔业在当地国内生产总值构成占比中最高的五个地区（海南、黑龙江、广西、贵州、云南）中，海南和贵州没有独立建制的农林院校，广西只有 3 所高职类专科院校。占全国农林牧渔业总值比第二位的四川省只有 1 所农业本科院校和 1 所高职类专科院校，且临近的重庆市没有独立建制的农林院校。高等农业教育布局与农业产业布局存在不协调的问题，亟须进行调整优化，以便为各地区农业产业发展提供需求对路、质量较高、数量相当的专门人才。

一是要在深入调查研究的基础上，对我国高等农林院校布局进行整体规划设计。在经济较为发达且农林院校数目较多的地区，一方面鼓励院校联合，在服务面上各有分工，减少重复；另一方面鼓励以培养地方农村基层应用人才为主的高职院校下沉至小城市或县镇办学，形成城市集中办学和县镇办学相结合的格局。同时加大对西部等经济欠发达地区，以及农业产值高，却没有独立建制农林院校或农林院校数量很少地区的布局力度，构建以省会办学为主，向全省辐射的农林院校格局，力争实现全国各省（地区）农林院校全覆盖。

二是通过双一流重点建设、“金课”“金专”建设、学位点审批等对高等农业教育的布局进行调控。一方面推动一批重点农业院校尽快建成世界一流水平，引领和带动整个高等农业教育的发展；另一方面引导地方农林院校结合区域经济社会发展情况，面向地方农业产业主战场，全面服务乡村振兴战略。

三是教育主管部门和地方政府应加大对高等农业教育的投入与政策倾斜，在招生指标分配、专项基金安排、学科专业及优秀团队建设等方面给予涉农高校更多支持，改善学校办学条件，引导和鼓励不同类型的涉农高校合理定位，坚守本位，办出各自的特色和水平。

3 制度层面

3.1 建立“新农科”教育的学历立交桥

在传统农业发展阶段，因农业学科的经验性和技术性特征，在农科领域可以出现很多仅有低学历但能够做出突破性成果的拔尖创新型人才。但随着农业发展从传统农业向现代农业进阶，高端科技在农业领域的广泛应用，即使处于一线的技术推广和技术指导人才，也必须能够跟上科技进步的步伐，使得农业科学的应用能够顺利落地。但从现在的情况来看，相比其他产业，处于第一产业农业领域的从业人员总体上学历水平较低。以粮食行业为例，2016 年国家粮食局副局长徐鸣在接受记者采访时表示，“目前的粮食行业的人才供给方主要是一些中高职院校，学历层次整体偏低，全行业本科以上学历从业人员占比仅 10.48%，拥有正高职称的人才仅占 1.34%”[1]。

农业科研成果的取得需要深厚的理论功底，需要有系统的专业学习和学术训练。因此，必须给在田间地头的从业人员以学历提升和继续深造的机会，以接续农科领域这种突破性“发现”的可能。如此，为农科领域建立学历立交桥就显得尤为迫切。

建立农科教育的学历立交桥，也就是要建立一个职普沟通、层次递进的学历体系，实

[1]　国家粮食局：我国粮食行业只有一位院士！高学历从业者居然这么少．中国乡村之声．

现职业教育与普通教育的沟通，解决农业领域从业人员的学习深造问题，打通高等教育各学历层级之间的流动障碍，以跟上农业现代化的发展趋势（图 10–1）。

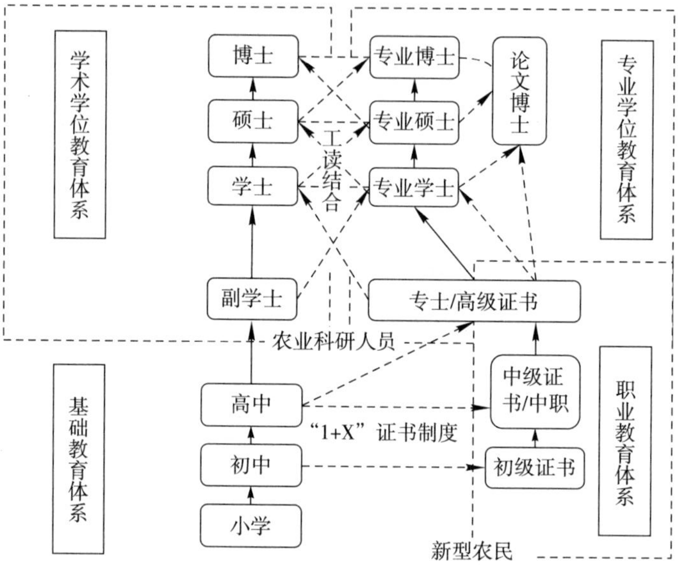

图 10–1　新农科教育的学历立交桥示意图

一是明确工读结合的实践型人才培养模式，体现实验室与田间地头的双向体验。国家有必要为这些农科领域的从业人员在这一过程中的转换给予一些倾斜政策，如给在生产一线耕耘的农科人才以“支边”“援疆”待遇，基层实践经验可以成为学习进修的优先条件，以提升农科教育的吸引力，切实让农科人才能够在农业领域“用得上”，也能安心地“下得去”。

二是创设部分学位层级，搭好四个教育体系的“引桥”。在专科层级，通过职业教育体系的“高级证书”，在高等职业教育体系中设立的“专士”学位，学术学位教育体系的“副学士”学位等，进行其同层等效的互认功能，以实现四个教育体系立交桥的“引桥”功能。

三是架构覆盖面更广的专业学位教育体系，并与现代职业教育体系相衔接。应构建从专科层次的“农业专士（副学士）”到农业学士到农业硕士再到农业博士的专业学位路径，与学术型的副学士、学士、硕士、博士四级学位相呼应，以做到基本覆盖从新型农民到农业科研人员的多层次从业群体。

四是推行“学分银行”制，打通职业教育与普通教育之间的学历交流通道。“职普沟通”不仅仅是指现在的专科层次的职业教育与普通教育体系的学士、硕士、博士层次的交流互认，而是整个职业教育体系、专业学位教育体系与学术学位教育体系三者的沟通。这一过程有必要推广国外的“论文博士（硕士）制”，即农科领域的科研人员可以提交相当于博士 / 硕士层次的科研水平的学位论文来直接申请农业领域的博士或硕士学位；当然，也可以扩大当前博士招生中的“申请 – 审核制”范围，适当放开某些筛选标准，做出一些针对性的改变。

3.2　吸引促进更多的优秀人才学习农业、研究农业、献身农业

国家和地方政府参照公费师范生政策，在教育部直属涉农高校探索试行公费农科生计划，可先在农学门类学科专业试点，逐步引向近农学科专业，鼓励支持有条件的省级政府在省属涉农高校（含农林类高职高专）试行；适度放开研究生招生计划尤其是博士生招生指标；改革现行的学籍管理制度，在本研贯通培养环节中，本科三年级获得推免转入研究生阶段学习的，可以直接注册研究生学籍（硕士研究生、博士研究生）；积极保护涉农高校的高水平人才，对高层次人才、重大科研项目予以倾斜，并对高等农业教育领域的高水平人才建立保护措施。

4　机制层面

4.1　促进校际合作，创新新农科人才培养机制

在当前学科建设与组织模式下，农业高校很难单纯依靠自身力量，快速推动新农科的建设与发展，必须创新学科组织模式，通过加强与其他优势高校或科研机构的合作，培育和发展新农科。建议国家出台相关政策，鼓励农业高校与区域优势高校加强联合，通过共建研究中心、研究院等协同机构，设立新兴交叉学科专业，联合开展创新人才培养。国家相关部委设立专项，对联合创办新兴交叉学科建设项目给予专项支持，引导农业高校通过合作，共同加快推动新农科建设与发展。

4.2　积极推进创建农科教融合、产学研协同的新模式

以农林高校为主导，整合资源和力量，借鉴国际成功经验，以实施乡村振兴战略、科教兴国战略为契机，以促进农业农村现代化、教育现代化为目标，重构教学、科研、推广紧密融合的新体系。可先在条件相对成熟的地方试点，待取得经验后逐步推开。此举既有利于高等农业教育培养创新创业创造人才，又有利于涌现一批特色鲜明、规模较大、结构合理、能力较强的高等农业教育服务经济社会发展系统，推动乡村产业振兴，以品质品牌引领产业优化，以科技创新驱动产业提质，以园区建设促进产业集聚，以农业旅游融合激发产业活力。

4.3 适应新时代要求，构建德智体美劳高水平人才培养体系

高等农业教育要有效适应新时代农业农村现代化、教育现代化建设需要，重新审视人才培养目标，建立整体思维、系统认知分析范式，用现代生物技术、信息技术、工程技术改造提升创新现有农科，高度注重与人文社会科学及新兴学科的交叉融合；设置智慧农业、营养健康、园艺体验等专业，不断推进学科专业结构调整；进一步加强通识教育尤其是美育和劳动教育，面向国际面向未来开设一批适应新时代要求和新业态发展的“金课”，不断改革课程内容、教学方法和教学评价等。

4.4 加强开放共享协同创新，不断提高国际合作交流水平

积极倡导成立国际高等农业教育联盟，在联盟的基础上，成立国际高等农业教育与科技合作中心，构建以平台为中心“相互交融、彼此互惠”的合作交流机制。农业是“一带一路”沿线国家的主导产业，高等农业教育要集中发力、优势互补，全面服务“一带一路”农业交流合作，为“一带一路”培养高水平人才，推进沿线国家农业资源的高效利用和农产品市场的融合。